Kurt Staub

RELIGIONSWERKSTATT

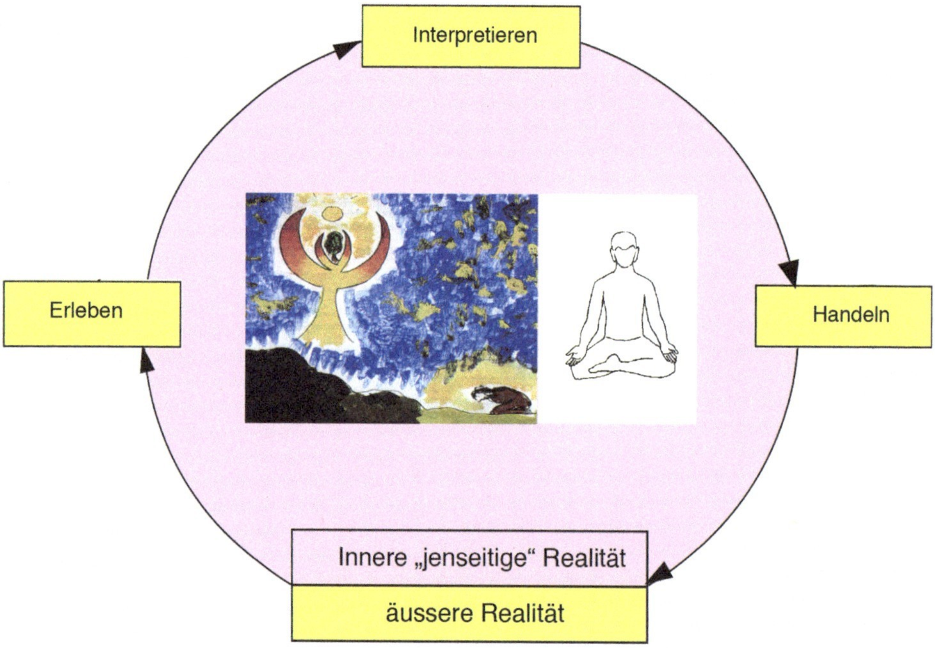
Interpretieren
Erleben
Handeln
Innere „jenseitige“ Realität
äussere Realität

Religionswerkstatt

Identität finden in einer unsicheren Zeit

im kritischen Dialog mit
unseren religiösen Traditionen,
ethischen Grundwerten
und den empirischen Wissenschaften

KURT STAUB

Schweizer Literaturgesellschaft

Die Deutsche Nationalbibliothek verzeichnet diese Publikation in der Deutschen Nationalbibliografie; detaillierte bibliografische Daten sind im Internet über dnb.dnb.de abrufbar. Die Schweizerische Nationalbibliothek (NB) verzeichnet aufgenommene Bücher unter Helveticat.ch und die Österreichische Nationalbibliothek (ÖNB) unter onb.ac.at.

Unsere Bücher werden in namhaften Bibliotheken aufgenommen, darunter an den Universitätsbibliotheken Harvard, Oxford und Princeton.

Kurt Staub:
Religionswerkstatt
ISBN: 978-3-03883-062-7

Buchsatz: Danny Lee Lewis, Berlin: dannyleelewis@gmail.com

Schweizer Literaturgesellschaft ist ein Imprint der
Europäische Verlagsgesellschaften GmbH
Erscheinungsort: Zug

Sie finden uns im Internet unter: www.Literaturgesellschaft.ch

Das Titelbild
stellt eine Zusammenfassung des systemtheoretischen
Konzepts religiösen Erlebens dar, das der Religionswerkstatt zugrunde liegt.
Es wird im Buch eingehend erläutert.

Das kleine Bild
des angesichts einer Begegnung mit einem Engel erschreckten Menschen
hat Simone Bonilla Leufen gemalt.
Ich danke ihr herzlich für die Abdruckerlaubnis.

Wieso eine Religionswerkstatt?

In unserer unsicheren Zeit ist es schwierig, die eigene Identität zu finden und zu bewahren, weil die westlichen Nationen im globalen wirtschaftlichen Konkurrenzkampf und Wettbewerb der Weltanschauungen und Religionen ihre geistige Orientierung verloren haben.

Seit einem halben Jahrhundert formt ein neoliberaler Kapitalismus den traditionellen westlichen Liberalismus in eine Pseudoreligion um. Deren höchste Werte, denen alles Andere geopfert wird, sind unbegrenzte Steigerung des Konsums und des Wirtschaftswachstums sowie rücksichtslose Maximierung der Konzerngewinne, der Aktionärsdividenden und der Managerlöhne.

Der damit verbundene weltweite Konkurrenzkampf hat zur Folge, dass von den traditionellen liberalen Werten Freiheit, Gleichheit und Brüderlichkeit fast nur noch die Freiheit in Form eines weitestgehend unregulierten globalen Marktes übrig bleibt.

Viele versuchen, ihre dadurch bewirkte Verunsicherung zu bewältigen, indem sie sich religiösen oder politischen autoritären und rückwärts gewandten Bewegungen anschließen. Diese machen für die aktuellen Probleme oft einzelne Personen verantwortlich und erwarten auch die Lösung dieser Probleme von einer charismatischen Persönlichkeit, die sie als eine Art Heilsbringer verehren. Als Folge dieser individualistisch verengten Sichtweise übersehen sie die strukturellen Ursachen der aktuellen Probleme.

Da derartige rückwärtsgewandte Versuche nicht zum Ziel führen, konzipieren wir in diesem Buch eine Religionswerkstatt. Wer darin mitarbeitet, findet Unterstützung dafür, seine individuelle Identität zu finden und zu bewahren.

Zunächst stellen wir fest, dass während des größten Teils der Menschheitsgeschichte Religion einen wichtigen Anteil an der Suche nach einem Sinn im Leben und an der Bewältigung bedrohlicher Krisen hatte.

Darüber hinaus befassen wir uns damit, dass der westliche Individualismus religiöse, nämlich christliche, Wurzeln hat. Und, dass auch der Liberalismus ein – allerdings von den Kirchen ungewolltes »uneheliches« – Kind des westlichen Christentums ist.

Wir versuchen, zu einer kreativen Revitalisierung des individuellen religiösen Erlebens und unserer religiösen Traditionen beizutragen. Dazu gehört das Wagnis eines neugierig-offenen, aber auch kritischen Dialogs mit den Religionswissenschaften, der Philosophie und den Erfahrungswissenschaften.

Den Fallen des fundamentalistischen und des arrogant-rationalen Denkens weichen wir aus, indem wir ein integrales Bewusstsein im Sinne von Jean Gebser anstreben.

Ein erster Hinweis auf Jean Gebsers integrales Bewusstsein:

»In der integralen Struktur des Bewußtseins wird schließlich deutlich, daß das Mentale, das Rationale, nicht die letzte mögliche Antwort war, sondern daß Mythos und rationale Entmythologisierung zu integrieren sind in einer umfassenden Einsicht, in der die Götter wieder so lebendig sind wie die Struktur des Geistes, die sie sichtbar machte, und in der wir uns wieder zur Wirklichkeit der Wahrheiten der mythischen Stufe bekennen können, ohne die Klarheit der Ratio aufzugeben.« Gerhard Wehr 1996: 163/164

Inhalt

1. Einleitung

Was will und wie arbeitet die Religionswerkstatt?

Die großen Religionen beanspruchen ihren AnhängerInnen Offenbarungen zu vermitteln, die in Heiligen Schriften niedergeschrieben sind.

Viele AnhängerInnen des Judentums und des Christentums stellen sich die Entstehung der Bibel so vor, dass Gott an einem großen Eichenschreibtisch im Himmel saß und einer auserwählten Schar von tadellosen Stenografen die Offenbarungswahrheiten druckreif in den Block diktierte. An der Entstehung der Bibel waren jedoch viele Autoren beteiligt und Gott war aller Wahrscheinlichkeit nach nicht darunter[1].

Die Entstehung des Korans wird von den Muslimen ähnlich verstanden. Sie glauben, dass der Erzengel Gabriel Mohammed den Befehl gab, das zu rezitieren/vorzutragen, was vorher von Allah in sein Herz geschrieben wurde[2].
Bezüglich der Erschaffenheit des Korans[3] stehen einander zwei verschiedene Ansichten gegenüber. Die eine Lehre lautet, dass der Koran von Allah erschaffen wurde. Sie steht der Lehre entgegen, dass der Koran schon von aller Ewigkeit her existiere.

Ein derartiges Offenbarungsverständnis führt dazu, jedes Wort der Heiligen Schrift als von Gott inspiriert zu verstehen und jedes kritische Hinterfragen von Heiligen Schriften und religiösen Bekenntnissen zu verbieten.

Wer mit einer derartigen Form von religiöser Offenbarung in Kontakt kommt oder den Versuch unternimmt, die Bibel auf eigene Faust zu lesen, wird jedoch bald einmal feststellen, dass sie alles andere als die makellose Schrift eines makellosen Gottes ist. »Dieser Anspruch ist es ja, der die Bibel für viele Menschen unverständlich macht: Wie kann das Buch Gottes so voller Fehler und Grausamkeiten stecken? Warum ist dieser Gott oft so zornig? Nein, die Bibel ist keine perfekte Schrift. Diese Erwartungen kann sie nicht erfüllen. Muss sie auch nicht; sie hat das selbst nie behauptet. Sie war ein gutes Jahrtausend lang *work in progress*[4]« (d. h. sie ist eine Schriftensammlung, an deren Abfassung und Aktualisierung viele Generationen beteiligt waren).

Die Lektüre der Bibel fällt leichter und wird spannender, wenn man sie als Tagebuch der Menschheit begreift, an dem tausend Jahre geschrieben und gearbeitet wurde, und das deshalb oft so widersprüchlich erscheint. Damit fällt auch die Verpflichtung fort, sie als makellose Schrift eines makellosen Gottes verstehen zu müssen[5].

Nach dem Religionswissenschaftler Karl-Heinz Ohlig half Religion während der gesamten Menschheitsgeschichte, bedrohliche individuelle und gesellschaftliche Krisen zu bewältigen und dem Leben einen Sinn zu geben.

Religiöse Erlebnisse wurden stets mittels der Bilder und Symbole der Stufe des Bewusstseins verstanden, auf der sich die Erlebenden befanden. Diese Bewusstseinsstufe war auch die Grundlage ihrer jeweiligen Kultur und ihrer religiösen Traditionen. Der Mensch schuf seine Gottesbilder immer entsprechend dem Stand der Entwicklung seines Bewusstseins und der Kultur, der er angehörte[6]:

> »So wie er ist, so ist auch sein Gott; was er im irdischen Leben denkt und versteht, bildet auch die Grundlage für seine Ansichten von der Gottheit.«
>
> (Ohlig K.-H. 2002:247/248)

Heilige Schriften sind das Resultat der Arbeit vieler Generationen. Diese haben für eigene und fremde religiöse Erlebnisse bildhafte Deutungen gesucht und niedergeschrieben und sie für ihre eigene Zeit immer wieder kreativ aktualisiert.

Ca. 600 vor Christus sind dann Mythen und Verhaltensvorschriften der Bibel zum ersten Mal als für alle Zeiten gültige, unveränderliche Wahrheiten durchgesetzt worden. Jesus und die Jesusbewegung versuchten, das Judentum kreativ zu erneuern. Als innerjüdische Erneuerungsbewegung ist die Jesusbewegung jedoch gescheitert. Sie hat sich aber im Römischen Reich und in dessen hellenistischer Kultur erfolgreich durchgesetzt.
In seiner römisch-katholischen Ausprägung wurde es dann seit Konstantin zur Staatsreligion und bis ins Zeitalter der Reformation und der europäischen Aufklärung vom ungebildeten Volk weitgehend kritiklos geglaubt. Allfällige Abweichler wurden ausgeschlossen oder sogar hingerichtet.

Als Erben der Reformation und der Aufklärung deuten wir Inhalte heiliger Schriften und religiöse Bekenntnisse nicht als ewig gültige, unfehlbare Lehren oder Dogmen. Wir versuchen, sie mit Hilfe von Religionswissenschaft und Archäologie so zu verstehen, wie sie von ihren Verfassern ursprünglich gemeint waren, und sie sinngemäß und kreativ in unsere heutige Zeit zu übersetzen.
Statt für die Aussagen der heiligen Schriften kritiklosen Glauben zu verlangen, richten wir eine Religionswerkstatt ein.

Das Projekt Religionswerkstatt will neue Formen der Auseinandersetzung mit religiösen Traditionen ermöglichen

Das in diesem Buch präsentierte Konzept einer Religionswerkstatt will dazu beitragen vergangenes und heutiges religiöses Erleben zu verstehen. Es möchte auch dazu ermutigen sich für eigenes individuelles Erleben zu öffnen.

Das Projekt Religionswerkstatt strebt an, dass sich Gruppen Interessierter bilden, welche für eine begrenzte Zeit gemeinsam regelmässig daran arbeiten, unsere religiösen Traditionen zu verstehen und sie kreativ zu aktualisieren, um die bedrohlichen Auswirkungen der wirtschaftlichen und der religiösen Globalisierung zu bewältigen.

Wichtiger als die im Laufe dieses Pilotprojektes erarbeiteten einzelnen Einsichten, ist das Wagnis einer mutigen Aktualisierung der religiösen Traditionen in einem lernbereiten aber auch kritischen Dialog mit den Religionswissenschaften, der Philosophie und den empirischen Wissenschaften.

Religion ist zu wichtig
um sie religiösen oder politischen Fundamentalisten
zu überlassen!

Was durch die Mitarbeit in der Religionswerkstatt gewonnen werden kann

Wer in der Religionswerkstatt mitarbeitet, gelangt an Informationen und Anregungen um mit religiösen Erlebnissen und religiösen Traditionen umzugehen.

Wer in der Religionswerkstatt mitarbeitet, lernt Materialien und gedankliche Werkzeuge kennen, die ihr/ ihm helfen, unser religiöses Erbe in Bezug auf uns heute bedrohende Probleme zu aktualisieren.

Wer in der Religionswerkstatt mitarbeitet, lernt zu verstehen, warum in den ehemals christlichen westlichen Ländern ein ganz anderes Verständnis des Individuums und seiner Freiheit entstanden ist als in Ländern, die ihre heiligen Schriften als wörtlich von Gott inspiriert verstanden und fundamentalistisch befolgten oder befolgen.

Wer in der Religionswerkstatt mitarbeitet, übt sich darin, sich neugierig offen aber auch kritisch auf den Dialog zwischen Religion und den empirischen Wissenschaften einzulassen.

Wer in der Religionswerkstatt mitarbeitet, beteiligt sich an einem Versuch – für die heutige Zeit mit den heutigen Möglichkeiten und gedanklichen Mitteln – dasselbe zu tun, was religiös kreative Menschen aller Zeiten (u. a. auch die Evangelisten, der Apostel Paulus und die Reformatoren) jeweils in ihrer Zeit getan haben.

Wie das Konzept einer Religionswerkstatt entstanden ist

Die Grundidee dieser Religionswerkstatt ist das Resultat jahrelangen gemeinsamen Erteilens von Religionsunterricht

für Kinder und Jugendliche in Form von Unterrichtsstunden, Weekends, Lagern und Gottesdiensten durch ein Team, bestehend aus

- dem Pfarrer und Soziologen Kurt Staub,
- der Kindergärtnerin und Musiktherapeutin Barbara Bischof,
- der Lehrerin und Psychotherapeutin Gertrud Tanner sowie
- der Theaterpädagogin Susann Wartenweiler.

Entscheidende Impulse verdankt das Konzept einer Gruppe von Jugendlichen, die an der Leitbildplanung ihrer Kirchgemeinde Rehetobel AR teilnahm, aber sich nicht damit genügte ihre Meinung schriftlich zu äussern. Unter der Leitung von Linda Sutter entwarf und gestaltete diese Gruppe mit viel Kreativität und Ausdauer selbständig einen Gottesdienst um der Kirchgemeinde zu zeigen, wie sich die Jungen Gottesdienste wünschten.

Leider ging die Kirchgemeindeversammlung nicht auf die Kritik und die Bedürfnisse der Jugendlichen ein. Sie bewilligte weder die personelle Besetzung des Jugendressorts noch die finanzielle Unterstützung, die nötig gewesen wären, um die geäußerten Anliegen der jungen Generation und ihr Interesse an der Kirche aufzunehmen.

Diese Episode hat mir – auf dem Hintergrund von Resultaten religionssoziologischer Untersuchungen des Schweizerischen Nationalfonds – ein grundsätzliches Problem der Angebote der Institution Kirche bewusst gemacht. Diese Erkenntnis hat mich veranlasst, über meine Pensionierung hinaus an einem zukunftsorientierten und innovativen Angebot für anspruchsvolle Kirchenmitglieder zu arbeiten. Das Ergebnis ist das in diesem Buch vorgelegte Projekt einer Religionswerkstatt.

Die traditionellen Gottesdienste der Kirchen genügen nicht mehr, um die BesucherInnen für die Bewältigung der aktuellen – und der in Zukunft zu erwartenden – gesellschaftlichen Sinnkrisen wirksam zu unterstützen. Sie vermitteln gut ausgebildeten Menschen unserer rationalen Bewusstseinsstufe zu wenig Werkzeuge um die bedrohlichen Veränderungen der wirtschaftlichen und weltanschaulichen Globalisierung zu verstehen und religiös zu bewältigen.

Dies ist nicht der einzige, aber ein wichtiger Grund für den Mitgliederschwund der Kirchen und den dadurch bewirkten massiven Spardruck.

Als Folge dieses Mitgliederschwundes entsteht – vor allem in den Städten – die Notwendigkeit, Kirchen anderen Zwecken zuzuführen oder zu verkaufen und Stellen abzubauen. Mit Sparmaßnahmen allein werden sich die Kirchen aber keine Zukunft sichern können. Zusätzlich zu ihren traditionellen Angeboten sind auch neue kreative Angebote erforderlich. Das Projekt Religionswerkstatt ist ein Versuch, ein entsprechendes innovatives Angebot zu entwickeln.

Dank an die Mitwirkenden

An der Entwicklung des in diesem Buch dargestellten Projektes einer Religionswerkstatt haben neben den erwähnten Jugendlichen in einem Pilotkurs mitgewirkt:

Felix Blum
Roberto Briner
Hans Gebhard
Heinz Fuchs
Lili Fuchs
Jakob Peter
Ursula Rimann
Peter Staub
Gertrud Tanner

Margrit Bühler bin ich sehr dankbar, dass sie den Druck meines Buches als Sponsorin maßgebend unterstützt.

Verena Bächi hat aus ihrer Erfahrung in der Führung des Kellertheaters Bülach wertvolle Impulse für Gliederung und graphische Darstellung beigetragen.

Ohne das jahrelange, kreative, aber auch kritische Mitdenken, und die immer wieder neue Ermutigung durch meinen Bruder Peter Staub und meine Partnerin Gertrud Tanner, hätte ich es nicht geschafft, die jahrelang dauernde Entwicklung und Darstellung des Projektes »Religionswerkstatt« bis zu dessen vorläufigem Stand durchzuhalten.

Ich kann deshalb den beiden für ihre Mitarbeit und Unterstützung gar nicht genug danken.

Büsingen, den 1. März 2019 — Kurt Staub

2. Unsere Konzeption religiösen Erlebens und Handelns

Die Anwendung von Ervin Laszlos Systemtheorie auf religiöses Erleben und Handeln führt uns zu folgender Konzeption von Religiosität:

Eine Vielfalt von Jenseitserfahrungen als Ausgangspunkt

zum Vorgehen

Im folgenden Schema sind neben Formen spontanen religiösen Erlebens auch Rituale oder Techniken aktiver Kontaktaufnahme mit der jenseitigen Wirklichkeit eingezeichnet. Die Auswahl der Beispiele ist bewusst breit gestreut von den Anfängen der Religionsgeschichte bis heute.

Die Beispiele sind im Anhang A3. ›Beispiele für Jenseitskontakte‹ ausführlich dargestellt. An dieser Stelle begnügen wir uns mit stichwortartigen Beispielen.

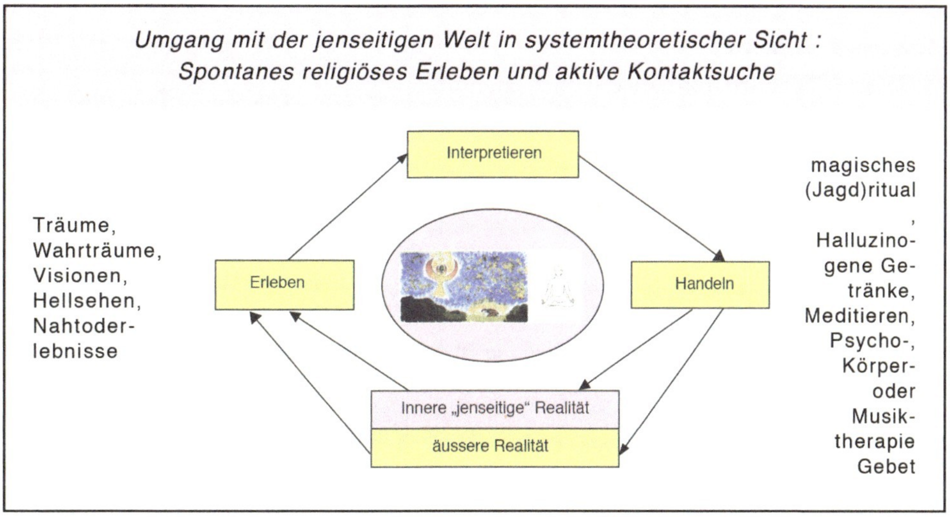

Beispiele in Stichworten:

Aktiv bewirkte Jenseitskontakte zur Beeinflussung der äußeren Realität

1. Ritual von Pygmäen vor der Jagd zur Bannung einer Antilope
2. Entdeckung des Rezepts zur Herstellung eines halluzinogenen Pflanzentrunks zur Erreichung eines veränderten Bewusstseinszustandes
3. **Entdeckung des Rezepts des Pfeilgiftes Curare während eines veränderten Bewusstseinszustandes**

Jenseitserfahrungen als Hilfe aus dem Unbewussten zur Krisenbewältigung

4. August Kekulés Entdeckung des Benzolringes im Traum
5. Ein Traum als symbolische Hilfe für Lebensentscheidung
6. B. Nauers Vision, die ihn mit seinem Ungenügen als Arzt anlässlich des Unfalltodes einer badenden Frau versöhnte
7. Niklaus von Flües Visionen als Hilfe in einer Lebenskrise
8. Bekannte biblische Mythen aus dem Alten und Neuen Testament

Hellsehen und Wahrträume

9. Erlebnis, ein Adler zu sein in einem holotropen Seminar von Stanislav Grof
10. Begegnung mit einem Kriegserlebnis des eigenen Vaters in einem holotropen Seminar von Stanislav Grof
11. Wahrtraum vom Tod einer Bekannten

Nahtoderfahrungen

12. Überprüftes Hellsehen im Verlauf einer Nahtoderfahrung
13. Begegnung mit dem unbekannten außerehelichen Vater während eines Herzstillstandes

Mystisches Erleben

14. Meister Eckharts Einheitserlebnis mit Gott
15. Einheitserlebnis mit Gott in einem Meditationskurs von Willigis Jäger

Vgl. dazu die ausführliche Darstellung im Anhang A3. Jenseitserfahrungen aus verschiedenen Kulturen

Wie der Mensch seine Gottesbilder erschuf

Der Mensch erschuf sich seine Gottesbilder immer entsprechend seiner Erfahrungen im irdisch-realen Leben und entsprechend dem Stand seiner Bewusstseinsentwicklung:

> »So wie er ist, so ist auch sein Gott; was er im irdischen Leben denkt und versteht, bildet auch die Grundlage für seine Ansichten von der Gottheit.«
>
> (Ohlig K.-H. 2002:247/248)

Integrales Bewusstsein

Religiöses Erleben wird heute meistens in der Sprache mythischer Bilder oder rational aufgeklärter Analyse beschrieben. Keine der beiden Denkweisen kann jedoch allein Träume und Mythen für die heutige Zeit verständlich deuten.

Jean Gebser, Ken Wilber, Carl Gustav Jung und andere haben entscheidend dazu beigetragen, eine Brücke zwischen der mythischen und der rationalen Stufe des Bewusstseins zu schlagen. Sie versuchten, ein integrales Denken zu entwickeln, in dem alle Stufen der Bewusstseinsentwicklung, von der archaischen über die animistische und die mythische bis zur heute dominierenden rationalen, ihren Platz finden.

Gebser hat sein Konzept des integralen Denkens entwickelt, um die Stufen der Bewusstseinsentwicklung während der Menschheitsentwicklung, die wir in ähnlicher Weise während unserer Kindheitsentwicklung nochmals durchlaufen, unterscheiden zu können.
Einer seiner Schüler fasst die Bedeutung des integralen Bewusstseins folgendermaßen zusammen:

> *Jean Gebsers integrales Bewusstsein:*
>
> »In der integralen Struktur des Bewußtseins wird schließlich deutlich, daß das Mentale, das Rationale, nicht die letzte mögliche Antwort war, sondern daß Mythos und rationale Entmythologisierung zu integrieren sind in einer umfassenden Einsicht, in der die Götter wieder so lebendig sind wie die Struktur des Geistes, die sie sichtbar machte, und in der wir uns wieder zur Wirklichkeit der Wahrheiten der mythischen Stufe bekennen können, ohne die Klarheit der Ratio aufzugeben.«
>
> Gerhard Wehr 1996: 163/164

Die Stufen der Bewusstseinsentwicklung

Sowohl das Bewusstsein der Menschheit, wie auch dasjenige der Individuen, durchläuft mehrere Stufen.

Die im folgenden Schema dargestellten Bewusstseinsstufen lassen sich mit verschiedenen Brillen vergleichen. Jede ermöglicht bestimmte Aspekte der Wirklichkeit klar wahrzunehmen. Andere Aspekte der Wirklichkeit sind damit nur sehr unklar oder gar nicht zu erkennen.

	Die Evolution des Spektrums des Bewusstseins nach den Kategorien von Merlin Donald, Jean Gebser, Ken Wilber und Jean Piaget**			
Evo-lu-tion		*Merlin Donald*	*Ken Wilber + Jean Gebser*	*Jean Piaget*
↑		4. Theoretische Ebene	4. Rationale Ebene	4. Formals-operationales Denken, Logik
		3. Mythische Ebene	3. Mythische Ebene	3. Konkret-operationales Denken
		2. Mimetische Ebene	2. Magische Ebene	2. Bilder, Symbole, erste Begriffe
		1. Episodische Ebene	1. Archaische Ebene	1. Körper. Gewahrwerdung, Emotionen
Die erwähnten Autoren verwenden für die Bewusstseinsstufen unterschiedliche, teilweise sehr abstrakte, Bezeichnungen. Um die Verständlichkeit zu erleichtern, verwende ich nur die einfachen Begriffe von Jean Gebser und Ken Wilber und veranschauliche ihre Kategorien mit Beispielen. Die Konzeptionen von Merlin Donald und Jean Piaget werden in Anhang A1. dargestellt.				

Die Stufen der Bewusstseinsentwicklung der Individuen und der Menschheit sind einander sehr ähnlich:

Die Stufen der Bewusstseinsentwicklung		
Die Stufen der seelischen Entwicklung der Individuen		Die Stufen der kulturellen und religiösen Entwicklung der Menschheit
4. Die rationale Stufe	↑ ↑	4. Die rationale Stufe
3. Die mythische Stufe		3. Die mythische Stufe
2. Die magische Stufe		2. Die magische Stufe
1. Die archaische Stufe		1. Die archaische Stufe

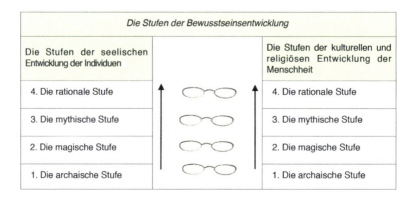

Die Bewusstseinsentwicklung der Individuen

Die Bewusstseinsentwicklung der Menschheit geht derjenigen der heutigen Individuen voran und ist dafür die Grundlage. Sie ist uns jedoch viel weniger bekannt als die Entwicklung unserer Kinder. Aus diesem Grunde beginne ich meine Darstellung der Stufen der Bewusstseinsentwicklung mit der kindlichen Entwicklung.

	1. Die archaische bzw. früheste Stufe	Gefühle und Verhalten werden v.a. durch Körperimpulse gesteuert. Gefühl der Verschmelzung mit Gruppe und Welt. Animismus.

Das Leben des Säuglings ist zu Beginn noch nicht vom Leben der Mutter unterschieden. Seine Wünsche und grundlegenden Bedürfnisse führen notwendigerweise zu einer Antwort der Mutter und der unmittelbaren Umgebung. So entsteht für das Kleinkind eine vollständige Einheit zwischen dem Leben der Eltern und der persönlichen Aktivität.

Bild 1: Symbol des Uroboros

Erich Neumann veranschaulichte diesen archaischen Zustand in seinem Buch „Ursprungsgeschichte des Bewußtseins« mit dem Symbol des Uroboros, d.h. der Schlange, die sich selber in den Schwanz beisst. In diesem Zustand kann das Kind noch nicht zwischen sich selbst und seiner Umwelt unterscheiden.
(nach Wilber Ken 1984:41)

	2. Die magische Stufe	Bilder, Symbole sowie erste Begriffe werden bedeutsam

Nach Jean Piaget gewöhnt sich das Kleinkind während der archaischen Bewusstseinsphase daran, dass die Eltern und alle Gegenstände, welche die Eltern oder sein eigener Körper bewegen können (Nahrung, Spielzeuge) seinen Wünschen oder Befehlen gehorchen. Diese Erfahrung überträgt es in der magischen Entwicklungsphase dann auf das ganze Universum.
Dieser Phase entspricht die Vorstellung magischer Verursachung und der Beseelung der Außenwelt (= Animismus):
Das Kind stellt sich vor, dass Wünschen das Verhalten der Dinge beeinflussen kann.

Das Kind kann den Dingen Befehle erteilen und sie folgen ihm. Sonne, Mond, Sterne gehorchen den Befehlen des Menschen.
Diese Phase dauert bis zum Alter von ca. drei Jahren. Wie alle Übergänge in der Bewusstseinsentwicklung erfolgt auch dieser Übergang nicht plötzlich, sondern als langer und ganz langsamer Prozess. In diesem Prozess sind immer wieder Rückfälle auf frühere Stufen (= Regressionen) möglich.

Beispiele für animistisches Denken und magisches Handeln:[7]

Ein Zweijähriger beginnt zu weinen, weil eine an der Wand aufgehängte Fotografie herunterfällt und sagt, die Frauen darauf hätten sich beim Fallen wehgetan.

Ein Dreijähriger sagt über das Auto in der Garage: »Es schläft, das Auto. Es geht nicht hinaus wegen des Regens.«

Nel hat ihre Hand an einer Mauer aufgeschürft. Sie betrachtet ihre Hand: »Wer hat das berührt? Es tut mir da weh. Die Mauer hat mich geschlagen.«

Ein kleines Mädchen findet eines Morgens seine Puppe mit eingedrückten Augen (diese sind in den Kopf hineingefallen): Verzweiflung, Weinen. Man verspricht der Kleinen, man werde die Puppe zum Händler bringen, damit er sie flicke. Drei Tage lang fragte das Mädchen alle paar Minuten, und man sieht es ihm an, dass es ehrlich beunruhigt ist, ob die Puppe Schmerzen habe, ob es ihr nicht wehtue, wenn man sie flicke.

»Woher kommt er (der Mond)? – Vom Himmel
Wie hat er angefangen? – Es ist der liebe Gott, der ihn geboren hat.
Und die Sonne? – Gott hat auch sie geboren.
Das letzte Beispiel zeigt, dass aus dem Erlebnisbereich der Familie Vorstellungen oder Erfahrungen von der Geburt (von Geschwistern) auf physikalische Objekte übertragen werden.

Die Entstehung der Welt gesehen durch einen 9-Jährigen:
»Es sind Leute gekommen.« »Woher?«
»Ich weiß nicht. Es hatte Blasen im Wasser, einen kleinen Wurm darauf, dann ist er groß geworden, er ist aus dem Wasser herausgegangen, dann hat er Nahrung aufgenommen, er hat Arme wachsen lassen, er hatte Zähne, Füße, einen Kopf, er ist ein Kind geworden.« »Woher kam die Blase?«
»Aus dem Wasser. Der Wurm kam aus dem Wasser heraus. Die Blase ist
geplatzt. Der Wurm ist hinausgegangen.«
»Was hatte es auf dem Grunde des Wassers?«
»Sie (die Blase) ist aus der Erde herausgekommen.«
›Und was ist aus dem Kind geworden?« »Es ist groß geworden, es hat Kleine gemacht. Als es starb, haben die Kleinen Kleine gemacht. Dann hatte es welche, die Franzosen, Deutsche, Savoyarden … geworden sind.‹

Ein Erwachsener berichtet die folgende Erinnerung an seine magische Kindheitsphase als 5–6-Jähriger:
»Ich redete mir selbst ein, wenn es mir gelänge, die benötigten Worte oder die notwendigen Losungen zu finden, so könnte ich den großartigen Vögeln und prachtvollen Schmetterlingen in den illustrierten Handbüchern meines Vaters die Fähigkeit verleihen, wieder lebendig zu werden und aus dem Buch herauszufliegen, sodass nur Löcher zurückbleiben würden.«

Seine Erfahrungen in der Auseinandersetzung mit der Welt führen nach Piaget das Kind dann allmählich zur Einsicht, dass es offenbar doch nicht die Welt erschafft oder beherrscht. Der Allmachtsglaube wird aber nicht einfach aufgegeben, sondern auf andere übertragen, auf den Vater oder auf Götter.

Piaget beobachtete, dass Kinder die Eltern bitten, den Regen aufhören zu lassen oder Spinat in Kartoffeln zu verwandeln.

	3. Die mythische Stufe	Symbole, Sprache, konkretes Denken werden bedeutsam

In diesem Stadium (d. h. in der Phase vom 2. bis 7. Jahr) werden die Kinder nach Jean Piaget fähig, ihre Erfahrungen sprachlich (mittels Bildern und Symbolen) zu beschreiben. Dadurch ist es ihnen möglich, ihre Erfahrungen über längere Zeiträume zu erinnern und differenziertere Begriffe zu bilden.
Beispiele für symbolische Vorstellungen sind die Verwendung eines Objekts z. B. einer Banane als Stellvertretung eines andern, wie etwa einer Pistole. Im Verlaufe ihrer Entwicklung verlassen sich Kinder weniger auf selbst erzeugte Symbole und dafür zunehmend auf konventionelle Symbole wie etwa auf eine Augenklappe und ein Kopftuch, um einen Piraten zu spielen.
Das Auftauchen des vom Körper verschiedenen Geistes vollzieht sich zunächst über Bilder, dann durch Symbole, dann durch Begriffe. Diese Entwicklung wird vor allem durch das Erlernen der Sprache gefördert. Mithilfe der Sprache entsteht ein Ich, das seine Körpervorgänge, Wünsche und Instinkte beschreiben und beherrschen kann.
Auf dieser Stufe kann das Kind erstmals soziale Rollen und Regeln verstehen. Auf dieser Stufe findet das Kind seine Identität über seine Rollen und die Erfüllung der damit verbundenen Rollenerwartungen bzw. sozialen Normen.
Auf dieser Entwicklungsstufe lässt sich das Kind faszinieren durch Märchen und religiöse Mythen der Bibel wie beispielsweise die Weihnachtsgeschichte.

	4. Die rationale Stufe	Rationales und wissenschaftliches Denken werden möglich

Ab ca. 12 Jahren entwickelt das Kind die Fähigkeit zum abstrakten Denken und hypothetischen Schlussfolgern. Bei denen, die dieses Stadium erreichen, erweitert und bereichert dies ihre intellektuelle Welt außerordentlich. Diese Fähigkeit ist für das wissenschaftliche Denken unerlässlich, insbesondere die Fähigkeit, Experimente zu gestalten und ihre Ergebnisse zu interpretieren.

Dieses rational-abstrakte Denken erlaubt es dem Jugendlichen, sich Alternativen vorzustellen, wie die Welt beschaffen sein könnte und systematisch alle möglichen Ergebnisse einer Situation abzuwägen.
Wenn Jugendliche fähig werden, systematische logische Schlussfolgerungen zu ziehen, bedeutet dies allerdings nicht, dass sie nun immer differenziert logisch denken würden. Aber sie verfügen nun im Prinzip über das Denkpotenzial intelligenter Erwachsener. Sie können nun systematisch denken und darüber spekulieren, was alternativ zum Bestehenden sein könnte. Dies ermöglicht ihnen, nicht nur wissenschaftlich-logisch zu denken, sondern auch Politik, Ethik und Science-Fiction zu verstehen.

Piagets Stufen der Bewusstseinsentwicklung sind universell und kulturunabhängig gültig

> Drei Jahrzehnte kulturübergreifender Forschung zeigten, dass Piagets Stufen der kognitiven Entwicklung universell und kulturunabhängig gültig sind. Kulturelle Gegebenheiten verändern zwar manchmal das Tempo oder die Betonung bestimmter Aspekte der Stufen der Entwicklung – aber nicht die Stufen selbst oder ihre kulturunabhängige Geltung. In allen Kulturen (asiatischen, afrikanischen, amerikanischen und anderen) erreicht allerdings nur ein Teil der Individuen die formal-operationelle Stufe des Erkennens.
>
> (Wilber Ken, 2001:39/40)

Jean Gebser betonte, dass die einzelnen Bewusstseinsstufen oder -ebenen von der archaischen bis zur rationalen in mehr oder weniger latenter oder akuter Form auch jetzt noch in jedem von uns vorhanden sind[9].
Kinder sind auch heute noch während bestimmter Stufen ihrer Bewusstseinsentwicklung von Märchen und Mythen (z. B. von der Weihnachtsgeschichte) fasziniert.

Die Bewusstseinsentwicklung der Menschheit

1. Beispiele zur archaischen Stufe

	1. Die archaische bzw. früheste Stufe	Gefühle und Verhalten werden durch Körperimpulse gesteuert. Faszination durch numinose Kräfte. Animismus.

Nach Karl Heinz Ohlig wurden schon für die mittlere Altsteinzeit Spuren religiöser Praktiken gefunden[10].

Spuren von rituellem Kannibalismus weisen auf Mythen hin, denen zufolge die geheimnisvollen Kräfte der Toten beim Essen auf die Lebenden übergingen. Wahrscheinlich wollte man sich – wie es in sehr viel späterer Zeit, aber unter vergleichbaren Bedingungen der Fall war – die Lebenskraft der Verstorbenen aneignen.

Geheimnisvolle, als übernatürlich empfundene Mächte oder Kräfte, die auf die Natur und auf die Menschen einwirken, werden in der Religionswissenschaft als *numinos* bezeichnet. Werden diese Kräfte personenhaft verstanden, spricht man von einer Gottheit, einem Dämon oder einem sonstigen Geistwesen[11].

Diese faszinierenden *numinosen Kräfte* lösen Schauder und Furcht oder Anziehung aus. Sie werden oft als übernatürliche sachhafte Kraft verstanden. Diese Macht geht über die »natürlichen« Möglichkeiten ihrer Träger hinaus, sodass ihr ein Moment des Überschreitens der Alltagswirklichkeit (d. h. der Transzendenz) eigen ist[12].
Diese sachhaften Kräfte wurden auf den nächsten Entwicklungsstufen des Bewusstseins immer differenzierter verstanden.

Totemismus

Im *Totemismus* erlebten Menschen eine mythisch-verwandtschaftliche Verbindung zu bestimmten Naturerscheinungen (Tiere, Pflanzen, Berge, Quellen u. v. m.), denen als Symbole eine wichtige Bedeutung für die Identitätsfindung der Menschen eines Clans oder Stammes zukam.

Bild 2: Totempfähle im Stanley Parc Vancouver

Totemistische Vorstellungen kommen heute noch im zentralen und südlichen Afrika bei einigen traditionellen Gesellschaften, einigen australischen Stämmen und bei nicht christianisierten, naturnah lebenden indigenen Völkern Mittel- und Südamerikas vor[13].

Im *Animismus* wurde die Welt als beseelt verstanden, und in der *Ahnenverehrung* bekamen die geheimnisvollen numinosen Kräfte menschliche Züge.

Schließlich veränderten sich die Vorstellungen für diese Kräfte zur Vorstellung einer Mehrzahl von Göttern (d. h. zu einem einfachen *Polytheismus*).

Letzterer zeigt nicht selten – z. B. in der Tier- oder Pflanzengestaltigkeit von Göttern – noch seine Herkunft aus den früheren Stufen, stellt sich aber »Gott« jetzt grundsätzlich menschengestaltig vor.

Tiergestaltige Götter, z. B. Sobek, der ägyptische Gott mit dem Krokodilkopf

Bild 3: Sobek der Gott mit dem Krokodilkopf ist ein Vertreter der tiergestaltigen Götter des Alten Aegyptens. Relief im Tempel von Kom Ombo

Tiere konnten als beseelt, menschenähnlich oder als Sitz höherer Mächte angesehen werden.

Sie waren vor allem in der Jagdmagie und in den Versöhnungsriten bedeutsam.

Die Letzteren hatten das Ziel, wichtige oder gefährliche kosmische Mächte zu versöhnen, wenn der Mensch, um zu überleben, gezwungen war, Wild- oder Haustiere zu töten.

Die Meeresgöttin Sedna – die Mutter des Meeres der Inuit

Sedna ist der bekannteste Name der Meeresgöttin der Inuit, die als gefürchtete Herrin der Tiere verehrt wurde. Ihr Name bedeutet »die dort unten im Meer«.

Sedna wurde als »Alte der Meere«, »Königin der Tiefe und der Stürme« und »Mutter aller Meeresgeschöpfe« verehrt. Sie bestimmte darüber, welche und wie viele Meerestiere gefangen und gegessen werden durften. Verstießen die Menschen gegen ihr

Bild 4: Sedna, die Mutter des Meeres der Inuit , einer Untergruppe der Eskimos. (Granitskulptur von Aka Høegh, an der Küste von Nuuk)

Gebot, dann schickte sie einen Sturm oder zog den Jäger und seine Familie in die Tiefe.

Ihr Haus befand sich am Meeresgrund. Dort wohnte sie in Gemeinschaft mit Fischen und anderen Seetieren, aber auch mit den Seevögeln. Bewacht wurde ihr Heim von Seehunden, die jeden bissen, der unbefugt eintrat.

2. Beispiele zur magischen Stufe

	2. Die magische Stufe	Bilder, Symbole sowie erste Begriffe werden bedeutsam

Bild 5: Steinzeitliche Höhlenmalerei: »Herr der Tiere« oder Schamane?

»Um das Tier zu bannen, das ihn bedroht, macht sich der magische Mensch in der Verkleidung zu diesem Tier; oder er macht das Tier indem er es zeichnet, und er erhält so Macht darüber. So entstehen die ersten Entäusserungen innerer Kräfte, die ihren Niederschlag in den vorgeschichtlichen Fels- und Höhlenzeichnungen finden.«
(Gebser Jean 3. Aufl. 2003:89)

Magische Rituale von Pygmäen vor und nach der Jagd

Leo Frobenius veranschaulichte das magische Erleben dieser Stufe in einem seiner Bücher folgendermaßen:

»Dort beschreibt er, wie im Kongo-Urwald Leute des zwerghaften Jägerstammes der Pygmäen (es handelt sich um drei Männer und eine Frau) vor der Antilopenjagd im Morgengrauen eine Antilope in den Sand zeichnen, um sie beim ersten Sonnenstrahl, der auf die Zeichnung fällt, zu »töten«; der erste Pfeilschuss trifft die Zeichnung in den Hals; danach brechen sie zur Jagd auf und kommen mit einer erlegten Antilope zurück: Der tödliche Pfeil traf das Tier exakt an der gleichen Stelle, wo Stunden zuvor der andere Pfeil die Zeichnung traf; dieser Pfeil nun, da er seine bannende – den Jäger sowohl wie die Antilope bannende – Macht erfüllt hat, wird unter Ritualen, welche die möglichen Folgen des Mordes von den Jägern abwenden sollen, aus der Zeichnung entfernt, worauf dann die Zeichnung selbst ausgelöscht wird. Beide Rituale vollziehen sich, sowohl das des Zeichnens wie das des Auslöschens, was festzustellen äußerst wichtig ist, unter absolutem Schweigen.«
Nach Jean Gebser verrät dieses Jagdritual, dass die Mitglieder dieser Pygmäengruppe noch über kein Ich verfügen. Die Verantwortung für den Mord, der durch das Gruppen-Ich an einem Teil der Natur begangen wird, wird einer als »außenstehend« empfundenen Macht, der Sonne, überbunden:
»Nicht der Pfeil der Pygmäen ist es, der tötet, sondern der erste Pfeil der Sonne, der auf das Tier fällt, und für den der wirkliche Pfeil nur Symbol ist (und nicht umgekehrt, wie man heute zu sagen versucht ist: für den der Sonnenstrahl Symbol ist). In dieser Überbindung der Verantwortung durch das Gruppen-Ich (das in den vier das Ritual vollziehenden Menschen Form annimmt) an die Sonne (die ihrer Helligkeit wegen stets als Bewusstseinssymbol aufzufassen ist) wird deutlich, in welchem Maße das Bewusstseinsvermögen dieser Menschen noch im Außen ist oder dem Außen verbunden wird: Das sittliche Bewusstsein, das eine Verantwortung zu tragen imstande wäre, weil es auf einem klaren Ich beruht, liegt für die Ichlosigkeit dieser Pygmäen noch in der Ferne; ihr Ich (und damit ein wesentlicher Teil ihrer Seele) ist noch, dem Lichte der Sonne gleich, über die Welt ausgestreut.«[15]

Lutz Müller wendet sich in seinem Buch »Magie«[16] dagegen, magische Riten der Frühmenschen als illusionistisches und infantiles Wunschdenken zu betrachten. Der Frühmensch beeinflusste allerdings nicht, wie er annahm, das Tier, sondern sich selbst, indem er sich durch seine rituellen Handlungen ganz auf die kommende Aufgabe der Jagd konzentrierte und einstellte. Lutz Müller zitiert dazu Erich Neumann:
»Denn die magische Wirkung des Ritus ist eine faktische und keine illusionistische. Sie wirkt sich auch, ganz wie der Frühmensch annimmt, in seinem Jagderfolg aus, nur da der Weg dieser Wirkung über das Subjekt geht, nicht aber über das Objekt (das heißt, der Jäger beeinflusst nicht das Tier, das er fangen wird, sondern sich

selbst/Anm. von Lutz Müller). Der magische Ritus wirkt, wie jede Magie und auch jede höhere z. B. religiöse Intention, auf das Magie und Religion ausübende Subjekt und verändert und steigert dessen Aktionsfähigkeit. In diesem Sinne hängt durchaus objektiv der Ausgang des Tuns, der Jagd, des Krieges usw. von der Wirkung des magischen Rituals ab. Dass es sich bei der magischen Wirkung um die Wirklichkeit der Seele handelt, nicht um die Wirklichkeit der Welt, ist eine erst vom modernen Menschen festgestellte Tatsache!«[17]

3. Beispiele zur mythischen Stufe

	3. Die mythische Stufe	Symbole, Sprache, und konkretes Denken werden bedeutsam

Unter Mythos[18] wird im 19. und im 20. Jahrhundert in der Regel eine Erzählung verstanden, die Identität, übergreifende Erklärungen, Lebenssinn und religiöse Orientierung als eine weitgehend kohärente Art der Welterfahrung vermittelt.
In manchen Mythen deuten die Menschen sich selbst, ihre Gemeinschaft oder das Weltgeschehen. Regelmäßige Abläufe in der Natur und der sozialen Umgebung werden auf göttliche Ursprungsgeschichten zurückgeführt. Jenseits der geschichtlichen Zeit sind Mythen in einem von numinosen Kräften oder personifizierten Kräften beherrschten Raum angesiedelt.

Biblische Beispiele:

Der ältere alttestamentliche Mythos von der Erschaffung der Welt. (1. Mose 2.4–23)

Dies ist die Geschichte der Entstehung von Himmel und Erde, als sie geschaffen wurden. Zurzeit, als der HERR, Gott, Erde und Himmel machte und es noch kein Gesträuch des Feldes gab auf der Erde und noch kein Feldkraut wuchs, weil der HERR, Gott, noch nicht hatte regnen lassen auf die Erde und noch kein Mensch da war, um den Erdboden zu bebauen, als noch ein Wasserschwall hervorbrach aus der Erde und den ganzen Erdboden tränkte, – da bildete der HERR, Gott, den Menschen aus Staub vom Erdboden und blies Lebensatem in seine Nase. So wurde der Mensch ein lebendiges Wesen.

Dann pflanzte der HERR, Gott, einen Garten in Eden im Osten, und dort hinein setzte er den Menschen, den er gebildet hatte ...
Und der HERR, Gott, gebot dem Menschen und sprach: Von allen Bäumen des Gartens darfst du essen. Vom Baum der Erkenntnis von Gut und Böse aber, von dem darfst du nicht essen, denn sobald du davon isst, musst du sterben.
Und der HERR, Gott, sprach: Es ist nicht gut, dass der Mensch allein ist. Ich will ihm eine Hilfe machen, ihm gemäß.
Da bildete der HERR, Gott, aus dem Erdboden alle Tiere des Feldes und alle Vögel des Himmels und brachte sie zum Menschen, um zu sehen, wie er sie nennen würde, und ganz wie der Mensch als lebendiges Wesen sie nennen würde, so sollten sie heißen.

Und der Mensch gab allem Vieh und den Vögeln des Himmels und allen Tieren des Feldes Namen. Für den Menschen aber fand er keine Hilfe, die ihm gemäß war.
Da ließ der HERR, Gott, einen Tiefschlaf auf den Menschen fallen, und dieser schlief ein. Und er nahm eine von seinen Rippen heraus und schloss die Stelle mit Fleisch.
Und der HERR, Gott, machte aus der Rippe, die er vom Menschen genommen hatte, eine Frau und führte sie dem Menschen zu.
Da sprach der Mensch: Diese endlich ist Gebein von meinem Gebein und Fleisch von meinem Fleisch. Diese soll Frau heißen, denn vom Mann ist sie genommen ...

Der Mythos von der Berufung des Mose (2. Mose 3,1–12)

Und Mose weidete die Schafe seines Schwiegervaters Jitro, des Priesters von Midian. Und er trieb die Schafe über die Wüste hinaus und kam an den Gottesberg, den Choreb.

Bild 6: Begegnung eines erschreckten Menschen mit einem Engel von Simone Bonilla Leufen im Konfirmande nlager gemalt.

Da erschien ihm der Bote des HERRN in einer Feuerflamme mitten aus dem Dornbusch. Und er sah hin, und siehe, der Dornbusch stand in Flammen, aber der Dornbusch wurde nicht verzehrt.
Da dachte Mose: Ich will hingehen und diese große Erscheinung ansehen. Warum verbrennt der Dornbusch nicht?
Und der HERR sah, dass er kam, um zu schauen. Und Gott rief ihn aus dem Dornbusch und sprach: Mose, Mose! Und er sprach: Hier bin ich.
Und er sprach: Komm nicht näher. Nimm deine Sandalen von den Füßen, denn der Ort, wo du stehst, ist heiliger Boden.
Dann sprach er: Ich bin der Gott deines Vaters, der Gott Abrahams, der Gott Isaaks und der Gott Jakobs. Da verhüllte Mose sein Angesicht, denn er fürchtete sich, zu Gott hinzublicken.
Und der HERR sprach: Ich habe das Elend meines Volks in Ägypten gesehen, und ihr Schreien über ihre Antreiber habe ich gehört, ich kenne seine Schmerzen.
So bin ich herabgestiegen, um es aus der Hand Ägyptens zu erretten und aus jenem Land hinaufzuführen in ein schönes und weites Land, in ein Land, wo Milch und Honig fließen, in das Gebiet der Kanaaniter und der Hetiter und der Amoriter und der Perusiter und der Chiwwiter und der Jebusiter.
Sieh, das Schreien der Israeliten ist zu mir gedrungen, und ich habe auch gesehen, wie die Ägypter sie quälen.
Und nun geh, ich sende dich zum Pharao. Führe mein Volk, die Israeliten, heraus aus Ägypten.
Mose aber sagte zu Gott: Wer bin ich, dass ich zum Pharao gehen und die Israeliten aus Ägypten herausführen könnte?

Da sprach er: Ich werde mit dir sein, und dies sei dir das Zeichen, dass ich dich gesandt habe: Wenn du das Volk aus Ägypten herausgeführt hast, werdet ihr an diesem Berg Gott dienen.

Die Ankündigung der Geburt Jesu im Lukasevangelium (Lk 1,26–35)

Im sechsten Monat aber wurde der Engel Gabriel von Gott in eine Stadt in Galiläa mit Namen Nazaret gesandt, zu einer Jungfrau, die verlobt war mit einem Mann aus dem Hause Davids mit Namen Josef, und der Name der Jungfrau war Maria.
Und er trat bei ihr ein und sprach: Sei gegrüßt, du Begnadete, der Herr ist mit dir! Sie aber erschrak über dieses Wort und sann darüber nach, was dieser Gruß wohl zu bedeuten habe.
Und der Engel sagte zu ihr: Fürchte dich nicht, Maria, denn du hast Gnade gefunden bei Gott: Du wirst schwanger werden und einen Sohn gebären, und du sollst ihm den Namen Jesus geben.
Dieser wird groß sein und Sohn des Höchsten genannt werden, und Gott, der Herr, wird ihm den Thron seines Vaters David geben, und er wird König sein über das Haus Jakob in Ewigkeit, und seine Herrschaft wird kein Ende haben.
Da sagte Maria zu dem Engel: Wie soll das geschehen, da ich doch von keinem Mann weiß? Und der Engel antwortete ihr: Heiliger Geist wird über dich kommen, und Kraft des Höchsten wird dich überschatten. Darum wird auch das Heilige, das gezeugt wird, Sohn Gottes genannt werden.

4. Beispiele zur rationalen Stufe

	4. Die rationale Stufe	rationales und wissenschaftliches Denken werden möglich

Auf dieser Stufe entstanden einerseits massive Konflikte zwischen rationaler Naturwissenschaft und mythischen Weltentstehungsmythen. Anderseits ermöglicht das rational-wissenschaftliche Denken neue Zugänge zum Verständnis der Entstehung und der Bedeutung von heiligen Schriften und neue Möglichkeiten, sie für die Gegenwart zu aktualisieren.

Erstes Beispiel: der Konflikt des Darwinismus mit den biblischen Schöpfungsmythen

Das berühmteste Beispiel für die Folgen des rationalen und wissenschaftlichen Denkens ist der Zusammenprall der von Darwin nachgewiesenen Evolution jeglichen Lebens aus einfachen Formen mit der oben zitierten mythischen Darstellung der Entstehung des Menschen im älteren Schöpfungsmythos (1. Mose 2.4–23).
Der Konflikt zwischen den beiden Sichtweisen endete damit, dass die naturwissenschaftliche evolutionäre Erklärung der Weltentstehung die mythisch-biblische ablöste.

Zweites Beispiel: rational-wissenschaftliches Bibelverständnis

Dieses zweite Beispiel belegt, dass heute das rationale empirisch-wissenschaftliche Denken Heilige Schriften nicht nur infrage stellt, sondern auch dazu beiträgt, ihre Entstehung und Bedeutung neu zu verstehen und für die heutige Zeit zu aktualisieren.

Die Bibelforscher der letzten Generation haben es gewagt, rational-wissenschaftliche Denkkategorien (v. a. der profanen historischen Forschung und der Archäologie, aber auch der Soziologie, der Sozialpsychologie, der Psychologie und der Ethnologie) auch im Rahmen der Bibelforschung zu verwenden. Mit ihrer mutigen Arbeit erleichtern sie es uns, von den Aussagen der Bibel zur heutigen Zeit eine Brücke zu schlagen. Die Bibel wird dadurch menschlicher, aber auch aktueller.

Nach dem emeritierten Professor für Neues Testament, Gerd Theissen, drohte das Volk Israel zurzeit Jesu (wie schon zur Zeit der Bedrohung durch die Assyrer sowie anlässlich der Eroberung Judas durch die Babylonier) erneut einer militärisch-politischen und kulturellen Übermacht zu unterliegen. Dies führte wiederum zu einer schweren Identitätskrise des jüdischen Volkes.[19]

Die griechisch-römische Kultur, die ich von nun an als *hellenistische Kultur* bezeichne, breitete sich in zwei Schüben im Orient aus: Griechische Mythologie wurde nach Syrien und Palästina verpflanzt und einheimische Traditionen einer griechischen Neuinterpretation unterzogen. Während des hellenistischen Reformversuchs wurde der jüdische Gott Jahwe in Jerusalem und Samarien als »Zeus« angebetet (2. Makk 6,2). Der hellenistisch Gebildete ahnte hinter den verschiedenen Göttergestalten denselben Gott[20].

Die Juden litten darunter, dass ihr bisher gültiges Gottesbild und die davon abgeleiteten Werte und Normen in Gefahr gerieten, ihre Geltung zu verlieren (= Anomie). Dies löste – ähnlich wie schon zur Zeit der babylonischen Herrschaft über Israel – eine schwere Identitätskrise[21] aus. Diese wiederum führte zu den verschiedensten Anpassungsversuchen oder Überlebensstrategien. Diese stelle ich in Form einer Tabelle dar (siehe Tabelle nächste Seite).

Die Jesusbewegung war eine religiös motivierte Befreiungsbewegung. Ihre Überlebensstrategie war im Vergleich zu derjenigen anderer Gruppen friedlich. Jesu war ein begabter spiritueller Heiler und betrieb erfolgreich Symbolpolitik.
Unter Symbolpolitik ist eine Revolution der Werte in den Köpfen mithilfe von symbolischer Argumentation oder von Symbolhandlungen zu verstehen.

Wirkung auf die Gesellschaft (Funktion)	*Formen der Anpassung an Anomie zur Zeit Jesu* (R.K.Merton kombiniert mit G. Theissen)		
	evasiv d.h. ausweichend entrinnend	aktiv-aggressiv d.h. angriffsbereit	subsiditiv d.h. abhängig von Hilfsleistungen anderer
Integration	*keine*	*Konformismus* bereit zu Leistung Pharisäer Sie aktualisierten das Gesetz für die Gegenwart	*Ritualismus* Dienst nach Vorschrift Sadduzäer Sie leugneten Eingreifen Gottes in die Geschichte
Desintegration	*individuelle Auswanderung* z.B. nach Alexandria oder in andere hellenistische Städte	*Innovation* Anwendung verbotener Mittel Räuberei, Sozialbanditen,	*Rückzug* Aussteiger aus der Gesellschaft Verwahrlosung, Bettelei, Krankheit, Besessenheit
Erneuerung	*Emigration in alternative Lebens-gemeinschaften,* z.B. Qumran-Essener	*Rebellion* (Widerstandskämpfer) *oder Revolution* (Makkabäeraufstand)	*Wandercharismatiker* = Jesusbewegung

Das transpersonale Bewusstsein

Wie das folgende Schema zeigt, haben Jean Gebser, Roberto Assagioli, Ken Wilber sowie Carl Gustav Jung die präpersonale und die personale Stufe um eine transpersonale Stufe erweitert.

Erweiterung des Bewusstseins um eine transpersonale Ebene durch Jean Gebser und Ken Wilber		
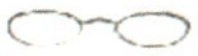	Gefahr von einseitig rationaler Entwicklung	**Transpersonale Ebene**
	↑↓	**Personale Ebene** 4. Rationale bzw. personale Ebene
	bzw. Gefahr auf frühere Entwicklungs-stufen zurück zu fallen (= Regression)	**Praepersonale Ebene** 3. mythische Ebene 2. magische Ebene 1. archaische Ebene
Die Bewusstseinsstufen oder Bewusstseinsstrukturen lassen sich mit verschiedenen Brillen vergleichen. Jede ermöglicht bestimmte Aspekte der Wirklichkeit klar wahrzunehmen. Andere Aspekte der Wirklichkeit sind damit nur sehr unklar oder gar nicht zu erkennen.		

Diese transpersonale Stufe wird dann im 9. Kapitel über das integrale Bewusstsein eingehend erläutert.
An dieser Stelle begnüge ich mich damit, kurz auf die Beiträge von Ken Wilber und Roberto Assagioli hinzuweisen.

Ken Wilbers Unterteilung der transpersonalen Bewusstseinsstufe:

Ken Wilber unternahm in seinen vielen Büchern eine ganze Reihe von Versuchen, die transpersonale Stufe des Bewusstseins in hierarchisch geordnete Unterebenen aufzuteilen. Und er behauptet, dass die Zukunft der Religion, sowohl individuell wie auch kulturell, seinem hierarchischen Stufenschema folgen werde, das er aus dem Buddhismus übernahm[22].

Während die Reihenfolge von der archaischen Ebene bis zur rationalen Ebene durch empirische interkulturelle Untersuchungen als universell gültig nachgewiesen wurde, ist dies für Wilbers Stufenschema der transpersonalen Ebene nicht der Fall. Der spirituelle Entwicklungsprozess erfolgt nicht stets in einer festen Reihenfolge, sondern kann in sehr unterschiedlichen Schritten vorangehen und auch Phasen überspringen.

Unsere Zielsetzung besteht nicht in einer aufs Höchste verfeinerten Schilderung der Stufen der transpersonalen Entwicklung, sondern darin, uns einen groben Überblick über die Formen religiöser Erlebnisse zu verschaffen. Dafür scheint mir die folgende vereinfachte Darstellung der transpersonalen Entwicklungsstufen am sinnvollsten:

Vereinfachte Darstellung der Wilberschen Stufen des transpersonalen Bewusstseins:

5. Erfahrung der Leere der Gottheit, reines Sein, Stufe, die allem, was entstehen kann, voraus liegt. Erleben der Identität mit dieser Wirklichkeit
4. Kausale Ebene = Einheitserfahrung mit einem Gegenüber (mit personalem Gott z.B. Brahma, Allah oder Jahwe)
3. Subtile Ebene = Uebersteigen des Ich-Bewusstseins mittels Bilder und Symbolen, Visionen und Prophetien
2. Parapsychologische oder paranormale Erlebnisse, z.B. Hellsehen
1. Ausserkörperliche Erfahrungen, Nahtoderfahrungen

Wilbers höchste Stufe und die Grundlage aller transpersonalen Erscheinungen ist ein formloses Bewusstsein.
Auf dieser Stufe gibt es kein Selbst mehr, keinen Gott mehr, keine Subjekte, keine Dinge, sondern nur noch Präsenz des reinen Bewusstseins.

Diese höchste und grundlegende Stufe oder Ebene ist die mystische.

Mystiker aller Zeiten berichten uns, sie hätten diesen gemeinsamen Urgrund allen Lebens (und sich als Teil davon) erfahren.

Der indische Professor N. V. P. Unitiri beschrieb diesen gemeinsamen Urgrund folgendermaßen[23]:

»Gemäss den alten indischen Philosophien sind alle Wesen – ob Pflanzen, Tiere oder Menschen – Teil des Ganzen, des unbeschreibbaren Einen, von Brahman. Brahman könnte beschrieben werden als kosmische Seele oder als universeller Geist. Es durchdringt alle, sowohl uns Menschen wie auch Tiere und Pflanzen.«

Roberto Assagiolis Sicht

Auch der Begründer der transpersonalen Psychologie, *Roberto Assagioli*, akzeptierte die Existenz eines gemeinsamen Urgrundes alles Lebens, wie ihn der indische Professor N. V. P. Unitiri beschrieben hatte. Aber er betonte auch die Bedeutung zusätzlicher Ebenen der Realität in der Entwicklung des Lebens:

»Alles ist eins« ist eine tiefe metaphysische Wahrheit auf einer Ebene, aber unglücklicherweise wenden manche diese wunderbare Realität auf die Ebene des Menschseins oder auf andere Ebenen der Manifestation an, auf der diese Wahrheit nicht wirksam ist, und viele der sogenannten metaphysischen Bewegungen und auch einige östliche Zugangsweisen beachten diesen fundamentalen Unterschied nicht.

»Alles ist im Wesen eins, im Sein; aber im Werden, in der Manifestation, in diesem Lebensprozess, gibt es unzählig Viele«.

(Assagioli Roberto 2008:11/12) in Psychosynthese Nr 18/

Sowohl Wilber wie auch Assagioli vertreten eine Konzeption einer grundlegenden mystischen Ebene, aus der sich eine Vielfalt von Erscheinungen entwickelt.

Beispiele mystischer Religiosität:

Ein christlicher Vertreter mystischer Religiosität war der mittelalterliche Dominikanermönch Meister Eckhart. Meister Eckhart beschrieb seinen Durchbruch zu einem unmittelbaren und formlosen Gewahrsein, das ohne Ich, ohne anderes und ohne Gott ist, folgendermaßen:

»In dem Durchbrechen aber, wo ich ledig stehe, meines eigenen Willens und des Willens Gottes und aller seiner Werke und Gottes selber, da bin ich über allen Kreaturen und bin weder »Gott« noch Kreatur, bin vielmehr, was ich war und was ich bleiben werde jetzt und immerfort.
Da empfange ich einen Aufschwung, der mich bringen soll über alle Engel. In diesem Aufschwung empfange ich so großen Reichtum, dass Gott mir nicht genug sein kann mit allem dem, was er als »Gott« ist, und mit allen seinen göttlichen Werken; denn mir wird in diesem Durchbrechen zuteil, dass ich und Gott eins sind. Da bin ich, was ich war, und da nehme ich weder ab noch zu, denn ich bin da eine unbewegliche Ursache, die alle Dinge bewegt ... Und darum bin ich ungeboren, und nach der Weise meiner Ungeborenheit kann ich niemals sterben. Nach der Weise meiner Ungeborenheit bin ich ewig gewesen und bin ich jetzt und werde ich ewiglich bleiben[24].«

Mystische Religiosität wurde im Judentum, im Christentum und im Islam immer wieder unterdrückt.
So wurde der Meister Eckhardt, nach langjähriger Tätigkeit im Dienst seines Ordens, wegen Häresie (Irrlehre, Abweichung von der Rechtgläubigkeit) denunziert. Er starb allerdings vor Abschluss des gegen ihn durchgeführten Inquisitionsverfahrens[25].

Seit den sechziger Jahren des 20. Jahrhunderts erfolgte dann auf verschiedenen Wegen (durch Begegnungen mit östlichen Religionen, durch das Aufkommen der Esoterik, durch die Hippiebewegung etc.) in zunehmendem Maße ein Ausbruch aus den dogmatisch erstarrten Schriftreligionen. Dieser Ausbruch ging und geht mit massiver Kritik an den institutionalisierten Religionen einher.

Als Ergebnis dieser jüngsten Geschichte wird heute Religiosität in einer Vielfalt von Formen gelebt:

- die archaische und animistische in der Esoterik
- die mythische im Judentum, im Islam und in den meisten Kirchen, vor allem in den fundamentalistischen religiösen Gruppierungen
- die rationale in der rational-wissenschaftlichen Interpretation der religiösen Traditionen an den Universitäten.
- Stark an Bedeutung gewonnen haben auch die früher unterdrückten mystischen Formen von Religiosität.

Für die Verbreitung der östlichen Mystik im deutschen Sprachraum waren der Jesuitenmönch Enomiya Lasalle und der Benediktinermönch Willigis Jäger, beide in Japan ausgebildete Zenmeister, sehr bedeutsam. Beide wurden jedoch immer wieder kritisiert, das Christentum mit dem Buddhismus zu vermischen.
Willigis Jäger wurde 2001 – in einem Inquisitionsverfahren der römisch-katholischen Glaubenskongregation gegen ihn – vorgeworfen, Glaubenswahrheiten der persönlichen Erfahrung unterzuordnen.
Als ihm die Glaubenskongregation ein Rede-, Schreib- und Auftrittsverbot erteilte,

ließ sich Jäger aus dem Kloster formell beurlauben, blieb aber Mitglied der Klostergemeinschaft. Sowohl der Abt als auch die Gemeinschaft standen zu ihm[26].

Als zweites Beispiel mystischer Religiosität zitiere ich die Beschreibung ihres mystischen Einheitserlebnisses durch eine Teilnehmerin in einem Meditationskurs von Willigis Jäger:

»Seit einiger Zeit kann ich mich nicht mehr einverstanden erklären mit diesem persönlichen Gott, diesem Bruder, Partner, Freund, der immer da ist für uns und auf uns wartet. Ich erlebe Gott zurzeit dunkel, gesichtslos, apersonal; nicht den Gottmenschen Jesus Christus auf dieser Erde, sondern als Gottheit in den Dingen dieser Erde, auch in mir, als Kraft, als Intensität, als das Dasein von allem ... «[27]

Vor einigen Tagen las ich über Kontemplation: Wenn du Gott schaust, siehst du nichts, und das ist genau der Punkt: Wenn du auf nichts schaust, dann ist nichts; das ist nicht irgendeine Erfahrung oder eine Art von Erkenntnis, in der Tat, es ist, was Gott ist; Gott ist nichts. Gleich darauf begann ich, nichts zu sehen. Es war die zaunlose Wirklichkeit, die randlose Wirklichkeit, und alle meine Anhänglichkeit schien verschwunden zu sein in diesem Sehen. Es kam eine große Entspannung über mich, es musste nichts getan werden. Kurz vor dieser Erfahrung gab es eine Zeit von etwa zwei Wochen, wo ich fast ständig am Rand des Weinens war. Da war kein Grund für dieses Weinen, es war nur eine sanfte Berührung in mir, eine Zartheit, die mich nicht von meinen Pflichten abhielt ... [28]

Nur dieses Namenlose ... Dann kamen die Male, wo ich beim Sitzen den Eindruck hatte, ich trete heraus aus der, die da sitzt, und betrachte von weit draußen mein und der ganzen Welt Theaterspiel. Was war das, was da austrat? Und wer blieb sitzen? Wo war »Ich«? »Mein« Bewusstsein hatte keinerlei individuelle Färbung mehr, und in den Augenblicken von Gotteserfahrung gab es nicht einmal mehr Bewusstsein, sondern nur dieses Namenlose. In solchen Zuständen – meine ich jetzt nachträglich – ist nur noch geistiges Existieren[29]«.

3. Skizze der religiösen Entwicklung der Menschheit

Der Schamanismus – die älteste religiöse Kultur

Während des größten Teils ihrer Geschichte lebten die Menschen als Jäger wilder Tiere und Sammler pflanzlicher Nahrungsmittel. Ihre geistige Kultur in Wissenschaft, Kunst und Religion war jedoch bereits vielfältig und anspruchsvoll. Dies belegen die sehr eindrücklichen Funde von Höhlenmalereien in Frankreich und Spanien. Unter den Sammlern und Jägern gab es bereits Schamanen.

> Der Schamanismus ist die älteste religiöse Kultur der Menschheit. Der Schamane war in der Welt der frühen Jäger und Sammler, aber auch in der Welt der Hirten, der religiöse Spezialist seiner Sippe, seines Stammes oder seines Dorfes oder seiner Lagergemeinschaft.
>
> (Lang Bernhard 2002:33)

Der Schamane als religiöser Spezialist und Mittler zur jenseitigen Welt

»Er vermittelte zwischen der diesseitigen und der jenseitigen Welt, dem Lebensraum der Menschen und der Welt der Götter, Ahnen und Geister. Weder Heilung von Krankheit, noch Beilegung von Streit oder Sicherung des lebensnotwendigen Wildbestandes war ohne Vermittlung männlicher oder weiblicher Schamanen möglich. Zwei eng miteinander verknüpfte Vorstellungen stehen im Zentrum schamanistischer Kulte: *die Verwandlung* und die *Jenseitsfahrt.*

Im Rahmen seiner Initiation wird der zum Schamanen bestimmte junge Mensch einer Verwandlung unterzogen, die in der Regel seine symbolische Tötung voraussetzt.

Nach seiner Initiation ist der Schamane kein gewöhnlicher Mensch mehr, sondern ein Wesen, das über außerordentliche Kräfte und Fähigkeiten verfügt, die für die Gesellschaft nützlich und manchmal für ihr Überleben notwendig sind. Im Traum oder im Zustand der Trance kann er, seinen Körper unbeweglich zurücklassend, seine Seele auf die Reise ins Jenseits schicken, um dort mit den überlegenen (jenseitigen) Wesen zu verhandeln, Erkundungen einzuziehen und Hilfe zu erhalten[30].«

Schamanistische Spuren sind auch noch in Teilen des Alten Testaments zu finden[31].

Unser altorientalisches und alttestamentliches Erbe

Die Schriften des Alten Testaments sind überwiegend durch mythisches Denken geprägt, und sogar die geschichtlichen Erinnerungen sind weitgehend mythisch interpretiert.

Hinter den mythischen Geschichten sind allerdings auch noch Spuren archaischen und magischen Erlebens und Handelns verborgen. Diese aufzuspüren ist aber eine Detektivaufgabe, denn die jüdischen Priester, die den Glauben an einen einzigen Gott (= Monotheismus) in Israel durchsetzten, haben möglichst alle Spuren von Vorgängerreligionen – z. B. von anderen Göttern und von Göttinnen – beseitigt oder monotheistisch umgedeutet.

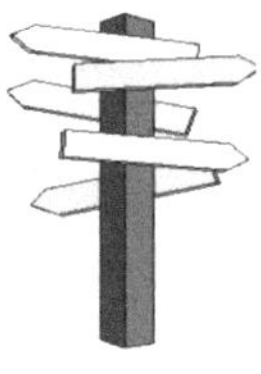

zum Vorgehen

Die altorientalischen Religionen, sowie das Alte - und vor allem das Neue Testament - spielten in Bezug auf die Entstehung des modernen Individuums eine bedeutende Rolle. Seit dem Tode Jesu bis in die Reformationszeit haben christliche Theologen und Kirchenführer die biblische Botschaft immer wieder neu interpretiert und aktualisiert und damit die Grundlage für unser westliches Verständnis des Individuums gelegt. Deshalb können wir uns selbst nicht ohne Rückblick auf diese Botschaft verstehen. Bevor ich nun zur Darstellung wichtiger biblischer Traditionen übergehe, schiebe ich noch einige Impulse für ein zeitgemässes Bibelverständnis ein, das uns helfen kann der Biel unbefangener gegenüber zu treten als es sich viele von uns aus der Kindheit gewohnt sind.

Impulse für ein zeitgemäßes Bibelverständnis

Carel van Schaik (Anthropologe und Evolutionsbiologe) und Kai Michel (Historiker und Literaturwissenschaftler) haben zusammen ein Buch geschrieben. Sein Titel lautet: »Das Tagebuch der Menschheit – was die Bibel über unsere Evolution verrät[32]«. Die beiden Autoren wissen über die Resultate der wissenschaftlichen Bibelforschung der theologischen Fakultäten gut Bescheid und haben auch den Dialog mit ihnen gepflegt.

Ich zitiere im Folgenden einige ihrer Ergebnisse:

»Wenn die Schweizer Alttestamentler Othmar Keel und Thomas Staubli die Bibel als »Hundert-Stimmen-Strom« bezeichnen, mag das eine gewöhnungsbedürftige Einsicht für all jene Gläubigen sein, die überzeugt sind, »dass Gott an seinem großen Eichenschreibtisch im Himmel saß und einer auserwählten Schar von tadellosen Stenografen alles druckreif in den Block diktierte« ... Aber es ist nun mal die Wahrheit. Die Bibel hat zahllose Autoren, Gott war aller Wahrscheinlichkeit nach nicht darunter[33].«

»Wir glauben aber, die Lektüre fällt leichter, wenn man die Bibel als Tagebuch der Menschheit begreift, als eines, an dem tausend Jahre geschrieben und gearbeitet wurde.
Das deshalb oft so widersprüchlich erscheint ... Denn damit fällt auch die Verpflichtung fort, die makellose Schrift eines makellosen Gottes sein zu müssen.«

(Van Schaik Carel und Kai Michel 2016:488)

Die beiden Autoren verstehen die Bibel als Dokument des menschlichen Ringens mit den Konsequenzen der radikalsten Verhaltensänderung, die eine Tierart je auf diesem Planeten absolvieren musste: dem Sesshaftwerden und dem Zusammenleben in immer größeren Gesellschaften. Nach ihrer Ansicht haben die Menschen dies mit Bravour gemeistert, weil sie alles auf ihren entscheidenden Trumpf setzten: die Fähigkeit zur kumulativen kulturellen Evolution.

Doch sie zahlten einen Preis dafür: *Mismatch* (oder Widersprüchlichkeit). So nennen wir das Auseinanderklaffen zwischen der psychischen Ausstattung und den neuen Lebensbedingungen. Das ist der Preis, den wir bis heute für den kulturellen Fortschritt zahlen.
Wir fühlen uns nicht recht heimisch in einer Welt, die immer unüberschaubarer und anonymer wird und voll unbekannter Herausforderungen steckt. Was Freud als »Unbehagen in der Kultur« bezeichnete, nennen wir, unserem Gegenstand entsprechend, Heimweh nach dem ›Paradies‹«[34].

Die älteste Religion Israels war polytheistisch, d. h., es wurde eine Vielzahl von Göttern und Göttinnen verehrt.

Im 1981 herausgegebenen Sammelband »Der einzige Gott« betonten die Autoren Bernhard Lang, Morton Smith und Herrmann Vorländer[35]:

»Die älteste Religion Israels ist – wie die der übrigen Völker des vorderorientalischen Milieus – polytheistisch, d. h. man verehrt eine Vielzahl von Göttern und Göttinnen, die unterschiedliche Aspekte der jenseitigen Wirklichkeit symbolisch zum Ausdruck brachten.«

(vgl. Lang Bernhard u. a. 1981:7)

Auch in seinem 2002 herausgegebenen Buch »Jahwe der biblische Gott« hebt Bernhard Lang die enge Beziehung des hebräischen Gottes zur Welt des Vorderen Orients hervor, besonders zu Mesopotamien und Ägypten.

Herrin oder der Herr der Tiere

Auf dieser Kulturstufe scheinen die Jagdtiere im Mittelpunkt des religiösen Lebens gestanden zu haben, wobei eine Tiergottheit – ein göttlicher Wildhüter – die leitende Gottesidee bildete.

Als »Herrin der Tiere« oder »Herr der Tiere« bei vielen Gesellschaften aller Kontinente bekannt, ist diese Gottheit für die Vermehrung der Jagdtiere zuständig und erlaubt dem Menschen die Jagd. Tierherrin und Tierherr sind ihrem Wesen nach menschenfreundlich.
Bei religionsgeschichtlicher Betrachtung wird sogleich das archaische Weltbild der frühen Jäger und Sammler erkennbar: Gott wird als Besitzer der wilden Tiere verstanden.

Bernhard Lang kommentiert die Gestalt des Herrn der Tiere folgendermaßen (S. 107):

»Die Israeliten des Alten Testaments und deren frühjüdische Nachfahren lebten nicht mehr in der archaischen Kultur der Jäger und Sammler. Sie waren vornehmlich Ackerbauern, die ihre Landwirtschaft durch Haltung von Ziegen, Schafen und Rindern ergänzten. Neben der Landwirtschaft gab es auch Hirtentum ... «

»Ob das frühe Israel, dem Vorbild von Ugarit folgend, jedoch auch eine Herrin der Tiere kannte, bleibt ungewiss, da die spätere Entwicklung zum Eingottglauben fast alle Spuren weiblicher Gottheiten verwischt hat[36].«

> Im Rahmen der Unterdrückung aller weiblichen Gottesbilder wurde die Herrin der Tiere im Alten Testament durch Jahwe, den Gott Israels ersetzt.

In dieser Form hat er in der biblischen Religion tatsächlich zahlreiche Spuren hinterlassen, z. B. in Psalm 50,10–11:

»Mir gehört alles Getier des Waldes, das Wild auf den Bergen zu Tausenden. Ich kenne alle Vögel des Himmels. Was sich regt auf dem Feld, ist mein eigen.«

> Dieser Satz fasst die Gotteserkenntnis der frühen Jäger und Sammler zusammen, und bezeichnet Gott als den Besitzer der wilden Tiere.

Ein weiterer Psalmvers ist nicht weniger aufschlussreich:

»Jahwe ist mein Hirte, mir mangelt nichts. Er weidet mich auf grünen Auen. Zum Ruheplatz am Wasser führt er mich, neues Leben gibt er mir. Er leitet mich auf Pfaden des Heils.« (Ps 2.3,1–3)

Dem Beter gilt Jahwe auch als Herr der Herdentiere – und nicht nur als Besitzer des Getiers von Wald und Feld. Bedenken wir in diesem Zusammenhang die historische

Entwicklung, so sprechen mehrere Gründe für die Annahme, dass wir es in Israel mit einer religionsgeschichtlichen Spätform des Herrn der Tiere zu tun haben. Eine altertümlichere Vorstellung würde vermutlich von einer Göttin und nicht einem Gott sprechen.
In dieser Spätform ist Jahwe ein Himmelsgott und kein in der Steppe oder im Wald lebender Wildgeist. Und er ist auch Besitzer der Haustiere, was wiederum eine jüngere Kulturstufe als die der urtümlichen Jäger und Sammler voraussetzt.

Spätere Spuren der Herrin und des Herrn der Tiere

Nach Bernhard Lang haben sich Spuren des Herrn der Tiere in allen literarischen Schichten der Bibel erhalten – bis hin zum Neuen Testament.
In Psalm 104 wird Gott in einem Hymnus dafür gepriesen, dass er die ganze Schöpfung weise und zweckmäßig eingerichtet hat.

Friede unter den Tieren

In diesem Zusammenhang ist ein Wort des Propheten Jesaja von Bedeutung. Jesaja schildert den idealen, weisen und gerechten König, der bald über Juda herrschen wird. Seine Herrschaft bewirkt auch eine Befriedung der Natur:

Dann wohnt der Wolf beim Lamm,
der Panther liegt beim Böcklein.
Kalb und Löwe weiden zusammen,
ein kleiner Knabe kann sie hüten.
Kuh und Bärin freunden sich an,
ihre Jungen liegen beieinander.
Der Löwe frisst Stroh wie das Rind.
Der Säugling spielt vor dem Schlupfloch der Natter,
das Kind streckt seine Hand
in die Höhle der Schlange.
Man tut nichts Böses mehr und begeht kein Verbrechen
auf meinem ganzen heiligen Berg (Jes 11,6–9).

Das Prophetenwort bedient sich poetischer Überhöhung; in ihr erkennen wir Spuren des Glaubens an den Herrn der Tiere, an jenen Herrn, der allein den Tierfrieden zu stiften vermag.

Spuren des syrischen Wettergottes Baal im Alten Testament

Die Religion Kanaans gehört zusammen mit jener Ägyptens und jener Mesopotamiens zu den ältesten der Menschheit. Im Gegensatz zu den Religionen dieser großen Flusstäler mit Bewässerungswirtschaft sind in Kanaan die primären segensreichen Mächte weder der Fluss noch die Sonne, sondern der Regen, der jährlich im Winter mit Gewittern daherkommt, und die Erde, die von ihm durchtränkt, für Mensch und Tier nährende Früchte hervorbringt[37].

Gottheiten sind, ob im Vorderen Orient oder in Ägypten, meistens durch besondere Attribute gekennzeichnet. Die Gottheiten der Akkadzeit (um 2300 v. Chr.) lassen sich anhand von Götterkronen, Schulterattributen oder Insignien beispielsweise relativ leicht identifizieren.

Bernhard Lang hat sowohl mythisches wie auch archaisch-magisches Erleben und Denken am Beispiel von Psalm 29 veranschaulicht[38]. Für die Israeliten galt Regen als zielgerichtet und dem Menschen dienend[39].

Der Regen tränkt die Erde und gibt dem Sämann Samen und Brot zum Essen (Jes. 55,10). Den vom Himmel fallenden Regen und Schnee interpretierten die Menschen jener Zeit mythologisch als Handeln des Wettergottes, den die Religionsgeschichte auch als Regengott oder Sturmgott bezeichnet. Sein Name wurde als Adad, Hadad, Baal und im biblischen Israel als Jahwe angegeben, denn die Rolle des Wettergottes wurde auch Israels Gott zugeschrieben (vgl. dazu Jer 5,24).

Lang präsentiert dann eine eindrückliche Darstellung des Wettergottes Baal:

Bild 7: Der Wettergott Baal

»Der behelmte, eine Donnerkeule schwingende und einen feurigen, den Blitz darstellenden Speer haltende Krieger ist der Wettergott. Von Oktober bis März, der Regenzeit im östlichen Mittelmeer, herrscht er über die Natur. Der Wettergott des alten Vorderasiens besaß viele Namen und Titel; in der Stadt Ugarit, wo diese Darstellung gefunden wurde, wurde er Baal genannt, ein Wort, das ›Herr‹ bedeutet«.

Ugaritisches Relief, ca. 2000/1500 v.Chr.

Lang zitiert Psalm 29 als Beispiel für eine eindrückliche Schilderung des Wettergottes im Buch der Psalmen:

> Gebt Jahwe, ihr Götter,
> gebt Jahwe Lob und Ehre!
> Gebt Jahwe die Ehre seines Namens,
> werft euch nieder vor Jahwe in heiliger Pracht!
> Die Stimme Jahwes erschallt über den Wassern.

Der Gott der Herrlichkeit donnert,
Jahwe über gewaltigen Wassern.

Psalm 29 dürften die Israeliten von einer der libanesischen Küstenstädte[40] übernommen haben. Vielleicht verwendete das ursprüngliche Gedicht nicht den Namen Jahwe, sondern den Namen des syrischen Wettergottes Baal, da die im Libanon lebenden Menschen den Wechsel der Jahreszeiten als das Werk dieses mächtigen syrischen Wettergottes betrachteten.

In der Frühzeit ihrer Geschichte scheinen die Hebräer neben ihrem Nationalgott Jahwe auch Baal verehrt zu haben. Später, in der Zeit des Monotheismus, hat dann wohl ein Bearbeiter des alten Liedes den Namen ›Baal‹ durch ›Jahwe‹ ersetzt.

Gemäß der kanaanäischen Mythologie liegt Baals Palast auf einem hohen Berg, von dem aus er als kosmischer König die Regenzeit beherrscht. Dieser Berg stellt die engste Verbindung zwischen der Erde als Wohnort der Menschen und dem Himmel als Stätte der Götter dar[41].

Lang bezeichnet die Religion von Psalm 29 als *»Naturreligion«*, als ein von Naturphänomenen bestimmter oder zumindest gefärbter Glaube. Die rituelle Funktion von Psalm 29 ist zwar nicht überliefert, doch wahrscheinlich haben kultische Feiern zu Ehren des Wettergottes stattgefunden.

Spuren des ugaritischen Gottes El im Alten Testament

Bevor sie ihre Religion in eine monotheistische Buchreligion umwandelten, waren die geistigen und religiösen Führer des alten Israel einer polytheistischen Weltsicht verpflichtet, deren Mythologie und rituelles Leben in verstreuten biblischen Texten und Traditionen noch erkennbar ist.

Bestandteil dieser Mythologie war eine Schöpfungserzählung sowie ein Ritual der Himmelsreise, das einzelne Menschen – politische und religiöse Führergestalten – vor die Götter (oder Gott) führte und ihnen besondere Weisheit verlieh.

El, der ugaritische Gott der Weisheit (ca. 1400)

Die seit 1929 in der syrischen, am Mittelmeer gelegenen, Hafenstadt Ugarit gefundenen Keilschrifttafeln des 14. Jahrhunderts v. Chr. vermitteln uns einen Einblick in die westsemitische Religion der Bronzezeit. Die Götterwelt dieser Religion wird als eine große Familie aufgefasst. Da die Autoritätsstruktur innerhalb menschlicher Familien das Organisationsprinzip der Weltordnung bildet, kann nur ein einzelner, ein Patriarch, an der Spitze stehen. Sein Name, El, bedeutet »Gott«, denn er ist der Gott schlechthin.

El gilt als Eigentümer des gesamten Kosmos. Er verwaltet seinen Besitz jedoch nicht allein, sondern delegiert bestimmte Aufgaben an seine Söhne und Töchter, jene Götter und Göttinnen, die er mit seiner Gemahlin Aschera gezeugt hat. Über alles erhaben, hält sich El aus den Konflikten der Götter heraus, doch im Streitfall kommt ihm in der Götterversammlung die letzte Entscheidung zu. Als sich im Hintergrund haltende Autorität greift er nur gelegentlich ein, nämlich dann, wenn es zu verhindern gilt, dass sich Unordnung auf Dauer etabliert. Die Position Els wird von den Göttern des Pantheons anerkannt:

Dein Wort, El, ist weise, deine Weisheit gilt in Ewigkeit.
Bekundung des Schicksals ist dein Wort.

Mit dieser Formel anerkennen die Götter Ugarits die Entscheidungen des ihr Schicksal festlegenden Herrn.

In bildlichen Darstellungen erscheint der ugaritische Gott El als eine bekrönte, auf einem Thron sitzende Gestalt. Freundlich blickend erhebt er die Hand zum Segensgruß. Sein Bart verweist auf Alter und Weisheit.

Bild 8: Der ugaritische Gott El (ca.1400 v.Chr.)

Diese kleine, nur 13,8 cm hohe, mit Gold überzogene Bronzestatuette wird zwar nicht durch eine Inschrift näher bestimmt, gilt aber als Darstellung Els, Hauptgott des Pantheons der Stadt Ugarit in Syrien. Die bärtige Gestalt trägt eine Krone ägyptischen Stils, ein langes Gewand mit Wulstsaum, sowie Sandalen, und hebt die Rechte zu einer freundlichen Segensgeste.

Die Rekonstruktion der ältesten Religion Israels ist möglich, weil vergleichbare Zeugnisse aus Ugarit zur Verfügung stehen.

Mehrere alttestamentliche Texte, die von der monotheistischen Revision unberührt blieben, lassen eine Mythologie erkennen, die der ugaritischen verwandt ist. In bestimmten biblischen Texten erscheint Israels Gott als eine weise, dem Gott El vergleichbare Gestalt. Der Schöpfergott wird Jahwe genannt, hieß aber ursprünglich wohl El (wie der göttliche Weltherr Ugarits) oder Elohim[42].

Spuren von Göttinnen im alten Orient und in der Bibel

Die nackte Göttin

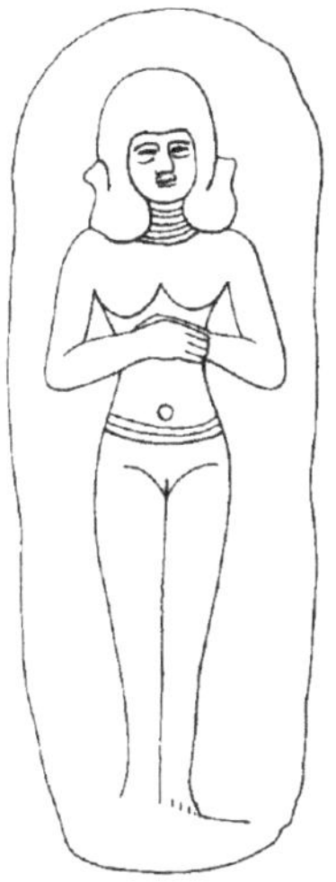

Bild 9: Altbabylonische Terrakottafigur vom Tell Asmar (um 2000 v. Chr.)

Nachdem sich im 3. Jahrtausend der Götterhimmel Ägyptens und Mesopotamiens in vielerlei Erscheinungen entfaltet, drängt sich in der 1. Hälfte des 2. Jahrtausends in der altbabylonischen und altsyrischen Rollsiegelkunst eine Gestalt in den Vordergrund der Bildkunst, die in der Literatur als «nackte Göttin» bezeichnet wird.

Der Mutterschoß als Symbol

Bild 10: Ovales gewölbtes Siegelamulett mit omegaförmigem Symbol. Südöstliches Anatolien, frühe Mittelbroncezeit (1750–1700 v. Chr.)

Das omegaförmige Symbol kann als Symbol für den Mutterschoss gedeutet werden, das Kreissegment evt. als Symbol für die weibliche Scham. Solche Siegelamulette sind in der Regel in Kindergräbern gefunden worden. Dieses Zeichen ist schon auf frühen mittelbroncezeitlichen, winzigen Siegelamuletten aus Anatolien, später auch Palästina/ Israel, speziell verstorbenen Kindern mitgegeben worden. »Es dürfte den konkreten Mutterleib, darüber hinaus auch den göttlichen Mutterleib und den Leib der Erde symbolisiert haben. Im Hebräischen entspricht dem Zeichen das Wort raechaem «Mutterschoß», von dem sich rachamim ›Mitgefühl‹ ableitet... ist im alten Israel raechaem von zentraler Bedeutung im Menschen- und sogar Gottesbild. Im Mutterschoß machen sich Regungen zugunsten allen Lebens bemerkbar.«
(Silvia Schroer 2004:30/31)

Bild 11: Die Mutter alles Lebendigen
Idol mit Zwillingen an den Brüsten und Bäumen und Capriden neben der Scham, ca. 1300–1200 v. Chr.

Die aus einem Model gepresste, hinten unbearbeitete Figur zeigt auf den Oberschenkeln je einen zweigartigen Baum. Dieser scheint aus den Knien hervorzuwachsen. Von ›aussen‹ stemmt sich je ein ziegenartiges Tier am Baum hoch und frisst von dessen Spitze.
Die bogenförmig herabgreifenden Hände der Göttin scheinen ihre Scham offen zu halten. Unterhalb jeder Brust ist eine kleine Menschenfigur mit erhobenen Armen zu sehen. Die beiden wollen Säuglinge darstellen. Den Hals schmücken zwei nur angedeutete Halsketten. An der unteren scheint ein Sichelmond zu hängen.

Die Figur knüpft ikonographisch mit der Betonung der Scham und den Zweigbäumen an die Zweiggöttin der Mittelbronzezeit an. Zusätzlich zu den Pflanzen erscheinen hier auch Tiere und Menschen als solche, die von der Göttin leben. Sie ist hier also eine Mutter alles Lebendigen.

Immer wiederkehrende Gesten, Haltungen und Konstellationen über grosse Zeiträume

Silvia Schroer betont, dass trotz einer ungeheuren Vielfalt an Typen von Idolen über große Zeiträume, in einigen Fällen über Jahrtausende, und über große Regionen immer wiederkehrende Gesten, Haltungen und Konstellationen, aber auch Zuordnungen zu anderen Figuren oder Attributen erkennbar sind. So ist beispielsweise der Gestus des Brüstepräsentierens oder die Verbindung der Frau mit der Wildkatze, dem Löwen oder Panther, vom Neolithikum bis in die Perserzeit oder gar römische Zeit immer wieder anzutreffen. Ursprünglicher als die Namen sind die Erscheinungsweisen. Die Namen sind sekundär und mitunter auswechselbar, so z. B. nachweislich bei den ägyptischen Baumgöttinnen, die in den Gräbern des Neuen Reiches als Hathor, Nut oder Matat bezeichnet werden.

(Silvia Schoer, in »Eva – Mutter des Lebendigen«, S.26ff)

Zur Entstehung von ethischen Regeln und Gesetzen

Wie in seinen Gottesvorstellungen war Israel auch bezüglich der Entstehung seiner ethischen Regeln und Gesetze von andern Völkern und deren Gesellschaftsentwicklung beeinflusst.

Die Sicht der Religionswissenschaft

In seinem Artikel zum Thema Ethik in religionswissenschaftlicher Sicht[43] vertritt Peter Antes die Ansicht, dass alle Religionen die Menschen lehren, sich sinnvoll als Teil eines Ganzen zu begreifen, sowie sich und ihr Tun in dieses Sinngefüge einzuordnen.

> Ein Vergleich der verschiedenen Gesetzeslisten zeigt erstaunlich große Parallelen dort, wo ethische Handlungsanweisungen an Einzelne erteilt werden.
>
> Ueberall finden sich Hinweise darauf, dass man nicht lügen, nicht stehlen und nicht morden darf. Die Ehrung der Eltern wird genauso betont wie das Verbot, die Ehe zu brechen, weshalb man sagen kann, dass die zweite mosaische Tafel der Zehn Gebote (= Dekalog) ungefähr die gemeinsame Ethik aller Religionen wiedergibt.

Diese Gemeinsamkeiten bestehen allerdings nicht in den Details. Sobald die Vorschriften im Einzelnen mit den vorgeschlagenen Konkretisierungsformen betrachtet werden, lassen sich beträchtliche Unterschiede zwischen den einzelnen Kulturen und Religionen benennen, die die unterschiedlichen gesellschaftlichen wie kulturellen Rahmenbedingungen widerspiegeln und sich keineswegs mehr auf einen gemeinsamen Nenner bringen lassen … «

> »Alle Ethiken gehen davon aus..,dass die Menschen in einem bestimmten Umfang frei handeln können und folglich alles nur vom guten Willen und der Bereitschaft der Menschen zum guten Handeln abhängt … sie gehen also weder von einer totalen Programmiertheit noch von einer völligen Fremdsteuerung durch Triebe oder irgendwelche außerirdische Wesen aus.«

Nach Axel Michaelis[44] ist in traditionalen Gesellschaften die Berufung auf Gott als Gesetzgeber die häufigste Form einer Begründung ethischer Regeln.

»Vielfach gelten dann die Religionsstifter als Gesetzgeber oder -verkünder, so z.B. Buddha, Mose, Zarathustra oder Muhammad.
Das von Gott oder den Göttern gegebene Gesetz ist zugleich oft Ausdruck einer universalistischen, göttlichen Ordnung, so die Ma'at der Ägypter, das Dao der Chinesen oder der Dharma in Hinduismus, Buddhismus und Jainismus.«

»Die beherrschende Frage, ob Normen göttlich, naturgegeben (Naturrecht) oder gesetzt (positives Recht) sind, bildet seit der Antike Anlass zu religiösen Disputen und rechtsdogmatischen Konflikten.

Für die Sophisten waren Recht und Gesetz nur wechselnde menschliche Setzung im Unterschied zu der gleichbleibenden Naturordnung (physis). Sokrates, Plato, Aristoteles, und v. a. die Stoiker, konzipierten demgegenüber die Gesetze in Übereinstimmung mit der menschlichen Natur (bzw. der Natur überhaupt).«

Die Sicht der Evolutionsbiologie

Aus der Sicht der Evolutionsbiologie war die Religion zur Zeit der Jäger und Sammler noch nicht für die Moral zuständig. Die Geister und Ahnen haben sich kaum um das sittliche Verhalten der Menschen gekümmert.

»In Zeiten, in denen die Menschen in überschaubaren Gruppen lebten, ließen sich die meisten Vergehen gar nicht verbergen.« »Wenn man den Grabstock eines Mannes stiehlt, wo will man ihn verstecken? Und was hat man von ihm, wenn man ihn nicht benutzen kann, weil ihn gleich jeder als den gestohlenen identifizieren würde?«, gibt Robert Wright ein Beispiel.

Nach Kai Michel und Carel Van Schaik[45] waren Jäger und Sammler kein Ausbund an Redlichkeit, aber Fehltritte wurden zu oft entdeckt, als dass sie zu einem grassierenden Problem werden konnten. Da ließ sich die soziale Ordnung auch ohne die Macht der Religion aufrechterhalten.«

> Erst die grossen Götter, die im Gefolge der Sesshaftwerdung auftauchten, begannen sich im grossen Stil für das moralische Verhalten der Menschen zu interessieren und schlechtes Benehmen mit ihrem Zorn zu bestrafen.

»Gesellschaften, die moralisch interessierte Götter verehrten, reduzierten damit interßne Konflikte und verbesserten ihre Kooperationsfähigkeit enorm. Religion liefert also sozialen Klebstoff und stiftet auch in großen Gesellschaften Gemeinschaft (a. a. O. S. 105).«

Carel van Schaik und Kai Michel erwähnen eine ganze Reihe von Experimenten, die belegen, dass sich Menschen, die sich überwacht fühlen und bei Fehlverhalten Reputationsverlust oder Sanktionen befürchten, sozialer benehmen (a. a. O. S. 99).

Die erstaunlichen Parallelen bezüglich der grundlegenden ethischen Handlungsanweisungen der verschiedenen Religionen, die Peter Antes im eben resümierten Artikel beschreibt, entsprechen nach Carel van Schaik und Kai Michel den einfachen Regeln des Zusammenlebens der Jäger- und Sammlergruppen, die sie der ersten Natur zuordnen (vgl. a. a. O. S. 29)

Zur Entwicklung ethischer Regeln und Gesetze in Israel

Die gesellschaftlichen Hintergründe der Entwicklung ethischer Regeln in Israel skizziert Thomas Staubli[46] folgendermaßen:

»Bäuerliche Gesellschaften waren tendenziell akephal (führerlos) und segmentär (in kleine Einheiten unterteilt). Die Keimzelle des israelitischen Bauerntums war die patriarchal strukturierte Großfamilie, in der Bibel ›Haus‹ genannt. Verwandte Häuser bildeten Sippen, verbündete Sippen einen Stamm, verbündete Stämme einen Stammesverband. Als Führer wurden nur für bestimmte Krisenzeiten oder sakrale Handlungen charismatische Männer und Frauen akzeptiert. Im übrigen sorgte ein ausgeklügeltes Netz von Institutionen und Sitten dafür, dass das Haus als lebendige Zelle erhalten blieb, die Erträge gerecht verteilt wurden und AußenseiterInnen (Fremde, Waisen, Witwen) überleben konnten.
Trotzdem kam es zu Beginn der Eisenzeit zur Etablierung von Großbauern als Häuptlinge über andere. Häuptlinge erhoben von ihren Untertanen Abgaben, mit denen sie einen Hof unterhielten. Aus dem Häuptlingshof entstand allmählich das, was wir Stadt nennen, und aus dem Häuptling selber wurde ein König als Vorsteher eines Staates.«

In vorstaatlicher Zeit hatten bestimmte gesellschaftliche Normen fraglose Geltung: »So tut man nicht in Israel! Begehe nicht diese Schandtat!« (2. Sam 13,12). Nicht selten sind es die Frauen, die an diese Normen erinnern.

Rechtsfälle wurden

- vor der versammelten Verwandtschaft der betroffenen Sippen verhandelt (Gen 31 und 34)
- in Städteversammlungen besprochen (Ri 19–21),
- kriegerisch »bereinigt« (1. Mose 34,25.28ff. Ri 20),
- durch den Rat weiser Frauen gelöst »2. Sam 14«.

Im letzten Fall wird erstmals eine vermittelnde Instanz herbeigezogen.

Mit dem Beginn der Staatlichkeit werden die weisen Frauen durch die patriarchale Institution der Ältesten in den Toren der befestigten Ortschaften ersetzt. Präzedenzfälle, die im Torgericht nicht geregelt werden können, müssen vor ein Obergericht in Jerusalem gebracht werden.
Dieses ist im 9. Jh. v. Chr. von König Jehoschaiat (sein Name bedeutet ›Jahwe schafft Recht‹) errichtet worden (2. Chr 19,5ff.). Er stellte Richter im Lande an, in allen befestigten Städten Judas, Stadt für Stadt.[47]«

Mit seiner Kodifizierung und Institutionalisierung des Rechts steht Israel nicht allein.

Die berühmteste Rechtssammlung ist der Codex Hammurapi, der unter anderem auf einer ca. 2,25 m hohen Stele (einem freistehenden Pfeiler) aus Diorit aufgezeichnet wurde. Er umfasste einen Prolog, die 282 Gesetzesparagraphen, und den Epilog. Hammurapi war von 1792 bis zu seinem Tode 1750 v. Chr. der 6. König der ersten Dynastie von Babylonien und trug den Titel König von Sumer und Akkad.

Bild12: Stele mit dem Codex des Hammurapi im Louvre: Hammurapi vor dem Gott Šamaš

Bereits 300 Jahre vor Hammurapi schuf der sumerische König Ur-Nammu ein ähnliches Werk, und etwa 150 Jahre vor Hammurapi ließ Lipit-Ištar, König von Isin, ebenfalls eine Stele beschriften. Beide Werke sind aber nur fragmentarisch erhalten. Hammurapis Schriften wurden dagegen vielfach aufgezeichnet. In der Bibliothek des Assurbanipal in Ninive hat sich eine Abschrift auf Tontafeln erhalten[48].

Die Bedeutung von Prophetinnen und Propheten

Angesichts wechselnder Dynastien und Gesetze spielen in Israel wie ausserhalb Israels die KünderInnen, d. h. eine spezielle Art von Propheten und Prophetinnen, eine besondere Rolle für die Aufrechterhaltung des Rechts. Teilweise versetzten sie sich (ähnlich wie Schamanen) in Ekstase oder Trance, um zu künden.

Sie verkörperten, mindestens im Nordreich, den dynamischen Aspekt der Theokratie. In Jerusalem (d. h. im Südreich) erhielten sie den Status von Beamtinnen des Königshauses, gehörten zur Oberschicht und vertraten oft auch deren Interessen. Als Reaktion auf ihre Parteilichkeit standen in den Landgebieten Judas Laien auf, die keinen Titel beanspruchten und trotzdem mit Vehemenz im Namen Gottes kündeten[49].

Nach dem Tode von König Salomo (965–932 v. Chr.) zerfiel Israel in zwei Teile. Jerobeam I (932–911 v. Chr.) regierte in Sichem den größeren Norden (d. h. Israel), Rehabeam in Jerusalem (932–917 v. Chr.) den kleineren Süden (d. h. Juda).

Bild 13: Nordreich und Südreich des Königtums Israel
Israel zerfällt 932 v. Chr. .in ein Nordreich und ein Südreich
Das vereinigte Königreich Israel teilte sich nach dem Tod Salomos 926 v. Chr. in das von Jerobeam I. regierte Nordreich Israel mit der Hauptstadt Samaria (das blau gefärbte Areal) und in das Gebiet von Rehabeam, dem Herrscher von Juda, mit der Hauptstadt Jerusalem im Süden (das ocker gefärbte Areal).

Das Nordreich (= Israel) wurde unter Tiglat-Pileser III. (745–727 v. Chr.) erobert und Bestandteil des assyrischen Reiches. Dieses assyrische Reich umfasste das mittlere Mesopotamien und war am Tigris gelegen. Seine Hauptstadt war Assur.

597 v. Chr. eroberte dann Nebukadnezar Jerusalem und machte Juda zu einer babylonischen Provinz. Die Oberschicht Judas deportierte er nach Babylon. Babylon lag am Unterlauf der Flüsse Euphrat und Tigris im heutigen Irak, zwischen der heutigen Stadt Bagdad und dem persischen Golf.

Der persische König Kyros eroberte dann das babylonische Reich, d. h. den heutigen Iran. Er gab den eroberten Gebieten recht weitgehende Autonomie und integrierte die auf Ausgleich und Gerechtigkeit bedachten Strukturen des Stammesdenkens in seine Politik. Dazu gehörte, dass er allerorts einheimische Statthalter einsetzte und die Verwendung der landesüblichen Sprachen und Kulte erlaubte.

Die Tora

Nach Thomas Staubli verlangte dann der persische Großkönig Artaxerxes (464–425 v. Chr.), dass in Juda, wie in den anderen eroberten Gebieten, ein lokales verbindliches Gesetz geschaffen wurde.

Diese Forderung war der Anlass zur Komposition der Tora. Diese umfasste die fünf Bücher, die dem Mose zugeschrieben wurden. Sie bestanden aus verschiedenen Rechtssammlungen, welche unter den Juden im Umlauf waren.
Mit der Zusammenstellung der Gesetzessammlung Israels wurde (nach Esra 7.25ff.) Esra, ein Exiljude, beauftragt[50]:

Du aber, Esra, setze nach der Weisheit deines Gottes, die in deiner Hand liegt, Richter und Rechtspfleger ein, die dem ganzen Volk jenseits des Stroms Recht sprechen sollen, allen, die die Gesetze deines Gottes kennen. Und wer sie nicht kennt, dem sollt ihr sie bekanntmachen.
Und über jeden, der das Gesetz deines Gottes und das Gesetz des Königs nicht befolgt, soll gewissenhaft Gericht gehalten werden, sei es zum Tod, sei es zur Verstoßung, sei es zu Geldbuße oder zu Gefängnis.

> Der eigentümliche Charakter der Tora ist gegeben durch die Verbindung von geschichtlichen Erinnerungen mit der Ueberlieferung altherkömmlicher und neuer Gesetze.
>
> (Staubli Thomas, Begleiter S.140)

Die evolutionsbiologische Sicht der Tora

Carel van Schaik und Kai Michel betonen zwei wichtige Unterschiede im Vergleich der Tora mit dem oben erwähnten Codex des Hammurapi (a. a. O. s. 167–170):

- Die altorientalischen Texte sind strikt »säkular«, in ihnen wird die durchgängige Trennung von rechtlichen, religiösen, und moralischen Normen vorausgesetzt.
- In der Tora dagegen finden wir Bestimmungen zu Themen wie Altarbau, Opferdarbringungen, kultische Abgaben, Priesterregeln und sie macht nicht einmal vor Sexualität, Hygiene oder Ernährung Halt.
  Die Vorschriften werden theologisch begründet, d. h. sie sind Teil der Abmachungen des Bundes, den Gott mit seinem Volk geschlossen hat. Werden sie eingehalten, wird es dem Volk gut gehen. Wenn nicht, bricht Unheil aus. (a. a. O. S. 168).

Die beiden Autoren erklären die Entstehung und den Inhalt der Gesetze evolutionsbiologisch folgendermaßen:

> »In Zeiten, als den Menschen das Wissen um die Ursachen von Epidemien, Dürren oder Erdbeben fehlte, lautete die Diagnose der ersten Natur: Katastrophen, welcher Art auch immer, sind die Strafen übernatürlicher Akteure.«

Diese Strafen nicht ohne Grund. Deshalb gilt es, jeweils diesen Grund zu identifizieren, um zu verhindern, dass Gott sich ein zweites Mal provoziert fühlt. Dazu

versuchten die Verfasser der Texte, sich in Gott einzufühlen, wobei sie sich dessen Fühlen und Verhalten in menschlicher Manier vorstellten.
»Ist erst einmal bekannt, was Gott in Rage versetzt, braucht es nur noch Gesetze, die solches Handeln unterbinden. Halten sich alle daran, wird die Gemeinschaft künftig von Übel verschont. Wo kein menschliches Delikt, da auch keine göttliche Strafe.« (a. a. O. S. 169)

Nach der These der beiden Autoren sind die Gebote und Verbote der Tora durch das historisch real vorhandene Unglück geformt worden.
»Deshalb erscheint Gott so schrecklich zornig. Die Tora ist damit ein Produkt und ein Spiegel jener Krise, in welche die Menschheit geriet, als sie gezwungen war, ihr Verhalten auf radikale Weise zu verändern. Und die Tora ist ein mächtiges kulturelles Mittel, diese Krise endlich in den Griff zu bekommen.«
(Van Schaik Carel und Michel Kai, 2. Aufl. 2016:170)

Der alttestamentliche Eingottglaube (= Monotheismus)

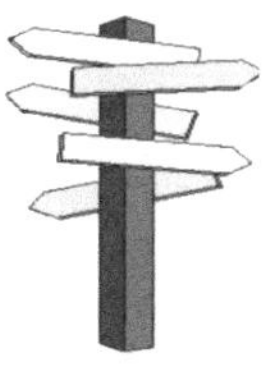

zum Vorgehen

Für dieses umstrittene Thema stütze ich mich auf Bernhard Langs Buch »Jahwe, der biblische Gott«, vor allem aber auf Jan Assmanns kritische Anfrage zur Sprache der Gewalt im Monotheismus sowie auf Othmar Keels Antwort.
Jan Assmanns kritische Anfrage In seinem Aufsatz »Monotheismus und die Sprache der Gewalt«[51] unterzieht die gewaltgesättigte Sprache biblischer Texte nicht einer theologischen, sondern einer kulturwissenschaftlichen, historischen Reflexion.

Assmann anerkennt, dass es sich bei den strittigen Texten nicht um historische Berichte handelt. Er besteht aber darauf, dass die darin vertretene monotheistische Theologie eines eifersüchtigen Gottes und die Aufforderung für Gott zu eifern das Judentum und das Christentum tiefgreifend geprägt hat und bis heute prägt und kritisch reflektiert werden muss.

Ich fasse im Folgenden den erwähnten provozierenden Aufsatz unter bewusster Verwendung einer ganzen Reihe von Zitaten Assmanns zusammen.

Zeitlich begrenzte Anbetung eines einzigen Gottes als Vorstufe?

In der heutigen Forschung hat sich die Überzeugung gefestigt, dass Monolatrie und Monotheismus – die ausschließliche Verehrung eines einzigen Gottes und der exklusive Glaube an ihn – eine späte Entwicklung innerhalb der hebräischen Religion darstellen[52].

»Die zeitweilige Alleinverehrung in Kriegszeiten mag das Vorbild der späteren Jahwe-allein-Idee gewesen sein. Als Maßnahme einer Krisensituation im 8. und 7. Jahrhundert v. Chr. macht die ausschließliche Verehrung Jahwes Sinn, wuchs doch damals der Druck des assyrischen Oberherrn auf Palästina und bestimmte zunehmend das politische Leben.
Die Krise erwies sich jedoch als Dauerzustand, sodass eine ausschließliche und dauernde Bindung an den einen, Rettung verheißenden Gott geboten schien. In diesem Sinne lässt sich der beginnende Monotheismus als Antwort auf eine schwere politische Krise verstehen[53].«

Der früheste Hinweis auf die Forderung nach Alleinverehrung findet sich bei *Hosea*, einem Propheten der ca. um 750 v. Chr. im Nordreich wirkte und von dem das folgende Gotteswort überliefert ist:

Ich aber, ich bin Jahwe, dein Gott, seit der Zeit in Ägypten; du sollst keinen anderen Gott kennen als mich. Es gibt keinen Retter außer mir (Hos 13,4).

Die genaue Analyse dieses Wortes ergibt, dass der ausschließlich zu verehrende Gott der Kriegsgott ist, der Israel aus Ägypten herausgeführt hat. Auch das Wort »Retter« bezieht sich auf einen militärischen Zusammenhang, da es speziell den göttlichen Beistand in Kriegsnot bezeichnet. Zur Zeit Hoseas blieb die Forderung nach Alleinverehrung ohne nennenswertes Echo. Erst gegen Ende des 7. Jahrhunderts wurde die »Jahwe-allein-Bewegung« einflussreicher, bis es ihr schließlich gelang, die gesamte biblische Überlieferung zu beherrschen.

Monotheismus und Gewalt

Für Assmann ist das von ihm aufgeworfene Problem von Monotheismus und Gewalt »nicht die Gewalt als solche, sondern die Sprache der Gewalt, die Szenen von Massakern, Strafaktionen, Blutvergießen, Vertreibungen, Zwangsscheidungen von Mischehen und so weiter, in denen der Monotheismus in der hebräischen Bibel die Geschichte seiner Entstehung und Durchsetzung schildert.«

> »Gerade wenn man diese Ereignisse nicht für historisch hält, sondern für Sagen und Legenden, in denen eine Gesellschaft sich eine Vergangenheit konstruiert oder rekonstruiert, die ihren gegenwärtigen Zielen und Problemen Sinn und Perspektive gibt, also für symbolische Erzählungen, stellt sich die Frage nach ihrer Bedeutung mit besonderer Dringlichkeit.«

Assmann stellt fest »dass der Monotheismus eine Religion ist, in deren kanonischen Texten die Themen Gewalt, Hass und Sünde eine auffallend große Rolle spielen und eine andere, nämlich spezifisch religiöse Bedeutung annehmen als in den traditionellen ›heidnischen‹ Religionen. Dort gibt es Gewalt im Zusammenhang mit dem politischen Prinzip der Herrschaft, aber nicht im Zusammenhang mit der Gottesfrage. Gewalt ist von Haus aus eine Frage der Macht, nicht der Wahrheit.«

Inklusiver und exklusiver Monotheismus

Assmann will zunächst klären, was er unter Monotheismus versteht. Er unterscheidet zwei Formen von Monotheismus:

Der Monotheismus tritt uns in der Geschichte in zwei Gestalten entgegen.

Die eine lässt sich auf die Formel bringen:
›Alle Götter sind Eins‹ (= inklusiver Monotheismus),

die andere auf die Formel:
›Keine anderen Götter ausser Gott!‹ (= exklusiver Monotheismus)

»Die erste Formel findet sich in ägyptischen, babylonischen, indischen und Texten der griechisch-römischen Antike. Wir wollen diese Form des Monotheismus als *»inklusiven Monotheismus«* bezeichnen.

Diese Form des Monotheismus stellt nicht den Gegensatz, sondern den Reifezustand des Polytheismus dar. Alle polytheistischen Religionen führen letztendlich zu der Einsicht, dass alle Götter Eines sind.

Die zweite Formel *(d. h. exklusiver Monotheismus)* begegnet uns zuerst um 1350 v. Chr. in Texten des Echnaton von Amarna und dann natürlich massiv im jüdischen, christlichen und islamischen Monotheismus.
Sie geht nicht im Sinne der Evolution aus dem Polytheismus hervor, sondern stellt sich ihm im Sinne der Revolution entgegen.

Im Rahmen unseres Themas haben wir es nur mit dem exklusiven, revolutionären Monotheismus zu tun. Nach Assmann spricht nur er die Sprache der Gewalt.
»Mit dieser Definition fühle ich mich auch gegen den Vorwurf gefeit, mein Begriff von Monotheismus sei ein ahistorischer Popanz, den es in der Geschichte nie gegeben habe und in der Bibel gar nicht zu finden sei.
Niemand wird mir einreden wollen, die Devise ›Keine andern Götter‹ bzw. ›Kein Gott außer Gott‹ habe es nie gegeben, sei nie vertreten worden.«
Nach diesen Vorbemerkungen ruft uns Assmann einige der typischen Gewaltszenen ins Gedächtnis, mit denen die Bibel die Einführung und Durchsetzung des Monotheismus illustriert.

Den Anfang macht die Szene um das Goldene Kalb. Die Israeliten sind rückfällig geworden; sie haben die lange Abwesenheit ihres Führers Mose auf dem Sinai nicht mehr ausgehalten und Aaron gebeten, ihnen ein Gottesbild zu schaffen, eine Repräsentation, die anstelle des Repräsentanten Gottes vor ihnen herziehen soll. Zur Strafe und Entsühnung veranstaltet Mose eine Strafaktion, die in Ex 32,6–28 folgendermaßen beschrieben wird:

Mose trat an das Lagertor und sagte: Wer für den Herrn ist, her zu mir! Da sammelten sich alle Leviten um ihn. Er sagte zu ihnen: So spricht der Herr, der Gott Israels: Jeder lege sein Schwert an. Zieht durch das Lager von Tor zu Tor! Jeder erschlage seinen Bruder, seinen Freund, seinen Nächsten. Die Leviten taten, was Mose gesagt hatte. Vom Volk fielen an jenem Tag gegen dreitausend Mann.

Einschub zum goldenen Kalb

Nach Thomas Staubli[54] geht es in dieser Episode weder um ein Kalb noch um Geldgier, sondern um die Verehrung eines Jungstiers, d. h. um das Festhalten an alten religiösen Traditionen, was von den Vertretern des Monotheismus als Rückfall dargestellt wurde. Seit ältester Zeit staunten die Menschen im Alten Orient über die Kampfkraft und Stärke, die Potenz und die Fruchtbarkeit des Jungstiers. Weit herum wurde er als Symbol der von Gott geschenkten Segensfülle verehrt.
In den israelitischen Hügeln, fernab einer Stadt, haben Archäologen ein Freilichtheiligtum ausgegraben. Hier hat ein Soldat der israelischen Armee in den siebziger Jahren die Bronzefigur eines Jungstiers gefunden:

Der Episode vom goldenen Kalb stellt Assmann dann 5. Mose 13,7–12 zur Seite:

Wenn dein Bruder (…) oder dein Freund, den du liebst wie dich selbst, dich heimlich verführen will und sagt: Gehen wir und dienen wir anderen Göttern, (…) dann sollst du nicht nachgeben und nicht auf ihn hören. Du sollst in dir kein Mitleid mit ihm aufsteigen lassen (…) und die Sache nicht vertuschen. Sondern du sollst ihn anzeigen. Wenn er hingerichtet wird, sollst du als Erster deine Hand gegen ihn erheben, dann erst das ganze Volk. Du sollst ihn steinigen, und er soll sterben; denn er hat versucht, dich vom Herrn, deinem Gott, abzubringen, der dich aus Ägypten geführt hat, aus dem Sklavenhaus. Ganz Israel soll davon hören, damit sie sich fürchten und nicht noch einmal einen solchen Frevel in deiner Mitte begehen.

Vorbild dieser Sprache der Gewalt sind politische assyrische Vasallenverträge

> Die Sprache der Gewalt in den eben zitierten Texte stammt aus dem assyrischen Königsrecht, das von den Vasallen absolute Loyalität forderte.

Assmann zitiert dazu eine Aussage von Othmar Keel:

»Der katholische Alttestamentler Othmar Keel hat diesen Zusammenhang sehr treffend beschrieben … Die Forschung hat in letzter Zeit immer deutlicher gezeigt, dass

dieser beunruhigende Text teilweise wörtlich assyrische Texte kopiert – *nicht religiöse, sondern politische.*
Das im nördlichen Irak beheimatete, expansive Assyrerreich hat die von ihm unterworfenen Könige eidlich verpflichtet, nur dem assyrischen Großkönig zu dienen und jeden und jede unverzüglich zu denunzieren, die sie dazu überreden wollten, vom Großkönig von Assur abzufallen. Solche Vasallitätsverpflichtungen mussten eine Zeit lang auch die jüdischen Könige in Jerusalem übernehmen.«

»Aus derselben Quelle stammen die Strafandrohungen Gottes für den Fall der Vernachlässigung des Gesetzes, die das gesamte 28. Kapitel des 5. Buches Mose bilden und eine fast noch deutlichere Sprache der Gewalt sprechen. Diese geradezu sadistisch anmutenden Schilderungen der Vernichtung, Zerstörung, Ausrottung des untreu gewordenen Volkes lesen sich wie eine Vorahnung von Auschwitz ... «

Statt diese 53 Verwünschungen im Einzelnen aufzuzählen, zitiert Assmann Gottes Worte an Salomo in 1 Kö 9,6–7, die dieses Motiv in zwei Sätzen zusammenfassen:

Doch wenn ihr und eure Söhne euch von mir abwendet und die Gebote und Gesetze, die ich euch gegeben habe, übertretet, wenn ihr euch anschickt, andere Götter zu verehren und anzubeten, dann werde ich Israel in dem Land ausrotten, das ich ihm gegeben habe. Das Haus, das ich meinem Namen geweiht habe, werde ich aus meinem Angesicht wegschaffen, und Israel soll zum Gespött und zum Hohn unter allen Völkern werden.

Solche Drohformeln gehören zum *Repertoire politischer Verträge*, und das 5. Buch Mose steht auch hierin in der Tradition der Assyrer, die ihre Vasallenverträge mit ähnlichen Verwünschungen für den Fall des Abfalls abgeschlossen haben. Doch das 5. Buch Mose greift diese Tradition auf und überbietet sie sogar.

Jan Assmann zitiert dann die Erklärung von Othmar Keel für die Übernahme der politischen Gewaltmotive in das jüdische Gottesbild:

»Am Ende des 7. Jahrhunderts v. Chr. brach das Assyrerreich zusammen. Es entstand ein Machtvakuum. Judäische Theologen hatten die originelle Idee, das Vakuum auszufüllen, indem sie die Forderungen, die der assyrische Großkönig gestellt hatte, vom Gott Israels, von Jahwe, ausgehen ließen. Damit haben sie das Machtvakuum gefüllt, damit haben sie Israel innerlich von allen Despoten unabhängig gemacht, dem Gott Israels aber gleichzeitig Eigenschaften eines Despoten härtester Sorte zugeschrieben. Man kann den zitierten Text als Beweis für die dem Monotheismus eigene Intoleranz, Aggressivität und Brutalität anführen.«

Othmar Keel akzeptiert die despotische Interpretation des Monotheismus jedoch nicht und unterscheidet zwischen einem unreifen exklusiven (bzw. gewalttätigen) Monotheismus, der immer noch mit der Existenz anderer Götter rechnet, und einem reifen exklusiven Monotheismus. Im Unterschied zum Gottesbild der zitierten Texte rechne *der reife exklusive Monotheismus* gar nicht mehr mit der Existenz anderer Götter. Deshalb habe in ihm Eifersucht und Gewalt keinen Platz.

Jan Assmann lehnt diese Unterscheidung zwischen einem unreifen und einem reifen Monotheismus mit den folgenden Argumenten ab:

»Die Unterscheidung zwischen einem wirklichen und einem unreifen Monotheismus vermag jedoch das Problem der in dem Fremdgötterverbot implizierten Gewalt nicht wirklich zu lösen.
Es mag ja sein, da der wirkliche Monotheismus keine Eifersucht kennt. Aber der biblische Gott ist nun einmal ein eifernder Gott *›El Qanna‹*, der zwischen Freund und Feind unterscheidet und die Sünden seiner Feinde verfolgt bis ins dritte und vierte Glied, seinen Freunden aber bis ins tausendste Glied seine Gnade erweist.
Das ist vielleicht kein wirklicher Monotheismus, aber es ist das Herzstück der Tora und damit der revolutionären Semantik, die wir hier analysieren wollen, weil sie die Grundlage unserer Tradition, unserer geistigen Welt bildet. Das 5. Buch Mose gehört zu den absolut zentralen Grundtexten der jüdischen, aber auch der christlichen Kultur.

Ich gebe Keel vollkommen recht, dass ein ›wirklicher‹ Monotheismus über diese ›Eifersucht‹ hinauskommen muss; wie die Dinge aber liegen und in der Bibel dargestellt werden, trifft dieser Begriff (der Eifersucht/KS.) genau den Kern der Sache, der nicht in der Einheit Gottes, sondern in der Abgrenzung und Ausgrenzung der anderen, falschen, verbotenen Götter liegt.«

> »Für Assmann ist die Idee des eifersüchtigen Gottes nicht irgendein marginales und längst überwundenes Zwischenstadium in der Geschichte des Monotheismus. Nach seiner Meinung berühren wir hier vielmehr das Zentrum des monotheistischen Gottesgedankens.«

»Beides, das göttliche und das menschliche Eifern, wird mit derselben hebräischen Wurzel, gin'ah, ausgedrückt. In diesem Punkt entsprechen sich Gottesbild und Menschenbild, göttliche Eifersucht und menschliches Eifern.

Das Vorbild aller Eiferer für Gott ist der Priester Pinhas aus dem Stamm Levi. Die Geschichte steht im 25. Kapitel des Buches Numeri. Wieder geht es wie in der Szene mit dem Goldenen Kalb um einen Fall von Untreue, der hier deutlich sexuell gefärbt ist:

Als sich Israel in Schittim aufhielt, begann das Volk mit den Moabiterinnen Unzucht zu treiben. Sie luden das Volk zu den Opferfesten ihrer Götter ein, das Volk aß mit ihnen und fiel vor ihren Göttern nieder. So ließ sich Israel mit Baal-Pegor ein. Da entbrannte der Zorn des Herrn gegen Israel, und der Herr sprach zu Mose: Nimm alle Anführer des Volkes, und spieße sie für den Herrn im Angesicht der Sonne auf Pfähle, damit sich der glühende Zorn des Herrn von Israel abwendet. Da sagte Mose zu den Richtern Israels: Jeder soll die von seinen Leuten töten, die sich mit Baal-Pegor eingelassen haben. Unter den Israeliten war einer, der zu seinen Brüdern kam und eine Midianiterin mitbrachte, und

zwar vor den Augen des Mose und der ganzen Gemeinde der Israeliten, während sie am Eingang des Offenbarungszeltes weinten. Als das der Priester Pinhas, der Sohn Eleasars, des Sohnes des Aarons, sah, stand er mitten in der Gemeinde auf, ergriff einen Speer, ging dem Israeliten in den Frauenraum nach und durchbohrte beide, den Israeliten und die Frau, auf ihrem Lager.
Danach nahm die Plage, die die Israeliten getroffen hatte, ein Ende. Im Ganzen aber waren vierundzwanzigtausend Menschen an der Plage gestorben.
Der Herr sprach zu Mose: »Der Priester Pinhas, der Sohn Eleasars, des Sohnes Aarons, hat meinen Zorn von den Israeliten abgewendet dadurch, dass er sich bei ihnen für mich ereiferte. So musste ich die Israeliten nicht in meinem leidenschaftlichen Eifer umbringen.«

»Worin bestand die Sünde des Volkes, für die 24000 an der Pest und wer weiß, wie viele weitere auf Pfählen sterben mussten? Sie hatten sich mit den Midianitern und vor allem Midianiterinnen eingelassen, die sie zur Teilnahme an ihren Opferfesten einluden und dadurch zur Anbetung anderer verführten. In der Alten Welt bot das rituelle Opfer den einzigen Zugang zum Fleischgenuss: Man musste ein Fest anberaumen und ein Tier einer Gottheit, in diesem Fall Baal Pe'or, zum Opfer weihen, um es dann gemeinsam verzehren zu können. Schlachten und opfern war gleichbedeutend. Jedes Fleisch war Opferfleisch.

Überall geht es um die Forderung des exklusiven Monotheismus: keine anderen Götter!«

Die Forderungen des exklusiv monotheistischen Gottes Israels für den Umgang mit fremden Völkern veranschaulicht Assmann mit den folgenden Bibelzitaten:

Ich setze deine Landesgrenzen fest vom Schilfmeer bis zum Philistermeer, von der Wüste bis zum Strom. Wenn ich die Einwohner des Landes in deine Hand gebe und du sie vertreibst, dann sollst du keinen Bund mit ihnen und ihren Göttern schließen. Sie sollen nicht in deinem Land bleiben. Sonst könnten sie dich zur Sünde gegen mich verführen, sodass du ihre Götter verehrst; denn dann würde dir das zu einer Falle« (Ex 23,31f.).

In 5. Mose 12,2–3 folgen dann Anweisungen zum Umgang mit der Religion der von Israel besiegten Völker:

Ihr sollt alle Kultstätten zerstören, an denen die Völker, deren Besitz ihr übernehmt, ihren Göttern gedient haben: auf den hohen Bergen, auf den Hügeln und unter jedem üppigen Baum. Ihr sollt ihre Altäre niederreißen und ihre Steinmale zerschlagen. Ihre Kultpfähle sollt ihr im Feuer verbrennen und die Bilder ihrer Götter umhauen. Ihre Namen sollt ihr an jeder solchen Stätte tilgen.

Diese Sätze stehen an vorderster Stelle des anschließenden Gesetzeswerks, sie sind gewissermaßen die Umsetzung des ersten Gebots:

Ich bin der HERR, dein Gott, der dich herausgeführt hat aus dem Land Ägypten, aus einem Sklavenhaus. Du sollst keine anderen Götter haben neben mir (2. Mose 20,2–3).

In diesen Zusammenhang gehören nach Assmann auch die Bestimmungen, wie im Krieg mit feindlichen Städten zu verfahren ist. Hier wird ein wichtiger Unterschied gemacht, der unmittelbar aus dem Geist des exklusiven Monotheismus hervorgeht:

Aus den Städten dieser Völker jedoch, die der Herr, dein Gott, dir als Erbbesitz gibt, darfst du nichts, was Atem hat, am Leben lassen. Vielmehr sollst du an den Hetitern und Amoritern, Kanaanitern und Perisitern, Hiwitern und Jebusitern den Bann vollstrecken, so wie es der Herr, dein Gott, dir zur Pflicht gemacht hat, damit sie euch nicht lehren, alle Gräuel nachzuahmen, die sie begingen, wenn sie ihren Göttern dienten, und ihr nicht gegen den Herrn, euren Gott, sündigt« (5. Mose 20,15).

Fremdstädte dürfen ›normal‹ erobert werden, an den Städten Kanaans aber muss ›der Bann vollstreckt werden mit der Schärfe des Schwerts‹ (5. Mose 13,16):

Der Begriff *Kanaan* repräsentiert das hebräische Heidentum. Genau wie in der Geschichte vom Goldenen Kalb wird auch in diesen Bestimmungen deutlich, dass sich die monotheistische Gewalt vor allem nach innen wendet, um die Anbetung heidnischer Göttinnen und Götter durch Israel zu verhindern.

Othmar Keel versteht die Entstehung des Monotheismus als Fortschritt des Bewusstseins zu innerlicher Unabhängigkeit von allen Despoten.

Nach meiner Auffassung interpretiert Othmar Keel in diesem Abschnitt die Entstehung des Monotheismus zu idealistisch, wenn er behauptet, dass sich Israel damit innerlich von allen Despoten unabhängig gemacht habe.

Vgl. dazu aber auch »Erich Zengers reflektierter oder reifer Monotheismus« (S. 68 ff.)

Es leuchtet mir nicht ein, warum Israel – um sich innerlich von allen Despoten freizumachen – seinem Gott die Eigenschaften eines Despoten der härtesten Sorte zuschreiben sollte.

Ich folge deshalb der einleuchtenderen Erklärung von Thomas Staubli, der die Charakterisierung Jahwes als Despot als Bekenntnis interpretiert, dass Jahwe der stärkste aller Götter sei, sogar stärker als der Gott der Assyrer.
Staublis Erklärung ist auch besser mit der von Bernhard Lang beschriebenen Vorgeschichte Jahwes als eines Kriegsgottes vereinbar, die ich zu Beginn dieses Kapitels dargestellt habe.

Nach Thomas Staubli spielte die Bewahrung Jerusalems anlässlich des abgebrochenen Eroberungsversuchs durch den Assyrerkönig Sanherib im Jahre 701 für die Entstehung des Monotheismus eine zentrale Rolle:

»Jerusalem wurde nicht erobert, sondern musste einen gewaltigen Tribut bezahlen. Diesen für die Jerusalemer glücklichen Ausgang des Konfliktes glaubte man, der Hilfe

Jahwes zu verdanken. Erstmals wird er in einer Legende (2. Kö 19) über diese Ereignisse in einem Gebet des Königs Hiskija als *»einziger Gott«* angesprochen, der sich sogar gegenüber dem scheinbar so mächtigen Assyrergott als mächtiger erwies. Die Verfasser des 5. Buch Mose nutzten die Gunst der Stunde und verstärkten die Bindung Israels an Jahwe (vgl. bes. 5. Mose 4), indem sie nach dem Vorbild der assyrischen Vasallenverträge einen exklusiven Bund Jahwes mit Israel formulierten, »allerdings um den Preis, dass Jahwe Züge eines assyrischen Großkönigs annahm, der seinen Sohn und Vasallen durch Androhung schlimmster Strafen im Falle der Untreue an sich band (5. Mose 28,15–68)[55].«

Israels Monotheismus ist ein Ueberbietungsmonotheismus

Die judäischen Theologen interpretierten die politischen Forderungen, die der assyrische Grosskönig gestellt hatte, nach dem Abbruch der Belagerung Jerusalems durch den Grosskönig von Assur als religiöse Forderungen ihres Gottes Jahwe.
Auf dem Hintergrund der frühesten Geschichte Jahwes als Kriegsgott ist dieses Bekenntnis so zu verstehen, dass ihr Gott Jahwe der stärkste Gott sei, auch stärker als der Gott Assurs.
Als Preis dafür mussten die jüdischen Theologen dem Gott Israels Eigenschaften eines Despoten härtester Sorte zuschreiben.

Soziologische Erklärung der Entstehung des jüdischen Monotheismus

Eine überzeugende Erklärung der Entstehung des jüdischen Monotheismus scheint mir die soziologische Anomietheorie zu liefern, die ich im Folgenden ganz knapp zusammenfasse und im Anhang detailliert darstelle.

Anomie – die geltenden Werte und Regeln verlieren ihre Geltung

Persönliche Betroffenheit durch bedrohliche gesellschaftliche Veränderungen bewirkt ein Gefühl von Anomie (griechisch = Normlosigkeit), d. h. das Gefühl, dass die bisher geltenden Werte, Normen und Regeln ihre Geltung verlieren.

Durch Anomie verunsicherte Individuen entwickeln oft das Bedürfnis nach einem starken autoritärem Führer und die Bereitschaft sich einer autoritären Führung zu unterwerfen, ein stark normatives Verhalten, ein vorurteilhaftes Denken, sowie eine Vorliebe für grob vereinfachende Problemerklärungen und Probemlösungen.

Aktuelle politische Beispiele für diesen Vorgang sind die Anhänger diverser populistischer Bewegungen z. B. die Anhänger von Donald Trump, der Alternative für Deutschland AfD u. ä.

Aktuelle religiöse Beispiele sind die Anhänger konservativer fundamentalistisch-christlicher Gruppierungen (die teilweise mit Trumps AnhängerInnen identisch sind) und die Anhänger islamistischer Bewegungen.

Diese unbewusst ablaufenden sozialpsychologischen Gesetzmäßigkeiten waren auch angesichts der assyrischen Vernichtungsdrohungen wirksam. Sie riefen das Bedürfnis nach einem unbesiegbar starken Gott hervor, der allen andern Göttern überlegen sein würde.
Gleichzeitig bewirkten sie eine intolerante Abwertung aller andern Götter als heidnische Götzen.

Und sie führten dazu, dass nach der Rückkehr der jüdischen Eliten aus der babylonischen Verbannung die biblischen Rechtstraditionen fundamentalistisch überarbeitet und äußerst intolerant durchgesetzt wurden.

Vgl. dazu aber auch den Anhang A4. Zusätzliche soziologische und sozialpsychologische Werkzeuge

A4. Zusätzliche soziologische und sozialpsychologische Werkzeuge

zum Vorgehen

Auf den vorangegangenen Seiten habe ich am Beispiel der Entstehung des Monotheismus – gestützt auf Jan Assmann und Thomas Staubli – nachgewiesen, dass wir in der Bibel neben Spuren echt spirituellen und schöpferischen Erlebens – auch Spuren unbewusster und destruktiver psychologischer sowie sozialpsychologischer Automatismen antreffen.
Jan Assmann hat dafür in seiner Anfrage an die Sprache der Gewalt im Monotheismus erschreckende Beispiele vorgelegt. Zur Erarbeitung eines integralen Verständnisses von Religiosität gehört auch die kritische Auseinandersetzung mit derartigen Vorgängen.

Das von Jan Assmann zur Diskussion gestellte Verhalten wurde und wird als gottgewollt legitimiert.

Soziologisch betrachtet handelt es sich um

- autoritäres Verhalten
- Vorurteile
- Sündenbockmechanismen
- Ethnozentrismus
- Rassismus
- Aufforderung zu ethnischen Säuberungen
- Aufforderung zur Ermordung von Angehörigen anderer Religionen und Andersdenkender der eigenen Religion.

Die in diesem Kapitel erarbeiten Erkenntnisse sind – mit den Worten von Carel Van Schaik und Kai Michel[56] – »gewöhnungsbedürftig für all jene Gläubigen, die überzeugt sind, »dass Gott an seinem großen Eichenschreibtisch im Himmel saß und einer auserwählten Schar von tadellosen Stenografen alles druckreif in den Block diktierte ... «

Ich erinnere deshalb an dieser Stelle bewusst nochmals an ihre entsprechende Schlussfolgerung:

> »Wir glauben aber, die Lektüre fällt leichter, wenn man die Bibel als Tagebuch der Menschheit begreift, als eines, an dem tausend Jahre geschrieben und gearbeitet wurde.
> Das deshalb oft so widersprüchlich erscheint ... Denn damit fällt auch die Verpflichtung fort, die makellose Schrift eines makellosen Gottes sein zu müssen.«
>
> (Van Schaik Carel und Kai Michel 2016: 488)

»Dieser Anspruch ist es ja, der die Bibel für viele Menschen unverständlich macht: Wie kann das Buch Gottes so voller Fehler und Grausamkeiten stecken? Warum ist dieser Gott oft so zornig? Nein, die Bibel ist keine perfekte Schrift. Diese Erwartungen kann sie nicht erfüllen. Muss sie auch nicht; sie hat das selbst nie behauptet. Sie war ein gutes Jahrtausend lang *work in progress*[57] (d. h. eine dauernd weiter fortschreitende Arbeit/K. S.).

Wenn wir es wagen uns den für Fundamentalisten höchst bedrohlichen Erkenntnissen zu stellen, mit denen wir in Bezug auf den Monotheismus im Rahmen unserer Arbeit in der Religionswerkstatt konfrontiert wurden, können uns Carel Van Schaik und Kai Michel helfen, mit diesen schockierenden Feststellungen umzugehen.

Die Arbeit an der Bibel war stets »work in progress«

Dabei hat jeweils jede Generation hat die Probleme ihrer eigenen Zeit und ihrer eigenen Lebenssituation zu lösen versucht. Diese Versuche verdienen auch dann Respekt, wenn sie Lösungen fand, die wir aus unserer heutigen Sicht als sehr problematisch empfinden.

Im folgenden Kasten fasse ich den durch die Deportation der jüdischen Elite nach Babylon ausgelösten Identitätsprobleme mithilfe der Systemtheorie von Ervin Laszlo zusammen:

Lernen im Sinne der Systemtheorie von E.Laszlo,
angewandt auf die nach Babylon deportierten jüdischen Eliten

Theorierevision*
(von Symbolen, Alltagstheorien, wissenschaftlichen Theorien)
Erarbeiten einer neuen Handlungsstrategie

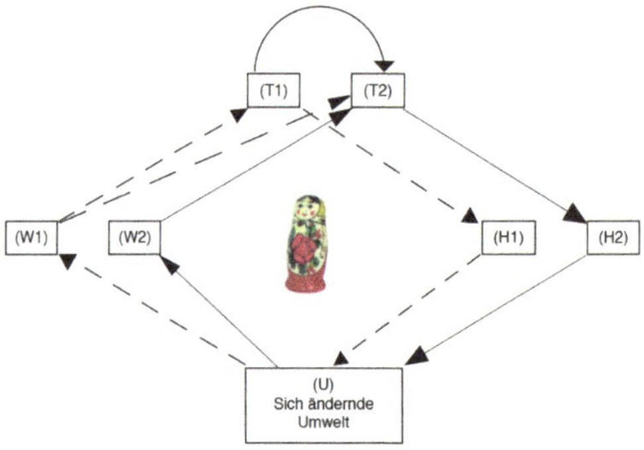

Wahrnehmen

Entwurzelung: Verlust der materiellen Sicherheit und massive Bedrohung der religiösen Identität in einem fremden Land mit einer ganz anderen Religion , d.h. Erleben von Anomie , und als Folge massive Verunsicherung

Umwelt = fremdes Land

Handeln

materielles Ueberleben sichern durch äusserliche Anpassung. Soweit möglich Rückzug in die jüdische Subkultur, sowie rigides Befolgen der jüdischen religiösen Vorschriften.

* Erläuterungen zur Theorierevision

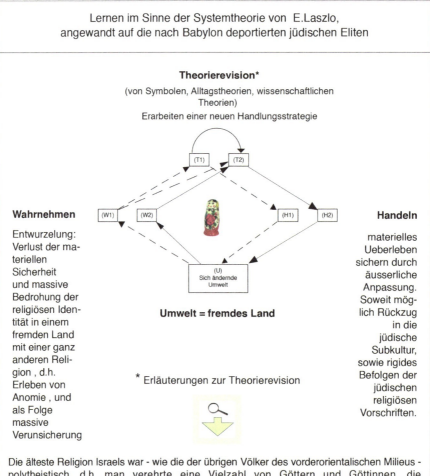

Die älteste Religion Israels war - wie die der übrigen Völker des vorderorientalischen Milieus - polytheistisch, d.h. man verehrte eine Vielzahl von Göttern und Göttinnen, die unterschiedliche Aspekte der jenseitigen Wirklichkeit in vielfältiger Weise symbolisch zum Ausdruck brachten. Die Bedrohung durch die babylonische Religion bereitete einer Theologie der Abgrenzung von allen fremden religiösen Einflüssen und dem monotheistischen Ueberbietungsmonotheismus den Boden.

(vgl. Lang Bernhard, u.a.1981:7)

Als Folge der durch die Deportation nach Babylon hervorgerufenen Gefühle extremer Anomie, vollzogen viele Juden eine massive innerliche Abgrenzung von allen andern Religionen, kombiniert mit Wunschfantasien nach einer allen andern überlegenen Macht, wie sie später im 5. Buch Mose (12,2–3) zum Ausdruck gebracht wurde:

Ihr sollt alle Kultstätten zerstören, an denen die Völker, deren Besitz ihr übernehmt, ihren Göttern gedient haben: auf den hohen Bergen, auf den Hügeln und unter jedem üppigen Baum. Ihr sollt ihre Altäre niederreißen und ihre Steinmale zerschlagen. Ihre Kultpfähle sollt ihr im Feuer verbrennen und die Bilder ihrer Götter umhauen. Ihre Namen sollt ihr an jeder solchen Stätte tilgen.

Historisch betrachtet, war dieses monotheistische Gottesbild als Versuch äußerst bedrohlicher politischer und religiöser Krisen zu bewältigen zunächst recht erfolgreich. Es hat den jüdischen Staat nicht nur davor bewahrt, im assyrischen Reich völlig aufzugehen, sondern ihm auch ermöglicht, während der römischen Fremdherrschaft bis 73 n. Chr. seine kulturelle, religiöse – und ein Stück weit auch seine territoriale – Identität zu bewahren.

Jan Assmann hat die praktischen Folgen dieser fundamentalistischen Erstarrung dokumentiert:

Judas Makkabäus hat seiner Widerstandsbewegung gegen den hellenistischen Seleukidenherscher Antiochus IV. das monotheistische deuteronomistische Kriegsrecht zugrunde gelegt[58].

»Nicht nur der Widerstandskampf gegen Antiochus IV, sondern vor allem der Bürgerkrieg gegen die Gegenpartei war die Sache religiösen Eifers. Judas Makkabäus hatte sich nämlich nicht nur mit Gewalt gegen Antiochus IV. gewehrt, sondern, wenn man den Makkabäerbüchern glauben will, das Leben ganzer jüdischer Städte ausgelöscht, die sich dem Hellenismus assimiliert hatten – Maßnahmen, die in den Makkabäerbüchern nicht etwa mit Abscheu, sondern mit Stolz berichtet werden. An diesen Städten ›wird der Bann vollstreckt mit der Schärfe des Schwertes‹, wie es das Deuterononomium für die kanaanäischen Städte vorschreibt.«

In dieser buchstäblichen Schriftanwendung auf neue Lebenssituationen äußerte sich nach Assmann eine fundamentalistische Haltung.

»Hier haben wir es mit religiösem Eifer reinster Form zu tun, mit ***Zelotismus***, wie es griechisch heißt, in Übersetzung des hebräischen Begriffs ***qin'a*** im Sinne eines religiös motivierten Totaleinsatzes des eigenen Lebens; das arabische Äquivalent ist natürlich ***dhihad***.«

Die Makkabäer erkämpften damals mit ihrem Freiheitskampf für 100 Jahre (165 v. Chr–63. v. Chr.) eine Erbherrschaft über die Juden. Für die von ihnen begründete Königsdynastie hat sich die Bezeichnung Hasmonäer eingebürgert, die sich von einem Vorfahren des Mattathias, einem gewissen Hasmonäus herleitet.

63 v. Chr. kam Pompejus im Zuge der römischen Neuordnung des Orients nach Jerusalem. Herodes der Große, ein mit den Hasmonäern verschwägerter Idumäer, schaffte es, sich den Römern als geeignetsten Klientel-König für Juda zu präsentieren und wurde als solcher von ihnen eingesetzt.

Wie der Makkabäeraufstand 165 v. Chr.–63 v. Chr. war auch der erste jüdische Krieg 66–73 n. Chr. zu einem wesentlichen Teil ein innerjüdischer Bürgerkrieg: Die chiliastisch-nationalistischen Zeloten massakrierten die aristokratischen Sadduzäer und fielen ihrerseits den Römern zum Opfer. Im Jahre 70 wurde der zweite Tempel zerstört, und im Jahre 73 oder 74 n. Chr. fiel Masada, die letzte Festung der Aufständischen.

132–135 n. Chr. erfolgte unter der Leitung von Simon Bar Kosiba der nach ihm benannte Bar-Kochba-Aufstand. Als Ursache dieses zweiten Jüdischen Krieges wird in den Quellen wieder ein Kulturkonflikt genannt: Das Verbot der Beschneidung durch den Kaiser Hadrian und dessen Absicht in Jerusalem einen heidnischen Tempel zu erbauen.

Die Niederschlagung des Bar Kochba Aufstandes war für die Römer schwierig und verlustreich und die Folgen für die Juden katastrophal. Jerusalem wurde endgültig römische Kolonie und den Juden wurde verboten, die Stadt zu betreten.
Damit traten die Grenzen des Ueberbietungsmonotheismus als religiöse Ueberlebensstrategie erstmals unübersehbar zutage.
Im 20. Jahrhundert verlief dann die Wirkungsgeschichte des exklusiv-monotheistischen Gottesbildes noch viel schrecklicher als während der Römerzeit.
Der 2500 Jahre lang fundamentalistisch tradierte monotheistische jüdische Glaube an ihren – allen andern Göttern überlegenen – Gott, war für die völlig veränderte geschichtliche Situation im zwanzigsten Jahrhundert keine hilfreiche Antwort mehr. Er konnte sie nicht vor dem ihre Existenz zutiefst bedrohenden Holocaust bewahren.

Vgl. dazu in Kapitel 5 den Abschnitt »Wirkungsgeschichte des Monotheismus«

Erich Zengers reflektierter oder reifer Monotheismus

Erich Zenger hat Jan Assmann vorgeworfen, den jüdischen Monotheismus einseitig darzustellen:

»Dort, wo der biblische Monotheismus sich selbst und seine Implikationen reflektierte ... präsentierte er sich gewaltkritisch und gewaltlos zugleich. Diese Leistung des mosaischen Monotheismus kommt in Assmanns Darstellung zu kurz bzw. überhaupt nicht zur Sprache[59].«

Zenger behauptet, die Reflexion habe dazu geführt, dass eine gewaltlose Königstheologie entworfen worden sei (S. 53). Als Beispiel dafür zitiert er Jes. 11,1–10, wo der König in V5 den Titel »Fürst des Friedens« trägt:

Doch aus dem Baumstumpf Isais geht ein Reis hervor, ein junger Trieb aus seinen Wurzeln bringt Frucht.
Es lässt sich nieder auf ihm der Geist JHWHs:
Geist der Weisheit und der Einsicht, der Geist des Rates und des Kampfes, der Geist der Erkenntnis und der Furcht JHWHs.

Er selbst begeistert ihn mit der Furcht JHWHs.
Nicht nach dem Augenschein schafft er Recht,
und nicht nach dem Hörensagen schlichtet er.

Er schafft Recht mit Gerechtigkeit den Kleinen,
und er schlichtet mit Heil für die Armen des Landes.

Er unterwirft das Land mit dem Stab seines Mundes,
und mit dem Hauch (Geist) seiner Lippen tötet er den Frevler,
Gerechtigkeit ist der Gürtel um seine Hüften und Treue der Gürtel um seine Lenden.

Dann wohnt der Wolf (als Gast) beim Lamm
und der Leopard lagert sich (friedlich) beim Böcklein,
Kalb und Junglöwe mästen sich zusammen,
ein kleiner Knabe leitet sie (als ihr Hirte).

Kuh und Bärin sind Weidegenossen,
zusammen lagern sich ihre Jungen,
der Löwe frisst Stroh wie das Rind.
Der Säugling spielt am Schlupfloch der Kobra
und in die Höhle der Otter streckt der Entwöhnte seine Hand.
Sie tun nichts Böses und handeln nicht verderbt

auf meinem ganzen heiligen Berg,
denn erfüllt ist das ganze Land von Erkenntnis JHWHs,
wie die Wasser das Meer zudecken.

Und es wird geschehen an jenem Tag:
Der Wurzelspross Isais wird dastehen als Zeichen,
als Zeichen für die Völker
Zu ihm kommen suchend die Nationen,
sein Ruheplatz wird voll Herrlichkeit sein.

Nach Erich Zenger[60] wird in Jes 11,6–8 nicht nur die Gewaltlosigkeit als gottgewolltes Lebensprinzip der Schöpfung proklamiert. Es wird auch ein Lebensmodell präsentiert, in dem die Starken sich freiwillig zurücknehmen und sich in ihrer Lebenspraxis den Schwachen anpassen bzw. sogar unterordnen.

Der »messianische« Friedensfürst ist ein Spross aus Isais Baumstumpf. Er steht also einerseits in der Kontinuität des davidischen Königtums, aber er ist anderseits ein in vielfacher Hinsicht neuer Spross. Er heißt nicht König und trägt überhaupt keine amtlichen Titel. Er ist »nur« Träger des Geistes JHWHs und als solcher schafft er umfassende Gerechtigkeit und fördert das Leben.
Diesem neuen König geht es nicht um Herrschaft, sondern um die Weitergabe der göttlichen Lebenskraft an alle. Das Ende der Gewalt, das dieses »neue« Königtum bringt, ist so total, dass kein Lebewesen mehr ein anderes bedroht oder auf seine Kosten lebt.

Nach Jes 11.9 wird die Realisierung einer gewaltlosen Gesellschaft (in Jerusalem/K. S.) auf dem Berg Zion beginnen – und zwar dann, wenn die dort lebenden Menschen die monotheistische Gotteswahrheit in ihren Implikationen erkennen und zum Maßstab ihrer Lebenspraxis machen.

»Wenn der Zion zu einem Ort lebensförderlicher Gewaltlosigkeit und solidarischer Gerechtigkeit wird, werden – so sagt es Jes 11,10 – die Völker freiwillig dorthin kommen, um diese Lebensordnung zu lernen (vgl. Jes 2,1–5: dazu s. u.). Dann wird JHWHs Weltherrschaft politische Realität werden. Das ist ein klarer Gegenentwurf zu der mit Gewalt und Ausbeutung erzwungenen Weltherrschaft, wie wir sie oben im Horizont des polytheistischen Gotteskonzepts bzw. des assyrischen Imperialismus kennengelernt haben.«

Das zweite Textbeispiel Zengers stammt aus Sach 9–11. Es setzt sich nach verbreiteter Auffassung mit der durch Alexander den Großen durch konsequente Kriegsgewalt durchgesetzten Veränderung der politischen Landkarte auseinander.

Juble laut, Tochter Zion! Jauchze, Tochter Jerusalem!
Siehe, dein König kommt zu dir:

Er ist gerecht und hat selbst erfahren, was Rettung bedeutet,
er kommt wie einer, der arm und schwach ist, er reitet auf einem Esel,
dem Fohlen einer Eselin.
Ich aber vernichte die Streitwagen aus Efraim und die Kampfrosse aus Jerusalem. Vernichtet wird der Kriegsbogen.
Er aber wird mit Worten den Völkern den Frieden stiften. Und seine Herrschaft reicht von Meer zu Meer und vom Eufrat bis an die Enden der Erde.

JHWH ist nach Zenger also der Gott, der den Kriegen ein Ende setzt. Und das ist auch der Regierungsauftrag seines ›messianischen‹ Repräsentanten in Jerusalem, der mit der Kraft seines Wortes weltweiten Frieden herbeiführen wird.

Für die längerfristige Zukunft der jüdischen Religion erwies es sich dann allerdings als gefährlich, dass nach der Rückkehr der jüdischen Deportierten aus Babylon *die Überlebensstrategie intoleranter monotheistischer Glaube* fundamentalistisch zementiert wurde, statt der Vielfalt an Gottessymbolen für die verschiedenen Lebenssituationen wieder Raum zugeben.

Nach Erich Zehnder belegen beide Textbeispiele folgendes:

»Wo das monotheistische Gotteskonzept auf seine politischen Implikationen hin reflektiert wird, entsteht die Utopie einer auf Gewalt und Ausbeutung verzichtenden göttlichen Weltherrschaft und eines analog gewaltlosen messianischen Königtums.«

Zenger weist also nach, dass es nach der Rückkehr der jüdischen Deportierten aus Babylon auch Gruppen gab, die der früheren Vielfalt an Gottessymbolen für die verschiedenen Lebenssituationen wieder Raum verschafften (z. B. den Vorstellungen von einem Herrn der Tiere, vgl. dazu Kapitel 3).

Mit seinem Plädoyer für den reifen »wirklichen« Monotheismus geht Zenger dann allerdings eindeutig zu weit, wenn er behauptet:

»Im monotheistischen Gotteskonzept von Gen 1 werden die Menschen sogar als ›Bilder‹ des Schöpfergottes selbst geschaffen, ihm ähnlich« (vgl. Gen 1,26–28). Während in den polytheistischen Konzepten der Umwelt Israels die Prädikation ›Bild‹ der Schöpfergottheit für Könige oder Oberpriester reserviert wird, spricht der reflektierte Monotheismus der Priesterschrift diese Würde jedem und allen Menschen zu. Das ist eine universalistische Perspektive, die eine fundamentale Gleichheit aller Menschen, unabhängig von Geschlecht und Rasse, Ethnie und Religion proklamiert. Ich wage die These: Die (neuzeitliche) Idee der Menschenrechte ist in diesem monotheistischen Gottes- und Schöpfungskonzept grundgelegt…

Bernhard Lang kommt aus religionsvergleichender Sicht zu einer ganz anderen Sicht der Gottesebenbildlichkeit des Menschen als Erich Zenger[61], die dessen kühner These den Boden entzieht. Er versteht Gen 1,26 im Rahmen des Weltbildes der Hirtenvölker.

»Unter Rückgriff auf eine biblische Ausdrucksweise läßt sich sagen, daß der menschliche Besitzer von Tieren ein Ebenbild des göttlichen Tierherrn darstellt. Beide leiten ihre Herrschaftsstellung vom Höchsten Wesen her, als dessen Ebenbilder sie noch zusätzlich gelten dürfen.«

Tier und Mensch werden von Gott erschaffen. Als tier- und menschenfreundliches Wesen bringt Gott eine gute Schöpfung hervor und erfüllt alle Lebewesen mit Segen. Dem Menschen fällt eine Sonderstellung zu, die als Auftrag ausgesprochen wird:

›Seid fruchtbar und vermehrt euch, bevölkert die Erde, unterwerft sie euch, und herrscht über die Fische des Meeres, über die Vögel des Himmels und über alle Tiere, die sich auf dem Land regen. Dann sprach Gott: Hiermit übergebe ich euch alle Pflanzen auf der ganzen Erde, die Samen tragen, und alle Bäume mit samenhaltigen Früchten. Euch sollen sie zur Nahrung dienen.‹ (Gen 1,28- 29)

Da der Begriff »Gottebenbildlichkeit« nicht ohne Weiteres verständlich ist, lohnt sich nach Lang ein Blick auf den Zusammenhang, in dem er im 1. Buch Mose fällt. Lehrreich ist auch der Vergleich zweier Wiedergaben des Abschnitts aus dem Schöpfungsbericht:

Dann sprach Gott: Lasst uns Menschen machen als unser Abbild, uns ähnlich. Sie sollen herrschen über die Fische des Meeres, über die Vögel des Himmels, über das Vieh, über die ganze Erde und über alle Kriechtiere auf dem Land. Gott schuf also den Menschen als sein Abbild; als Abbild Gottes schuf er ihn.

(Einheitsübersetzung 1. Mose 1,26–27)

Dann sprach Gott: Lasst uns Menschen machen als unser Bild, als unsere Gestalt, damit sie herrschen über die Fische des Meeres, über die Vögel des Himmels, über das Vieh, über alle wilden Tiere der Erde und über alle Kriechtiere auf dem Land. Gott schuf also den Menschen als sein Abbild; als Abbild Gottes schuf er ihn.

(nach Walter Gross, 1. Mose 1,26–27)

Bernhard Lang kommt aufgrund dieses Vergleichs zu den folgenden Schlüssen:

»Nach der Einheitsübersetzung lässt sich der hebräische Text dahingehend verstehen, als seien die beiden Gedanken einfach nebeneinandergestellt; dabei mag sich die »Abbildlichkeit« auf die Gott und Mensch gemeinsame äußere Gestalt beziehen, während die »Herrschaft« die Natur als menschlichen Besitz kennzeichnet.
Andere Ausleger wie beispielsweise Walter Groß[62] fassen das Nebeneinander nicht als bloßen Zufall auf; vielmehr werde eine Vergleichbarkeit und geradezu eine spiegelbildliche Entsprechung dargestellt: Wie Gott über die gesamte Schöpfung herrscht, so herrscht der Mensch über das Tierreich. Der Gedanke der Herrschaft steht im Vorder-

grund. Gott vergleichbar, ist auch der Mensch ein Herr der Tiere – eine Auffassung, die wir für die richtige Interpretation halten (vgl. dazu auch Ps 8,5–9).«

Der Mensch ist Krone der Schöpfung, Herrscher über die Tiere. Gleichsam ein verkleinertes Duplikat des Herrn der Tiere, hat er Anteil an der Herrschaft Gottes über die Kreatur. Gott hat ihm alles zu Füßen gelegt, «all die Schafe, Ziegen und Rinder». Diese Stellung bringt mit sich, daß er über das Privileg der Tiertötung verfügt.

Welcher Monotheismus ist der Richtige?

Als Soziologe bin ich skeptisch gegenüber großen idealistischen Entwürfen, falls die Schritte, die deren Entstehung bewirkten, nicht konkret dokumentiert werden können.

Die religionsvergleichende Interpretation der Gottesebenbildlichkeit von Walter Gross und Bernhard Lang überzeugen mich deshalb stärker als die höchst spekulative von Erich Zenger. Zenger projiziert heutige ethische Maßstäbe in die biblischen Schöpfungstexte hinein.

Mit einem ausführlichen schrittweisen Nachweis der Entstehung der Grundlagen der Menschenrechte durch Gerd Theissen und Larry Siedentop werden wir uns dann in späteren Kapiteln auseinandersetzen.

Zur Wirkungsgeschichte des jüdischen Monotheismus

Von den Makkabäern bis zum Bar-Kochba-Aufstand

Wie Jan Assmann gezeigt hat (vgl. oben S. 71ff.), hat Judas Makkabäus seiner Widerstandsbewegung gegen den hellenistischen Seleukidenherrscher Antiochus IV. das Kriegsrecht des 5. Buches Mose (= Deuteronomium) zugrunde gelegt[63].

Nicht nur der Widerstandskampf gegen Antiochus IV, sondern vor allem der Bürgerkrieg gegen die Gegenpartei war die Sache religiösen Eifers. Judas Makkabäus hatte sich nämlich nicht nur mit Gewalt gegen Antiochus IV. gewehrt, sondern, wenn man den Makkabäerbüchern glauben will, das Leben ganzer jüdischer Städte ausgelöscht, die sich dem Hellenismus assimiliert hatten – Maßnahmen, die in den Makkabäerbüchern nicht etwa mit Abscheu, sondern mit Stolz berichtet werden. An diesen Städten »wird der Bann vollstreckt mit der Schärfe des Schwertes«, wie es das Deuterononomium für die kanaanäischen Städte vorschreibt.

In dieser buchstäblichen Schrifterfüllung äußerte sich bereits eine fundamentalistische Haltung. Hier haben wir es mit religiösem Eifer reinster Form zu tun, mit ***Zelotismus***, wie es griechisch heißt, in Übersetzung des hebräischen Begriffs ***qin'a*** im Sinne eines religiös motivierten Totaleinsatzes des eigenen Lebens; das arabische Äquivalent ist natürlich ***dhihad***.

Die Makkabäer erkämpften damals mit ihrem Freiheitskampf für 100 Jahre (165 v. Chr–63 v. Chr.) eine Erbherrschaft über die Juden. Für die von ihnen begründete Königsdynastie hat sich die Bezeichnung Hasmonäer eingebürgert, die sich von einem Vorfahren des Mattathias, einem gewissen Hasmonäus herleitet.
63 v. Chr. kam Pompejus im Zuge der Neuordnung des Orients nach Jerusalem. Herodes der Große, ein mit den Hasmonäern verschwägerter Idumäer, schaffte es, sich den Römern als geeignetsten Klientel-König für Juda zu präsentieren und wurde als solcher von ihnen eingesetzt.
Wie der Makkabäeraufstand war auch der Jüdische Krieg 66–73 n. Chr. zu einem wesentlichen Teil ein innerjüdischer Bürgerkrieg: Die Zeloten massakrierten die aristokratischen Sadduzäer und fielen ihrerseits den Römern zum Opfer. Im Jahre 73 fiel Masada als letzte Festung und im Jahre 78 wurde der zweite Tempel zerstört.

132–135 n. Chr. erfolgte unter der Leitung von Simon Bar Kosiba der nach ihm benannte Bar-Kochba-Aufstand. Als Ursache wird in den Quellen wieder ein Kulturkonflikt genannt: Das Verbot der Beschneidung durch den Kaiser Hadrian und dessen Absicht, in Jerusalem einen heidnischen Tempel zu erbauen. Die Niederschlagung des Aufstandes war für die Römer schwierig und verlustreich und die Folgen für die Juden katastrophal. Jerusalem wurde endgültig römische Kolonie und den Juden wurde bei Todesstrafe verboten, die Stadt zu betreten.

Der Zionismus im 19. und im 20. Jahrhundert

Der zionistische Staatsmann und langjährige israelische Politiker Shimon Peres beschrieb den Zionismus folgendermaßen: Der Zionismus entstand Mitte des 19. Jahrhunderts in Europa mit dem erklärten Ziel, den »anormalen« politischen Zustand der »jüdischen Diaspora« bzw. Staatenlosigkeit der Juden aufzulösen, um eine nationalstaatliche Lebensform aufzubauen[64].

In ihrem Buch »Das zionistische Israel«[65] hebt die israelisch-deutsche Historikerin Tamar Amar-Dahl hervor, dass Israel sich selbst als »jüdischer und demokratischer Staat« definiert und beschreibt ausführlich die aus dieser Definition resultierenden Spannungen.

Die Grundsätze der Unabhängigkeitserklärung Israels

In der Unabhängigkeitserklärung vom 14.5.1948 wurden die Aufgaben und Grundsätze des jüdischen Staats folgendermassen beschrieben:

»... Der Staat Israel wird der jüdischen Einwanderung und der Sammlung der Juden im Exil offen stehen. Er wird sich der Entwicklung des Landes zum Wohle aller seiner Bewohner widmen. Er wird auf Freiheit, Gerechtigkeit und Frieden im Sinne der Visionen der Propheten Israels gestützt sein. Er wird all seinen Bürgern ohne Unterschied von Religion, Rasse und Geschlecht, soziale und politische Gleichberechtigung verbürgen. Er wird Glaubens- und Gewissensfreiheit, Freiheit der Sprache, Erziehung und Kultur gewährleisten, die Heiligen Stätten unter seinen Schutz nehmen und den Grundsätzen der Charta der Vereinten Nationen treu bleiben.«

(Amar-Dahl Tamar 2012:69)

Tamar Amar-Dahl kommentiert diese Erklärung folgendermaßen:

»Diese Zeilen skizzieren das Spannungsfeld zwischen der im zionistischen Projekt steckenden Aufgabe der ›Judaisierung‹ von Eretz Israel[66] und dem Anspruch des neuen Staats auf demokratische und liberale Werte. Universalistische Begriffe wie »Freiheit, Gerechtigkeit und Frieden« will die Unabhängigkeitserklärung kompatibel sehen mit der jüdisch-nationalen Staatsräson des demografischen Wandels des Landes. Das zionistische Projekt soll sich auf liberale Grundsätze stützen und sich gleichzeitig auf biblische Quellen der ›Visionen der Propheten Israels‹ berufen.

Von den zionistischen Idealen zur zionistischen Realpolitik

Wie Tamar Amar-Dahl nachgewiesen hat, war die Strategie der Zionisten schon bald nach ihrer Einwanderung in Palästina darauf angelegt, langfristig die Palästinenser zu vertreiben und auf ihrem Land ›Eretz Israel‹ zu errichten.

Schon kurz nach dem Krieg von 1948 wurde für die israelische Politik ein palästinensischer Staat im Sinne der UN-Teilungs-Resolution 181 von 1947 zum Tabu und durch ein Rückkehrverbot für die palästinensischen Flüchtlinge und die Stärkung der jüdischen Immigration der jüdische Charakter des Staats gefördert.

Israels Beharren auf dem Mythos, Eretz Israel sei das Land des jüdischen Volks, bedeutet gleichzeitig, dass es das Selbstbestimmungsrecht der auf eben diesem Territorium lebenden Palästinenser nicht anerkennen kann. Deshalb kann es auch keinen palästinensischen Staat in Teilen des Landes entstehen lassen.
In der politischen Propaganda wurde dies bis in die jüngste Zeit erfolgreich verschleiert.

Palästinensisches und jüdisches Land 1946	UNO Teilungsplan von 1947	1949-1967	2000

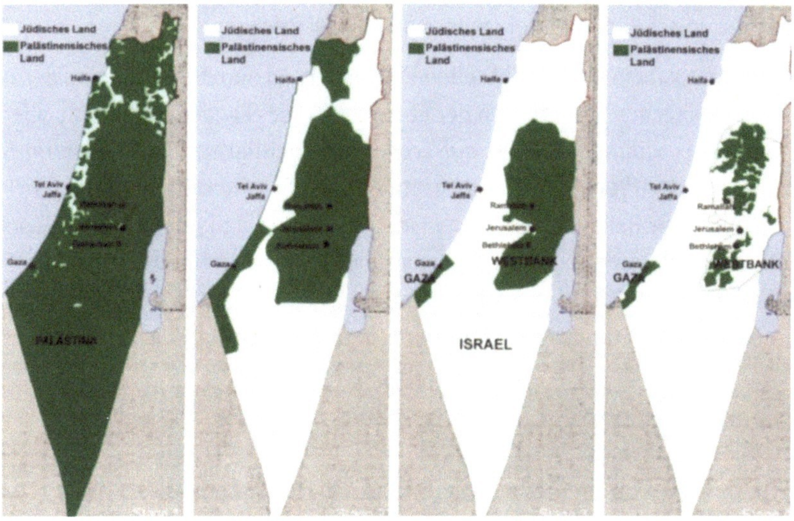

Bild 14: Palestinisische Landverluste von1946–2000
Darstellung aus der Palästina Israel Zeitung Juli 2002

Mit der Annahme des neuen Nationalstaatengesetzes in der Knesset, dem israelischen Parlament, sind die von Tamar Amar-Dahl in ihrem Buch von 2012 analysierte Entwicklung der zionistischen Politik und die entsprechenden politischen Täuschungsmanöver gegenüber der internationalen Öffentlichkeit weitgehend aufgegeben worden.

Als Beleg dafür zitiere ich die Übersetzung der Kritik an diesem Gesetz durch den Journalisten Gideon Levy (von der israelischen Tageszeitung Haaretz) durch Christian Müller im *Newsletter@infosperber Nr. 30* vom 23. Juli 2018:

Das neue Nationalstaat-Gesetz in Israel wird international kritisiert. Die härteste Kritik kommt aus dem Land selber.

Bild 15: Jerusalem

Nach Christian Müller hat die Knesset – das israelische Parlament – am 18. Juli 2018 mit knapper Mehrheit und trotz heftiger Kritik auch aus dem eigenen Land ein Gesetz angenommen, das die Rechte der Araber in Israel, die etwa ein Fünftel der Bevölkerung ausmachen, zusätzlich einschränkt und den Siedlungsbau im besetzten Westjordanland sogar verstärkt fördern soll.

Kritik aus dem Ausland wird von Israel zunehmend als antisemitisch wahrgenommen und verurteilt. Deshalb übermittelt uns Christian Müller einen Kommentar von *Gideon Levy*, einem Journalisten der israelischen Tageszeitung Haaretz, der die Besetzungspolitik der Regierung Netanjahu seit vielen Jahren kritisiert. Sein hier folgender Kommentar erschien zwei Tage, bevor die Knesset das Gesetz – in einigen Punkten in der Formulierung leicht entschärft – mit 62 zu 55 Stimmen verabschiedete.

»Das Gesetz, das über Israel die Wahrheit sagt« (Untertitel)
»Das Nationalstaat-Gesetz macht es klar: Israel ist auch rechtlich nur für die Juden. Es ist so einfacher für alle.«

Von Gideon Levy

»Die Knesset ist dabei, eines der wichtigsten Gesetze seit je zu erlassen, und eines, das mit der jetzigen Realität auch am meisten übereinstimmt. Das Nationalstaatengesetz setzt dem vagen Nationalismus und dem gegenwärtigen Zionismus, wie er heute existiert, ein Ende. Das Gesetz beendigt auch die bisherige Farce, Israel sei ›jüdisch und demokratisch‹ – eine Kombination, die nie existierte und nie existieren konnte. Denn der Widerspruch ist dieser Kombination inhärent. Die beiden Werte sind nie unter einen Hut zu bringen, außer mit Betrug.

Wenn der Staat jüdisch ist, kann er nicht demokratisch sein wegen des Mangels der Gleichberechtigung. Wenn der Staat demokratisch ist, kann er nicht jüdisch sein, weil eine Demokratie keine auf der ethnischen Zugehörigkeit basierende Privilegien vergeben kann.

Jetzt aber hat die Knesset beschlossen: Der Staat ist jüdisch. Israel erklärt, dass es der Nationalstaat der Juden ist, nicht der Staat seiner Bürger und Bürgerinnen, nicht ein Staat der beiden Volksgruppen, die in ihm leben. Damit hat die Knesset beschlossen, den Status einer egalitären Demokratie zu verlassen – nicht nur im Alltag, sondern auch in der Theorie. Darum ist dieses Gesetz so wichtig: Es ist ein Gesetz voller Wahrheit.

Die Aufregung über die Gesetzesvorlage wollte vor allem die Politik der Zweideutigkeit fortsetzen. Der Staatspräsident und der Generalstaatsanwalt, die angeblichen Hüter des Anstands, haben protestiert und erhielten Komplimente aus dem linken Lager. Der Präsident schimpfte, das neue Gesetz werde eine Waffe in den Händen der

Feinde Israels sein, und der Generalstaatsanwalt warnte vor ›internationalen Komplikationen‹.

Ihre Opposition gründete auf der Angst, Israel vor aller Welt bloßzustellen. Immerhin protestierte Staatspräsident Reuven Rivlin mutig laut und deutlich gegen die Klausel, wonach Gemeinden künftig das Recht haben sollen, ihre Einwohner zu durchleuchten und Andersgläubigen die Niederlassung zu verweigern. Aber die meisten Liberalen schreckten einfach davor zurück, als Gesetz schriftlich festgehalten zu sehen, was längst Realität ist.

Mordechai Kremnitzer protestierte in der Dienstagausgabe von Haaretz ebenfalls heftig, das neue Gesetz würde ›eine Revolution entstehen lassen, nichts weniger‹. Das Gesetz bedeute ›das Ende Israels als jüdischen und demokratischen Staat‹. Er fügte bei, das Gesetz mache Israel zu einem nationalistischen Staat wie Polen oder Ungarn – als ob es das nicht längst wäre. In Polen und in Ungarn gibt es keine Tyrannei über andere Leute mit weniger Rechten, wie es hier zur permanenten Realität und zu einem untrennbaren Teil dieses Staates unter dieser Regierung geworden ist, ohne Aussicht auf ein Ende.

Alle diese Jahre der Heuchelei waren angenehm. Es war angenehm, sagen zu können, dass Apartheid nur in Südafrika existierte, weil dort alles in rassistischen Gesetzen verankert war, währenddem wir keine solchen Gesetze hatten. Es war angenehm zu sagen, dass Hebron keine Apartheid sei, dass das Jordantal keine Apartheid sei, und dass die Besetzung wirklich kein Teil der (israelischen) Herrschaft sei. Und zu sagen, dass wir die einzige Demokratie in dieser Region seien, trotz der Besetzung.

Es war nett zu behaupten, dass die Araber wählen dürfen und wir eine Demokratie von Gleichberechtigten seien. Darauf hinzuweisen, dass es eine Arabische Partei gebe, auch wenn sie von jedem politischen Einfluss ausgeschlossen war. Und zu betonen, dass die Araber in jüdischen Spitälern akzeptiert seien, dass sie in den jüdischen Universitäten studieren und wohnen dürften, wo sie wollen.

Wie aufgeklärt wir doch sind; unser höchstes Gericht entschied im Fall Kaadan, dass eine arabische Familie in Katzir ein Haus kaufen durfte – nach jahrelangen Rechtsstreiten und Ausflüchten. Wie tolerant sind wir doch, dass die Araber arabisch sprechen dürfen, eine offizielle Sprache. Letzteres war eh eine Fiktion. Das Arabische wurde nie wirklich als eine offizielle Sprache gehandhabt, in der Art etwa, wie das Schwedische in Finnland, obwohl die schwedische Minderheit doch viel kleiner ist als die arabische Minderheit hier.

Es war angenehm zu ignorieren, dass das Land im Eigentum des Jewish National Fund, welches das meiste staatseigene Land betrifft, den Juden vorbehalten war – mit fortschreitender Zustimmung des höchsten Gerichts – und wir trotzdem eine Demokratie seien. Es war so viel angenehmer zu denken, dass wir selber Verfechter der Gleichberechtigung seien.

Jetzt werden wir ein Gesetz haben, das die Wahrheit sagt. Israel ist ausschließlich für Juden – gemäß Gesetz. Der Nationalstaat des jüdischen Volkes, nicht der Bürgerinnen und Bürger. Ihre Araber sind Zweitklass-Bürger und die palästinensischen Leute sind inexistent. Ihr Schicksal wird in Jerusalem bestimmt, aber sie sind kein Teil des Staates. Es ist einfacher so für jedermann.

Es bleibt ein kleines Problem mit dem Rest der Welt und mit Israels Ruf, der mit diesem Gesetz ein wenig angekratzt sein wird. Es ist kein großer Wurf. Israels neue Freunde werden stolz sein auf dieses neue Gesetz. Für sie wird Israel ein leuchtendes Beispiel unter den Nationen.

Und die Leute auf der ganzen Welt, die ein Gewissen haben, kennen die Wahrheit schon lange und haben sich dagegen gewehrt.

Eine Waffe für die Bewegung BDS?* Gewiss. Israel hat es verdient – und wird es nun als Gesetz haben.«

---

* Sanktionen (BDS) gegen Israel bis zum Ende von Apartheid und Besatzung in Palästina.

Bilanz zur Wirkungsgeschichte des monotheistischen Gottesbildes Israels

Historisch betrachtet war das monotheistische Gottesbild – als Versuch äußerst bedrohliche politische und religiöse Krisen zu bewältigen – lange Zeit recht erfolgreich. Der monotheistische Glaube hat den jüdischen Staat nicht nur davor bewahrt, im assyrischen Reich völlig aufzugehen, sondern ihm auch ermöglicht, während der römischen Fremdherrschaft bis 73 n. Chr. seine kulturelle, religiöse – und ein Stück weit auch seine territoriale – Identität zu bewahren.

Während des Jüdischen Krieges 66–73 n. Chr. und im Bar-Kochba-Aufstand 132–135 zeigten sich dann die Schwächen des jüdischen Überbietungsmonotheismus. Er provozierte die Zerstörung des jüdischen Staates durch die Römer und den Juden wurde verboten, Jerusalem zu betreten.

Im 20. Jahrhundert war dann die Wirkungsgeschichte dieses Gottesbildes noch dramatischer.
Ihr – gemäß ihrem Glauben allen anderen Göttern überlegener Gott – hat die Juden nicht vor dem schrecklichen Holocaust bewahrt.
Wenn Symbole für die jenseitige Realität zu stark durch Wunschprojektionen (z. B. nach eigener Allmacht) beeinflusst werden und die Vielfalt der möglichen Gottessymbole auf ein einziges reduziert wird, wird die transzendente Realität zu einseitig und zu starr abgebildet.

Wie Israels Politik gegenüber den Palästinensern seit 1948 belegt, wurde und wird mit diesem Gottesbild eine Vertreibungs- und Unterdrückungspolitik legitimiert, die in eine Sackgasse auswegsloser Gewalt und Gegengewalt geführt hat.

Unter dem Einfluss seines nationalistisch-monotheistischen Gottesbildes sabotierte Israel regelmässig die Anwendung der Charta der Menschenrechte, die Beschlüsse der UNO sowie das Völkerrecht, d.h. diejenigen Werte, die wir für eine humane Gestaltung der globalisierten Welt dringend benötigen und deshalb stärken statt schwächen sollten.

Aus einer integralen Sicht der menschlichen Bewusstseinsentwicklung, ist dieses fundamentalistisch erstarrte Gottesbild kein lebensförderndes Symbol der jenseitigen Wirklichkeit mehr. Es trägt nichts zu einer humanen Entwicklung des Staates Israel und der globalisierten Welt bei, sondern gefährdet diese sogar.

Leider haben fundamentalistische christliche Gruppierungen Israel in diesem Kurs immer wieder unterstützt. Wie zu Beginn unseres Jahrtausends entsprechende Kontroversen in der Evangelischen Kirche Deutschlands (EKD) zeigten, wollten solche Gruppen – gestützt auf die Bibel – einerseits christliche Mission unter den Juden betreiben, legitimierten aber gleichzeitig Israels Siedlungspolitik direkt mit biblischen Aussagen. Deshalb wurden einige judenmissionarische Vereine 2003 nicht zum ökumenischen Kirchentag zugelassen.

EKD-Vertreter kritisierten, dass solche Gruppen eine Solidarität mit Israels Siedlungspolitik direkt mit biblischen Aussagen legitimierten und dabei sowohl den christlich-jüdischen Dialog als auch die Rechte der Palästinenser übergingen[67].
Bei diesem Konflikt dürfte es sich wohl nur um die Spitze eines Eisbergs handeln. Er lässt vermuten, dass eine große Zahl christlich-fundamentalistischer Gruppierungen Israels Vertreibungs- und Eroberungspolitik unterstützt. Leider stehen mir zu diesem Problem keine weltweiten Zahlen zur Verfügung.

Nachwirkungen des jüdischen Monotheismus im Christentum

Im nächsten Kapitel werden wir uns mit der Jesusbewegung befassen. Das Christentum war zunächst eine jüdische religiöse Befreiungsbewegung, die grundsätzlich am – von den jüdischen Theologen geschaffenen – Monotheismus festhielt.

Es hat diesen zwar bei seinem Übergang in die hellenistische Welt teilweise – vor allem bezüglich seiner moralischen Forderungen – neu interpretiert, aber an dessen kompromisslosem Kampf gegen alle »heidnischen« Religionen festgehalten.

Im Namen dieses – aus heutiger Sicht – intoleranten und vorurteilsfördernden Gottesbildes haben christliche Herrscher (z. B. Karl der Große) Andersgläubige mit Waffengewalt gezwungen, zum Christentum überzutreten.

Seit dem Zeitalter der Entdeckungen wurde dieser mono-theistische Glaube auch zur Legitimierung der Kolonialpolitik europäischer Mächte verwendet. Es hat zur teilweisen Ausrottung der Indianer in den USA durch Siedler, Goldgräber und Militär im ›Wilden Westen‹ beigetragen. Und zu deren Umsiedlung in Reservate und kulturellen und religiösen Unterdrückung durch den amerikanischen Staat[68].

4. Unser neutestamentliches Erbe

Die Jesusbewegung – eine friedliche Befreiungsbewegung[69]

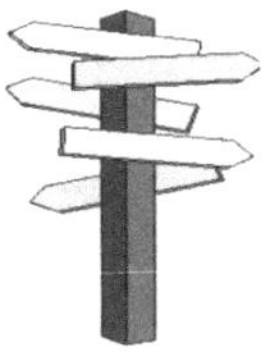

zum Vorgehen

Um das Wirken von Jesus und der von ihm ins Leben gerufenen Bewegung zu verstehen, verwenden wir in diesem Kapitel das bisher erarbei tete Wissen über die verschiedenen Stufen der Bewusstseinsentwicklung der Menschheit, aber ebenso der Individuen. Wir nähern uns der Jesusbewegung zunächst mit den Mitteln der rationalen Bewusstseinsstufe an, u. a. mit historischen, soziologischen und ethnologischen Denkkategorien.

In einem zweiten Schritt versuchen wir zudem Zugang zur mythischen Denkweise zu finden, welche sowohl sein persönliches Erleben wie auch die Schilderungen seines Wirkens durch seine Zeitgenossen entscheidend prägte.

Militärisch-politische und kulturelle Ursachen

Historisch und soziologisch betrachtet, drohte das Volk Israel zurzeit Jesu (wie schon zur Zeit der Bedrohung durch die Assyrer und der Deportation seiner Eliten durch die Babylonier) einmal mehr einer militärisch-politischen und kulturellen Übermacht zu unterliegen. Dies führte wiederum zu einer schweren Identitätskrise[70] des jüdischen Volkes.

Nach Gerd Theissen breitete sich die griechisch-römische Kultur, die ich von nun an als hellenistische Kultur bezeichne, in zwei Schüben im Orient aus:

Griechische Mythologie wurde nach Syrien und Palästina verpflanzt und einheimische Traditionen einer griechischen Neuinterpretation unterzogen. Während des hellenistischen Reformversuchs wurde der jüdische Gott Jahwe in Jerusalem und Samarien als »Zeus« angebetet (2. Makk 6,2). Der hellenistisch Gebildete ahnte hinter den verschiedenen Göttergestalten denselben Gott[71].

Die damaligen Juden litten darunter, dass ihr bisher gültiges Gottesbild und die davon abgeleiteten Werte und Normen in Gefahr gerieten, ihre Geltung zu verlieren (= Anomie).
Diese Anomie bewirkte – ähnlich wie zur Zeit der babylonischen Herrschaft – wiederum eine massive Verunsicherung und eine schwere Identitätskrise[72]. Diese führte zu den verschiedensten Anpassungsversuchen oder Überlebensstrategien.

Diese Anpassungsstrategien stelle ich im folgenden in Form einer Tabelle dar:

Wirkung auf die Gesellschaft (Funktion)	*Formen der Anpassung an Anomie zur Zeit Jesu* (R.K.Merton kombiniert mit G. Theissen)		
	evasiv d.h. ausweichend entrinnend	aktiv-aggressiv d.h. angriffig	subsiditiv d.h. abhängig von Hilfsleistungen anderer
Integration	------	*Konformismus* bereit zu Leistung Pharisäer Sie aktualisierten das Gesetz für die Gegenwart	*Ritualismus* Dienst nach Vorschrift Sadduzäer Sie leugneten Eingreifen Gottes in die Geschichte
Desintegration	*individuelle Auswanderung* z.B. nach Alexandria oder in andere hellenistische Städte	*Innovation* Anwendung verbotener Mittel Räuberei, Sozialbanditen,	*Rückzug* Aussteiger aus der Gesellschaft Verwahrlosung, Bettelei, Krankheit, Besessenheit
Erneuerung	*Emigration in alternative Lebens-gemeinschaften,* z.B. Qumran-Essener	*Rebellion* (Widerstandskämpfer) *oder Revolution* (Makkabäeraufstand)	*Wandercharismatiker* = Jesusbewegung

Die Überlebensstrategie der Jesusbewegung war im Vergleich zu derjenigen anderer Gruppen friedlich. Jesus war ein begabter Heiler und betrieb erfolgreich Symbolpolitik.

Unter Symbolpolitik ist eine Revolution der Werte in den Köpfen mithilfe von symbolischer Argumentation oder von Symbolhandlungen zu verstehen.

Soziologisch betrachtet, wurde die Jesusbewegung durch drei komplementäre Rollen bestimmt:

- durch Jesus als primären Charismatiker und Wanderprediger,
- durch Wanderprediger als sekundäre Charismatiker,
- durch Sympathisanten als tertiäre Charismatiker.

Charismatiker sind Menschen, die andere nicht nur aufgrund einer amtlichen Stellung, sondern aufgrund ihrer persönlichen Ausstrahlung überzeugen können.

Alle drei erwähnten Rollen waren in einen noch größeren Kreis potenzieller Anhänger im Volk eingebettet.

Diese Kreise bildeten um die Person Jesus herum ein persönliches, effizientes und erweitertes Beziehungsnetz.

Zur Bedeutung von Visionen

Für Jesus waren Visionen von großer Bedeutung.

Visionen sind wie Träume Botschaften aus dem seelischen Unbewussten, ausgedrückt in Analogiebildern. Sie sind wie Träume Spontanphänomene, die man nicht willkürlich hervorbringen kann. Sie überfallen den Menschen im Wachzustand. Die äußere Sinneswahrnehmung ist entweder stark reduziert oder ganz ausgeschaltet. Subjektiv fühlt sich der Visionär ganz präsent, im Gegensatz zu einem Traumzustand. Das, was er sieht oder hört, erscheint ihm eindrücklicher und realer als alles übrige Geschehen.

Visionen sind Botschaften aus dem Unbewussten

Bei Menschen, die Visionen haben, ist offenbar die Schranke zwischen Bewusstem und Unbewusstem erheblich durchlässiger als bei den übrigen.

Aus biblischen Zeiten sind Visionen häufiger dokumentiert als im heutigen rationalen Zeitalter. Und im Unterschied zu heute waren sie als Erkenntnisweg respektiert.

Visionen sind auch heute nicht selten. Menschen, die Visionen erleben, sprechen jedoch kaum davon, da sie befürchten, als Fantasten, als abnormal oder gar geisteskrank abgestempelt zu werden. Für sie ist es eine wertvolle persönliche Erfahrung, die sie nicht dem Unverständnis und der Lächerlichkeit preisgeben wollen.

Die soziale Vision der Jesusbewegung: das Reich Gottes

Jesus war für einige Zeit Schüler von Johannes dem Täufer, der am Jordan den bevorstehenden Weltuntergang und das Endgericht ankündigte. Johannes bot seinen aufgeschreckten Zuhörern eine Reinigungstaufe im Jordan an, die helfen sollte, das kommende Gericht heil zu überstehen.

Jesus hat sich dann aber vom düster-apokalyptischen Geschichtsbild des Johannes gelöst und eine hoffnungsvollere Bewegung ins Leben gerufen.

Eine wesentliche Rolle spielten dabei seine Erlebnisse als Heiler und Exorzist, die z. B. in Mk 5,1–20 beschrieben werden:

Und sie kamen ans andere Ufer des Sees in das Gebiet der Gerasener.
Und kaum war er aus dem Boot gestiegen, lief ihm sogleich von den Gräbern her einer mit einem unreinen Geist über den Weg.
Der hauste in den Grabhöhlen, und niemand mehr vermochte ihn zu fesseln, auch nicht mit einer Kette.
Denn oft war er in Fußfesseln und Ketten gelegt worden, doch er hatte die Ketten zerrissen und die Fußfesseln zerrieben, und niemand war stark genug, ihn zu bändigen.
Und die ganze Zeit, Tag und Nacht, schrie er in den Grabhöhlen und auf den Bergen herum und schlug sich mit Steinen.
Und als er Jesus von Weitem sah, lief er auf ihn zu und warf sich vor ihm nieder und schrie mit lauter Stimme: Was habe ich mit dir zu schaffen, Jesus, Sohn des höchsten Gottes? Ich beschwöre dich bei Gott: Quäle mich nicht!
Er hatte nämlich zu ihm gesagt: Fahr aus, unreiner Geist, aus dem Menschen!
Und er fragte ihn: Wie heißt du? Und er sagt zu ihm: Legion heiße ich, denn wir sind viele.
Und sie flehten ihn an, sie nicht aus der Gegend zu vertreiben.
Nun weidete dort am Berg eine große Schweineherde.
Da baten sie ihn: Schick uns in die Schweine, lass uns in sie fahren!
Und er erlaubte es ihnen. Da fuhren die unreinen Geister aus und fuhren in die Schweine. Und die Herde stürzte sich den Abhang hinunter in den See, an die zweitausend, und sie ertranken im See.
Und ihre Hirten ergriffen die Flucht und erzählten es in der Stadt und auf den Gehöften. Und die Leute kamen, um zu sehen, was geschehen war.
Und sie kommen zu Jesus und sehen den Besessenen dasitzen, bekleidet und bei Sinnen, ihn, der die Legion gehabt hat. Da fürchteten sie sich.
Und die es gesehen hatten, erzählten ihnen, wie es dem Besessenen ergangen war, und die Sache mit den Schweinen.
Da baten sie ihn immer dringlicher, aus ihrem Gebiet wegzuziehen.
Und als er ins Boot stieg, bat ihn der Besessene, bei ihm bleiben zu dürfen. Aber er ließ es nicht zu, sondern sagt zu ihm: Geh nach Hause zu den Deinen und erzähle ihnen, was der Herr mit dir gemacht hat und dass er Erbarmen hatte mit dir.
Und der ging weg und fing an, in der Dekapolis kundzutun, was Jesus mit ihm gemacht hatte. Und alle staunten.

Einschub zum Glauben an Besessenheit durch Dämonen und Exorzismus

Der oben zitierte Bericht einer Dämonenaustreibung konfrontiert uns mit dem Glauben an böse Geister, d. h. mit einer uns völlig fremden Vorstellungswelt. Und ausgerechnet auf seine Erfolge als Exorzist stützten Jesus und seine Jünger seine Reich-Gottes Botschaft ab.

Gerd Theissen hat sich mit dem Konflikt zwischen dieser archaischen Vorstellungswelt und derjenigen der heutigen Psychiatrie eingehend auseinandergesetzt[73]. Ich greife in diesem Einschub weitgehend auf seine Resultate zurück, aber auch auf Äußerungen von W. E. Mühlmann zum Zusammenhang zwischen Dämonenglaube und Unterdrückung durch fremde Völker.

Um den Gegensatz – aber auch die Gemeinsamkeiten – zwischen den beiden Vorstellungswelten zu illustrieren, zitiere ich einige Ausschnitte aus einem Sozialprotokoll, erschienen in Publik-Forum Nr. 11, 2016 unter dem Titel »Mein Dämon«, protokolliert von Peter Brandhorst.

Anton H. leidet an einer Borderline-Erkrankung. Er kämpft gegen die Stimmen in seinem Kopf an, was ihm nicht immer gelingt.
»Wie es mir gerade geht? Im Moment scheint mein Dämon anderweitig beschäftigt; ein Jahr habe ich seine Stimme nicht mehr gehört. Aber ich kenne ihn inzwischen zur Genüge: Irgendwann wird er zurückkommen und sich wieder in meinem Kopf breitmachen. Und mir erzählen wollen, dass ich in seinen Augen ein Versager bin und es das Beste wäre, ich würde einfach verschwinden aus dieser Welt.
Eine Borderline-Erkrankung ist nur schwer zu heilen; mit meiner werde ich bis ans Lebensende zu kämpfen haben, sagen die Ärzte. Seit ich denken kann, lebe ich mit heftigen manisch-depressiven Stimmungs- und Gefühlsschwankungen. Heute himmelhoch jauchzend, morgen zutiefst deprimiert. Und in den depressiven Phasen spricht dann der Dämon zu mir.
Als ich vor knapp zwei Jahren nach Kiel zog, weil ich mir dort Arbeit und einen neuen Alltag erhoffte, war ich zunächst auch völlig euphorisch. Aber dann hat sich der erhoffte Job als Illusion herausgestellt, eine Wohnung fand ich auch nicht. Und mein Dämon begann wieder, auf mich einzureden: dass ich ein Versager sei und mich umbringen solle. Ich habe inzwischen gelernt, mit der Stimme einigermaßen umzugehen, und weiß sofort, dass ich für einige Zeit stationäre Hilfe in einer Psychiatrie brauche. Vielleicht lässt mich mein Dämon im Moment auch deshalb in Ruhe, weil ich nach der Klinik eine Wohnung und einen kleinen Job gefunden habe. Das erste Mal hat er zu mir gesprochen, als ich Mitte zwanzig war. Als gelernter Koch und Konditor hatte ich damals zusammen mit meiner Frau ein von ihren Eltern übernommenes kleines Hotel mit Biergarten geführt. Nachdem meine Frau und unser gemeinsamer Sohn bei einem Verkehrsunfall ums Leben kamen, sagte mir eine Stimme im Kopf, ich trüge daran die Schuld – ich hatte sie nicht von der Autofahrt abgehalten.«

»Ich habe während der Therapien versucht herauszubekommen, wer sich hinter der Stimme verbirgt, zu wem sie wohl gehört; aber ich komme einfach nicht dahinter.«

Auch Jesus hat in Mk 5 zusammen mit dem Besessenen versucht, herauszufinden, wen die Stimmen, die ihn quälen, vertreten. Der Besessene gab den Namen seines Dämons als »Legion« an, d. h. als den Namen einer Truppeneinheit der römischen Besatzungsarmee.
Nach W. E. Mühlmann ist aus dem Schamanismus sibirischer Stämme bekannt, »dass in einem Milieu starken interethnischen Druckes Phänomene von Geistern eine besonders große Rolle spielen. »Bedrückung« durch ein fremdes herrschendes Volk erscheint mitunter chiffriert als »Besessenheit« durch einen fremden (fremdstämmigen) Geist[74].«

Diese Parallele zu Mk 5 legt nahe, dass der Besessene, den Jesus heilen kann, die Stimmen der Repräsentanten der römischen Besatzungsmacht hört und voll Wut und Aggression auf diese reagiert.

Nach der Darstellung des Evangelisten Markus schien der Besessene wahrzunehmen, dass von Jesus eine besondere Kraft ausging, die ihn in seinem Kampf gegen die Dämonen unterstützen könnte.

Vielleicht spürte er, dass ihm in Jesus jemand zur Seite stehen wollte, der die Angst seiner Umgebung (Vgl. oben Johannes den Täufer S. 122), dass Gott sein Volk wegen dessen Ungehorsams gegen seine Gebote durch die Römer unterwerfen ließ, wie viele Fromme damals dachten, nicht teilte. Zugleich scheint er Angst vor den Veränderungen zu haben, die Jesus in ihm auslösen könnte, wenn dieser mit den ihn bedrohenden Geistern den Kampf aufnimmt.

Als Mensch der archaischen und mythischen Bewusstseinsstufe ist der Besessene es gewohnt – wie seine Zeitgenossen – Kräfte, Energien und Gefühle, denen er begegnet, als Gott bzw. Göttin, gute Geister (Engel) oder böse Geister (Dämonen) zu personifizieren.

Nach Gerd Theissen dienen Exorzismen und Geschichten von Exorzisten dazu, Angst zu reduzieren.

»Entscheidend ist, wie sie gegen die Angst vorgehen: Durch Tötung von Menschen, die man als Ursache der kollektiven Angst identifizieren zu können meint – dann enden wir in Hexen- und Dämonenwahn; oder als Befreiung von Menschen aus den Klauen des Dämons, sodass sich im Exorzismus die Macht des Lebens gegen die des Todes durchsetzt.«

» ... Besessenheitsangst tritt besonders in Kulturen auf, die auch positive ekstatische Zustände des Außersichseins kennen. Derartige positive und negative Zustände des Außersichseins, die man heute auch neurophysiologisch zu erfassen sucht, scheinen nämlich das Tor dafür zu sein, dass es zu Entfremdungs- und Verdrängungsprozessen kommt, bei denen der Mensch die Kontrolle über sich an destruktive Tendenzen verliert, sodass man früher sagte: Er ist besessen. Der abweichende Bewusstseinszustand »entgleist« sozusagen.

Die meisten vormodernen Kulturen können nun Zustände des Außersichseins kontrollieren, herbeiführen und solche Entgleisungen auffangen, beenden. »Exorzisten«, Schamanen und Medizinmänner sind die Experten dafür.
Und es besteht für mich kein Zweifel daran, dass Jesus über solche exorzistische Fähigkeiten verfügt hat – d. h. über die Fähigkeit, Entgleisungen bei Veränderungen im Gehirn aufzufangen, die bei abweichenden Bewusstseinszuständen eintreten. Die Angst vor solchen Entgleisungen (d. h. vor Besessenheit durch einen Dämon) hat alle Kulturen vor uns in einer für uns kaum vorstellbaren Weise gequält.«

Dämonenangst als Angst vor der Bestie im Dschungel
oder als Angst vor der Bestie in uns

»Beide Formen der Dämonenangst sind also tief in archaischen Zeiten verwurzelt, in denen Menschen die Umwelt nur begrenzt kontrollieren konnten und in ständiger Angst lebten, die Kontrolle über sich selbst zu verlieren. Es ist die Angst vor der »Bestie« im Dschungel um uns herum - und vor der Bestie in uns.«

»Diese archaischen Ängste müssen bis in die Übergangszeiten zwischen Tier und Mensch zurückreichen. Damals erworbene Reaktionsformen und Erlebnismöglichkeiten sind auch heute in uns allen unbewusst vorhanden. Dämonenangst hat hier ihre psychische Basis in uns allen. Wir besiegen sie deshalb nicht einfach dadurch, dass wir erklären: Dämonen gibt es nicht. Die gibt es in der Tat nicht. Wenigstens meine ich das. Aber die archaische Angst in uns – die gibt es weiterhin. Sie ist real. Mit ihr müssen wir uns auch in Zukunft auseinandersetzen.«

Jesus interpretierte seine Heilungserfolge mittels der Symbole der damaligen mythischen Vorstellungswelt. In einer Vision oder in einem Traum verstand er sie als Zeichen dafür, dass die satanischen Kräfte des Bösen schon jetzt daran seien, an Macht zu verlieren[75]:

Ich sah den Satan, wie einen Blitz vom Himmel fallen (Lk 10,18).

Dieses Erlebnis deutete er in dem Sinne, dass das Reich Gottes ohne römische Besatzungsmacht schon im Anbrechen sei.

Der Unterschied zwischen Jesus und Johannes wird am deutlichsten im Gleichnis vom verlorenen Sohn erkennbar, in dem der Vater für den Sohn, der als Sünder all sein Geld mit Dirnen verprasst hat, ein Fest veranstaltet, als dieser zu ihm zurückkommt und aufrichtige Reue zeigt (Lk 15,11–32).

Jesus hat das Gottesbild eines harten, die Sünder erbarmungslos strafenden Gottes, das Johannes predigte, durch die Vorstellung eines vergebenden, gnädigen Gottes ersetzt.
Dieses Gottesbild hat er nicht nur gelehrt, sondern auch ins praktische Leben umgesetzt. Er hat mit Sündern gegessen, beispielsweise Zöllnern und Dirnen (Mk 2,13–17).

Die Begründerin des Dream Dance – eine spirituelle Verwandte Jesu

zum Vorgehen

Im Sinne eines vertikalen oekumenischen Dialogs gemäss einer Anregung von Othmar Keel, werde ich im Folgenden die Freiheitsbewegung, die Jesus ins Leben gerufen hat, nicht als die einzige wahre Religion darstellen.

Aus Respekt vor den religiösen Begabungen anderer (als „Heiden« diffamierter) Völker, werde ich auch vom Wirken einer indianischen spirituellen Verwandten Jesu berichten, von der Begründerin des Traum-Tanzes (Dream-Dance). Sie hat im Jahre 1879 eine der Jesusbewegung recht ähnliche indianische Befreiungsbewegung ins Leben gerufen.

Authentisches religiöses Erleben kommt in den verschiedensten Religionen vor.

»Der Dream-Dance (= Traum-Tanz) ist ein Ritus, der darauf gerichtet ist, eine unmittelbare Beziehung zwischen den Teilnehmern und dem Grossen Geist herzustellen, um – durch Gesänge, Tänze, Anrufungen – Prosperität, Ueberfluss, Wohlstand zu erlangen.«

(Lanternari Vittorio 1960: 188)

Zentrum des Ritus war die heilige Trommel, die den großen Geist darstellte und verkörperte.

Die Dream-Dance-Bewegung war wie die Jesusbewegung das Ergebnis des Zusammenstoßes eines Volkes mit einer militärisch und kulturell überlegenen fremden Besatzungsmacht. Im Falle der Jesusbewegung waren dies die Römer, im Falle der Indianer die Weißen.

Die folgende Erzählung schildert das Erlebnis der indianischen spirituellen Verwandten von Jesus:

»Während eines Blutbades, das die Weißen unter einer Gruppe von Sioux anrichteten – es war im Jahre 1878 –, warf sich eine junge Frau, um dem sicheren Tod zu entrinnen, in die Gewässer eines Sees, wo sie lange Zeit, da die weißen Soldaten sich in nächster Nähe aufhielten, im Schilf untergetaucht und ohne jede Hilfe versteckt bleiben musste. Als sie am Ende ihrer Kraft war, schickte der Große Geist ihr eine Vision und eine Stimme, die sie die Formen der neuen Religion – des Dream Dance – lehrte und ihr befahl, sie unter allen Indianerstämmen zu verbreiten. Der Traum-Tanz sollte die archaischen Riten ersetzen, seine große Trommel sollte an die Stelle der kleinen Trommeln treten, die man früher bei den Zeremonien verwendet hatte. Die alten religiösen Formen – so sagte der Mythos – hatten sich als ungeeignet erwiesen, die bösen Geister fernzuhalten. Die der Gründerin mitgeteilten religiösen Unterweisungen konzentrierten sich um den neuen ethischen Kanon der friedlichen Vereinigung aller Indianer.

Die Gründerin setzte diese Forderung durch den ersten Befriedungsakt in die Wirklichkeit um, indem sie, obgleich von Siouxherkunft, gerade dem Stamm der Chippewa die neue Religion brachte.«

Die Tradition über die Herkunft und auch die Persönlichkeit der Gründerin erscheinen mit jenen typisch beispielhaften und intensiv symbolischen Zügen ausgestattet, die dem Mythos eigen sind. Offensichtlich ist das historische Element darin schon mythisiert.

Die Gruppe der Sioux wurde 1878 von den Weißen hingemetzelt, die überlebende junge Frau war dem Ertrinken nahe.

Damit eng verknüpft vollzieht sich die fast einer »Weihe« ähnliche Wiedergeburt des Mädchens, das nahe an den Tod (durch Ertrinken im See) gelangt war. Es geht aus diesem Erlebnis als eine erneuerte Frau hervor, die »weiß«, die ein neues religiöses Dasein erlebt.

Die Bewegung des Dream Dance verfocht die Einheit der Indianer ohne Unterschied ihrer Herkunft sowie das Ende aller Feindseligkeiten und Kämpfe unter den verschiedenen lokalen Gruppen.

Im Wesentlichen ersteht aus der eingeschlummerten und durch Invasion der Weißen und ihrer Uebermacht fast erloschenen archaischen Kultur eine mit neuer Energie geladene religiöse Kultur. Es wird, mit einem Wort, eine lebenssprühende, vitale Religion geboren.

Der Traumtanz hat einen ihm eigenen und auffallenden Charakter entwickelt, nämlich Friedensliebe, Brüderlichkeit und ethnische Solidarität. Verblüffend ist seine Aehnlichkeit zur Jesusbewegung …

(Lanternari Vittorio 1960: 188/189)

Ethnologen haben eine ganze Reihe derartiger Bewegungen entdeckt. Einige von ihnen – aber keinesfalls alle – waren vom Judentum und vom Christentum beeinflusst.

Die unbeeinflussten Bewegungen lassen erkennen, dass nicht nur Juden und Christen, sondern auch andere Völker und Kulturen über die Fähigkeiten verfügten aus ihrem religiösen Erleben heraus Befreiungsbewegungen ins Leben zu rufen.

Militärisch und politisch konnte sich die Bewegung des Dream Dance so wenig gegen die militärisch-technische Übermacht der Weißen durchsetzen, wie seinerzeit die Jesusbewegung und die jüdischen Widerstandskämpfer gegen die militärische Übermacht des sie unterdrückenden Römischen Reiches.

Die Ziele: Befreiung und statusunabhängiger gleicher Wert aller Menschen

Gerd Theissen, emeritierter Professor für Neues Testament, zählt zu den wesentlichen Inhalten von Jesu Verkündigung die Befreiung von der Fremdherrschaft und die Aufhebung der sozialen Statusunterschiede[76].

Zu den Kennzeichen des Reiches Gottes gehört der Ausgleich von sozialen Statusunterschieden

Unter Status verstehen Soziologen jede Einordnung des Menschen in eine gesellschaftliche Rangordnung, die ihm im Vergleich zu anderen einen unterschiedlichen Wert beilegt,

- sei es aufgrund familiärer und ethnischer Herkunft,
- sei es durch rechtliche, politische und ökonomische Privilegien,
- sei es durch Tüchtigkeit und Bildung.

In allen Gesellschaften werden Menschen nach solchen Rangkriterien eingestuft und bewertet.

Die Ueberzeugung von einem statusunabhängigen Wert eines jeden Menschen kann sich erst dort Anerkennung verschaffen, wo sein Wert unabhängig von der Gesellschaft definiert wird.

Nächstenliebe und Demut sollen den Ausgleich von Statusunterschieden ermöglichen.

Nächstenliebe und Demut sollen Statusunterschiede ausgleichen

Für den Umgang der Menschen miteinander vertrat Jesus zwei im einfachen Volk verwurzelte Werte: Nächstenliebe und Demut[77]. Es handelt sich um Werte, die in den antiken Gesellschaften gering geachtet wurden[78], denn diese forderten nur den Göttern gegenüber Demut.

Die Jesusbewegung hat diese, aus der Nachbarschaftsethik kleiner Leute stammenden Werte mit einem neuen, aristokratischen Selbstbewusstsein vertreten.

Wo hierarchische Gefälle existieren, müssen Statusunterschiede ausgeglichen werden, damit der andere Mensch zum gleichwertigen Nächsten werden kann.«

»In der biblischen Tradition sind Statusverzicht und Demut Wege zu einer grösseren Gleichheit«.
Theissen G. 2004: 259)

Mit diesen revolutionären Forderungen im Bereich der Werte reagierte die Jesusbewegung auf die Tatsache, dass sich in der damaligen Gesellschaft die Werte von Ober- und Unterschichten auseinanderentwickelt hatten[79].

Von Nächstenliebe ist zwar schon im Alten Testament in 3.Mose 19.18 die Rede:

Du sollst nicht Rache üben an den Angehörigen deines Volks und ihnen nichts nachtragen, sondern du sollst deinen Nächsten lieben wie dich selbst. Ich bin der HERR.

Die Nächstenliebe bezieht sich hier allerdings nur auf die Angehörigen des eigenen Volkes.

Im Neuen Testament wird dann die Nächstenliebe ausgeweitet auf alle Menschen. Am eindrücklichsten ist sie im Gleichnis vom barmherzigen Samariter (Lk 10,25–37) beschrieben.
Vorbild für Nächstenliebe ist darin ein Samariter, wohl nicht zufällig ein Angehöriger einer als Ketzer verschrienen Volksgruppe.
Jesus antwortet mit diesem Gleichnis auf die Frage nach dem größten Gebot:

Da stand ein Gesetzeslehrer auf und sagte, um ihn auf die Probe zu stellen: Meister, was muss ich tun, damit ich ewiges Leben erbe?
Er sagte zu ihm: Was steht im Gesetz geschrieben? Was liest du da?
Der antwortete: Du sollst den Herrn, deinen Gott, lieben mit deinem ganzen Herzen und mit deiner ganzen Seele und mit all deiner Kraft und mit deinem ganzen Verstand, und deinen Nächsten wie dich selbst.
Er sagte zu ihm: Recht hast du; tu das, und du wirst leben. Der aber wollte sich rechtfertigen und sagte zu Jesus: Und wer ist mein Nächster?
Jesus gab ihm zur Antwort: Ein Mensch ging von Jerusalem nach Jericho hinab und fiel unter die Räuber. Die zogen ihn aus, schlugen ihn nieder, machten sich davon und ließen ihn halb tot liegen.
Zufällig kam ein Priester denselben Weg herab, sah ihn und ging vorüber.
Auch ein Levit, der an den Ort kam, sah ihn und ging vorüber. Ein Samariter aber, der unterwegs war, kam vorbei, sah ihn und fühlte Mitleid. Und er ging zu ihm hin, goss Öl und Wein auf seine Wunden und verband sie ihm. Dann hob er ihn auf sein Reittier und brachte ihn in ein Wirtshaus und sorgte für ihn.
Am andern Morgen zog er zwei Denare hervor und gab sie dem Wirt und sagte: Sorge für ihn! Und was du darüber hinaus aufwendest, werde ich dir erstatten, wenn ich wieder vorbeikomme.
Wer von diesen dreien, meinst du, ist dem, der unter die Räuber fiel, der Nächste geworden?
Der sagte: Derjenige, der ihm Barmherzigkeit erwiesen hat. Da sagte Jesus zu ihm: Geh auch du und handle ebenso.

Vorbildlich sind am barmherzigen Samariter seine Fähigkeit sich in die Not des unter die Räuber Gefallenen einzufühlen, verbunden mit rational-effizientem und situationsgerechtem Helfen.

Vgl. dazu das Schema ra tionaler Projektplanung, angewandt auf das Gleichnis vom barmherzigen Samariter in Kapitel 9

Der messianische König

Gerd Theissen schloss aus Mk 10,42–44, dass in der Jesusbewegung eine kritische Auseinandersetzung mit dem antiken Herrscherideal erfolgte:

›Ihr wisst, dass die, die meinen, über die Völker zu herrschen, sie unterdrücken und ihre Großen missbrauchen ihre Gewalt über sie. So soll es aber unter euch nicht sein. Sondern, wer unter euch groß sein will, der sei euer Diener, und wer unter euch der Erste sein will, der soll ein Sklave aller sein.‹

Bild 16: Giotto di Bondone
Einzug in Jerusalem, Fresko in der Capella degli Scrovegni (um 1305)

In der Jesusbewegung verband sich eine scharfe Kritik an politischer Machtausübung mit der Forderung, dass die Nachfolger Jesu tun, was die Herrscher tun sollten - Frieden schaffen und Feinde versöhnen. Das war eine Revolution der Werte.

(Theissen Gerd 2004: 253)

Das humane Königsideal der Jesusbewegung bezieht sich auf den messianischen König, der sich gemäß der Prophezeiung des Propheten Sacharja verhält (9,9). Er wird demütig auf einem Esel in Jerusalem einreiten, wahrscheinlich als bewusstes Gegenbild zu Alexander dem Großen.

Jesus Einzug in Jerusalem auf einem Eselsfüllen am Palmsonntag war eine Symbolhandlung, die an Sacharjas Prophezeiung anknüpfte (Sach 9–11).

Verurteilung und Hinrichtung Jesu

Als Jesus nach Jerusalem zog, hatten seine Jünger den unmittelbar bevorstehenden Anbruch der Gottesherrschaft und den Beginn einer neuen gerechteren Welt ohne römische Besatzung erwartet (Lk 19,11). Ihre Erwartungen wurden zunichtegemacht. Jesus wurde hingerichtet, die Jünger flohen.

Zunächst wurde Jesus vor der höchsten religiösen und politischen Instanz des Judentums (dem Synhedrium) angeklagt. Und zwar wegen seiner Weissagung gegen den Tempel und der Austreibung der Händler aus dem Tempelbezirk (Mk 11,15–19).

Die Vollmacht zur Hinrichtung hatten aber nur die Römer. Für sie war nicht Jesus Verhalten im Tempel bedeutsam, sondern sein Anspruch, König der Juden zu sein. Dieser Anspruch war Aufruhr gegen den Machtanspruch des römischen Staates. Die Kreuzigung sollte abschreckende Wirkung haben. Sie galt als bewusste Entehrung und Erniedrigung.

Die Hinrichtung Jesu stellte die Hoffnung seiner Jünger/-Innen und Anhänger/-Innen auf den bevorstehenden Anbruch der Gottesherrschaft und alle damit verbundenen Hoffnungen auf Befreiung von kolonialer Unterdrückung, mit äußerster Brutalität infrage.

Jesus ist nicht für unsere Sünden am Kreuz gestorben

Die Erklärung des Todes Jesu als Sühnopfer für unsere Sünden hat in der Kirchengeschichte, bis hin zu den Reformatoren, zu einem unheilvollen Sündenbewusstsein sowie zu chronischen Schuldgefühlen beigetragen, die im Christentum als Grundstimmung z. T. bis heute nachwirken.

Aus Sicht der neutestamentlichen Wissenschaft ist klar, dass diese Sühneopfertheorie nicht von Jesus stammt, sondern eine spätere Deutung durch die christliche Gemeinde ist. Seine allein zurückgebliebenen Anhänger versuchten so, seinem unfassbar schockierenden Tod einen Sinn zu geben.

Wie dies in extremen psychischen Stresssituationen oft geschieht, fielen seine Anhänger während diesem Bewältigungsversuch auf eine frühere seelische Entwicklungsstufe zurück (= Regression).

Die archaische Deutung des Todes Jesu als Sühnopfer für unsere Sünden hat – zusammen mit Augustins Lehre von der Erbsünde – das extreme Sündenbewusstsein der mittelalterlichen Menschen und die weitverbreitete Angst vor dem jüngsten Gericht verursacht.

Viel zu diesem extremen und leibfeindlichen Sündenbewusstsein beigetragen hat der Kirchenvater Augustinus mit seiner Lehre von der Erbsünde. Darin verknüpfte er den archaischen Sündenfallmythos von Adam und Eva mit seiner (aus der neuplatonischen Philosophie übernommenen) Abwertung der Sexualität als geistfeindliche und sündige Begierde. Diese Mischung hat dann bis zur Reformationszeit das Sündenbewusstsein der katholischen Kirche tief geprägt, mit verheerenden Folgen für das Verständnis der Sexualität.

Jesus hat nichts dergleichen gelehrt. Er predigte, dass die Besetzung Israels durch die römische Kolonialmacht nicht bedeute, dass Gott sein Volk verworfen habe, wie viele Juden damals glaubten. Und, dass Gott bereit sei, seinen Zuhörern zu vergeben.

Am deutlichsten erkennbar wird dies im Gleichnis vom verlorenen Sohn, in dem der Vater für den Sohn, der als Sünder all sein Geld mit Dirnen verprasst hat, ein Fest veranstaltet, als dieser zu ihm zurückkommt (Lk 15,11–32). Jesus hat aber dieses Gottesbild nicht nur gelehrt, sondern auch ins praktische Leben umgesetzt. Er hat mit Sündern gegessen, beispielsweise Zöllnern und Dirnen (Mk 2,13–17).

Damit stellte er sich in Gegensatz zum alttestamentlichen Denken, in dem das Motto dominiert

»Du sollst das Böse aus Deiner Mitte ausrotten« (5. Mose 24,7).

Mit seiner Predigt und mit seinem Verhalten widersprach er auch dem Bild von Gott als einem unbarmherzigen, rachsüchtigen, anderen Religionen gegenüber völlig intoleranten Tyrannen, wie es im 5. Buch Mose und in den Königsbüchern vorliegt.

Die Römer waren an solchen innerjüdischen theologischen Kontroversen nicht interessiert. Sie haben Jesus hingerichtet, weil sie ihn als einen Aufrührer gegen den Machtanspruch des römischen Staates betrachteten. Mit seiner Hinrichtung wollten sie ein Exempel mit abschreckender Wirkung für alle Aufrührer statuieren.

Unsere Arbeit in der Religionswerkstatt deckt mit den Mitteln der rationalen Bewusstseinsstufe auf, welche sozial-psychologischen Mechanismen dem Schuldgefühl zugrunde liegen, das im Christentum als Grundstimmung z.T. bis heute nachwirkt.

Aus der Sicht der rationalen Bewusstseinsstufe (unter Verwendung von Resultaten der modernen Geschichtsforschung und von soziologischen Theorien) bedrohte die koloniale Besetzung und Unterdrückung durch die Römer die jüdische, monotheistische Gottesvorstellung sowie auch die damit verbundenen Werte und Normen (= Anomie).

Bei den damaligen Juden, die auf der mythologischen Bewusstseinsstufe lebten, bewirkte dies eine massive Verunsicherung. Wie der riesige Zulauf zur Bußpredigt und zur Reinigungstaufe des Johannes belegt, entstanden daraus Schuldgefühle gegenüber ihrem Gott. Sie deuteten die Krise in dem Sinne, dass sie Gott erzürnt hätten, weil sie seine Gebote nicht genügend befolgt hätten.

Rational (bzw. historisch und soziologisch) betrachtet, war die Besetzung Israels zwar äusserst bedrohlich für den jüdischen Staat und die religiöse Identität der Juden, aber kein Grund für Schuldgefühle.
Die Schuldgefühle waren eine Folge der Interpretation der Besetzung mittels des damals dominierenden mythischen Bewusstseins. Dieses interpretierte die Unterdrückung durch die Römer als Strafe Gottes für mangelnden Gehorsam gegen dessen Gebote.

Interessant ist, dass Jesu durch seine religiösen Erlebnisse schon vor beinahe 2000 Jahren dazu kam, diesen Schuldgefühlen entgegenzutreten und Hoffnung statt Angst zu verbreiten.

Für die Suche nach einem integralen Bewusstsein bedeutet dieses Ergebnis, dass sich religiöses Erleben auf der mythischen Bewusstseinsstufe und rationales Denken ergänzen können und dies auch tun sollten.

Wie es zum Glauben an die Auferstehung Jesu kam, und warum dieser heute unverständlich ist[80]

Gemäß den ältesten biblischen Zeugnissen begegnete Jesus nach seinem Tode Jüngern oder Jüngerinnen im Traum oder in einer Vision. Gemäß ihrem archaischen Traumverständnis interpretieren sie dieses Erleben objektiv-realistisch: *Jesus lebt!*

Die Erscheinungen konnten auch in einer theologisch reflektierteren Form gedeutet werden: *Gott hat Jesus von den Toten auferweckt!*

Im ältesten Paulusbrief (1. Thess aus dem Jahr 50) wird von dem Sohn gesprochen, »den Gott von den Toten auferweckt hat« (1. Thess 1,10).

Diese Interpretation der Erscheinungen Jesu wurde durch das Konstrukt ihrer Kultur erleichtert, dass Tote auferstehen können:

»Deine Toten aber werden leben, ihre Leichname stehen wieder auf. Wacht auf, und jubelt, ihr Bewohner des Staubs!« (Jes 26,19).

»Viele von denen, die im Erdenstaub schlafen, werden erwachen, die einen zum ewigen Leben und die anderen zu Schmach, zu ewigem Abscheu« (Dan 12,2).

Die Geschichten vom leeren Grab sind alle sehr viel später entstanden und setzen die Überzeugung, dass Jesus lebt, in erzählerische Darstellungen um.

Die Erscheinungsgeschichten der Evangelien erweisen sich gegenüber der Bekenntnisformel in allen Analysen als späte Bildungen.

Im Matthäusevangelium erscheint Jesus den elf Jüngern ein letztes Mal in Galiläa.

»Und Jesus trat zu ihnen und sprach: Mir ist alle Macht gegeben im Himmel und auf Erden. ›Geht nun hin und macht alle Völker zu Jüngern‹ (Mt 28,18f).«

Nach Lukas erscheint Jesus den versammelten Jüngern zuletzt in Jerusalem. Er öffnet ihnen den Sinn für die Schriften, weist darauf hin, dass in seinem Namen allen Völkern die Umkehr zur Vergebung der Sünden verkündigt werden wird, und sagt:

»Ihr seid Zeugen dafür« (Lk 24,48).

Der Vorgang der Auferstehung Jesu ist nirgendwo Thema. Mit den Bibelwissenschaftern können wir zusammenfassen, dass die Auferstehung selbst an keiner Stelle in den Blick kommt.

Vielmehr wird in unterschiedlicher Weise von Menschen bezeugt, was mit ihnen selbst geschehen ist: Dass sich ihnen nämlich der Gekreuzigte als lebendig erwiesen hat. Aus dieser Erfahrung wird der Schluss gezogen, dass der tote Jesus auferstanden sein muss[81].

»Sobald man erkannt hat, dass es in den Erscheinungsgeschichten nicht um den Vorgang der Auferstehung Jesu als solche geht, sondern um den Impuls für das Leben derer, die dem lebendigen Jesus begegnet sind, wird man diese Blickänderung auch in den Erscheinungsgeschichten des Evangeliums wahrnehmen.«

(Marxsen Willi 1968: 69)

Historisch fassbar ist nur die Überzeugung von Anhängern Jesu, dass der Getötete einzelnen von ihnen erschienen ist. Die Interpretation dieser Überzeugung als leibliche Auferstehung Jesu vermag aber keine reale Auferstehung zu erschaffen, und zwar selbst dann nicht, wenn diese Interpretation zum kirchlichen Dogma geworden ist.

Die Bibelwissenschaft warnt und mahnt daher schon seit Jahrzehnten:

»Die christliche Theologie kann und darf also keineswegs von der Auferstehung Jesu ausgehen, sie kann nicht von der Auferstehung als ihrer angeblichen Mitte aus argumentieren, sondern es ist genau umgekehrt.
Es ist gerade zu fragen, mit welchem sachlichen Recht überhaupt christlich von der leiblichen Auferstehung Jesu gesprochen werden darf.«

(Marxsen Willi 1964: 34)

Alle Anschauungsformen für die Gewissheit, dass Jesus nach seinem Tode lebt, sind Denkmodellen geistlicher Strömungen des 1. Jahrhunderts entnommen. Sie beziehen ihre Plausibilität und Überzeugungskraft aus ihrem kulturellen Kontext. Sie verlieren diese Plausibilität aber mit dem kulturellen Wandel oder außerhalb ihrer Ursprungskultur.

Gerd Theissens sozialwissenschaftliche Interpretation der Vergöttlichung Jesu

Gerd Theissen arbeitet in seiner Analyse mit einer klassischen Theorie der Sozialpsychologie, nämlich mit der Theorie der kognitiven Dissonanz von Leon Festinger[82]. Er geht von der Dissonanz zwischen den von Jesus geweckten Hoffnungen auf einen bevorstehenden Anbruch der Gottesherrschaft und dem Scheitern dieser Erwartungen aus[83]:

»Sein Charisma hatte die Erwartung geweckt, er werde die entscheidende Rolle im endzeitlichen Geschehen zwischen Gott und den Menschen spielen. Die Kreuzigung war das Scheitern dieser Erwartungen – ja mehr noch: Sie war deren bewusste Verspottung und Demütigung. Der titulus crucis, der den Hingerichteten als »König der

Juden« auswies, enthielt die Botschaft, dass mit dem Gekreuzigten alle Hoffnungen auf einen Befreier Israels mitgekreuzigt werden sollten.«[84]

»Um eine solche Dissonanzerfahrung zu überwinden, musste der Gekreuzigte einen noch höheren Rang und Wert erhalten, als ihm ursprünglich zugeschrieben worden war. Durch Überwindung des Todes erwies er sich endgültig als mächtiger als seine Richter und Henker.
Die Ostererscheinungen ermöglichten also eine unendliche Wertsteigerung der Person Jesu, durch die auch die extreme Dissonanz zwischen seinem Charisma und dem Kreuz überwunden werden konnte«.

(Theissen Gerd 2000: 72)

Visionen allein machen niemand zum Messias oder Sohn Gottes

Nach Gerd Theissen gibt es keine geschichtlichen Analogien dafür, dass jemand durch Erscheinungen zum »Messias« oder »Menschensohn« oder zum »Sohn Gottes« wird.

Theissen stellt die These auf, dass dazu zusätzlich eine bestimmte Plausibilitätsstruktur notwendig war, d. h. bestimmte kulturelle Selbstverständlichkeiten, die keiner Begründung bedurften, weil sie von fast allen Angehörigen des jüdischen Volkes geteilt wurden.

Die Erhöhung Jesu zu göttlichem Rang konnte nur deshalb kognitive Dissonanzreduktion bewirken, weil sie der Dynamik der Entstehung des jüdischen Monotheismus entsprach, die wir schon dargestellt haben:

Angesichts der Zerstörung Jerusalems, der Deportation der Oberschicht und des langen Exils 586 v. Chr. gab es nur zwei Möglichkeiten:

- Entweder die Überlegenheit der siegreichen Völker und ihrer Götter anzuerkennen
- oder am Glauben an Jahwe festzuhalten, indem man die Katastrophe auf Erden durch einen Sieg im Himmel ausglich:

Die anderen Götter wurden für nichtexistent erklärt. Nicht sie hatten im Kampf gegen Israel gesiegt, sondern der eine und einzige Gott, der sich anderer Völker bedient hatte um Israel zu strafen. Nach vollzogenem Gericht würde sein Gott Israel wieder in eine neue Zukunft führen.

Er herrschte auch über die Sieger. Je totaler die Niederlage JHWHs und seines Volkes auf Erden schien, umso gewaltiger musste der »metaphysische« Sieg JHWHs über alle anderen Götter im Himmel (und damit auch in der religiösen Zeichenwelt) ausfallen.

Die monotheistische Dynamik ist im Blick auf die anderen Götter und die sie verehrenden Völker Konkurrenzüberbietung. Angesichts des einen und einzigen Gottes werden sie alle zu lächerlichen »Nichtsen«.

Diese monotheistische Dynamik wiederholt sich im Urchristentum. Die zu bewältigende Krise ist in diesem Falle nicht die Deportation der gesamten Führungsschicht Judas nach Babylon, sondern die Kreuzigung Jesu als Widerlegung der mit ihm verknüpften Erwartungen des Anbrechens des Reiches Gottes.

Die Vergöttlichung Jesu steht nicht im Widerspruch zum jüdischen Gottesbild sondern ist dessen konsequente Weiterentwicklung.

Die Anhänger Jesu, die ihn zur Rechten Gottes inthronisierten und zum Weltenherrscher und Weltenrichter machten, waren Juden. Sie wollten nicht ihren Monotheismus aufgeben sondern Jesus zum Sieger über all seine Feinde machen.

Bild 17: Christus Pantokrator in der Apsis der Kathedrale von Cefalu auf Sizilien (Italien). Mosaik im byzantinischen Stil.

Theissens These läuft darauf hinaus, dass nur innerhalb eines religiösen Bezugsrahmens, in dem ein »Programm« vorhanden war, Niederlagen in Siege und extreme Erniedrigung in Erhöhung umzuinterpretieren, die Ostererscheinungen Anlass für die Vergöttlichung Jesu sein konnten.

Theissen grenzt sich damit auch von der subjektiven Visionshypothese von Gerd Lüdemann ab[85], nach der die Visionen ausschließlich (von den kulturellen Konstrukten ihrer Religion unbeeinflusste) Resultate psychischer Prozesse der Jünger waren[86].

Die Bedeutung unserer Konstruktion der Wirklichkeit

Theissen betont, dass es ganz von unserer Konstruktion der Wirklichkeit abhänge, ob wir für möglich halten, dass auch durch innerpsychische Prozesse eine objektive Botschaft an Menschen vermittelt werden kann.

Als Beispiel erwähnt er die Richtigkeit mancher Informationsübertragungen während oder nach dem Tode von Menschen (von denen Menschen vor allem in Kriegszeiten berichten).

C. G. Jung und sein Schüler Felix Wirz[87] trafen in Bezug auf den Aussagewert von Visionen die Unterscheidung zwischen Aussagen auf der Subjektstufe und Aussagen auf der Objektstufe:

Zum Aussagewert einer Vision:

Die Frage stellt sich, ob es sich um eine subjektiv wahrgenommene Erscheinung oder um ein effektiv stattfindendes Geschehen handelt, d.h. ob wir die Aussage auf der Subjektstufe* oder auf der Objektstufe** deuten müssen.

---

* Eine nur für die innere Situation des Träumers zutreffende Deutung, also ausschließlich auf das betreffende Ich bezogen.

** Eine Aussage auf der Objektstufe stellt eine auf ein Objekt, bzw. auf ein reales Ereignis bezogene Aussage dar.

Grundsätzlich bestehen bei der Interpretation von Träumen und Visionen beide Möglichkeiten. Welche Erklärung die zutreffende ist, kann meistens aus der Lebensgeschichte des Betroffenen und aus der psychologischen Konstellation entschieden werden. Oft enthält die Aussage beides gleichzeitig, eine subjektiv zutreffende Meldung und einen objektiv gültigen Bericht. Beide werden in der Symbolsprache des Unbewussten ausgedrückt.

Damit nicht zusammenhanglose Kombinationen entstehen, ist diese Besonderheit der Aussage vor allem auf der Objektstufe sorgfältig zu berücksichtigen. Spätere Träume oder Visionen werden die erste Aussage bekräftigen oder korrigieren.

Vor diesem theoretischen Hintergrund bleibt in der Schwebe, ob es sich bei den Visionen von Jüngerinnen und Jünger um Botschaften auf der Subjektstufe oder auf der Objektstufe handelt.

Letztlich bleiben wir auf unsere eigene Gesamtbeurteilung ihrer Wirkung auf die Jesusbewegung und des Christentums verwiesen.

Ablehnung in Israel, aber Erfolg im Römischen Reich

»Als innerjüdische Erneuerungsbewegung ist die Jesusbewegung gescheitert. Ihre offene Haltung Fremden gegenüber lief den vorherrschenden Tendenzen zur Abgrenzung entgegen. Die Abneigung gegen die Fremden übertrug sich auf diejenigen, die Abgrenzungen gegenüber den Fremden lockerten oder sogar durchbrachen. Dies führte zur Unterdrückung der liberalen Jesusbewegung.[88]

Durchgesetzt hat sich die Vision Jesu dagegen im Römischen Reich und in dessen hellenistischer Kultur. Die Jesusbewegung entwickelte sich zum Urchristentum. Dieses hat dem Anliegen des freiwilligen Statusverzichts auch in dieser ganz anderen Kultur die Treue gehalten.

Die Städte mit ihren neu zugezogenen Bevölkerungsteilen waren der neuen Botschaft gegenüber offener als die traditionalistisch eingestellte Landbevölkerung. Menschen, die in den jeweiligen Städten noch nicht allzu tief verwurzelt waren, konnten in den christlichen Gemeinden Geborgenheit und Halt finden. Nur in den Städten fand man eine prinzipielle Offenheit für Neues, sodass die neue Vision Jesu Anklang finden konnte.

> »Aus einer jüdischen Erneuerungsbewegung wurde nun eine hellenistische Kultgruppe. Für solche Gruppen ist charakteristisch, dass sie sensible und gebildete Menschen ansprechen, die unabhängig genug sind, sich von ihrem bisherigen Leben zu trennen.«
>
> Theissen Gerd 2004: 297

Mit den politischen Strukturen des Römischen Reichs war das hellenistische Urchristentum weitgehend einverstanden, allerdings unter dem Vorbehalt, dass diese Welt bald vergehen werde.

Paulus verteidigt den statusunabhängigen gleichen Wert aller Menschen in der hellenistischen Welt

Die zentrale Figur für den Erfolg des jungen Christentums in der hellenistischen Welt war der Apostel Paulus.
Er war sowohl Bürger der kleinasiatischen Stadt Tarsos (Apg 21,39) als auch Roms (Apg 22,25ff.) und somit gesellschaftlich gut integriert.

Er hat am Anliegen des Statusverzichts, das für die Jesusbewegung zentral war, in seiner Theologie und in seiner Missionstätigkeit festgehalten. Er hat sich auch unter der Herrschaft Roms konkret für dieses Anliegen eingesetzt.

> Nach Gerd Theissen gelangten zwei geistige Strömungen zur Anerkennung eines statusunabhängigen Wertes des Menschen in der hellenistisch-römischen Zeit: ein biblischer und ein philosophischer Humanismus.

»Paulus erklärt stolz, in Christus gebe es nicht Juden und Griechen, Sklaven und Freie, nicht Mann noch Frau (Gal.3, 28). Alle sind gleichberechtigte Glieder im Leib Christi.«

Der philosophische Humanismus Senecas als Parallele

»Der Philosoph Seneca wendete dasselbe Bild vom Leib auf die ganze Menschheit an (epist. 95, 52). Daher gilt: homo sacra res homini (epist. 95, 33).«

Solche Grundsätze müssen jedoch gemessen werden am Verhalten zu tatsächlich vorhandenen Ungleichheiten und Rangfolgen. Dabei gibt es Unterschiede und Gemeinsamkeiten zwischen philosophischem und biblischem Humanismus.

So ist die Ablehnung der Kaiservergottung nur in biblischen Traditionen fest verankert, in der stoischen Philosophie gibt es nur Ansätze dazu.
Umgekehrt wird die Gleichheit der Geschlechter überzeugender in der stoischen Philosophie artikuliert. Im Urchristentum bleibt sie ein beeindruckendes Postulat.

Wie Larry Siedentop nachweist (vgl. dazu Kapitel 5) wurde die Gleichheit aller Menschen, unabhängig von ihrem gesellschaftlichen Status, im Rahmen der hellenistischen Philosophie jedoch nicht mit derselben Hartnäckigkeit und Ausdauer verfolgt, wie dies im institutionellen Rahmen der christlichen Kirche und der christlichen Orden viele Jahrhunderte lang der Fall war.

Seid untertan der Obrigkeit

Im Unterschied zu seinem Verhalten innerhalb der Kirche war Paulus im staatlichen Rahmen konservativ. An die Stelle der radikal-theokratischen Kritik der Jesusbewegung an den Regierenden, trat bei ihm die Unterstützung der Obrigkeit, die er als gottgewollt verstand (Rö 13, 1–4).

In Bezug auf das Verhalten der ChristInnen gegenüber dem Staat äußerte er sich folgendermaßen:

Jedermann ordne sich den staatlichen Behörden unter, die Macht über ihn haben. Denn es gibt keine staatliche Behörde, die nicht von Gott gegeben wäre; die jetzt bestehen, sind von Gott eingesetzt. Also gilt: Wer sich gegen die Autorität des Staates auflehnt, der widersetzt sich der Anordnung Gottes; die sich aber widersetzen, werden ihr Urteil empfangen. Denn nicht die gute Tat muss die Machthaber fürchten, sondern die böse.

Willst du die Autorität des Staates nicht fürchten müssen? Dann tue das Gute, und du wirst bei ihr Anerkennung finden! Denn Gottes Dienerin ist sie, zu deinem Besten.

Diese unkritische Unterstützung der Obrigkeit wurde in der Zeit der Reformation auch von Martin Luther vertreten, der sich dabei auf die zitierte Stellungnahme des Paulus abstützte.

In der Zeit der mittelalterlichen Bauernkriege und in der Hitlerzeit hatte dies zur Folge, dass die Lutherische Kirche sich äußerst schwer damit tat, sich gegen staatliche Gewalt und Willkür zur Wehr zu setzen.

5. Die kulturellen Grundlagen des westlichen Individualismus

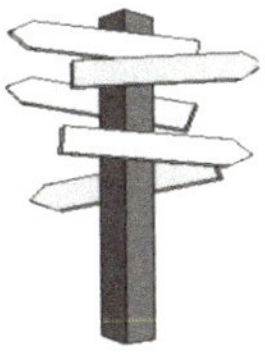

zum Vorgehen

In diesem Kapitel werden wir uns mit der Entstehung des westlichen Konzepts des Individuums und des westlichen Liberalismus befassen.
Den meisten EuropäerInnen sind die kulturellen Entwicklungen, die ihr Selbstverständnis und als Folge davon auch ihr Verhalten prägen, gar nicht bewusst. Aehnlich wie sie beim Autofahren ihre bewusste Aufmerksamkeit erst dann einsetzen, wenn sie auf ungewohnte Hindernisse stossen, denken sie meistens erst über ihre Identität nach, wenn diese massiv in Frage gestellt wird. Beispielsweise, wenn sie arbeitslos oder von materiellen Zukunftsängsten geplagt werden. Für Frauen wird ihre Identität dann zu einem Problem , wenn sie sexuelle Uebergriffe (z.B. durch Islamisten) erleben oder durch die Medien von solchen erfahren.

Angesichts massiver Herausforderungen ihrer Identität reagieren dann viele verunsichert und empört oder mit Wut. Derartige Gefühlslagen erhöhen das Risiko, durch politische Populisten oder religiöse Fundamentalisten manipuliert zu werden. In solchen Situationen ist es hilfreich, das Erleben auch rational einordnen zu können. Dazu gehört, die Ursachen und die Auslöser der kritischen Situation zu verstehen, aber auch die kulturellen und gesellschaftlichen Entwicklungen zu kennen, welche der eigenen Identität zugrunde liegen.

Deshalb fasse ich im Folgenden die wichtigsten Resultate von Larry Siedentops 500- seitigem Buch „Die Erfindung des Individuums« ganz knapp zusammen. Seine Analyse trägt auch dazu bei, den unnötigen ‚Bürgerkrieg' zwischen Christentum und säkularisiertem Liberalismus zu beendigen und die Identität des postchristlichen Westens angesichts der weltanschaulichen Herausforderungen, denen er ausgesetzt ist, zu stärken.

Die folgende Skizze von Siedentops Argumentation ist stark verkürzt und vergröbert.

Vgl. deshalb dazu
den sehr viel ausführlichen Nachweis in Siedentops eigener Darstellung !

Das christliche Konzept des Individuums und der säkularisierte Liberalismus als »uneheliches Kind« des Christentums

Haben die westlichen Nationen ihre Orientierung verloren?

Larry Siedentop beginnt den Prolog seines faszinierenden Buches »Die Erfindung des Individuums - Der Liberalismus und die westliche Welt«[89] mit der Frage:

»Hat es noch Sinn, von »dem Westen« zu sprechen? Die Menschen in den Nationen, die einst als Teil der Christenheit bezeichnet wurden - post-christliche Welt würde man heute wohl sagen -, scheinen ihre moralische Orientierung verloren zu haben. Wir haben keine überzeugende Geschichte mehr, die wir uns über unseren Ursprung und unsere Vergangenheit erzählen könnten.« (Prolog S. 9)

Siedentop weist in seinem Buch détailliert nach, dass und wie der westliche Individualismus durch das Christentum hervorgebracht wurde.

Darüber hinaus zeigt er auf, dass auch der Liberalismus, der in der politischen Praxis die Freiheit des Individuums durch demokratisch-rechts-staatliche Strukturen schützt, ein Kind des Christentums ist, allerdings ein uneheliches.

Als politische Theorie wurde der säkulare Liberalismus sogar gegen den erbitterten Widerstand der katholischen Kirche, und lange Zeit auch der protestantischen Kirchen, entwickelt.

Ein unnötiger »Bürgerkrieg«

Diese spannungsvolle Geschichte hat zu einer Art »Bürgerkrieg« geführt, der lange in Europa wütete. Zu einem Krieg, in dem religiöser Glaube und ›gottloser‹ Säkularismus als unversöhnliche Gegensätze begriffen wurden, und teilweise immer noch werden. Da die westliche Auffassung des Individuums und der Liberalismus denselben kulturellen Wurzeln entstammen, ist dieser ›Bürgerkrieg‹ sinnlos. Leider hat sich dieses Wissen noch keineswegs durchgesetzt.
Angesichts des weltweiten Kampfes der Weltanschauungen ist es höchste Zeit, diesen »Bürgerkrieg« zu beendigen.

Larry Siedentop geht zunächst der Frage nach den Ursprüngen der westlichen Kultur nach:

»Es ist üblich, die Ursprünge der westlichen Kultur nach Griechenland, Rom und in die jüdisch-christliche Tradition zu verlegen. Welche dieser Quellen sollen wir für die wichtigste halten? Die Frage wurde in verschiedenen Perioden verschieden beantwor-

tet. Im Mittelalter galt das Christentum als entscheidende Quelle, eine Auffassung, die die Reformation im 16. Jahrhundert beibehielt.
Im 18. Jahrhundert sah die Aufklärung das jedoch anders. Bei ihrem Angriff auf Aberglauben und Kirchenprivilegien versuchten die Aufklärer, den moralischen und geistigen Abstand zwischen dem modernen Europa und der griechisch-römischen Antike zu minimieren. Dazu maximierten sie die Entfernung zwischen dem ›dunklen‹ Mittelalter und der ›hellen‹ Aufklärung ihrer eigenen Zeit ... Das Jahrtausend zwischen dem Fall des Weströmischen Reichs und der Renaissance wurde als ein unglückliches Zwischenspiel, als ein Rückschritt der Menschlichkeit bewertet (S.18/19).«

»Die Renaissance wird als das Ende des Mittelalters dargestellt, als entscheidender Schritt im Prozess der individuellen Befreiung. Von Historikern wie Burckhardt haben wir die Auffassung übernommen, dass das Individuum während der italienischen Renaissance seine Auferstehung und Blüte erlebte. Die Renaissance gilt in gewisser Weise als Ende der religiösen Tyrannei, einer Tyrannei des Denkens – als ein Ereignis, das den Europäern die Augen für den scheinbar viel umfassenderen Horizont von Werten und Interessen eröffnete, der die klassische Antike geprägt hatte (S.414/415).«

Larry Siedentops Widerlegung der herrschenden Auffassung

Die antike Familie und Stadt waren religiöse Institutionen

Siedentop untersucht zunächst die Frage, ob das antike Griechenland und Rom wirklich so frei waren, wie die meisten Historiker seit der Aufklärung behaupteten und bis heute behaupten.
Dabei stellt er fest, dass die Familie in der Antike – anders als heute – keine zivile, sondern eine religiöse Institution war, in der der *pater familias* zugleich die Funktion des Richters und die des Hohepriesters ausübte.

Die Ehefrau zählte nur als Anhängsel ihres Mannes, denn allein durch ihn hatte sie Ahnen und Nachkommen. Die Autorität des Vaters als Priester und Richter umfasste ursprünglich sogar das Recht, Frau und Kinder zu verstoßen oder zu töten. Ehelosigkeit und Ehebruch galten als schwere Verbrechen, weil sie die Familie bedrohten (S. 27).

Die Religion der griechischen und römischen Vorgeschichte richtete sich nicht an das individuelle Gewissen (S. 435/436). Der Bestand der Familie war wichtiger als das Wohl ihrer einzelnen Mitglieder. Religion, Familie und Territorium waren eine untrennbare Einheit. Dies machte den antiken Patriotismus zu einer überwältigenden Leidenschaft (S. 38).

Das Bürgerrecht der antiken Stadt (= Polis) stand nur dem pater familias offen und später seinen Söhnen. Frauen, Sklaven und Fremdstämmige wurden grundsätzlich ausgeschlossen (S. 30).

Familien bildeten größere Zusammenschlüsse, indem sie einen Kult für einen gemeinsamen Ahnen gründeten. Basis der größeren Gruppierung (bzw. des Clans) war eine neue religiöse Identität. Eine antike Stadt entstand, wenn sich mehrere Stämme miteinander verbündeten und einen gemeinsamen Kult gründeten, der jeweils nach dem Grundmodell der Familie organisiert war (S. 32/33).

»Je größer die Zusammenschlüsse wurden, desto mehr Bedeutung gewannen die Götter der Natur oder des Polytheismus,

- Götter, die man sich leichter teilen konnte,
- Götter, die nicht so familienfixiert waren wie Ahnen,
- Götter, die stärker mit Naturkräften verknüpft waren, als mit göttlichen Vorfahren.

Diese Götter hatten so vertraute Namen wie Apollo, Neptun, Venus, Diana und Jupiter und repräsentierten Meer, Wind, Fruchtbarkeit, Licht, Liebe, Jagd und vieles mehr (S. 33).«

Die vornehmste Pflicht des Königs bestand darin, den ›Staatsgöttern Opfer‹ darzubringen (S. 38).

All diese Kulte liessen keinen Raum für individuelle Gewissensentscheidungen. Sie bestimmten nicht nur das Handeln, sondern auch das Denken (S. 35).

Im sechsten Jahrhundert v. Chr. sah sich dann sowohl in Griechenland wie auch in Italien die radikal hierarchische Gesellschaft zunehmend dem Angriff der unteren Schichten ausgesetzt, die keinen Anteil an der Regierung hatten (S. 40).
In der Folge wurde das Erstgeburtsrecht allmählich abgeschafft, sodass auch jüngere Söhne erbten und das Bürgerrecht erhielten. Dadurch wurde die Zahl der Bürger erheblich erhöht und die Macht der Familienoberhäupter und ihre Funktion als Priester geschwächt (S. 44).

Die zweite tiefgreifende Veränderung bestand darin, dass die Landsklaven, die das Land für den pater familias bearbeiteten, zu freien Männern wurden (S. 44).

Der antike Kosmos – eine Konstruktion der Herrschenden

Wie Larry Siedentop nachweist, unterscheidet sich der Intelligenzbegriff der antiken Welt gründlich von dem unseren, denn er beruht auf hierarchischen Annahmen über die gesellschaftliche und die physikalische Welt.
Angehörige niederer Schichten galten als nicht wirklich vernunftbegabt. Der Verstand von Frauen, Sklaven und Kaufleuten wurde als für den öffentlichen Bereich und seine Geschäfte unzureichend betrachtet (S. 47).

Was wir »Status« (d. h. gesellschaftliche Stellung) nennen würden, hielt man damals für naturgegebene Eigenschaften (S. 48).

> In Bezug auf die gesellschaftliche Welt herrschte die Ueberzeugung, dass es eine natürliche Hierarchie gebe, wobei die höhere Schicht von der »Natur« dazu bestimmt sei zu herrschen, zu bestimmen und, wenn nötig, Zwang auszuüben (S. 50).

Darnach besaß jedes Wesen einen Zweck oder ein Ziel (*telos*), der es dazu bestimmte, einen vorgegebenen Platz in der Hierarchie von Natur und Gesellschaft einzunehmen (S. 58).

In Anwendung dieses hierarchischen Naturbegriffs kam Aristoteles zum Schluss, dass, die einen von Natur aus freie Menschen, andere Sklaven sind (S. 150).

Im seinem Werk, *Der Staat (politeia)*, fragt *Platon*, wie denn eine gerechte Gesellschaft aussehen müsse und beantwortet die Frage durch den Vergleich mit einem gerechten Menschen. Dessen Handeln ist von seiner Vernunft geleitet, die seine Begierden beherrscht und sich ihrer bedient. Da nur die Philosophen, über Vernunft verfügen, müssten nach Plato die Philosophen herrschen (S. 51).

> Die Griechen erfanden den Begriff der Natur, einen Begriff, der in seiner langen wechselvollen Geschichte von sehr verschiedenen Gesellschaften und Kulturen verwendet wurde. Ursprünglich bezeichnete er eine rationale Ordnung oder Hierarchie des Seins (S. 58).

Als die griechischen Stadtstaaten nach dem Peloponnesischen Krieg und dem Aufstieg der makedonischen Macht ihre politische Selbstständigkeit weitgehend verloren, wurde der ursprüngliche Kult der Familien- und Stadtgötter allmählich durch die Bewunderung des Logos, d. h. durch die Verehrung der Ratio oder Vernunft ersetzt.

Die Vernunft, die ursprünglich in den Gesetzen der Stadt verkörpert war, wich jetzt einer Vernunft, die in einer universellen rationalen Ordnung zum Ausdruck kam – ›Naturrecht‹ würden wir heute sagen.

Auch die Verlagerung der Macht von den Stadtstaaten auf das Römische Reich wirkte sich tiefgreifend auf das Denken der Zeit aus (S. 62/63).

Wie der antike Bürgerstand massiv geschwächt wurde, so auch die Familiengötter. Sie wurden durch eine ferne und schwer fassbare Macht ersetzt: Rom (S. 68).

Das dadurch hervorgerufene Gefühl von Anomie, löste bei vielen ein Bedürfnis nach Orientierung aus und förderte die Suche nach einem Sinn für das eigene Leben sowie die Offenheit für neue Glaubensvorstellungen.

Auf der einen Seite gewannen Mithras, Osiris und andere exotische Gottheiten und die Mysterienkulte viele neue Anhänger. Anderseits begannen die Philosophen, sich Gedanken über den Ursprung alles Seins zu machen. Sie zerbrachen sich den Kopf über das, was sie das Absolute nannten, eine erste Ursache, die sich dem Verständnis entzog.

Und das ethische Denken gelangte zu moralischen Regeln, die man weniger für logische Schlussfolgerungen hielt, die sich aus der Natur der Dinge ergaben, als vielmehr für Gebote einer Instanz, die sich »jenseits« des Verstandes befand (S. 68/69).

Diese neuen Fragestellungen bereiteten den Boden für ein wachsendes Interesse am Judentum.
Das Bild eines einzigen, fernen und unerforschlichen Gottes, der seine Gesetze einem ganzen Volk mitteilte, deckte sich mit der Erfahrung der Völker, die vom römischen Imperium unterworfen worden waren. Sich einem äußeren Willen unterwerfen zu müssen, wurde zu einer allgegenwärtigen gesellschaftlichen Erfahrung.

Vor diesem Erfahrungshintergrund war es naheliegend, Tugend als Gehorsam gegen Gottes Willen zu verstehen, einem Willen, der sich nicht durch Vernunft ergründen ließ (S. 70):

›Denn meine Gedanken sind nicht eure Gedanken, und eure Wege sind nicht meine Wege, sondern so viel der Himmel höher ist als die Erde, so sind auch meine Wege höher als eure Wege und meine Gedanken als eure Gedanken‹ (Jesaja 55,8–9).

Das wachsende Einverständnis mit diesen Worten des Propheten Jesaja signalisierte, dass die antike Welt des Mittelmeers an der Schwelle zu einer tiefgreifenden Veränderung stand. Um die Welt und ihre Geschichte zu verstehen, wurde nun ein überirdischer, sie lenkender Wille postuliert (S. 73).

»War die jüdische Vorstellung vom ‚Gesetz' besser mit der Alltagserfahrung zu vereinbaren - und eher zu ihrer Bewältigung geeignet – als ›Gründe‹, die sich auf die Natur beriefen (S. 73)?«

Wie das Christentum die Gesellschaft veränderte

Dass das jüdische Denken nicht vollständig den Sieg über die griechisch- römischen Anschauungen errang, verdanken wir der Jesusbewegung und der Vision des Saulus von Tarsus, eines jungen Juden.

Jesus war für einige Zeit Schüler von Johannes dem Täufer und ließ sich von ihm taufen. Er trennte sich dann aber bald von ihm und rief eine eigene, hoffnungsvollere Bewegung ins Leben. Eine wesentliche Rolle spielten dabei seine Erfolgserlebnisse als Heiler und Exorzist. Jesus interpretierte diese mittels der Symbole der damaligen mythischen Vorstellungswelt. In einer Vision verstand er sie als Zeichen dafür, dass die satanischen Kräfte des Bösen schon jetzt daran seien, die Macht zu verlieren:

Ich sah den Satan, wie einen Blitz vom Himmel fallen (Lk 10,18).

Diese Vision deutete er in dem Sinne, dass das Reich Gottes und damit das Ende der römischen Besatzungsmacht schon im Anbrechen sei.

In der Folge predigte Jesus, dass die Besetzung Israels durch die römische Kolonialmacht nicht bedeute, dass Gott sein Volk verworfen habe, wie sehr viele Juden damals glaubten. Und, dass Gott seinen Zuhörern schon jetzt zu vergeben bereit sei.

Der Unterschied zu Johannes wird am deutlichsten im Gleichnis vom verlorenen Sohn erkennbar, in dem der Vater für den Sohn, der als Sünder all sein Geld mit Dirnen verprasst hat, ein Fest veranstaltet, als dieser zu ihm zurückkommt und aufrichtige Reue zeigt (Lk 15,11–32).

Jesus hat damit das Gottesbild eines harten, die Sünder erbarmungslos strafenden Gottes durch die Vorstellung eines vergebenden, gnädigen Gottes ersetzt.
Aus diesem Gottesbild hat er auch Konsequenzen für das praktische Leben gezogen. Er hat mit Sündern gegessen, beispielsweise Zöllnern und Dirnen (Mk 2,13–17).

Der emeritierte Professor für Neues Testament, Gerd Theissen, zählt zu den wesentlichen Inhalten von Jesu Verkündigung nicht nur die Befreiung von der Fremdherrschaft sondern auch die Aufhebung der sozialen Statusunterschiede.

Die Jesusbewegung ist als innerjüdische Reformbewegung gescheitert. Durchgesetzt hat sich die Vision Jesu dagegen im Römischen Reich und in dessen hellenistischer Kultur. Die Jesusbewegung entwickelte sich zum hellenistischen Urchristentum. Dieses hat dem Anliegen des freiwilligen Statusverzichts auch in der ganz anderen Kultur die Treue gehalten.

Paulus hat am Anliegen des Statusverzichts, das für die Jesusbewegung zentral war, in seiner Theologie und in seiner Missionstätigkeit festgehalten. Und er hat sich auch unter der Herrschaft Roms konkret für dieses Anliegen eingesetzt.

Bei seinem Übergang in die hellenistische Welt trat das frühe Christentum in eine multikulturelle und multireligiöse Welt mit einer hoch entwickelten Philosophie ein. Da die Botschaft Jesu in diese komplexe Vorstellungswelt übersetzt werden musste, wurde die christliche Verkündigung nun zwangsläufig abstrakter. Dies zeigt sich deutlich am Beispiel der Briefe des Apostels Paulus an die von ihm gegründeten Gemeinden.

zum Vorgehen

Da sich die, auf der Arbeit von Gerd Theissen fussende, Darstellung der Jesusbewegung und des frühen Christentums und diejenige von Larry Siedentop ergänzen und überschneiden, werde ich die Sicht der beiden im Folgenden zu einer Synthese kombinieren.

Paulus, der als Saulus von Tarsus Mitglieder der Jesusbewegung verfolgte, hatte auf dem Weg von Jerusalem nach Damaskus sein berühmtes Bekehrungserlebnis. Nach

dem Bericht im Neuen Testament wurde er unter dem tiefen Eindruck einer Jesusvision vom Pferd geworfen (Apg 9,1–9).
Vermutlich ging seiner Bekehrung eine längere Phase intensiver Auseinandersetzung mit der Person Jesus von Nazareth voraus. Als Folge seiner Vision entwickelte Paulus dann seine Christusidee.

Ursprünglich bezeichnete der Begriff »Messias« (= der Gesalbte) einen Menschen, der von Gott beauftragt war, Israel von seinen Feinden zu befreien, aber Paulus gab dem Begriff eine neue, sehr viel weitere Bedeutung.

Wie das Christuslied in Phil 2,5–11 belegt, hat Paulus das Anliegen der statusunabhängigen Gleichheit aller Menschen, das von Jesus vertreten und vorgelebt wurde, in das hellenistische mythische Weltbild übersetzt:

Seid so gesinnt, wie es eurem Stand in Christus Jesus entspricht: Er, der doch von göttlichem Wesen war, hielt nicht wie an einer Beute daran fest, Gott gleich zu sein, sondern gab es preis und nahm auf sich das Dasein eines Sklaven, wurde den Menschen ähnlich, in seiner Erscheinung wie ein Mensch. Er erniedrigte sich und wurde gehorsam bis zum Tod, bis zum Tod am Kreuz. Deshalb hat Gott ihn auch über alles erhöht und ihm den Namen verliehen, der über allen Namen ist, damit im Namen Jesu sich beuge jedes Knie, all derer, die im Himmel und auf Erden und unter der Erde sind, und jede Zunge bekenne, dass Jesus Christus der Herr ist, zur Ehre Gottes, des Vaters (Phil 2,5–11).

In gehobenem, hymnischem Stil stellt Paulus Jesus Christus sowohl als Urbild wie als Vorbild von Demut und Selbstlosigkeit vor. Möglicherweise benutzt er dafür einen liturgischen Text aus dem urchristlichen Gottesdienst.
Im Rahmen des hellenistischen Weltbildes wird Jesus als ein göttliches Wesen beschrieben, das aus der geistigen Welt in die irdisch-materielle Welt hinunterstieg (= Involution/Abstieg) und dann wieder dahin auffährt (= Evolution/Aufstieg):

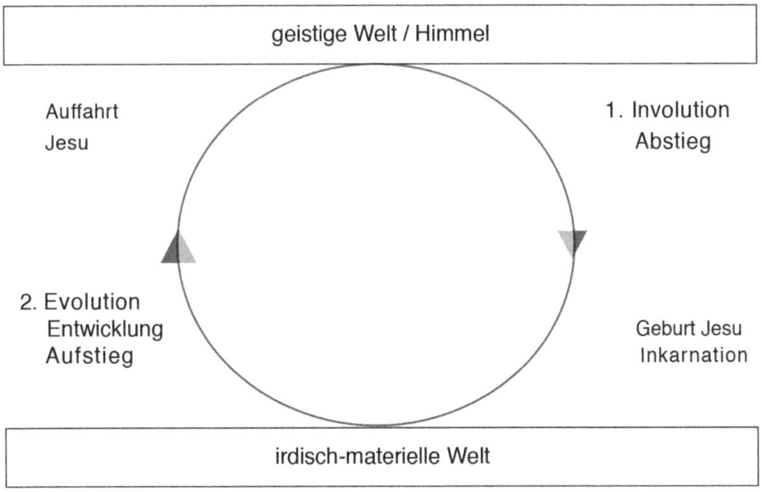

Die Christusvorstellung dieses Hymnus bringt die Annahme zu Fall, die bis dahin das antike Denken beherrschte, die Idee der natürlichen Ungleichheit.

»Die paulinische Christusvorstellung stellt die antike Überzeugung, dass Menschen einer unveränderlichen Ordnung oder einem ›Schicksal‹ unterworfen seien, infrage. Paulus' Vision auf der Reise nach Damaskus lief auf die Entdeckung der menschlichen Freiheit hinaus – einer moralischen Handlungsmacht, die potenziell jedem Einzelnen, also allen Individuen, offen steht. Diese ›universelle‹ Freiheit mit ihren moralischen Konsequenzen unterschied sich grundlegend von der Freiheit, die die privilegierte Bürgerschicht in der Polis genoss (S 77/78).«

Diese Botschaft richtet sich nicht nur an die Juden, sondern an die ganze Menschheit. Sie ist die Aufforderung, nach einem tieferen Selbst zu suchen, einer inneren Vereinigung mit Gott.

In seinem Brief an die Galater, den er etwa 20 Jahre nach der Kreuzigung Jesu schrieb, spricht Paulus in Anlehnung an die von Jesus verkündete Vaterschaft Gottes von der Bruderschaft der Menschen und indirekt auch von seiner eigenen Rolle als Apostel der Heiden:

Hier ist nicht Jude noch Grieche, hier ist nicht Sklave noch Freier, hier ist nicht Mann noch Frau; denn ihr seid allesamt einer in Jesus Christus (Gal 3,28).

Mit dieser Christusvorstellung besteht Paulus auf der moralischen Gleichheit aller Menschen, auf einem Status, den alle miteinander in gleicher Weise teilen.

Mit dem Argument, dass alle Menschen »einer in Christus« werden können – und dass alle die Möglichkeit haben, der geschenkten Gerechtigkeit Gottes teilhaftig zu werden – führt Paulus aber auch eine neue Abstraktheit in das jüdische Denken ein. Gemeinschaft wurde nun als freier Zusammenschluss moralisch gleichgestellter Akteure verstanden.
Der Vergleich der christlichen Gemeinschaft mit dem ›Leib Christi‹ beschwört eine mystische Vereinigung mit Christus, die auf individuelle Willen moralisch einwirkt, indem sie diese mit dem Ursprung ihres Seins verbindet.
Diese Mischung aus verschiedenen Elementen, die dem paulinischen Christentum zugrunde lag, ging auf verschiedene Strömungen des griechischen Denkens zurück.

Paulus verband die Spekulationen der späthellenistischen Philosophie über die menschliche Natur mit dem Bestreben des Judentums, sich einem höheren oder göttlichen Willen zu unterwerfen.

Nach Paulus ist die Motivationskraft der Liebe der göttliche Funke in uns allen:

Wenn ich mit Menschen- und mit Engelszungen redete und hätte die Liebe nicht, so wäre ich ein tönendes Erz oder eine klingende Schelle. Und wenn ich prophetisch reden könnte und wüsste alle Geheimnisse und alle Erkenntnis und hätte allen Glauben, sodass ich Berge versetzen könnte, und hätte die Liebe nicht, so wäre ich nichts. Und wenn ich alle meine Habe den Armen gäbe und ließe meinen Leib verbrennen und hätte die Liebe nicht, so wäre mir's nichts nütze. Die Liebe ist langmütig und freundlich, die Liebe eifert nicht, die Liebe treibt nicht Mutwillen, sie bläht sich nicht auf, sie verhält sich nicht ungehörig, sie erträgt alles, sie glaubt alles, sie hofft alles, sie duldet alles, die Liebe hört niemals auf (1. Kor 13,1–8).

Durch den Glauben wird eine moralische Wiedergeburt möglich. Dadurch können die Menschen über das jüdische Gesetz oder die bloße Regelbefolgung hinausgelangen.

Den Wunsch einiger jüdischer Christen, man müsse zunächst zum Judentum übertreten, um Christ zu werden – was bei Männern zum Beispiel die Beschneidung bedeutete -, wies Paulus schroff zurück, weil er gegen den Geist seiner eigenen Mission verstieß.

Freies Handeln, ein Geschenk der Gnade durch den Glauben an den Christus, ist etwas gänzlich anderes als rituelles Verhalten, als gedankenlose Anwendung von traditionellen Regeln. Anders zu denken ist für Paulus ein Rückschritt im Geist.

Die Theologie des Paulus war im frühen Christentum zwar einflussreich, aber nicht unwidersprochen.
Bereits im 2. Jahrhundert hatte der aristokratische Platonismus ein wirkungsvolles Rückzugsgefecht geliefert, das er im Namen der sogenannten ›Gnosis‹ (= Erkenntnis) führte.
Die Gnosis war ein Rückgriff auf die platonische Annahme, dass Erkenntnis die Vorbedingung der Erleuchtung sei, und dass eine Hierarchie des Seins existiere. Auch hier galt die Vorstellung eines Aufstiegs, der nur den Auserwählten offen steht. Selbstbefreiung verlangte Entsagung der materiellen Welt und ›Finsternis‹ um wieder nach oben, in die Welt des ›Lichts‹ zurückkehren zu können. In der christlichen Gnosis lieferte Christus die Erkenntnis über die Welt des Lichts.

Tatsächlich entfernte sich die Gnosis von der Überzeugung des Paulus, dass die Befreiung durch den Glauben an die Gnade Gottes die Vorbedingung für die Versöhnung mit Gott sei.

Die wichtigsten Etappen der Veränderung

zum Vorgehen

Der wichtigste Teil von Larry Siedentops Buch ist seine Darstellung der Etappen der Christentumsgeschichte, welche zur Entstehung des Konzepts des westlichen Individuums und des Liberalismus führten.

Im Folgenden stelle ich diese Entwicklung stark verkürzt dar und verweise nochmals auf Siedentops viel ausführliche Darstellung.

Das Christentum verbreitete sich zunächst vor allem in den Städten. Dabei spielten Frauen und sogar Sklaven eine wichtige Rolle. Durch sie griff es auch auf die höheren Schichten über. Das Angebot, durch den Glauben an den Christus zu einer gewissen Würde zu kommen, war noch keine direkte Herausforderung des Patriarchats oder der Sklaverei. Aber es versprach Selbstachtung. Damit bereitete es im Verborgenen einer moralischen Revolution den Weg (S. 103).

Ursprünglich wurden in der Kirche die ›Oberen‹ durch die ›Unteren‹ gewählt

Als die Zeit der Apostel und Propheten vorbei war, wurden die Ältesten und die Bischöfe zunächst durch allgemeine Zustimmung der Gläubigen gewählt, indem man ihnen die Hand auflegte. Die Wahl von Bischöfen war auch häufig das Ergebnis öffentlicher Akklamation.

> »Die Wahl der ›Oberen‹ durch die ›Unteren‹ war die Norm, obwohl sie nicht formell oder systematisch war. Erst später, als die Kirche sich eng an das Römische Reich band, musste diese Norm einen Kompromiss mit einer anderen eingehen, das heisst mit der Praxis, dass die ›Oberen‹ die ›Unteren‹ wählten (S. 118).«

Am Ende des dritten Jahrhunderts n. Chr. bekleideten auch Christen wichtige Positionen in der römischen Verwaltung.

Ein Teil von ihnen machte sich unter Berufung auf ihren christlichen Glauben zu Sprechern für die unteren Schichten. Im Mittelpunkt ihrer Rhetorik stand die Liebe zu den Armen. So bewarben sie sich um die Führung in den Städten. (S. 105/106).

Die Liebe zu den Armen schloss auch die Sklaven, Bedürftigen und Fremdgeborenen ein – die Gruppen, die in der städtischen Hierarchie ganz unten angesiedelt waren. Ihnen wurde eine Heimat offeriert, ein unwiderstehliches Angebot.
So begannen die christlichen Kirchen, den kollektiven Charakter der aristokratischen Gesellschaft aufzulösen (S. 105–107).

Der Einfluss des Mönchtums

Die Mönche distanzierten sich physisch und moralisch von der antiken Familie und der antiken Stadt (= Polis). Dadurch vermittelten sie das Bild einer alternativen Welt, die auf ganz andere Grundsätze gegründet war.

Zu Beginn des vierten Jahrhunderts setzte sich dann zunehmend die Erkenntnis durch, dass ein gemeinschaftliches Leben zu führen, um das persönliche Heil zu suchen, den Evangelien angemessener sei als das Leben als Einsiedler.

Eine wesentliche Folge des gemeinschaftlich lebenden Mönchstums bestand in der Rehabilitierung der Arbeit, die von ihrer Assoziation mit der Dienstbarkeit, vom Makel der antiken Sklaverei, befreit wurde. Die Arbeit gewann eine neue Würde, mehr noch sie wurde eine Voraussetzung für Selbstachtung (S. 120–122).

Für *Basilius von Caesarea* (ca. 330–378) war die biblische Grundlage des menschlichen Lebens – eines zugleich solitären und sozialen Lebens – das Gebot:

›Du sollst den Herrn, deinen Gott, lieben von ganzem Herzen, von ganzer Seele, von ganzem Gemüt und mit allen deinen Kräften‹. Das andre ist dies: ›Du sollst deinen Nächsten lieben wie dich selbst (Lk 10,27).‹

Die in diesen Versen postulierte Verbindung von Gleichheit und Gegenseitigkeit lieferte die Voraussetzung für eine völlig neue Form von Autorität. Autorität zu besitzen hiess nun, demütig zu sein. (S. 122/123).

Im 6. Jahrhundert setzte die *Regel des heiligen Benedikt* die Demokratisierung des Autoritätsbegriffs fort, und verlangte von den Äbten, ihren Autoritätsanspruch zu mäßigen, indem sie eine ›*Kultur des Zuhörens*‹ praktizierten und auf die unterschiedlichen Bedürfnisse einzelner Mönche eingingen (S. 123).

In der antiken Familie und Polis hatte man lediglich eine äußere Konformität des Verhaltens erwartet.

Dem setzte das Mönchswesen ein Konzept entgegen, welches die Gesellschaftsordnung auf das Gewissen gründete, auf mühsam errungene individuelle Absichten statt auf öffentlich erzwungene Statusunterschiede.

So schwer dies auch praktisch zu verwirklichen war, theoretisch gab es keinen Unterschied zwischen den Menschen aufgrund des Sozialstatus, der Schichtzugehörigkeit, der Frage, ob man als Sklave oder frei geboren war (S. 124).

Augustinus

Augustinus stammte aus Thagaste im römischen Nordafrika. Sein Denken war von einem tiefen Argwohn gegenüber der materiellen Welt geprägt – durch den Gegensatz zwischen Geist und Materie. Er fühlte sich von bestimmten Aspekten des Neuplatonismus Plotins angezogen, vor allem von der Vorstellung, dass es einen Ausstieg aus der materiellen Alltagswelt in eine geistige Welt gebe. Diese Überzeugung eines Aufstiegs in eine geistige Welt war verführerisch, denn sie ermöglichte das schmeichelhafte Selbstbild, auf dem Weg zur Vollkommenheit zu sein.

Nachdem er sich in Mailand schon länger intensiv mit den Paulusbriefen auseinandergesetzt hatte, hatte Augustinus 386 – während der Lektüre eines Paulusbriefes – ein tiefreichendes Bekehrungserlebnis. Dieses veranlasste ihn, dem Projekt des Paulus eine systematischere und philosophischere Form zu geben. Dies geschah in seinen *Bekenntnissen*, seiner spirituellen Autobiografie.

Augustinus bezeichnete darin den ›Willen‹ als den unentbehrlichen Mittelbegriff zwischen ›Vernunft‹ und ›Begierde‹. So bettet er den Willen in unseren Ich- Begriff ein (S. 127).

Das Ich-Konzept des Augustinus wurde dadurch differenzierter als dasjenige von Plato, nämlich zu einer komplizierten Mischung aus Autonomie und Abhängigkeit (S. 128).

Wenn Augustinus auch einerseits anerkennt, dass der Mensch bei der Verwirklichung seiner Absichten die Hilfe einer höheren Macht in Anspruch nehmen muss, leugnet er andererseits keineswegs die Realität des freien Willens. Stattdessen untersucht er die Bedingungen, die wahre Freiheit ermöglichen, die Bedingungen, unter denen sich gute oder richtige Absichten verwirklichen lassen (S. 132).«

Augustinus wurde während der nächsten 1000 Jahre der ein-flussreichste Denker der westlichen Theologie. In Klöstern und Domkapiteln wurden seine Schriften vom Latein sprechenden Klerus kopiert, studiert und verehrt. Dieser Klerus prägte dann die Kultur der künftigen europäischen Länder (S. 139).

Karl der Große

Karl der Große wurde 768 König der Franken. Im Verlaufe seiner Regierungszeit von nahezu 50 Jahren sicherte er sich die Kontrolle über den größten Teil Westeuropas, von Norditalien bis zur Ostsee.

Er glaubte nicht, dass sich eine Gesellschaft ohne eine dauerhafte Herrschaftsschicht regieren lasse. Die Frage lautete, in welchem Verhältnis diese Schicht zu dem Rest des christlichen Volkes zu stehen habe. Dabei lag es nahe, sich auf den bei germanischen Kriegshorden üblichen Gefolgschaftseid zu stützen.

Um sich der Loyalität seiner Untertanen zu vergewissern, ließ Karl der Große alle Männer einen Treueeid schwören, und zwar nicht nur die Freien, sondern auch die Sklaven auf den königlichen und kirchlichen Gütern!
802 verlangte Karl der Große von »allen Männern« über zwölf einen weiteren Eid, wobei er den Adressatenkreis auch auf Sklaven und Frauen erweiterte.
Damit setzte er voraus, dass auch Sklaven und Frauen Seelen hatten und damit über eine moralische Fähigkeit verfügten, die ihre Eide und Loyalität für den Herrscher erstrebenswert machten.«
So wurden die Untertanen allmählich als Individuen ernst genommen (S. 191–193).
Daneben behielt Karl jedoch auch ein zentrales Element des früheren aristokratischen Gesellschaftsmodells bei, nämlich die Grundherrschaft, welche den Besitz und die Stellung des *pater familias* schützte ... Mit ihr wurde ein Bereich von häuslicher Kontrolle oder Besitz außerhalb der legitimen Ansprüche öffentlicher Rechtsprechung geschaffen (S. 189/190).

Karls Herrschaft fusste sowohl auf antiken und germanischen, aber auch auf Vorstellungen, die aus dem christlichen Glauben hervorgegangen waren.
Seine Rhetorik des christlichen Volkes übermittelte eine Botschaft der Universalität oder der moralischen Gleichheit. Sie attestierte jedem Menschen moralische Handlungsfähigkeit.
Doch gleichzeitig verkündete sie auch die Grenzen ihrer eigenen Anwendung.
Wer ausserhalb der Kirche stand und nicht getauft war, galt nicht in vollem Sinne als Mensch. Er hatte keine ›Seele‹ erworben.

In der Auseinandersetzung mit den heidnischen Sachsen an seiner Nordgrenze und dem Kampf gegen die Muslime im Süden erwies sich Karl der Große als brutal und rücksichtslos. Immer wieder siedelte er ganze Völker um. Und 782 ließ er bei Bremen 4500 Sachsen köpfen (S. 193/194).

Im Gegensatz zu Karls Denken kreiste das christliche Denken seit Jesus und Paulus um den Status und die Ansprüche der Menschen als solche, ganz unabhängig von irgendwelchen Rollen, die sie in einer bestimmten Gesellschaft zufällig innehatten. Der Gottesbegriff des Paulus lieferte eine moralische Grundlage für das individuelle Gewissen und seine Forderungen.

> Im neunten Jahrhundert begann dieser moralische Universalismus die karolingische Vorstellung vom richtigen Herrschaftsverhältnis zu beeinflussen. Dies geschah allerdings nur innerhalb gewisser Grenzen.

»Im späten 9. und 10. Jahrhundert hielt der höhere Klerus an Karls Kompromiss fest, während er die Schwächung der Zentralregierung bekämpfte, die durch die zunehmende Umwandlung örtlicher Lehnsgüter in Erbgüter bewirkt wurde (S. 202/ 203).«

Indem sie die Grenze zwischen weltlicher und geistlicher Macht verwischten, gefährdeten lokale Grundherren sogar die Einheit der Kirche. Einige Bischöfe gingen nicht nur auf die Jagd, sondern führten ihre Gefolgsleute auch bewaffnet und gerüstet in die Schlacht (S. 203).

Einschub zum missverständlichen Begriff Seele:

zum Vorgehen

Nach Larry Siedentop behaupteten die Kirchenvertreter im Laufe der Kirchengeschichte immer wieder, dass alle Menschen über eine ihnen von Gott verliehene Seele, und deshalb über eine von ihrem gesellschaftlichen Status unabhängige gleiche Würde verfügten.
Und in den Konflikten um die Abgrenzung der Kirche gegenüber weltlichen Machtträgern, beanspruchten sie immer wieder die menschliche Seele als ihren speziellen Zuständigkeitsbereich.

Da es sich beim Begriff Seele um einen heute höchst missverständlichen und umstrittenen Begriff handelt, versuche ich mit diesem Einschub dazu eine Verstehens- und Orientierungshilfe zu geben:

In religionswissenschaftlicher Sicht ist Seele als Ursache wahrnehmbarer oder kulturell für wahrnehmbar gehaltener Lebensäußerungen zu verstehen. Dabei handelt es sich um eine Mehrzahl von Lebensäußerungen, die selten unter einem gemeinsamen Oberbegriff zusammengefasst werden. Daher ist es religionswissenschaftlich sinn-

voll, von einer Vielzahl von Seelen zu sprechen. So sprechen indische Texte häufig von fünf Seelen: Atemkraft, Redekraft, Sehkraft, Hörkraft und Denkkraft. Die entsprechenden Zuordnungen und Abgrenzungen erscheinen oft als unscharf, ja sogar widersprüchlich.
In der frühen griechischen Philosophie, z. B. bei den Pythagoreern und den Orphikern, ist eine – evt. auf eine Auseinandersetzung mit orientalischen Auffassungen zurückgehende – Lehre der Seelenwanderung auszumachen. Diese wurde vermutlich von Plato aufgegriffen.
Andere Forscher – beispielsweise Karl Albert[90] – vertreten die Ansicht, dass Plato ein Mystiker war, der seine Philosophie von der Unsterblichkeit der Seele entwickelte, um seine eigenen Erlebnisse zu interpretieren.
Die Kirche hat dann ihre Vorstellung von der Unsterblichkeit der Seele von Plato übernommen.

Für die neuzeitliche Diskussion ist René Descartes Seelenverständnis grundlegend. Der brillante Mathematiker verengt die Seele auf die Fähigkeit des rationalen Denkens (›Ich denke, also bin ich‹). In seiner dualistischen Konzeption stellt er den Geist (bzw. die Fähigkeit rational zu denken) dem Körper entgegen.
Alle nicht geistigen (bzw. nicht rationalen) Fähigkeiten sind Teil der materiellen Körperwelt. Die Tiere versteht er als seelenlose Maschinen.

Immanuel Kant entwickelt dann die in der platonischen Philosophie gründende Seelenkonzeption weiter. Nach Kant besteht die Seele aus Erkenntnis-, Willens- und Gefühlsvermögen. Sie bildet das einzige Prinzip, das den Körper belebt, zur Umwelt in Beziehung setzt und überlebt.

Im britischen Empirismus konzipiert dann David Hume eine Psychologie ohne Seele, die den Geist als substanzloses Bündel von Wahrnehmungen versteht.

Und im letzten Jahrhundert behauptete der materialistische Hirnforscher Francis Crick, »dass ›Du‹, Deine Freuden und Sorgen, Deine Erinnerungen und Ansprüche, Dein Gefühl persönlicher Identität und eines freien Willens, in Wirklichkeit nichts anderes sind als das Verhalten einer riesigen Ansammlung von Nervenzellen und der mit ihnen verbundenen Moleküle.«

Evolutionstheorie und Hirnforschung haben nachgewiesen, dass ein hochentwickeltes und intaktes Gehirn Voraussetzung für erfolgreiches Denken und Handeln ist.
Es gelang ihnen aber nicht zu beweisen, dass und wie aus Materie Bewusstsein entsteht. Trotzdem glaubt der Mainstream ihrer Anhänger unbeirrt, dass dies der Fall ist.

So ist das Thema Seele ist bis heute äusserst kontrovers und ideologisch mit unreflektierten weltanschaulichen Ueberresten aus vergangenen Konflikten aufgeladen.

Philosophisch betrachtet ist die Meinung, dass Materie aus Geist entstanden ist, oder dass sich Geist und Materie gleichzeitig entwickelten, ebenso plausibel wie der Glaube, dass Bewusstsein aus Materie entsteht.

Bezüglich der aktuellen Kontroversen zum Thema Unsterblichkeit verweise ich auf Kapitel 10 »Sterben, Tod, und was darnach kommt«

Warum der Feudalismus die Sklaverei nicht wieder einführte

Das späte 9. und 10. Jahrhundert wird gewöhnlich als Übergang zum Feudalismus betrachtet. Dieser wird meistens als Antithese zum modernen Europa verstanden, die auf einer drastischen sozialen Ungleichheit basierte, und in der Landbesitz untrennbar mit dem Recht verbunden war, Leibeigene zu halten, die an die Scholle gebunden waren (S. 207).

Nach Siedentop ist diese Sicht zu einseitig, denn in dieser Uebergangszeit wurden auch die moralischen Grundlagen des modernen Europas gelegt.

»Es drohte die Gefahr, dass der Zerfall der Macht eine Form der Grundherrschaft oder des Nutzeigentums ermöglicht hätte, die ebenso rigoros war wie in der Antike, das heißt, dass die Arbeiter wieder zu bloßem Eigentum geworden wären - in der Sprache des antiken Philosophen Aristoteles - zu beseelten Werkzeugen (S. 223).«

Das im geschwächten karolingischen Reich entstehende Machtvakuum führte dazu, dass sich lokale Grundherren, unterstützt von ihren streitlustigen Gefolgsleuten, pausenlos bekriegten. Es entstand eine neue Schicht von bewaffneten Reitern, die sich aus der Schicht der kleinen Grundbesitzer rekrutierten. Weder Bauern noch Kirchenbesitz waren vor ihnen sicher. Willkür und Gewalt wurden fast zur Norm.

In Rom war das Papsttum während dieser Zeit zu einem Spielball der ortsansässigen aristokratischen Familien geworden.

Als Reaktion darauf, dass die Kirche daran war, die Kontrolle über die eigenen Angelegenheiten zu verlieren, entstanden am Ende des 10. Jahrhunderts verschiedene Reformbewegungen.

Durch den Abt von Cluny ermutigt, förderte der Klerus diese Bewegungen (S. 226).

Der Gottesfriede vom Ende des 10. Jahrhunderts.

975 verlangte der Bischof von Le Puy von den Rittern und Bauern seiner Diözese, dass sie einen Eid leisteten, in dem sie versprachen, den Besitz sowohl der Kirche als auch der Armen und der Machtlosen zu respektieren.
989 exkommunizierte ein Kirchenkonzil in Burgund all jene, die Bischöfe, Priester, Diakone oder Schreiber der Kirche zu Hause oder auf Reisen angriffen, die eine Kirche ausraubten, die von einem Armen oder einem Ackerbauern ein Tier stahlen.

Bis zum Ende des Jahrhunderts erweiterten viele öffentliche Versammlungen und Kirchenkonzile diesen *Gottesfrieden*, bis er »Wallfahrer, Frauen und Kinder, Arbeiter und ihre Werkzeuge, Klöster und Friedhöfe« einschloss. Sie sollten »*unbehelligt und in immerwährendem Frieden*« leben können (S. 234).

Diese Erfolge machten die Reformbewegung von Cluny stark und selbstbewusst, sodass sie hoffte, die Kirche und die allgemeine Gesellschaft grundlegend verändern zu können. So entstand in der Kirche eine neue Unabhängigkeit und Freiheit.

»Die Arbeitsbedingungen, die sich unter dem Feudalismus herausbildeten, waren zunehmend geprägt von der Ueberzeugung, dass der rechtmässigen Macht eines Menschen über einen anderen Grenzen gesetzt seien. Es gab einen ersten Ansatz, ganz gleich wie geringfügig, für die Entwicklung von Privatheit und Freiheit (S. 227).«

Die kollektive Erlösungsvorstellung der frühen Kirche von einem kurz bevorstehenden Weltende wurde allmählich durch die Erkenntnis abgelöst, dass jede einzelne

Seele nach ihrem Tode aufgrund ihrer Verdienste beurteilt werde. Dies beinhaltete zwangsläufig eine gewisse Wahlfreiheit, eine moralische Herausforderung, der sich alle in gleicher Weise gegenübersahen. Die unsterbliche Seele wurde zum wichtigsten Element der Wirklichkeit (S. 238).

Am Ende des 10. Jahrhunderts war quer durch alle sozialen Schichten die Tendenz zu beobachten, dass sich die aus der Antike übernommenen Einstellungen mit ihrer Prämisse von der natürlichen Ungleichheit der Menschen allmählich veränderten.

Die christlichen Grundüberzeugungen hinterließen jedoch zunächst meist nur geringfügige Spuren an der Oberfläche der Ereignisse.
Wie die Bauernaufstände in der Normandie am Ende des 10. Jahrhunderts zeigen, konnten sie sich jedoch auch plötzlich und mit eruptiver Kraft als Auflehnung gegen alte Herrschaftsverhältnisse äußern (S. 242).

Die Kreuzzüge

1095 forderte Papst Urban II. – nach einer katastrophalen Niederlage der Byzantiner gegen muslimische Armeen – Freiwillige auf, der Ausbreitung des Islams Einhalt zu gebieten und löste damit eine ungeheure Welle der Begeisterung aus.

> Die Kreuzzüge liessen ›ein Volk‹ mit einer gemeinsamen Identität sichtbar werden, die über alle Grenzen der feudalen Schichtung hinausging (S. 243).

Neben Cluny waren auch die Kirchen von England, Flandern und Italien Triebfedern für Reformen. Doch der erste wirksame Anstoß für eine Reform ging vom neuen Deutschen Reich aus (S. 245).

Die ›Befreiung‹ des Papsttums aus den Fängen der römischen Adelsfamilien bahnte der strengen, mönchisch inspirierten Reform von Cluny den Weg nach Rom! Diese beeinflusste ihrerseits die päpstliche Politik, die den karolingischen Schulterschluss zwischen Kirche und Reich beendete, was schließlich zu erbitterten Konflikten zwischen beiden führte (S. 245/246).

Wie die katholische Kirche aus Machtgier ihre Prinzipien verriet

Die Papstrevolution

> Das Pontifikat Leos IX. war der erste Schritt zu den Ereignissen, die später als ‚Papstrevolution', bezeichnet wurden, die Schaffung einer klerikalen Elite, die zu systematischen Reformen entschlossen war (S. 246).

Zwischen 1050 und 1300 entstand eine erbitterte Auseinandersetzung zwischen dem Papsttum und dem Deutschen Reich über strittige Fragen der Rechtsordnung. Vordergründig ging es weiterhin um die Verteidigung der gefährdeten »Freiheit der Kirche«, denn die deutschen Kaiser versuchten, das Amt des Papstes in ihren Herrschaftsanspruch einzubeziehen, und führende Feudalherren belohnten treue Gefolgsleute mit der Bischofswürde oder gaben sie den Meistbietenden (S. 247/248).

Für die Kirche schien es nur einen Weg zu geben, diese Gefahren abzuwehren: Sie musste eine eigene Rechtsordnung entwickeln, die es ihr ermöglichte, die Kontrolle über ihre eigenen Angelegenheiten, die zu jener Zeit in den Händen säkularer Mächte lag, wieder an sich zu reissen (S. 248/249).

Mit dem päpstlichen Dekret von 1059 begann die Entwicklung eines Regelwerks, dank dessen die Kirche sich selbst regieren und als eigenständige Institution innerhalb der Christenheit handeln konnte.
Im Laufe dieser Entwicklung wurde den Kaisern das Recht abgesprochen, Päpste zu ernennen, und der Papst erhielt das Recht, Kaiser unter bestimmten Umständen abzusetzen.

In einem zweiten Schritt ermöglichte dieses Regelwerk, uneingeschränkte Macht für das Papsttum zu fordern.
Diesen Schritt tat Gregor VII, der leidenschaftliche ehemalige Mönch Hildebrand. Seine Exkommunikation von Heinrich IV. zwang diesen, barfüßig auf dem schneebedeckten Hof der Burg Canossa den Papst um Vergebung zu bitten (S. 254).

Papst Gregor VII. skizzierte seine Vorstellung von der Kirche in seiner Schrift *Dictatus Papae*. Darin wird die päpstliche Souveränität zum Zentrum der christlichen Zivilisation erklärt. Die Kirche verfügt danach über eine autonome Rechtsordnung mit dem Papsttum als Ursprung der Gesetze und höchster Instanz ihrer Auslegung (S. 254).

Im *Dictatus Papae* verbindet Gregor VII. den römischen Rechtsbegriff des Imperiums oder der höchsten Rechtsautorität mit der ›Seelsorge‹ der Kirche. So wurde das Individuum zum Adressaten der Rechtsordnung.

Gregors Gegner – besonders der deutsche Kaiser Heinrich IV. – kritisierten Gregor als überambitionierten Usurpator und Apostaten. In einigen seiner Äußerungen scheint

Gregor die weltliche Herrschaft tatsächlich auf ein bloßes Werkzeug der päpstlichen Vorrangstellung zu reduzieren.

> 1080, als er Heinrich IV. zum zweiten Mal exkommunizierte, beschwor Gregors starke Sprache (‚ich verbiete allen Christen, ihm als König zu gehorchen') die Vision oder den Albtraum einer päpstlichen Theokratie in Europa herauf.

Vom 11. bis zum 13. Jahrhundert versuchte die Kirche – in selbstherrlicher, sogar anmaßender Weise – gestützt auf den Dictatus Papae, die Macht der weltlichen Herrscher einzuschränken. Der daraus resultierende Kampf zwischen Reich und Papsttum um die Ernennung und Einsetzung der Bischöfe (d. h. um die Investitur) dauerte Jahrzehnte.

Er endete 1122 mit dem folgenden Kompromiss:

- Die Wahl der Bischöfe blieb Sache der Kirche.
- Die Rolle des Königs bestand darin, den Bischof nach seiner Wahl mit weltlicher Macht auszustatten, egal, ob in Form von Ländereien oder juristischer Zuständigkeit.
- Die Übertragung des geistlichen Amtes geschah durch einen Erzbischof, der in Vertretung Roms den Hirtenstab und den Ring als Symbole der Seelsorge verlieh.

Naturrecht und natürliche Rechte

Im 12. Jahrhundert verlagerte sich der Schwerpunkt der Auseinandersetzung zwischen der geistlichen und der weltlichen Macht vom Problem der Investitur auf verfassungsrechtliche Fragen.

> Die Päpste Innozenz III. und Innozenz IV. waren nicht nur bestrebt, neuerliche weltliche Bevormundung in kirchlichen Angelegenheiten zu verhindern, sondern beanspruchten auch eine übergeordnete moralische Autorität in weltlichen Dingen (S. 262).

Sie entwarfen ein Modell für die Regierung einer christlichen Gesellschaft, das von entscheidender Bedeutung für die Entstehung des säkularen Staates wurde.

Für diese Entwicklung gab es zwei Ursachen:

- die egalitären Moralvorstellungen des Christentums und

- der weit größere Wissensbestand des römischen Rechts, mit dem diese verknüpft wurden.

Das kanonische Recht

Am Ende des 12. Jahrhunderts stellten der Jurist Irnerius und andere Rechtsgelehrte fest, dass im Vergleich zum *Corpus Iuris Civilis* des Julian das geltende kirchliche Recht entsetzlich unzulänglich sei (S. 264).

Eine neue Generation von Juristen, die *Kanonisten* oder Kirchenrechtler, begann deshalb ein besseres Rechtssystem für die Kirche zu entwickeln. Innerhalb weniger Jahrzehnte konnten sie sich dann durchaus mit den zivilen Juristen messen (S. 264/265).

Der Entwicklung eines eigenen christlichen Rechtssystems legten Päpste und Kanonisten die Gleichheit der Seelen vor Gott und die sich daraus ergebenden moralischen Forderungen zugrunde.

Sie versuchten zu beweisen, dass es ein moralisches Recht (›Naturrecht‹) gibt, das allen menschlichen Gesetzen überlegen ist. Folglich dürfe die geistliche Sphäre nicht der weltlichen untergeordnet werden. Die Ansprüche der öffentlichen Macht können die Ansprüche des Gewissens, wenn es recht verstanden wird, nicht auslöschen (S. 266).

Allerdings vertraten die Päpste und Kanonisten auch die problematische Auffassung, dass allein die Kirche diese Ansprüche des Gewissens vertrete. Trotzdem stellten sie Grundsätze auf, die sich eines Tages nicht nur gegen weltliche Herrscher, sondern auch gegen die Kirche ins Feld führen ließen (S. 267).

»Das Naturrecht (ius naturale), wie es in Gesetz und Evangelium erscheint, weist jeden an, andere so zu behandeln, wie er selber behandelt sein will (S.270).«

Hier wurde die biblische ›Goldene Regel‹ der antiken Theorie des Naturrechts aufgepfropft, so dass Gleichheit und Gegenseitigkeit zu den wichtigsten Elementen der Gerechtigkeit wurden.
Dadurch erhielt das Naturrecht ein subversives Potenzial, das dem antiken Verständnis des Naturrechts völlig fremd war.

So schufen die Kanonisten die Voraussetzungen für den Wechsel von einer aristokratischen zu einer demokratischen Gesellschaft. Darüber hinaus befreiten sie auch das Denken (S. 272/273).

»Indem sie die menschliche Macht zu handeln von bestimmten sozialen Rollen trennten, ermöglichten sie eine deutlichere Unterscheidung zwischen ›Sein‹ und ›Sollen‹ – Aussagen über beobachtbare Tatsachen und moralische Vorschriften (S. 273/274).«

Auf dem Weg zum nationalen Staat

»Das juristische und administrative Vorbild, das die Kirche bot, wurde für die Könige rasch zu einem Ansporn der ›Nachahmung und Konkurrenz‹. Auch die Könige forderten eine souveräne Macht, wie sie die Päpste beanspruchten. Auf lange Sicht führten dies zur Entstehung der Nationalstaaten (S. 317)«.

Eine Einheit nach dem Vorbild der päpstlichen Kirchenregierung konnten nur die Könige durchsetzen. Denn ihre traditionelle Legitimation war bei Weitem die bedeutendste. Sie umfasste Erinnerungen an das römische Imperium, das Karolingerreich, die feudale Oberherrschaft (zumindest nominell) und häufig auch die Schirmherrschaft über die neuen Gemeinden und Städte.

Diese traditionell anerkannte Legitimation wurde durch die Papstrevolution verändert. Diese bewirkte eine Verweltlichung des Königtums und aller weltlichen Regierungen. Insofern wurde der weltliche Bereich durch die Kirche geschaffen (S. 316).

Haben nur die Christen Seelen?

Der brillante Kirchenrechtler Innozenz IV., der zum Papst gewählt wurde, trug zur Lösung eines Problems bei, das jahrhundertelang unbeachtet geblieben war.

Gemeint ist die Frage: Haben nur Christen Seelen? Waren moralische Ansprüche, die sich auf den Glauben an die Gleichheit der Seelen vor Gott stützten, auf den Menschen beschränkt, die im christlichen Glauben getauft und in die Kirche eingetreten waren?

Christliche Herrscher schienen oft von dieser Annahme auszugehen. So schien das entsetzliche Massaker an den sächsischen Heiden das Gewissen Karls des Grossen nicht belastet zu haben.

Papst Innozenz IV. vertrat die Auffassung, dass alle Menschen von Natur aus bestimmte natürliche Rechte oder Freiheiten besitzen (S. 320):
»Ich behaupte … dass Grundherrschaft, Besitz und Rechtsprechung auch für Ungläubige gelten kann, denn diese Dinge waren nicht nur für die Gläubigen, sondern für jedes vernunftbegabte Geschöpf bestimmt, heißt es doch: ›Denn er lässt seine Sonne aufgehen über Böse und Gute und er nährt die Vögel unter dem Himmel, (Mt 5,45; Mt 6,26).‹ Daher sagen wir, dass weder der Papst noch die Gläubigen das Recht haben, Ungläubigen ihren Besitz oder ihre Jurisdiktion fortzunehmen (S. 320/321).«

Den Eindruck, dass dieses Argument die päpstliche Forderung nach einer universellen Rechtsprechung untergrabe, zerstreut Innozenz, indem er das Wesen dieser Forderung neu definiert:

»Trotzdem sind wir der festen Überzeugung, dass der Papst als Stellvertreter Jesu Christi nicht nur Macht über die Christen, sondern auch über alle Ungläubigen besitzt, da doch Christus Macht über sie alle hatte … (S. 321).«

Mit dieser Argumentation erhob Innozenz IV. den Anspruch, die oberste Autorität über alle Fragen der Moral und des Gewissens zu sein (S. 321).

Mit dem Begriff der natürlichen Rechte konnte man auch die Rechte Nicht- und Andersgläubiger verteidigen.

Diese von Kirchenrechtlern vertretene Auffassung lag aber keineswegs im Interesse von Innozenz IV. Sie sollte jedoch eines Tages gegen die Privilegien der Kirche verwendet werden.

Die Auffassung, dass das Individuum der eigentliche Rechtsadressat sei, wurde für die Könige zu einer wichtigen Waffe, als sie sich anschickten, ihre souveränen Rechte durchzusetzen. Dabei beeinflussten sich Kirchenrecht und Zivilrecht gegenseitig (S. 322/323).

Nichts verdeutlicht die Wechselbeziehung zwischen den beiden Rechtssystemen – und das neue Gerechtigkeitsgefühl – besser, als die Art und Weise, wie die Kanonisten eine Maxime des Privatrechts in ein Prinzip des öffentlichen Rechts umwandelten:

›Was alle betrifft, muss von allen gebilligt werden.‹

Ein Prinzip, das später weitreichende politische Konsequenzen haben sollte.

Aufruhr der Städte

Neben der Papstrevolution und den neuen Bestrebungen des Königtums ist das Wiedererwachen des Stadtlebens eines der bemerkenswertesten Ereignisse des 11. und des 12. Jahrhunderts in Europa.

Das Stadtrecht entwickelte sich als eine Mischung aus örtlichem Gewohnheitsrecht, Improvisation, und vor allem aus den Handelsvorschriften der Kaufmannszünfte, die Fernhandel betrieben und erkannten, wie wichtig gegenseitige Rechte waren, um die Gewinne aus dem Handel zu schützen. Es ist sicherlich kein Zufall, dass in den Freibriefen der Städte großer Wert darauf gelegt wurde, die Ansprüche fremder Kaufleute zu schützen. Gleichheit und Gegenseitigkeit prägten die Bestimmungen in den Dokumenten.
Dies war ein Erbe des Kirchenrechts, obwohl diese Grundsätze jetzt angewendet wurden, um den weltlichen Frieden zu wahren und der Gerechtigkeit zu dienen, statt den Glauben zu konkretisieren.

Im 11. und 12. Jahrhundert breiteten sich städtische Aufstände gegen feudale Grundherren wie ein Flächenbrand in ganz Europa aus (S. 335). Häufig scheiterten sie. Aber nach manchmal langwierigen Kämpfen erhielten die Städte doch Freiheiten und Immunitäten, die ihnen ein hohes Maß an Selbstregierung erlaubten (S. 338).

Die Entstehung einer bürgerlichen Mittelschicht

> Durch ihre gesetzlichen Neuerungen brachten die mittelalterlichen Städte eine neue soziale Schicht zwischen den Adligen und den Leibeigenen hervor, die »Mittelschicht« oder das Bürgertum.

Die formale Anerkennung ihrer fundamentalen Statusgleichheit unterscheidet diese Schicht von den feudalen Kasten, die die antike Prämisse der natürlichen Ungleichheit in höherem Maße bewahrt hatten.
Diese formale Gleichheit des Bürgerstatus bildete ein Gegengewicht zur faktischen Ungleichheit im Hinblick auf Reichtum, Stellung und Macht.
Diese fundamentale Gleichheit erwies sich als höchst subversiv. In den kommenden Jahrhunderten sollte sie dazu führen, dass die einstigen feudalen Kasten mit der Entstehung der Nationalstaaten von diesen ›mittleren‹, sozialen Verhältnissen aufgesogen wurden (S. 344).

Messianische Bewegungen und Ordensbrüder

Auch in früheren Jahrhunderten hatte es schon gelegentlich einen Propheten oder Messias gegeben. Häufigkeit und Ausmaß dieser messianischen Bewegungen nahmen aber am Ende des 11. Jahrhunderts außerordentlich zu. Ihre Anhänger stammten überwiegend aus den ländlichen oder städtischen Armenschichten. Diese Bewegungen waren tief in moralischen Überzeugungen verwurzelt und schwer auszurotten.

Zuerst reagierten die kirchlichen Autoritäten auf diese Bedrohungen vereinzelt und unsystematisch. Aber innerhalb eines halben Jahrhunderts entwickelte sich ein dauerhaftes – wenn auch zunächst höchst umstrittenes – Gegenmittel: die Bettelorden der Franziskaner und Dominikaner (S. 352).
Sie verzichteten auf den Pomp der etablierten Kirche und wandten sich mit Predigten und mildtätigen Gaben an die Armen, während sie selbst in den Stadtgemeinden von Almosen lebten (S. 353).

Der Kreuzzug gegen die Katharer

Dominikus war ein gebildeter, spanischer Kanoniker, der auf dem Rückweg aus Rom im Languedoc erschüttert feststellte, welche Gefahr die Häresie des Katharismus darstellte. Geführt von den ›Perfecti‹, die sich selbst aus der materiellen Welt befreit hatten, begegneten die Katharer der etablierten Kirche mit Verachtung. Der Name, den sie sich selbst gaben, lautete ›die guten Christen‹.

Rom war seit jeher daran gelegen, die Ketzerei auszurotten. Die Handlungsmöglichkeiten des Papsttums waren allerdings begrenzt. Doch ab dem 13. Jahrhundert hatte die Papstreform unter dem Einfluss von Cluny alles verändert. Administrative und judikative Veränderungen hatten das Papsttum in eine machtvolle, zentralisierte Regierung verwandelt. Es war jetzt fast ›imperial‹ (S. 354).
Das neue Selbstvertrauen hatte das Papsttum bereits veranlasst, Kreuzzüge zu fördern, um der Ausbreitung des Islams zu begegnen und die heiligen Stätten in Palästina zurückzuerobern.
Jetzt unterstützte es auch einen Kreuzzug der nördlichen Vasallen unter der Führung von Simon de Montfort gegen die Katharer im Languedoc, den Kreuzzug, der zu dem berüchtigten Massaker an fast 20'000 Bewohnern von Béziers führte.

Die Inquisition – ein Instrument zur Ketzerbekämpfung

Als zusätzliche Reaktion auf die Häresie der Katharer und anderer ketzerischer Laienbewegungen wurde von Gregor IX. am Ende des 12. Jahrhunderts ein päpstliches Untersuchungsgericht, *die Inquisition*, ins Leben gerufen. Sie sollte Bedrohungen der ›Reinheit des Glaubens‹ bekämpfen (S. 355).

Die Kirche konnte im Inquisitionsverfahren zwar Urteile über Ketzer aussprechen, hatte jedoch kein Recht auf die Blutsgerichtsbarkeit (d. h. auf die Anwendung der Todesstrafe), sondern war dafür auf die Unterstützung des weltlichen Arms angewiesen.

Mit seinen absolutistischen Machtansprüchen und seiner Unterstützung des Massakers an den ketzerischen Katharern verleugnete nun das Papsttum die Freiheit des individuellen Gewissens, die das Christentum seit Paulus immer wieder verkündet und eingefordert hatte. Damit verriet es die zentrale christliche Botschaft und machte sich zutiefst unglaubwürdig.

Einschub zum Problem des Machtstrebens und der Intoleranz des Papsttums

Die im Dictatus Papae zu Tage tretenden Machtansprüche des Papsttums, und seine Mitwirkung an der Verfolgung und Ermordung von 20'000 ketzerischen Katharern, sind zutiefst schockierend. Wir begegnen hier einem Stück Wirkungsgeschichte des Christentums, das zu Recht moralische Empörung auslöst. Ohne das Papstum irgendwie entschuldigen zu wollen - denn sein Versagen ist sowohl auf den Hintergrund des christlichen Wertsystems wie aus heutiger Sicht unentschuldbar - möchte ich aber im Folgenden doch versuchen es irgendwie einzuordnen und zu verstehen, wie es dazu gekommen ist.

Moralisch ungezügeltes Machtstreben erleben wir leider auch noch heute tagtäglich, nämlich im Verhalten von Investoren, Managern von Großkonzernen, von Bankmanagern und Politikern.
Dieses egoistische, zum Selbstzweck gewordene, egoistische Machtstreben wird heute durch die neoliberal-kapitalistische Pseudoreligion legitimiert. Sie propagiert, unter Berufung auf die Wirtschaftswissenschaften, als oberste gesellschaftliche Werte Maximierung des Wirtschaftswachstums und der Gewinne von Investoren, Konzernen und Aktionären sowie der Managerlöhne und Boni.
In den letzten 50 Jahren bewirkte dieses neoliberal-kapitalistische Wertsystem, dass frühere soziale Abfederungen des Kapitalismus abgebaut wurden. Von den traditionellen liberalen Werten Freiheit, Gleichheit und Brüderlichkeit bleibt deshalb und in zunehmendem Masse nur noch die Freiheit eines weitgehend unregulierten globalen Marktes übrig.
Diese einseitige Machtkonzentration wurde durch neoliberale Ökonomen propagiert und legitimiert und durch Lobbyisten der Wirtschaft politisch durchgesetzt.

Im Vergleich dazu vollzog im Dictatus Papae, und den darin formulierten politischen Machtansprüchen, die Katholische Kirche eine *Abkehr von ihrem eigenen Wertsystem*, für das sie sich jahrhundertelang eingesetzt hatte.

Zu diesem Wertsystem gehörte die Überzeugung von der gleichen Würde aller Menschen, unabhängig von ihrem sozialen Status und das Ideal der Solidarität mit den Armen und Schwachen (vgl. Lk 10,25ff das Gleichnis vom barmherzigen Samariter). Diesen Zielen diente auch die Betonung der Demut durch Jesus und die frühen christlichen Gemeinden.
Dieses Wertsystem hatte in der Frühzeit der Kirche zu einer Form der Bischofswahl als Wahl der ›Oberen‹ durch die ›Unteren‹ geführt.
Als sich dann die Kirche im Römischen Reich etablierte, ging sie Kompromisse mit der damals dominierenden gesellschaftlichen Praxis ein, dass die ›Oberen‹ die ›Unteren‹ wählten.

Auch die Herrschaft von Karl dem Großen fußte sowohl auf antiken und germanischen Werten wie auch auf Werten, die aus dem christlichen Glauben hervorgegangen waren.

Sogar die von Cluny ausgehende klösterliche Reformbewegung hatte zwei Gesichter. Sie war einerseits eine Reformbewegung, die dagegen kämpfte, dass die katholische Kirche die Kontrolle über ihre eigenen Angelegenheiten an Außenstehende verlor. Deshalb wollte sie die Macht der damals sehr schwachen Kirche stärken.
Anderseits kennzeichneten die klösterlichen Reformbewegungen traditionellerweise die Aufwertung der Arbeit, ein gemeinsames Leben in gemeinsamer Verantwortung füreinander und eine Kultur des Zuhörens, verbunden mit einer ganz neuen Form von Autoritätsausübung.
Darüber hinaus wurden in der klösterlichen Gemeinschaft nicht mehr lediglich äußere Verhaltenskonformität erwartet wie in der antiken Familie und Polis, sondern auch ein auf persönlichen Gewissensentscheiden beruhendes Handeln des Einzelnen unterstützt.

Ihre Erfolge machten dann die Reformbewegung von Cluny stark und selbstbewusst und verschafften ihren Vertretern als Päpste in Rom maßgebenden Einfluss.
Diese Erfolge waren wohl nur möglich, weil ihre führenden Vertreter (z. B. Papst Gregor VII.) sehr selbstbewusste und durchsetzungsfähige Persönlichkeiten waren, die es wagten, den Machtkampf mit den weltlichen Herrschern aufzunehmen.

Leider hat dann das Machtstreben dieser kämpferischen Kirchenvertreter sämtliche moralischen Grenzen gesprengt, die ihnen von der christlichen Tradition gesetzt waren.

Im von Gregor VII. verfassten Dictatus Papae zeigt sich die päpstliche Arroganz am deutlichsten in den folgenden Sätzen zur Stellung des Papstes[91]:

Satz 8: Dass er allein die kaiserlichen Herrschaftszeichen verwenden kann.
Satz 9: Dass alle Fürsten nur des Papstes Füße küssen.
Satz 12: Dass es ihm erlaubt ist, Kaiser abzusetzen.

Eine ähnliche Abkehr von den eigenen Werten ist im letzten Jahrhundert im ursprünglich humanistisch ausgerichteten Marxismus und Kommunismus passiert, als Lenin, Stalin und Mao Tse Tung ihre Staaten zu kommunistischen Diktaturen umbauten und ihre Gegner zu Tausenden folterten und ermordeten.

Wie wir noch genauer sehen werden, hat auch der freiheitlich-aufklärerische politische Liberalismus in seiner praktischen Anwendung auf das Wirtschaftsleben seine ursprünglichen Grundüberzeugungen weitgehend aufgegeben und gefährdet heute in der Form des neoliberalen Kapitalismus sogar unsere Demokratien. Der von Adam Smith propagierte Glaube an »die unsichtbare Hand des Marktes«[92] die dazu führe, dass Unternehmer, die aus Eigennutz die Produktion erhöhen, damit auch dem Gemeinwohl dienen würden, hatte und hat bis heute sehr zwiespältige Folgen.

Ludwig Erhard u. a. entwickelten deshalb schon in der Mitte des letzten Jahrhunderts das *Konzept einer sozialen Marktwirtschaft*. Diese versuchte, eine hohe Leistungsfähigkeit und Güterversorgung mit dem Sozialstaat als Korrektiv zu verbinden, um mögliche negative Auswirkungen von Marktprozessen zu verhindern.

Und der emeritierte St. Galler Wirtschaftsethiker Peter Ulrich setzte schon 2005[93] – angesichts der sich abzeichnenden Gefahren der wirtschaftlichen Globalisierung – mit seinem *Konzept einer zivilisierten Marktwirtschaft* dem neoliberalen Glauben an den Marktmechanismus das Konzept einer lebensdienlichen Marktwirtschaft entgegen, die durch weltweiten Standard reguliert ist, welche die Wirtschaft an Menschenrechte, Demokratie und Sozial- und Umweltverantwortung binden.

Wie die gegenwärtig wachsenden Erfolge populistischer Bewegungen und Parteien signalisieren, hat die von Peter Ulrich kritisierte Übersteigerung des marktwirtschaftlichen Gedankens zur totalen Marktgesellschaft, die das menschliche Leben und die Politik einer »Sachlogik des Marktes« opfert, nun ein gefährliches Ausmaß erreicht.

Mit diesem knappen Versuch einer Erklärung und Einordnung der arroganten Machtansprüche des Papsttums sollen weder sein Verrat an den eigenen Grundwerten noch seine Intoleranz und Grausamkeit im Umgang mit Andersgläubigen entschuldigt werden.
Aber vielleicht können uns die angestellten Vergleiche dafür sensibilisieren, dass grenzenloses und arrogant-rücksichtsloses Machtstreben eine universell auftretende Erscheinung ist. Es handelt sich dabei um ein seit Jahrtausenden bis heute immer

wieder auftretendes Problem, das stets unsere wache Aufmerksamkeit und verantwortungsbewusstes politisches Handeln erfordert.

Eine unbeabsichtigte Konsequenz der Gründung der Bettelorden

Als das reformierte Papsttum die Bettelorden anerkannte, um die Armen zu erreichen und die Orthodoxie zu bewahren, erzielte es nur einen Teilerfolg.
Denn die Entwicklung der Orden, besonders der Franziskaner, hatte eine unbeabsichtigte Konsequenz: Sie schuf die Voraussetzung für eine radikale Kritik an der Rolle der Kirche in der Gesellschaft, eine Kritik, die – sich der Sprache der natürlichen Rechte bedienend – im 14. und 15. Jahrhundert allmählich in Erscheinung trat (S. 360).

> Durch die Idee der natürlichen Rechte rückte die ›christliche Freiheit‹ des Paulus wieder stärker ins Blickfeld.
>
> Das war ein Moment von grösster Bedeutung. Denn nun begannen sich die egalitären Moralvorstellungen, die die Kirche entwickelt hatte, gegen sie selbst zu wenden. Sie weckten Befürchtungen, die schliesslich zu einer prinzipiellen Ablehnung jeder beherrschenden oder privilegierten Rolle der Kirche führten.

Diese egalitären moralischen Vorstellungen lieferten die Basis für das, was einmal das zentrale Projekt des Säkularismus werden sollte: Die Abgrenzung einer Sphäre, die auf den rechtmäßigen Ansprüchen individueller Gewissensentscheidungen beruhte, einer Sphäre individueller – vom Gesetz beschützter – Freiheit. Aus den christlichen Moralvorstellungen entwickelte sich die Forderung nach ›gleicher Freiheit‹ (S. 361).

Im 13. Jahrhundert wurde die Diskussion um die päpstliche Souveränität von den Päpsten Innozenz III. und Innozenz IV. geprägt, die selbst Kirchenrechtler und kompromisslose Vertreter päpstlicher Machtansprüche waren.
Gleichzeitig entwickelten jedoch die Erschaffer des kanonischen Rechts (d. h. die Kanonisten) eine neue Theorie über das Wesen von Körperschaften (= Korporationen). Mit dieser Theorie versuchten die Kanonisten, die moralische Handlungsmacht des Individuums zu bewahren, indem sie die Ansprüche der führenden Repräsentanten von ›Korporationen‹ begrenzten.

Das kanonische Korporationsrecht

In der ersten Hälfte des 13. Jahrhunderts entwickelten die Kanonisten die Doktrin, dass die Autorität einer Korporation nicht im Oberhaupt konzentriert, sondern auf alle Mitglieder verteilt sei (S. 402).

Man sprach jetzt von einer ›delegierten‹ Autorität, die durch den Zweck begrenzt wurde, für den sie delegiert wurde und immer dem Wohle derer verpflichtet blieb, die sie repräsentierte. Man glaubte nicht mehr, dass Korporationen eine von ihren Mitgliedern unabhängige Rechtsform besäßen.

> Unter einer ›delegierten‹ Autorität wurde die Repräsentation als explizite Delegation der Autorität von den Mitgliedern der Gruppe an das Oberhaupt oder ihren Leiter verstanden. Diese Theorie des Korporationsrechts lief im Endeffekt auf eine Theorie der repräsentativen Regierung hinaus (S. 403).

Diese neue Theorie des Korporationsrechtes wurde zunächst nur auf Teile der Kirche und nicht auf ihre ganze Organisation angewendet. Aber sie führte eine neue juristische Sprache und Denkweise ein, die äußerst zukunftsträchtig waren (S. 404). Die Idee des ›Oberhauptes‹ verlor die Bedeutung einer naturgegebenen und fraglosen Überlegenheit. Im 14. Jahrhundert dehnten dann kühnere Denker diesen Gedanken auf die Kirche als Ganzes aus, was für die Einstellungen zum Papsttum weitreichende Folgen hatte (S. 405).

Der Liberalismus als Reaktion auf religiöse Gewalt und Intoleranz

Nach einer tiefen Krise, während der zeitweise drei Päpste um die Macht rivalisierten, gelang es Mitte des 15. Jahrhunderts dem Papsttum – indem es sich auf die seit dem 12. Jahrhundert entwickelte Zentralverwaltung stützte -, wieder die Kontrolle über die Kirche zu gewinnen (S. 409).
So schien sich der päpstliche Absolutismus wieder in der Kirche zu etablieren. Aber nur scheinbar. Denn das Reformprojekt, das weder die Kirchenführer noch die weltlichen Herrscher hatten durchführen können, hatte jetzt im Volk Fuß gefasst.
Es war wohl kein Zufall, dass es im 14. und 15. Jahrhundert zu verbreiteten Unruhen in der Kirche kam (S. 409).

Im 15. Jahrhundert waren die Grundlagen des Liberalismus allerdings noch nicht zu einem zusammenhängenden Reformprogramm zusammengefasst, einem Gedankensystem, das wir heute »Säkularismus« nennen. Dazu waren bestimmte Entwicklungen im 16. und 17. Jahrhundert erforderlich, die Renaissance und die Reformation. Diese führten zur Zersplitterung der Christenheit und zu religiösen Auseinandersetzungen, die sich in Bürgerkriegen und in bewaffneten zwischenstaatlichen Konflikten äußerten.

»Diese Tatsache veranlasste sensible Gemüter, nach und nach das *Credo des Säkularismus* zusammenen zu stellen, wobei sie sich an den Einsichten sogenannter ‚mittelalterlicher' Denker orientierten.

Zumehmend diente das Adjektiv ›barbarisch‹ - einst von Kirchenmännern dazu verwendet, die Vorstellungen und Verhaltensweisen jener Stämme zu bezeichnen, die das Römische Westreich eroberten – jetzt dazu, die Einstellungen und Handlungen der Kirchen zu kennzeichnen (S. 412)«.

Larry Siedentops Bilanz

Siedentop zieht im Kapitel »Abschied von der Renaissance« aus seiner Arbeit die folgenden Schlüsse[94]:

»Wenn der Liberalismus als Kind des Christentums beschrieben werden kann, stellt sich die Frage; ob es sich um ein eheliches oder ›uneheliches‹ Kind handelt. Es gibt gute Gründe für die zweite Annahme, denn der Liberalismus war kein Wunschkind. Mit Sicherheit war er kein Projekt der Kirche. Als politische Theorie wurde er sogar gegen den erbitterten Widerstand der katholischen und lange Zeit auch der meisten protestantischen Kirchen entwickelt.*

---

* Festzuhalten ist allerdings, dass die für die Ausformung eines ›liberal‹ bestimmten Naturrechtsgedankens einflussreichen Philosophen und Vordenker der Aufklärung, Hugo Grotius, Samuel Pufendorf und John Locke, alle Protestanten waren.

Liberale moralische Vorstellungen, die auf dem Boden christlichen Denkens gewachsen waren, wurden nun immer häufiger gegen Versuche, den Glauben gewaltsam durchzusetzen, ins Feld geführt.

Diese protoliberalen Überzeugungen wurden erst zu einer geschlossenen Theorie zusammengefasst, als sie gegen den Anspruch der Kirche vorgebracht wurden, den Glauben mithilfe weltlicher Herrscher zu erzwingen (S. 413). Diese Kontroverse hat dazu beigetragen, die gegenseitigen Positionen polemisch aufzuladen.

Auf kirchlicher Seite wurde (und wird auf der katholischen Seite auch heute noch) der Säkularismus mit Unglaube, Gleichgültigkeit und Materialismus gleichgesetzt. Damit wird jenen in die Hände gespielt, die bestrebt sind, Europa als dekadent und bar aller moralischen Ueberzeugungen hinzustellen, z.B. den fundamentalistischen Christen und Muslimen.

Von den Liberalen wurde die Renaissance dagegen als entscheidender Schritt in der historischen Befreiung dargestellt, als Ende des finsteren Mittelalters. Siedentop nimmt dazu folgendermaßen Stellung:

»Die antiken Denk-, Empfindungs- und Ausdrucksweisen, die die italienischen Humanisten begeisterten, waren Ergebnis und Spiegelbild eines gänzlich anderen Gesellschaftstypus, nämlich einer Gesellschaft von Bürgern und Sklaven, in der die Familien und nicht die Seelen zählten (S. 418).«

Und er zieht daraus den Schluss:

»Die Auffassung, dass die Renaissance und ihre Folgen den Beginn der Neuzeit – das Ende des Mittelalters - bedeuten, ist irrig (S. 420).«

»Denn im 15. Jahrhundert hatten Kirchenjuristen und Philosophen bereits die Auffassung gewonnen,

- dass ›Erfahrung‹ im Wesentlichen die Erfahrung von Individuen ist,
- dass es ein ganzes Spektrum fundamentaler Rechte gibt, die zum Schutz der individuellen Handlungsmacht gedacht sind,
- dass die höchste und letztgültige Autorität jedes Zusammenschlusses bei seinen Mitgliedern liegt, und
- dass sich der Vernunftgebrauch bei der Erklärung von Prozessen in der materiellen Welt radikal vom normativen oder apriorischen Denken unterscheidet.

Das ist der Stoff, aus dem die Neuzeit ist« (S. 420).

»Die Grundlage des modernen Europas entstand in einem langen, schwierigen Prozess der Umwandlung einer moralischen Forderung in einen Sozialstatus. Dieser Wandel wurde durch den Glauben an die Gleichheit der Seelen ermöglicht. Daraus erwuchs das Streben nach individueller Freiheit. Die Kombination der beiden Werte* ergab das Prinzip, welches mehr als irgendein anderes das moderne liberale Denken geprägt hat, das Prinzip der ›gleichen Freiheit‹ (S. 420)«.

---

* gemeint sind die Grundüberzeugung von einer statusunabhängigen Gleichheit aller Menschen und ein Rechtssystem mit Gesetzesvorschriften, welche diese Gleichheit schützen.

Nach Siedentop ist für die historischen Arbeiten über die letzten Jahrhunderte die Neigung charakteristisch, den moralischen und geistigen Abstand zwischen der neuzeitlichen und der antiken Welt herunterzuspielen und gleichzeitig die moralische und geistige Distanz zwischen dem neuzeitlichen Europa und dem Mittelalter zu übertreiben. Diese Tendenz zeigte sich erstmals in der italienischen Renaissance, mit ihrer Bewunderung für die Antike und ihrer Feindseligkeit gegen die ›Scholastik‹ der Universitäten und der Kirche.

Doch erst im 18. Jahrhundert, besonders unter dem Einfluss der französischen Philosophen, entwickelte sich aus dieser Neigung ein leidenschaftlicher Antiklerikalismus, der die Deutung der europäischen Geschichte von Grund auf veränderte.

Die antike Welt als säkular darzustellen – mit Bürgern, die ›frei‹ von der Unterdrückung durch Priester und eine privilegierte, dogmatische Kirche waren – wurde nun eine wichtige Waffe der Liberalen im Arsenal des politischen Streits.

»Als eine solche Waffe diente auch das Zerrbild einer mittelalterlichen Kirche, die, wenn auch nicht immer erfolgreich, nach theokratischer Herrschaft strebte, das Denken durch ›Aberglauben‹ unterdrückte und den Eigennutz des Klerus förderte. Keine der beiden Vorstellungen entbehrte jeder Grundlage, aber beide waren meiner Meinung nach eher falsch als richtig. Denn beide übersahen etwas Wesentliches, etwas grundlegend Widersprüchliches in ihrer Darstellung der Vergangenheit.«

Larry Siedentop bewertet sowohl die Entstehung des westlichen Individuums wie auch den damit verbundenen säkularen Liberalismus positiv.

Er weist aber auch auf die Probleme hin, die entstehen, wenn sich dieser Liberalismus von seiner sozialen Komponente (Gegenseitigkeit der Beziehungen/Nächstenliebe/ Solidarität) verabschiedet, die er von der Jesusbewegung und dem frühen Christentum mitbekommen und seit der liberalen Aufklärung verteidigt hatte.
In diesem Falle wird der Liberalismus auf ein Bekenntnis zur freien Marktwirtschaft reduziert und der Aspekt der Gerechtigkeit und der Solidarität mit den Schwachen bleibt auf der Strecke.

Larry Siedentop setzt sich mit den folgenden Argumenten für den säkularisierten Liberalismus ein:

Der entscheidende Aspekt des säkularisierten Liberalismus

»Was ist der entscheidende Aspekt des Säkularismus? Der Glaube an eine fundamentale moralische Gleichheit, der voraussetzt, dass es für jeden Menschen eine Sphäre gibt, in der er frei sein sollte, eigene Entscheidungen zu treffen, eine Sphäre des Gewissens und des freien Handelns. Dieser Glaube ist zusammengefasst in dem zentralen Wert des klassischen Liberalismus: dem Bekenntnis zur »gleichen Freiheit«.

Ist das Gleichgültigkeit oder Unglaube? Keineswegs. Vielmehr ist der Säkularismus der feste Glaube, dass Menschsein heisst, frei zu entscheiden und die Verantwortung für das eigene Handeln zu übernehmen. Er misst dem Gewissen grössere Bedeutung zu als der ‚blinden' Regelbefolgung. Er verbindet Rechte mit den Pflichten gegenüber anderen (S. 447/448).«

Siedentop weist dann auf folgende Gemeinsamkeiten mit dem christlichen Freiheitsverständnis hin:

Die zentrale Erkenntnis der christlichen Moral

»Das ist auch die zentrale Erkenntnis der christlichen Moral. Sie ist die Einsicht, die Paulus aus der Gegenüberstellung von ›christlicher Freiheit‹ und der Befolgung des jüdischen Gesetzes gewinnt. Erzwungener Glaube war für Paulus und viele frühen Christen ein Widerspruch in sich. Charakteristischerweise verbreitete sich das Christentum in seinen ersten Jahrhunderten durch Ueberreden und Ueberzeugen aus und nicht durch Waffengewalt - ein Gegensatz zu den ersten Erfolgen des Islams (S. 448).«

6. Ulrich Zwingli – Glaube ist keine Privatsache

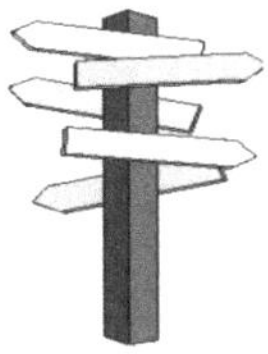

zum
Vorgehen

Gestützt auf Forschungsergebnisse meines ehemaligen Lehrers Prof. Arthur Rich[95], fasse ich Zwinglis Theologie der Gerechtigkeit im Folgenden kurz zusammen.

Zwingli war Sohn eines Landammanns einer basisdemokratischen Bergregion mit Wald- und Alpkorporationen. So wurde er früh mit politischen Problemen und Vorgehensweisen zu deren Lösung vertraut.
Und er setzte seine Reformation nicht dank adliger Unterstützung durch wie Luther, sondern im Dialog mit dem Großen Rat der Stadt Zürich, der jeweils die entscheidenden Beschlüsse fällte.
Dank seiner basisdemokratischen Erfahrungen dachte Zwingli weniger hierarchisch als Luther und seine theologischen Stellungnahmen zur Zeit der Bauernkriege waren differenzierter und politisch realistischer.

Zwingli hat seine Theologie der Gerechtigkeit nicht als theologisches Gedankenspiel, sondern als Antwort auf die Herausforderung durch die Bauernkriege und die radikalen Täufer entwickelt.

Bild 18: Ulrich Zwingli 1854. Autor unbekannt

Die Bauernkriege als theologische Herausforderung

Aus der Einleitung zu den »zwölf Artikeln der oberschwäbischen Bauern« entnimmt Arthur Rich,

> »dass die Bauern nichts anderes wollen, als das Evangelium hören und ihm gemäß leben. Unter »Leben« verstanden sie aber nicht nur die persönlich-private Existenz, sondern auch den politischen und sozialen Status in den gesellschaftlichen Verhältnissen. Auch er soll bestimmt sein durch die »göttliche Gerechtigkeit«, die sich im Evangelium dem Glaubenden als Gottes Wort zuspricht. Deshalb begründen die Bauern ihre sozialpolitischen Forderungen mit Berufung auf die Bibel als Dokument der göttlichen Gerechtigkeit. Und deshalb sind sie auch bereit, wie ausdrücklich der zwölfte Artikel sagt, von »einer oder mehrerer« ihrer Forderungen abzustehen, wenn sie als schriftgemäß erwiesen werden können. Damit ist für die Bauern die Frage nach dem Verhältnis von Glauben und Politik, von Bibel und Gesellschaftsrecht entschieden.«

Eine fundamentalistische Art der Umsetzung heiliger Schriften in die Gegenwart kommt bis heute in vielen Religionen und religiösen Gruppierungen vor. Diese verstehen die Aussagen ihrer heiligen Schriften als für alle Zeit gültige moralische Weisungen. Und sie wollen, dass diese ungeachtet allen gesellschaftlichen Wandels, unverändert in der heutigen Zeit angewendet werden.

Die im Konflikt von Zwingli mit den Täufern entwickelten Lösungen sind auch heute noch aktuell für den Umgang mit religiösen Fundamentalisten jeglicher Religion.

Die Reich-Gottes-Vorstellungen von Zwingli und Luther

Im Sommer 1524 begann zwischen Basel und dem Bodensee der Bauernkrieg als paramilitärische Zusammenrottung von Bauern wegen schikanöser Forderungen der Obrigkeit. Er breitete sich nach Oberschwaben aus und gewann eine rasche Ausweitung, die von Zerstörung adeliger Burgen und der Besetzung der Klöster begleitet wurde. Das militärische Eingreifen der Fürsten und die nachfolgenden Hinrichtungen der Aufständischen kosteten rund 100'000 Menschen das Leben. Bei Strafaktionen wurde von den Siegern darüber hinaus schätzungsweise ein Drittel des mobilen Vermögens eingezogen[96].

Luther hat gegen die aufständischen Bauern eindeutig Position bezogen. Während für die Bauern Reich Gottes und Weltreich zur Deckung gebracht werden sollten, gehören sie für Luther zwei ganz verschiedenen Wirklichkeitsbereichen an.

»Für Luther ist die Gegenwart des Reiches Gottes Geschehnis des den sündigen Menschen gerecht sprechenden Evangeliums, mithin ›ein unsichtbares Reich im Geist und inwendig in uns‹. Es ist also niemals äusserlich.
Zwingli widerspricht Luthers Zwei-Reiche-Lehre mit Entschiedenheit. Für ihn ist das Reich Gottes nicht nur innerlich, sondern auch äußerlich, ›etiam externum‹ «.

Für Zwingli hat das kommende Reich Gottes auch mit den äußeren Verhältnissen in der Welt zu tun, mit Staat, Gesellschaft, Politik.

Für Zwingli gehört zur Predigt des Evangeliums die Verkündigung der göttlichen Gerechtigkeit als Forderung an den Einzelnen, wie an die gesellschaftliche Welt.

Inhaltlich ist für Zwingli Gerechtigkeit zunächst das Gebot der Nächstenliebe.

»So sind alle vorgezelten gebot« – nämlich die einzelnen Forderungen der göttlichen Gerechtigkeit – »in den zwey fürnemsten gebotten verschlossen: Du sollst dinen herren got lieb haben uß gantzen dinen hertzen, seel, gmüt und krefften, und dinen nächsten als lieb haben als dich selbst«.

Zwingli verstand die politischen Krisen seiner Zeit auch als Chancen und nutzte die vorhandenen Handlungsspielräume aktiv, um die Gesellschaft zu verändern.

Letztlich liegt die Begründung seines sozialpolitischen Denkens und Handelns aber in seinem Verständnis des Wortes Gottes das »so lebendig, so krefftig« ist, dass es sich alle Dinge »glichförmig machen will«.

Für Zwingli ist das Reich Gottes im Wort Gottes als eine die Welt verändernde Macht am Werk.

Mit dieser Auffassung kommt er dem – mit Dämonenaustreibungen und Wunderheilungen verbundenen – Verständnis des Reiches Gottes Jesu näher als Luther.

Deshalb steht er in der Kontroverse zwischen Luther und den aufrührerischen Bauern diesen näher als Luther.

Wie für Luther ist der Christenmensch auch für Zwingli von der Forderung des Gesetzes (natürlich des religiös-biblischen Gesetzes) frei.

Einschub zu Luthers Lehre von der Rechtfertigung allein aus Glauben

Bild 19: Luther als Augustinermönch

Vor seiner reformatorischen Entdeckung war Luthers Gottesbild von den Vorstellungen der Menschen des ausgehenden Mittelalters geprägt. Als Mönch im Kloster der Augustiner-Eremiten war sein Glaube wesentlich durch die Erbsündenlehre beeinflusst, die Augustinus der katholischen Kirche hinterlassen hatte. Im Mittelpunkt stand die Angst vor dem Jüngsten Gericht. Denn ein strafender Gott würde über eine Existenz im Paradies oder Qualen im Fegefeuer bzw. die ewigen Qualen in der Hölle entscheiden.
Doch in der Auseinandersetzung mit der Bibel fand er keinen direkten Hinweis auf etwas wie ein Fegefeuer; auch ließ sich das Seelenheil nicht durch Veräußerung von persönlichem Eigentum erwirken.

Im Römerbrief des Paulus entdeckte er dann, dass der Mensch durch Glauben (bzw. durch Vertrauen in die Güte Gottes) gerecht werde (und nicht in die Hölle komme), unabhängig von den Taten, die das Gesetz fordert.
So sei der Mensch vor Gott durch den Glauben allein gerechtfertigt. Nicht die Strafe Gottes, sondern dessen Gnade führe zur Erlösung. Nach seiner reformatorischen Entdeckung sah Luther in Gott nicht mehr den strafenden Gott, sondern den gnädigen Herrn (Rö 3,28).

In seiner Schrift ›Die Freiheit eines Christenmenschen‹, fasst Luther dann die evangelische Freiheit in zwei Sätzen dialektisch zusammen:

»Ein Christ ist ein freier Herr über alle Dinge und niemandem untertan - durch den Glauben. - Ein Christ ist ein dienstbarer Knecht aller und jedermann untertan - durch die Liebe.«

Luther berief sich dabei auf Paulus. Dieser hatte es gemäß 1. Kor 10,25–27 den Korinthern erlaubt, alles Fleisch, das auf dem Markt verkauft wird, zu essen, ohne darauf Rücksicht zu nehmen, ob es andern Göttern geweiht war oder nicht:

Alles, was auf dem Markt verkauft wird, könnt ihr essen, ohne euch ein Gewissen zu machen.
Denn des Herrn ist die Erde und alles, was sie erfüllt.
Wenn ein Ungläubiger euch einlädt und ihr hingehen wollt,
so esst alles, was man euch vorsetzt,
ohne euch ein Gewissen zu machen.

In Zürich wurde dann mit Berufung auf diese christliche Freiheit bei Christoph Froschauer während der Fastenzeit, – in Anwesenheit von Zwingli – Wurst gegessen. Zwingli hat nicht mitgegessen, aber dieses Verhalten theologisch legitimiert.

Als Konsequenz der Aufhebung der Trennung von geistlich-sakraler und profaner Wirklichkeit wurden dann auch die Trennung zwischen geistlichen und weltlichen Stand aufgehoben und die Klöster säkularisiert.

Die Überzeugung von der Rechtfertigung aus Glauben allein hat Zwingli mit Luther geteilt. Für beide war der Ablasshandel, der es ermöglichte, sich mit Geld aus dem Fegefeuer loszukaufen, theologisch unnötig und sinnlos und nur eine Geldmacherei der kirchlichen Hierarchie.

Luther und Zwingli waren beide Gegner einer fundamentalistischen Auslegung der Heiligen Schrift und einer fundamentalistischen Moral.

Zwinglis Auffassung der Wortverkündigung (d.h. der Predigt) und der göttlichen Gerechtigkeit setzte eine Dynamik der gesellschaftliche Veränderung in Gang. Dabei hat er grundlegende Institutionen der Gesellschaft in Frage gestellt.

So bestritt er schon im Jahre 1520 die Zulässigkeit des Zehnten nach dem göttlichen Recht. Auch das Privateigentum blieb von seiner Kritik nicht verschont. Dessen Grund liege keineswegs im Willen Gottes, sondern letztlich darin, dass wir von der Nächstenliebe abgekommen seien.

Er hat auch konkrete und pragmatische Maßnahmen vorgeschlagen, um zu verhindern, dass Darlehensnehmer weiterhin wegen einer Missernte oder eines sonstigen Unglücks vom Hof vertrieben werden konnten. Denn Gesetze, die dies ermöglichten, bedeuteten für ihn nichts anderes als die legalisierte Enteignung der Armen durch die Reichen.

All seine Vorschläge waren aber so bemessen, dass auch die Existenz der herrschenden Klassen, von denen das Überleben der Stadt Zürich abhing, nicht gefährdet wurde.

Zwingli hatte kein politisches Amt, aber großen Einfluss – der Rat wusste, dass das Volk auf Zwinglis Predigten hörte.

Die Differenz Zwinglis zu den »Radikalen«, d. h. zu den Täufern

Zwingli und seine radikalen Anhänger (d. h. die Täufer) waren sich darin einig, dass das Reich Gottes und seine Gerechtigkeit, nicht nur, wie bei Martin Luther, innerlich-geistig, sondern auch äußerlich-weltlich sei.

Sie waren sich auch darin einig, dass das ganze Leben, eben auch das äußerlich-weltliche, sich nach der Norm der göttlichen Gerechtigkeit zu richten habe. Aber daraus sind von Zwingli und den »Radikalen« ganz verschiedene Konsequenzen gezogen worden.«

> Glaube und Politik in der Sicht der aufständischen Bauern »Beides hat sich zu decken; und wenn es sich nicht deckt so können die bestehenden Rechtsverhältnisse in der Gesellschaft für sie auch keine bindende Kraft mehr haben. Aus dieser Überzeugung heraus beschritten sie den Weg der Rebellion.«

»Die ›Radikalen‹ (d. h. die Täufer) forderten nämlich, dass alles was in Kirche und Gesellschaft keinen ausdrücklichen Grund im Evangelium als dem Offenbarungswort der göttlichen Gerechtigkeit besitze, fallen müsse: Zehnten, Zinse, Privateigentum, obrigkeitlicher Zwang, das Letztere vor allem im Zusammenhang mit der Ablehnung der Kindertaufe. Und sie verstanden sich dabei als die wahren Testamentsvollstrecker der zürcherischen Reformation. Davon hat sich Zwingli entschieden distanziert. Warum hat er das getan?

> »Aus der Sicht des Reformators wissen die ›Radikalen‹ nicht im rechten Sinn zu unterscheiden zwischen evangelischer Forderung und bürgerlichem Gesetz, zwischen ›göttlicher und menschlicher‹ Gerechtigkeit.«

»Die göttliche Gerechtigkeit, so sahen wir bereits, ist in ihrem Wesen Nächstenliebe. Allein, Liebe lässt sich nicht erzwingen. Nur die göttliche Gerechtigkeit, und das heißt jetzt Gott allein, der kann diese zur Herrschaft bringen.«

> Für Zwingli ist die menschliche Gerechtigkeit notwendig, weil sie zeitliche Not wendet.
> Sie weist, sofern sie nicht entartet ist, den Gewalttäter in die Schranke.
> Und sie wehrt dem tief eingewurzelten Eigennutz der andauernd das Recht des Nächsten verletzt«.
> Deshalb ist *in einem indirekten Sinne* auch die menschliche Gerechtigkeit, d. h. das in Gesellschaft und Staat gültige Recht, von Gott geboten.

Zwinglis Verständnis des Aufruhrs

Für Zwingli sind in seinen sozialpolitischen Hauptschriften nicht die »Radikalen« allein die Zielscheibe.

Die wahren Aufrührer »Wenn Zwingli von ›Aufrührern‹ redet dann meint er nicht wie Martin Luther, in erster Linie die rebellischen Bauern oder nonkonformistischen Täufergruppen. Er meint zwar diese auch, doch die ›wahren Aufrührer sind für ihn die zwar nicht so genannt sein wollen, dafür aber andere mit dieser Titulatur bewerfen ‹«.

»Und das sind erstens »die hohen bischoff«, zweitens »die übrigen zal der widerbefftzenden pfaffen, münchen, nonnen, voruß der äbten« und drittens »die fürsten gewaltigen und rychen diser welt«.
Heute würde er wohl auch Banker, Manager von Autokonzernen und Politiker, die deren betrügerische Machenschaften verteidigen, aufzählen.

Nach Zwingli führt das Unrecht von oben zum Aufruhr von unten als dessen unvermeidliche Reaktion. Der Aufruhr gegen die eigentlichen Aufrührer ist so für den Reformator verständlich, aber trotzdem nicht gutzuheißen.

Denn beides, tyrannische Gewalt wie antityrannische Gegengewalt, ist letztlich Ausdruck von Gewaltverfallenheit. Solche Gewaltverfallenheit kann allein das Recht in Schranken halten, genauer das erzwingbare Recht, also die menschliche Gerechtigkeit.

Im Rahmen dieser Relativierung ist die menschliche Gerechtigkeit Funktionsersatz für das Liebesgebot, sofern sie den Menschen in seiner gesellschaftlichen Existenz vor willkürlichen Übergriffen der Mächtigen schützt.

»Zwingli will die menschliche Gesellschaft – in der Zeit des Vorletzten – nicht dem Faustrecht überlassen. Die menschliche Gerechtigkeit ist notwendig, weil sie zeitliche Not wendet. Sie wehrt dem tief eingewurzelten Eigennutz, der andauernd das Recht des Nächsten verletzt«.

Für Zwingli bleibt es dabei: Mag das Privateigentum, und mögen viele andere Dinge vor dem Forum der menschlichen Gerechtigkeit noch so rechtlich sein, vor Gott gilt das nicht.

»Welcher nun nit wucher [das heißt nicht Geld auf Zins!] gibt, ist deßhalb vor den mentschen fromm aber vor got ist er dennocht nit fromm, er verkouffe denn all sin hab und geb sy den armen ... «

Dies alles will Zwingli jedoch nicht als unmittelbares gesellschaftliches Gesetz verstanden wissen wie die ›Radikalen‹, (bzw. die Täufer) sondern zunächst als Forderung an den Einzelnen.

Zwinglis Verständnis von göttlicher und menschlicher Gerechtigkeit

Für die ›Radikalen‹ entspricht die menschliche Gerechtigkeit nicht der göttlichen und kann deshalb Christen nicht wirklich verpflichten. Ihre Gesellschaftskritik wird demzufolge absolut.

Angesichts der unverkennbaren Tatsache, dass die vorhandene Gesellschaft nun einmal immer noch besteht, sind für sie nur zwei Konsequenzen möglich: entweder die revolutionäre Errichtung der Theokratie, oder dann der unrevolutionäre Auszug aus der Gesellschaft. Den ersten Weg ging Thomas Müntzer, den zweiten Weg der Zürcherische Täuferkreis.

Für Zwingli dagegen verbleibt die gesellschaftlich-staatliche Ordnung immer nur relativ. In der Zeit des Vorletzten gibt es Gerechtigkeit nur auf dem Boden der menschlichen Gerechtigkeit.
Absolutes und Relatives, göttliches und weltliches Reich sind zwar auch für Zwingli zu unterscheiden, wie dies Luther tat, aber nicht in einer Weise, welche die Welt des Staates und der Gesellschaft herauslösen würde aus dem Forderungsbereich des Evangeliums von der göttlichen Gerechtigkeit.

»Sozialpolitisch hat dies zur Folge, daß bei Zwingli an die Stelle einer absoluten Kritik der gesellschaftlichen Verhältnisse, wie er sie vorfand, eine relative Kritik der Gesellschaft und ihrer Einrichtungen im Horizont der absoluten göttlichen Gerechtigkeit tritt.
Das verbindet sich mit einer Relativierung aller gesellschaftlichen Verhältnisse«.

Dies besagt nach Arthur Rich zweierlei:

- fürs Erste, dass die Institutionen des menschlichen Rechts keinen Absolutheitsanspruch geltend machen können
- und fürs Zweite, dass sie variabel mithin veränderbar sein müssen.

Beides tritt bei Zwingli klar zutage.

»Die staatliche Obrigkeit hat keine Liebesordnung zu sein das wäre Unsinn. Sie darf sich aber auch nicht mit der Ausübung der «scharfen Barmherzigkeit» zufrieden geben«. »Die staatliche Obrigkeit hat im Relativen dem nachzueifern, was die Liebe will, nämlich aus dem Staat einen Ort zu machen, da das Leben wahrhaft menschlich wird. Und damit kommt bereits der humane Rechtsstaat in den Blick, wenigstens von weitem.

Tut aber die Obrigkeit das nicht, bleibt der Staat pure Gewaltordnung, die sich nach ihren eigenen Machtgesetzen richtet, wird er somit absolut - wie es damals schon im Zug der Zeit gelegen hatte -, nun wohlan, dann tritt er aus dem Relativen heraus, und dann kann die Kritik an ihm auch nicht mehr bloß relativ sein. Sie wird in diesem Falle absolut werden müssen.

Und so kommt es im zweiundvierzigsten Artikel von «Auslegen und Gründe der Schlußreden» zu jener Leitthese, die Luther sich nie zu eigen hätte machen können:

«So sy aber [eben die Obrigkeit] untrülich und ußer der schnür Christi favurdind (d. h. fahren würden/K. S) mögend sy mit got entsetzt [d.h. abgesetzt] werden»«.

(Arthur Rich 1969:84)

Auf diesem Hintergrund hat dann Zwingli auch pragmatische Lösungen für konkrete Probleme vorgeschlagen, so für das Problem des Eigentums und für die Zinsfrage seiner Zeit.

Zwingli hat eine Theologie entwickelt, die es ermöglichte politische Handlungsspielräume pragmatisch zu nutzen, statt sich zwischen dem »Entweder – Oder« von fundamentalistisch-absolutistischer Ethik oder totaler Anpassung an die Machtstrukturen seiner Zeit entscheiden zu müssen.
Noch nicht im Blick hatte er Gerechtigkeitsprobleme, die durch die heutige Globalisierung aufgeworfen werden.

Julian Nidas Brücke von Zwingli zur globalisierten Welt

Der Philosoph Julian Nida-Rümelin kann hilfreich sein, die Gerechtigkeitskonzeption Zwinglis auf die aktuellen Globalisierungsprobleme auszuweiten.

Julian Nidas Konzept einer strukturellen Rationalität

Ausgehend von Immanuel Kants kategorischem Imperativ »Handle so, dass die Maxime deines Willens jederzeit zu einem allgemeinen (staatlichen/K.S.) Gesetz werden könnte!«

erweiterte Julian Nida dessen kategorischen Imperativ so, dass er auf eine grössere Zahl sozialer Systeme angewandt werden kann:

»Eine Handlung ist dann strukturell rational, wenn sie im Hinblick auf eine wünschenswerte Struktur gerechtfertigt werden kann.«

(Nida-Rümelin Julian 2017: 78/79)

Mithilfe dieses Konzepts der strukturellen Rationalität soll die individuelle und konkrete (Einzel-)handlung so gewählt werden, dass sie mit wünschenswerten (und realisierbaren) Strukturen vereinbar ist.
Damit erweitert Nida den auf den Staat bezogenen strukturellen Denkansatz von Zwingli und Kant so, dass dieser für eine größere Zahl von sozialen Systemen anwendbar wird, z. B. auch für das globale Welthandelssystem.

Nida macht dann auch konkrete Vorschläge für eine derartige Ausweitung. Sie ist nicht religiös begründet, aber mit Zwinglis Gerechtigkeitskonzeption gut vereinbar, weil sie – wie die Menschenrechte der Vereinigten Nationen – letztlich auf der Konzeption der statusunabhängigen Menschenwürde basieren, die wir dem Christentum und der stoischen Philosophie verdanken.

Anders als Bundeskanzlerin Merkel in ihrer Flüchtlingspolitik von 2015, zieht er allerdings wie Zwingli auch die soziologischen Rahmenbedingungen für mögliche Problemlösungen realistisch in Betracht.

So vertritt er die Meinung, dass Europa nicht alle Flüchtlinge und Arbeitsmigranten der Welt aufnehmen kann, weil sonst die Integrationsfähigkeit seiner Staaten zu stark strapaziert würde, was dann zu Fremdenfeindlichkeit und Gefährdungen für die Demokratien führen würde.

Vgl. dazu den Anhang A4. mit soziologischen Forschungsresultaten zum Thema Anomie

7. Integrales Denken erfordert den Dialog mit den Wissenschaften

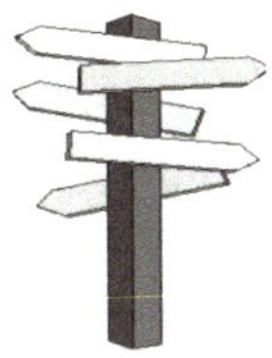

zum Vorgehen

Die Suche nach einem integralen Bewusstsein im Sinne von Jean Gebser erfordert von religiösen Menschen Bereitschaft, von den empirischen Wissenschaften, zu lernen. Denn diese gehören zu den grössten Errungenschaften der rationalen Bewusstseinsstufe . Die Suche nach einem integralen Bewusstsein erfordert jedoch auch die Fähigkeit, die Grenzen des rationalen Bewusstseins zu erkennen und wach zu werden, wenn sich Wissenschaften korrumpieren lassen oder zu Pseudoreligionen degenerieren. Den sich dabei ergebenden Problemen ist dieses Kapitel gewidmet. Wenn wir uns mit der Wirkungsgeschichte von Religionen, Kirchen und Theologien, sowie der Naturwissenschaften befassen, erkennen wir bald, dass sturer Dogmatismus und weltanschauliche Verbohrtheit in beiden Bereichen vorkommt. Zunächst kehren wir zu den schematischen Darstellungen des transpersonales Bewusstsein zurück, da uns diese als Raster dienen um alles Folgende einzuordnen (Vgl. ausführlicher S. 30):

Erweiterung des Bewusstseins um eine transpersonale Ebene durch Jean Gebser und Ken Wilber		
	Gefahr von einseitig rationaler Entwicklung	**Transpersonale Ebene**
	↑↓	**Personale Ebene** 4. Rationale bzw. personale Ebene
	bzw. Gefahr von Regression	**Praepersonale Ebene** 3. mythische Ebene 2. magische Ebene 1. archaische Ebene
Die Bewusstseinsstufen oder Bewusstseinsstrukturen lassen sich mit verschiedenen Brillen vergleichen. Jede ermöglicht bestimmte Aspekte der Wirklichkeit klar wahrzunehmen. Andere Aspekte der Wirklichkeit sind damit nur sehr unklar oder gar nicht zu erkennen.		

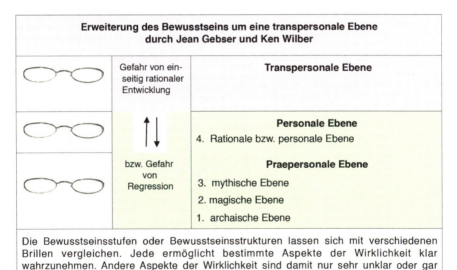

Nach Jean Gebser sind die einzelnen Bewusstseinsebenen – von der archaischen bis zur rationalen – in mehr oder weniger latenter oder akuter Form auch jetzt noch in jedem von uns vorhanden[97].

Die transpersonale Ebene wird von Ken Wilber, unter Berufung auf buddhistische Vorbilder, sehr stark ausdifferenziert.

Die Basis aller transpersonalen Entwicklungsstufen ist für Wilber das mystische Erleben.

Die von Wilber postulierten Entwicklungsstufen innerhalb des transpersonalen Bewusstseins sind nicht für alle Kulturen und Religionen gültig. Die Entwicklungsstufen (von der präpersonalen bis zur personalen Ebene) von Gebser und Piaget treffen dagegen für die ganze Menschheit zu.

Im Verlaufe der spirituellen Entwicklung werden die Stufen Wilbers nicht immer vollständig und auch nicht immer in derselben Reihenfolge durchlaufen.

Ich erwähne sie, um zu zeigen, welche Phänomene auf der transpersonalen Ebene auftreten können, verzichte aber darauf, sie als aufsteigende Reihenfolge von Entwicklungsstufen darzustellen.

Die Erscheinungsformen des transpersonalen Bewusstseins nach Ken Wilber:

Gefühl der Einheit mit Gott, von Glückseligkeit, Weisheit und Mitgefühl.

Religiöse Visionen, die weiterhin zwischen Subjekt und Objekt unterscheiden: Erfahrungen von archetypischen Göttinnen und Göttern, Leitfiguren und Engeln.

Parapsychologische oder paranormale Erlebnisse, z.B. Hellsehen

ausserkörperliche Erfahrungen, Nahtoderlebnisse.

Grundlage all dieser Phänomene ist ein formloses Bewusstsein.
Es gibt kein Selbst mehr, keinen Gott mehr,
keine Subjekte, keine Dinge,
sondern nur noch Präsenz des reinen Bewusstseins.

Diese grundlegende Ebene, die alle übrigen Ebenen umfasst, ist die mystische.

Mystisches Erleben ist sehr schwierig – wenn überhaupt – zu beschreiben. Zur Veranschaulichung führe ich zwei Beispiele an:

1. Beispiel: Meister Eckharts Erleben mystischer Einheit mit Gott

Der mittelalterliche Mönch Meister Eckhart beschreibt seinen Durchbruch zu einem unmittelbaren und formlosen Gewahrsein, das ohne Ich, ohne anderes und ohne Gott ist, folgendermaßen:

»In dem Durchbrechen aber, wo ich ledig stehe meines eigenen Willens und des Willens Gottes und aller seiner Werke und Gottes selber, da bin ich über allen Kreaturen und bin weder »Gott« noch Kreatur, bin vielmehr, was ich war und was ich bleiben werde jetzt und immerfort.
Da empfange ich einen Aufschwung, der mich bringen soll über alle Engel. In diesem Aufschwung empfange ich so großen Reichtum, dass Gott mir nicht genug sein kann mit allem dem, was er als »Gott« ist, und mit allen seinen göttlichen Werken; denn mir wird in diesem Durchbrechen zuteil, dass ich und Gott eins sind. Da bin ich, was ich war, und da nehme ich weder ab noch zu, denn ich bin da eine unbewegliche Ursache, die alle Dinge bewegt ... Und darum bin ich ungeboren, und nach der Weise meiner Ungeborenheit kann ich niemals sterben. Nach der Weise meiner Ungeborenheit bin ich ewig gewesen und bin ich jetzt und werde ich ewiglich bleiben[98].«

2. Beispiel: Mystisches Einheitserlebnis in einem Meditationskurs von Willigis Jäger

Eine Teilnehmerin an einem Meditationskurs von Willigis Jäger beschrieb ihre mystisches Erlebnis folgendermaßen:

»Seit einiger Zeit kann ich mich nicht mehr einverstanden erklären mit diesem persönlichen Gott, diesem Bruder, Partner, Freund, der immer da ist für uns und auf uns wartet. Ich erlebe Gott zurzeit dunkel, gesichtslos, apersonal; nicht den Gottmenschen Jesus Christus auf dieser Erde, sondern als Gottheit in den Dingen dieser Erde, auch in mir, als Kraft, als Intensität, als das Dasein von allem ... «[99]
Vor einigen Tagen las ich über Kontemplation: Wenn du Gott schaust, siehst du nichts, und das ist genau der Punkt: Wenn du auf nichts schaust, dann ist nichts; das ist nicht irgendeine Erfahrung oder eine Art von Erkenntnis, in der Tat, es ist, was Gott ist; Gott ist nichts. Gleich darauf begann ich, nichts zu sehen. Es war die zaunlose Wirklichkeit, die randlose Wirklichkeit, und alle meine Anhänglichkeit schien verschwunden zu sein in diesem Sehen. Es kam eine große Entspannung über mich, es musste nichts getan werden. Kurz vor dieser Erfahrung gab es eine Zeit von etwa zwei Wochen, wo ich fast ständig am Rand des Weinens war. Da war kein Grund für dieses Weinen, es war nur eine sanfte Berührung in mir, eine Zartheit, die mich nicht von meinen Pflichten abhielt ... [100]
Nur dieses Namenlose ... Dann kamen die Male, wo ich beim Sitzen den Eindruck hatte, ich trete heraus aus der, die da sitzt, und betrachte von weit draußen mein und der ganzen Welt Theaterspiel. Was war das, was da austrat? Und wer blieb sitzen? Wo war »Ich«? »Mein« Bewusstsein hatte keinerlei individuelle Färbung mehr, und in den Augenblicken von Gotteserfahrung gab es nicht einmal mehr Bewusstsein von, sondern nur dieses Namenlose. In solchen Zuständen – meine ich jetzt nachträglich – ist nur noch geistiges Existieren.«[101]

Verdinglichung in Religion und Wissenschaft

Schwierig wird der Dialog zwischen Religion und Wissenschaft, wenn die Religion fundamentalistisch erstarrt oder wenn die Wissenschaft zur Ideologie wird, die ihre weltanschaulichen (oder metaphysischen) Grundüberzeugungen verschleiert oder sich ihrer gar nicht bewusst ist.

Um solche Gefahren erkennen und diskutieren zu können, ist das Konzept der Verdinglichung hilfreich:

Verdinglichung

Die Wissenssoziologen Peter L.Berger und Thomas Luckmann haben die Auffassung von menschlichen Produkten, als wären sie Naturgegebenheiten, Folgen kosmischer Gesetze oder Offenbarungen eines göttlichen Willens, als Verdinglichung bezeichnet.

(Van Schaik und Michel 2016:75)

Nach Carel van Schaik und Kai Michel erzeugten die Mythen des 1. Buches Mose Normalität, indem sie von Menschen zu verantwortende kulturelle Phänomene als ewig und unabänderlich darstellten.

Wenn also die Paradies-Erzählung die Unterordnung der Frau oder die Selbstverständlichkeit des Eigentums als Gottes Willen ausgibt, lässt sich das auch als Ideologie bezeichnen. Dann erhalten irdische Machtverhältnisse ihren göttlichen Segen.

Nach den beiden Autoren war dies teilweise unumgänglich, um das Überleben und die Weiterentwicklung der Menschheit zu sichern. Ohne Eigentum (d. h. ohne das Verbot des Stehlens) wäre es unmöglich gewesen, von der Wirtschaftsweise der Jäger und Sammler zur Landwirtschaft fortzuschreiten.

Und wenn im Paradiesmythos die Schmerzen beim Gebären als Strafe Gottes dafür erklärt wurden, dass Eva Adam verführt hatte, wurde unendliches Grübeln über Geburtsschmerzen beendigt, die erst mit den Medikamenten der modernen Geburtsheilkunde kontrolliert werden können.

Verdinglichung kommt allerdings nicht nur in Religionen vor, sondern auch in den empirischen Wissenschaften, und zwar aus den folgenden Gründen:

Empirische Wissenschaften können keine gesellschaftlichen Werte und Normen begründen sondern nur die Faktoren erforschen, die bestimmte Probleme erzeugen oder lösen.

Auf der Grundlage dieser Kenntnisse können sie dann die Wirksamkeit von (philosophisch oder religiös, oder durch politische Entscheidungsprozesse gewählten) Handlungsstrategien (bzw. technischen Verfahren) überprüfen und zu deren Verbesserung beitragen.

Angesichts des psychologischen Zwangs, unserem Handeln einen Sinn zu geben und des Zwangs unser soziales Handeln zu legitimieren, geraten die Exponenten empirischer Wissenschaften dauernd in Versuchung, ihre eigenen philosophischen oder weltanschaulichen Voraussetzungen als wissenschaftlich begründet auszugeben.

Offiziell sind die Mythen zwar heute aus den Hallen der Wissenschaft verbannt. Sie kommen aber (oft unerkannt!) durch die Hintertüre wieder zurück und bewirken ideologische Verfälschungen der wissenschaftlichen Theorien im Interesse ihrer Urheber oder von deren Geldgebern.

Verdinglichung in Biologie, Medizin und Ökonomie

Im 19. und 20. Jahrhundert waren an der Verdinglichung der Wissenschaft in großem Maßstab – und mit teilweise schrecklichen Folgen – der (Sozial)Darwinismus und die darwinistisch legitimierte Eugenik beteiligt.

Sie haben Hitler die Rechtfertigung, das Wissen und die Techniken geliefert, um seine Euthanasiepolitik und seine Vernichtungspolitik in den Konzentrationslagern zu realisieren.

Die unten abgebildete, am Otto Suhr Institut der Freien Universität Berlin befestigte Gedenktafel, soll an diese Verbrechen erinnern:

Da die Tafel schwer lesbar ist, drucke ich sie zwar ab, wiederhole den Text aber nochmals in Form einer Abschrift:

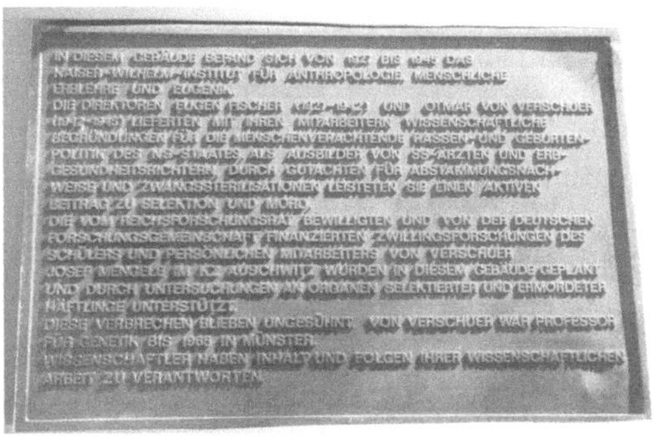

IN DIESEM GEBÄUDE BEFAND SICH VON 1927 BIS 1945 DAS KAISER-WILHELM-INSTITUT FÜR ANTHROPOLOGIE, MENSCHLICHE ERBLEHRE UND EUGENIK.

DIE DIREKTOREN EUGEN FISCHER (1927-1942) UND OTHMAR VON VERSCHUER (1942–45) LIEFERTEN MIT IHREN MITARBEITERN WISSENSCHAFTLICHE BEGRÜNDUNGEN FÜR DIE MENSCHENVERACHTENDE RASSEN- UND GEBURTENPOLITIK DES NS-STAATES.

ALS AUSBILDNER VON SS-AERZTEN UND ERBGESUNDHEITSRICHTERN, DURCH GUTACHTEN FÜR ABSTAMMUNGS-NACHWEISE UND ZWANGSSTERILISATIONEN LEISTETEN SIE EINEN AKTIVEN BEITRAG ZU SELEKTION UND MORD.

DIE VOM REICHSFORSCHUNGSRAT BEWILLIGTEN UND VON DER DEUTSCHEN FORSCHUNGSGEMEINSCHAFT FINANZIERTEN ZWILLINGSFORSCHUNGEN DES SCHÜLERS UND PERSÖNLICHEN MITARBEITERS VON VERSCHUER JOSEPH MENGELE IM KZ AUSCHWITZ WURDEN IN DIESEM GEBÄUDE GEPLANT UND DURCH UNTERSUCHUNGEN AN ORGANEN SELEKTIERTER UND ERMORDETER HÄFTLINGE UNTERSTÜTZT.

DIESE VERBRECHEN BLIEBEN UNGESÜHNT: VON VERSCHUER WAR PROFESSOR FÜR GENETIK BIS 1965 IN MÜNSTER.

WISSENSCHAFTLER HABEN INHALT UND FOLGEN IHER WISSENSCHAFTLICHEN ARBEIT ZU VERANTWORTEN.

Vgl. dazu auch den Katalog der Wanderausstellung der Deutschen Gesellschaft für Psychiatrie »erfasst, verfolgt, vernichtet.
Kranke und behinderte Menschen im Nationalsozialismus«

unter der Schirmherrschaft des Bundespräsidenten Joachim Gauck,
(v.a. das zusammenfassende Kapitel von Frank Schneider)

und Blom Philipp (2009), Weikart Richard (2004) und Weingart Peter, Kroll Jürgen und Bayertz Kurt (1992)

Richard Dawkins Mythos vom egoistischen Gen

Richard Dawkins gehörte in den siebziger Jahren des letzten Jahrhunderts zu den Begründern der Soziobiologie. Er ist ein äußerst aggressiver Kämpfer gegen jegliche Religion, die er als Gotteswahn bezeichnet. 1976 verfasste er das meistgelesene Buch der Soziobiologie »Das egoistische Gen« (dt. 1978), das 1996 in einer zweiten und 2007 in einer dritten Auflage erschien.

Seine Auffassung des Darwinismus hat auch Eingang in die meisten Lehrbücher der Biologie gefunden, und seine Bücher wurden zu Bestsellern. Dawkins gehört zu denjenigen, die aus der Wirkungsgeschichte ihrer Disziplin nichts gelernt haben.

Im Unterschied zum traditionellen Darwinismus
sind für Dawkins die Akteure im Selektionsprozess weder die Arten noch die
individuellen Organismen sondern *die einzelnen Gene.*

(Dawkins R. Das egoistische Gen 3. Aufl. 2007: 51)

Im erwähnten Buch behauptet er:

»Ein Affe ist eine Maschine, die für den Fortbestand von Genen auf Bäumen verantwortlich ist, ein Fisch ist eine Maschine, die Gene im Wasser fortbestehen lässt, und es gibt sogar einen kleinen Wurm, der für den Fortbestand von Genen in deutschen Bierdeckeln sorgt. Die DNA geht rätselhafte Wege«[102]. Wenn wir unseren Zweck erfüllt haben, werden wir beiseite geschoben. Die Gene aber sind die Bewohner der geologischen Zeit: Gene sind unvergänglich.«[103]
Nach Dawkins wird das menschliche Verhalten beherrscht vom biologischen Auftrag der Gene an die »Überlebensmaschinen« sich zur Verbreitung ihres Erbguts unter Verwendung aller zur Verfügung stehenden Mittel zu bedienen.« Entsprechend werden die Beziehungen zwischen Verwandten und Nichtverwandten, zwischen Mann und Frau sowie von Eltern und Kindern durch ein unbewusstes bioökonomisches Kalkül gesteuert:

»Gene in den Körpern von Kindern werden aufgrund ihrer Fähigkeit selektiert, Elternkörper zu überlisten; Gene in Elternkörpern werden umgekehrt aufgrund ihrer Fähigkeit selektiert, die Jungen zu überlisten.«[104]

»Ich sage, dass die natürliche Auslese tendenziell Kinder begünstigen wird, die so handeln, und dass wir daher, wenn wir frei lebende Populationen beobachten, im engsten Familienkreis Betrug und Eigennutz erwarten müssen.«[105]

Einschub zum Stand der aktuellen Diskussion um den Darwinismus und den biologischen Reduktionismus

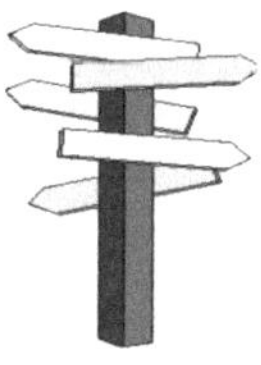

zum Vorgehen

Angesichts der immer noch mit Berufung auf Richard Dawkins gegen jegliche Religion gerittenen Attacken, und angesichts der im angelsächsischen Kapitalismus offen oder latent wirksamen darwinistischen Legitimation des kapitalistischen Konkurrenzkampfes als »Ueberleben des Stärksten«, scheint es mir notwendig, dass religiös engagierte Menschen die absurden darwinistischen Mythen von Richard Dawkins mit dem aktuellen Forschungsstand vergleichen können.
Aus diesen Gründen weise ich - gestützt auf Joachim Bauer, Professor für Medizin und Psychiatrie - in einem kurzen Einschub - auf den aktuellen Diskussionsstand um den Darwinismus hin.
Joachim Bauer war auch jahrelang in der Genforschung tätig. Er integriert Biologie und Genforschung in den Denkrahmen der Systemwissenschaften, der im letzten Jahrhundert von einer ganzen Reihe von Autoren erarbeitet worden ist und auch dem Religionskonzept unserer Religionswerkstatt zugrunde liegt.

Ich zitiere oder résümiere ganz knapp einige der wichtigsten Resultate aus seinen Büchern »Prinzip Menschlichkeit - Warum wir von Natur aus kooperieren«[106] und »Das kooperative Gen - Abschied vom Darwinismus«[107], um auf den aktuellen Stand der Diskussion um den Darwinismus hinzuweisen
.

Joachim Bauer kam in Bezug auf dogmatische Darwinisten wie Richard Dawkins zu folgenden Schlussfolgerungen:

> »Auf der einen Seite vertreten fundamentalreligiöse, überwiegend US-amerikanische Gruppen die rational völlig unhaltbaren Konzepte des »Kreationismus« oder des sogenannten »Intelligent Design«.
> Auf der anderen Seite finden sich teilweise nicht minder fanatische Darwin-Anhänger, die jede auch noch so differenzierte Kritik des Darwinismus ablehnen und auch solche Positionen Darwins unnachgiebig verteidigen, die inzwischen unhaltbar geworden sind.«
> Zu den letzteren zählt Joachim Bauer explizit auch Richard Dawkins.
>
> (Bauer J. 2008: 19)

Zu Joachim Bauers Sicht des Darwinismus kann ich nur einige knappe Resultate zitieren, die auf seine entsprechenden Bücher aufmerksam machen:

»Biologische Systeme sind mehr als die Summe ihrer anorganischen und organischen Bestandteile. Was lebende Systeme von den Einzelelementen, aus denen sie bestehen, unterscheidet, ist fortwährende molekulare Kooperation und Kommunikation nach innen und nach außen«.[108]

»Gene und Genome sind weder statische noch autonome Größen. Die Aktivität von Genen wird von der Zelle fortlaufend an deren Bedürfnisse und an die des Organismus angepasst, also reguliert.«[109]

»Lebende Organismen reagieren auf schwere und anhaltende Belastungen durch ihre Umwelt mit einem kreativen Prozess der Selbstmodifikation ihres Genoms.«[110]

»Die Zelle hat die Möglichkeit, Genschalter – zum Beispiel durch die Anheftung von Methylgruppen an die DNS – biochemisch zu »versiegeln« und das nachgeschaltete Gen so mittel- oder langfristig »aus dem Verkehr« zu ziehen.
Umweltfaktoren können eine solche sogenannte epigenetische Veränderung der DNS einerseits veranlassen, andererseits aber auch rückgängig machen. Eine weitere epigenetische Modifikation der DNS besteht für die Zelle darin, Strukturen (sogenannte Histone) zu verändern, um die herum die DNS nach Art einer Spule gewickelt ist.«[111]

Bauer weist auch nach, dass das darwinistische Dogma, dass Mutationen sich gleichmäßig und rein zufällig ereignen, sich heute nicht mehr halten lässt[112].

Der Fehlschluss von Darwins Denken in einem Gleichnis

In seinem Buch »Prinzip Menschlichkeit – Warum wir von Natur aus kooperieren«[113], illustriert Joachim Bauer Darwins Fehldeutung von Kampf und Selektion als treibende Kraft der Evolution mit folgendem Gleichnis:

»Mithilfe eines Gleichnisses soll deutlich gemacht werden, was der Fehlschluss in Darwins Denken war und ist. Nehmen wir an, wir würden als Außerirdische einen Blick auf die Erde werfen, wo uns, dies sei Teil der Annahme, als Erstes der Straßenverkehr auffiele. Um herauszufinden, was das Wesen, der Sinn und der Zweck dieses Verkehrs sei, würden wir ihn über lange Zeit – sagen wir einige Jahrzehnte – wissenschaftlich beobachten. Wir würden bemerken, dass Fahrzeuge Unfälle verursachen und dass dabei auch Menschen zu Tode kommen. Bei näherer Betrachtung stellen wir fest, dass die größten Personenschäden und die meisten Todesfälle in jenen Fahrzeugen zu verzeichnen sind, die – im Vergleich zu ihren Unfallpartnern – technisch weniger vollkommen und unsicherer waren. Wir würden entdecken, dass immer wieder neue, verbesserte Fahrzeugmodelle auf den Straßen auftauchen, bei denen jeweils weniger Unfälle und Todesfälle jener Art passieren, wie sie bei den Vorgängermodellen zu beobachten waren.
Die jeweils neuen Fahrzeuge bieten aufgrund einer sichereren Bauweise ihren Insassen einen verbesserten Überlebensschutz. Allerdings verursachen auch die technisch verbesserten Nachfolgemodelle Unfälle, auch solche mit Todesfolge. Dass sich auch hier wieder die meisten Todesfälle in den Fahrzeugen ereignen, die im Vergleich zu

ihren Unfallpartnern unsicherer bzw. technisch schlechter sind, wird von uns als regelhaftes, konstantes Faktum erkannt. Auch gibt es zu unserem Erstaunen eine erhebliche Zahl von Fahrern, deren Fahrstil derart riskant ist, dass wir annehmen, sie hätten es auf eine Auslöschung anderer abgesehen.
Unter Zusammenfassung aller Beobachtungen kämen wir nun zu folgender Theorie: Der Straßenverkehr (die belebte Natur) des von uns beobachteten Planeten Erde zeigt einen evolutionären Verlauf, der durch einen Überlebenskampf (Konkurrenzkampf und natürliche Selektion) der besseren gegen die schlechteren Fahrzeuge (Pflanzen- und Tierarten) gekennzeichnet ist.
Der sich in Unfallereignissen (natürliche Selektion) ausdrückende Überlebenskampf habe eine immer weitere Vervollkommnung der Fahrzeuge (Pflanzen- und Tierarten) zur Folge.
Wir gelangen nun zu der Schlussfolgerung, dieser Überlebenskampf sei zwingend nötig, um die Entwicklung zu immer »höher entwickelten« Fahrzeugen voranzutreiben. – So weit dieses Gleichnis.«

»Ohne es zu merken, hätten wir mit unserer schönen und nur schwer widerlegbaren Theorie an der eigentlichen Frage, nämlich was der Sinn und Zweck des Straßenverkehrs sei, vorbeiargumentiert. Sinn und Zweck des Straßenverkehrs ist bekanntlich, dass er Mobilität ermöglicht und wir zueinander kommen können.«

Jürgen Habermas: Freiheit ist naturbedingt

Der Philosoph Jürgen Habermas hat sich in vielen seiner Publikationen mit reduktionistischen naturwissenschaftlichen Positionen auseinandergesetzt[114]. Wie Merlin Donald und Michael Tomasello kommt auch er dazu, den Menschen als eine Art Hybrid aus Natur und Kultur zu verstehen.

Nach Habermas kann sich der Handelnde von seinem organischen Substrat, das als Leib erfahren wird, ohne Beeinträchtigung seiner Freiheit »bestimmen« lassen, weil er seine subjektive Natur als Quelle des Könnens erfährt. Aus der Perspektive dieser Leiberfahrung verwandeln sich für den Handelnden die vom limbischen System gesteuerten vegetativen Prozesse – wie auch alle anderen aus der neurologischen Beobachterperspektive »unbewusst« ablaufenden Prozesse des Gehirns – aus kausalen Determinanten in ermöglichende Bedingungen. Insofern ist Handlungsfreiheit nicht nur durch Gründe »bedingte«, sondern auch »naturbedingte« Freiheit.
Weil der Körper als Leib jeweils der eigene Körper »ist«, bestimmt er das, was wir können: »Bestimmt zu sein ist ein konstitutiver Rückhalt der Selbstbestimmung.«

Das gilt in ähnlicher Weise für den Charakter, den wir im Laufe einer individuierenden Lebensgeschichte ausbilden. Urheber ist jeweils die bestimmte Person, die wir geworden sind, oder das unvertretbare Individuum, als das wir uns verstehen. Deshalb zählen auch unsere Wünsche und Präferenzen gegebenenfalls als gute Gründe.

Moralische Gründe des Handelns

Allerdings können diese Gründe erster Ordnung durch ethische Gründe, die sich auf unser persönliches Leben im Ganzen beziehen, und erst recht durch moralische Gründe übertrumpft werden. Diese ergeben sich wiederum aus Verpflichtungen, die wir uns als Personen gegenseitig schulden. Kant spricht erst von Autonomie oder freiem Willen, wenn sich der Wille von Gründen dieser Art binden lässt – von Einsichten also, die nicht nur in der Person und dem wohlverstandenen Interesse eines Einzelnen, sondern gleichmäßigen Interesse aller Personen begründet sind.«[115]

Bewusstsein, zielgerichtetes Handeln, freier Wille, Einfühlungsvermögen und die Fähigkeit zu moralischer Verantwortung stehen nicht im Gegensatz zu unserer biologischen Natur. Sie sind Resultate der biologischen und der kulturellen Evolution.

Verdinglichung und Ideologisierung in der neoliberalen Ökonomie

Seit den 70er-Jahren des letzten Jahrhunderts wird Verdinglichung in großem Ausmaß von neoliberalen Ökonomen betrieben.

Im Gefolge dieser Ideologie wurden Menschen, die eine andere Wertorientierung vertraten, häufig als »Gutmenschen«[116] lächerlich gemacht.

Im Folgenden zitiere oder résümiere ich als Veranschaulichung für die Verdinglichung im Rahmen der neoliberalen Oekonomie zwei Beispiele:

1. *Jeffrey Skillings praktische Anwendung von Richard Dawkins Darwinismuskonzeption in der Unternehmensführung*

Bruce Lipton und Steve Bhaermann haben in ihrem Buch »Spontane Evolution, Wege zum neuen Menschen« das sozial-darwinistische Verhalten von Jeff Skilling beschrieben:

»Einst von Forbes Magazine und The Wall Street Journal als das ›Unternehmen der Zukunft‹ angepriesen, doch, wie sich später herausstellte, durch und durch faul, hatte Enron den Darwinismus zu seinem Unternehmens-Credo erhoben. Der Vorstandsvorsitzende Jeffrey Skilling erklärte das Buch ›The Selfish Gene‹ des britischen Wissenschaftsautors Richard Dawkins zu seiner Bibel und war in echter darwinistischer Manier stolz darauf, unter seinen Mitarbeitern regelmäßig Auslese zu betreiben, um die »Fitness« des Unternehmens zu steigern. Er ging in die Abteilungen und erklärte den Angestellten, dass er im nächsten Quartal die leistungsschwächsten zehn Prozent feuern würde. Und das tat er dann auch. Der Druck dieses Selektionsprozesses erzeugte eine rücksichtslose Atmosphäre, in der alles erlaubt war, und in der beste Freunde über Nacht zu Feinden werden konnten ... [117]«

Dieses Verständnis der wirtschaftlichen Konkurrenz im Sinne des darwinistischen Konzepts des »Kampfes ums Dasein« wurde auf grausame Weise in allen Bereichen des Unternehmens umgesetzt.

Falls Sie Gelegenheit haben, den Film ›Enron: The Smartest Guys in the Room‹ zu sehen, können Sie Händler erleben, die fröhlich ausplaudern, dass sie »Großmüttern ihre Pensionen abgegaunert« haben; sie jubeln über verheerende, lebensbedrohliche Waldbrände, weil das ihre Aktien in die Höhe treibt, oder feiern den wirtschaftlichen Zusammenbruch eines ganzen Staates, weil sie von den Opfern unerhoffte Profite erwarten.

Das Lachen blieb ihnen jedoch im Hals stecken, als herauskam, dass die Vorstandsmitglieder von Enron, wie echte Reptilien, ihre Jungen aufgefressen hatten, indem sie das Unternehmen untergehen ließen, während sie sich mit dem restlichen Vermögen aus dem Staub machten. Der Sturz von Enron und die Schockwellen, die dabei durch die bis dahin unbekümmert darwinistische freie Wirtschaft rollten, diente als ein wichtiger Weckruf, um ins Bewusstsein zu rufen, dass der ausschließliche Blick auf kurzfristige individuelle Gewinne und den Profit des nächsten Quartals nicht funktioniert. Doch das irrige Denken in selbstsüchtigen Genen geht immer noch weiter ... [118]«

2. *Das Prinzip der Konkurrenz als Naturgesetz*

Als einen weiteren Beleg für Dogmatismus in der Konzeption des neoliberalen Kapitalismus zitiere ich einen immer noch aktuellen Abschnitt von Jens Jessen (in der liberalen Zeitung »Die Zeit« vom 21. Juli 2005 Nr. 30, die nicht im Verdacht steht, linkslastig zu sein).

In seinem zusammenfassenden Schlussbeitrag zu einer Artikelserie zum Thema des globalen Kapitalismus stellte Jesse fest:

»Sämtliche Autoren, die wir in unserer Serie zur »Zukunft des Kapitalismus« befragten, ob Wissenschaftler, Philosophen oder Schriftsteller, ob aus Europa, Amerika oder der Dritten Welt, ob Konservative, Liberale oder Linke, waren sich darin einig, dass der Kapitalismus, der dem Westen Jahrzehnte märchenhaften Wohlstandes beschert hat, heute nur mehr als Bedrohung wahrgenommen werden könne.«

»Der Jenenser Sozialphilosoph Hartmut Rosa hat kürzlich eine Minimaldefinition des klassisch marxistischen Entfremdungsbegriffs vorgeschlagen, die unsere gegenwärtige Situation recht gut trifft: Jeder, der sich auf dem kapitalistischen Markt bewegt, fühlt sich für sein Überleben zu etwas gezwungen, das er jenseits des Marktes niemals anstreben würde. Niemand will die Umwelt zerstören, aber die Notwendigkeit, Produktionskosten zu senken, zwingt ihn dazu; jeder will, dass den Verlierern der

Gesellschaft geholfen wird, aber die Notwendigkeiten, Sozialkosten zu senken, bringt den Staat dazu, sie auszugrenzen; alle leiden unter der hysterischen Abfolge technologischer Neuerungen, aber der Wettbewerb zwingt die Produzenten dazu, ständig neue Waren herzustellen.

Dieses Sinken der Handlungsspielräume gegen null war nun aber gerade das klassische Argument der linken Systemkritik. Eben darum wollte sie das System als Ganzes gestürzt sehen, weil mit gutem Zureden, sozialdemokratischen Reformen und moralischen Appellen gegen seine Gesetzmäßigkeiten nichts auszurichten sei. Ein guter Marxist wusste stets, dass der Unternehmer kein schlechter Mensch ist, sondern einer, der nicht anders handeln kann, als es das System verlangt.«

»Bei ihrem Versuch, die Marktwirtschaft gegen jede Form der Kritik zu immunisieren, gehen sie (d.h. die Vertreter des neoliberalen globalen Kapitalismus/K.S.) nämlich noch einen charakteristischen Schritt über Marx hinaus, indem sie das Prinzip der Konkurrenz quasi als ›Naturgesetz‹ behandeln. Die Regeln des freien Marktes sind ihnen keine Regeln, die sich die Gesellschaft gegeben hat (und also auch wieder nehmen könnte), sondern ewige Kräfte, vergleichbar der Schwerkraft, gegen die aufzubegehren sinnlos ist«.

8. Der Neoliberalismus – ein Gott, der keiner war

Glaube

=

»Ergriffen sein von dem, was uns unbedingt angeht«

Der Theologe Paul Tillich bezeichnete 1961 Glaube nicht
»als für wahr halten von etwas« sondern formal als
»Ergriffensein von dem, was uns unbedingt angeht«
und als
»das fundamentale Symbol für das,
was uns unbedingt angeht, als Gott«

Gott

=

»das fundamentale Symbol für das, was uns unbedingt angeht«.

Als Beispiele nannte Tillich den deutschen Nationalismus, der forderte, dass ihm alle anderen Anliegen geopfert wurden und »das unbedingte Anliegen des Erfolges, des sozialen Prestiges und der wirtschaftlichen Macht«.

Es ist der Gott vieler Menschen in der hochentwickelten, vom Konkurrenzkampf beherrschten Zivilisation des Westens. Es ist »ein Gott, der wie jedes letzte Anliegen, unbedingte Hingabe an seine Gesetze fordert, selbst wenn der Preis im Opfer echter menschlicher Beziehungen, persönlicher Überzeugungen und des schöpferischen Eros besteht.[119]«

Der Neoliberalismus – eine Pseudoreligion

Ein großer Teil der Menschen der westlichen Staaten praktiziert eine (Pseudo)religion, häufig ohne es zu wissen.
Viele neoliberale Marktfundamentalisten sind sogar bekennende Anhänger dieser neuen Pseudoreligion.

Bild 20: Anbetung des Mammon
Gemälde von Evelyn De Morgan

Im Mittelalter galt die personifizierte Geldgier als ein Dämon, der den Menschen zu Geiz und Geldgier verführte.

Niemand kann zwei Herren dienen ... Ihr könnt nicht Gott dienen und dem Mammon (Mt. 6.24).

Der neoliberale Kapitalismus ist die mächtigste Religion (bzw. Pseudoreligion) der Gegenwart. Er propagiert als Wirtschafts- und Lebensziel rücksichtslose Gewinnmaximierung und Bereicherung in einem weltweiten Konkurrenzkampf im weitgehend deregulierten, globalen Markt.
Um diese Gewinnmaximierung zu ermöglichen, werden durch eine allgegenwärtige Werbung die Konsumbedürfnisse der Bevölkerung immer stärker angekurbelt. Die Werbung sagt uns ständig, was wir wünschen und tun sollen.
Angeboten werden uns also nicht nur Produkte, sondern auch Lebensstile und Identitäten. Darüber hinaus wird uns unterschwellig dauernd eingetrichtert, dass der Sinn des Lebens im Konsumieren bestehe. Damit übernimmt der neoliberale Kapitalismus zentrale frühere Zuständigkeitsbereiche der Religionen.
Die uns von der Werbung immer raffinierter suggerierten Konsumbedürfnisse, sollen uns motivieren, immer neue Konsumgüter in immer kürzeren Abständen zu kaufen.

Die Kulthandlungen des neoliberalen Kapitalismus

Die egozentrischen Kulthandlungen dieser Pseudoreligion finden täglich in den Werbespots des Fernsehens und des Internets, in den Modeschauen, beim Shopping in den Einkaufsmeilen und Einkaufszentren, sowie in Wirtschaftsfakultäten von Universitäten statt.

Einmal im Jahr wird dann noch ein einwöchiges »Hochamt«* in Davos zelebriert, wobei neben Wirtschaftsführern auch eine grosse Zahl von Politikern aktiv am Kult des Wachstums teilnimmt und der neoliberalen Priesterschaft huldigt.

---

* Als Hochamt wird in der römisch-katholischen Kirche (gemäss Wikipedia 2018) eine besonders feierliche Form der heiligen Messe bezeichnet.

Die neoliberale wirtschaftliche Globalisierung führte dazu, dass in den letzten 60 Jahren viele Regeln geschwächt oder aufgehoben wurden, die bisher den Kapitalismus gezähmt hatten, und dass traditionelle Modelle des sozialen Ausgleichs zerstört wurden.

> Für die meisten Menschen in den westlichen Ländern gilt zwar immer noch das Credo (= Glaubensbekenntnis) der Leistungsgesellschaft:
>
> »Wer sich gut ausbildet und in seinem Beruf etwas leistet, kann genug verdienen, um sich und seiner Familie ein gutes Leben zu bieten und für sein Alter vorzusorgen«.
>
> Einer wachsenden Zahl von Menschen scheint dieses Credo aber nicht mehr glaubwürdig.

Am häufigsten ist dies bei 45–65-Jährigen der Fall, denen gekündigt wird, und die durch jüngere (oft besser ausgebildete oder billigere, oft ausländische) Arbeitskräfte ersetzt werden. Sie finden oft lange Zeit keine Arbeitsstelle mehr und sind im Alter nicht selten von Armut bedroht.
In den südlichen Ländern Europas erleben aber auch viele junge, sehr gut ausgebildete Menschen, dass das Credo der Leistungsgesellschaft für sie nicht gültig ist.
Noch verschärft wird diese Situation in denjenigen Ländern, in denen bisher als weit entfernt wahrgenommene Konflikte zu einem massiven Zustrom von Flüchtlingen und Arbeitsmigranten führten.

Arthur Koestlers Abschied von einem Gott, der keiner war

Ein ähnliches Glaubensverständnis wie Paul Tillich vertrat der Schriftsteller Arthur Köstler, der sich nach einer idealistischen kommunistischen Lebensphase, vom diktatorisch degenerierten Kommunismus enttäuscht abgewandt hatte.

Den Weg seiner Verabschiedung vom Kommunismus hat er in einem Buch mit dem Titel »Ein Gott, der keiner war« beschrieben.
Eine ähnliche Verabschiedung scheint mir heute auch vom ungezähmten neoliberalen Kapitalismus nötig zu werden, weil das Credo der neoliberalen Pseudoreligion (bzw. der Leistungsgesellschaft) einer wachsenden Zahl von Menschen nicht mehr glaubwürdig erscheint.

Anomie und ihre Folgen

Die eben geschilderten – durch die neoliberale Globalisierung ausgelösten – Veränderungen lösen bei vielen Menschen ein *Gefühl von Anomie* aus, d. h. sie spüren, dass grundlegende Werte, Normen und Regeln unserer Gesellschaft ihre Geltung verlieren.

Anomie verunsichert und veranlasst (oder zwingt) Betroffene, sich beruflich und gesellschaftlich neu zu orientieren. Falls ihre physischen oder psychischen Kräfte oder ihr Ausbildungsstand dazu nicht ausreichen, geraten sie in Versuchung, sich einer fundamentalistisch-religiösen oder einer politischen extremen Bewegung oder Partei unter autoritärer Führung anzuschließen, die ihnen einfache reflexartige (leider aber oft kurzschlüssige) Antworten auf ihre Probleme anbietet.

Vgl. dazu den Anhang A.4. mit soziologischen Forschungsresultaten zum Thema Anomie

Anomie bewirkte in den letzten Jahren in einer ganzen Reihe von Staaten massive und teilweise bedrohliche politische Veränderungen, z. B. den zunehmendem Einfluss der rechts-extremen Front national in Frankreich, den Aufstieg der AfD (= Alternative für Deutschland), die Wahl von Donald Trump zum Präsidenten der USA, den Austritt Englands aus der Europäischen Union, den Sieg der populistischen Parteien in Italien und den Aufstand der Gelbwesten in Frankreich.

Die gängige moralische Empörung über derartige populistisch-nationalistische Strömungen, und über die von diesen geschürten Vorurteile gegen Ausländer und Flüchtlinge, bleibt in der Regel wirkungslos, wenn nicht gleichzeitig die gesellschaftlichen Ursachen dieser destruktiven Entwicklungen untersucht und bekämpft werden.

Die massiven Stimmenverluste der großen Parteien zugunsten der ›Alternative für Deutschland‹ (AfD) anlässlich der deutschen Bundestagswahlen von 2017, und die daraus resultierenden Schwierigkeiten eine Regierung zu bilden, machten deutlich, dass die vielfältigen aktuellen Krisen durch das übliche kurzfristig-reaktive politische Krisenmanagement nicht mehr überzeugend bewältigt werden können.

Vor allem junge Wählende und Parteimitglieder verlangen von den Parteien, dass sie sich für glaubwürdige Überzeugungen, längerfristige Perspektiven und davon abgeleitete Ziele einsetzen und entsprechend handeln.

Ervin Laszlos Systemtheorie, angewandt auf soziales Handeln

In Kapitel 2 habe ich Ervin Laszlos systemtheoretische Konzeption der Informationsverarbeitung auf den Umgang mit der jenseitigen Welt (bzw. mit der transpersonalen Ebene) angewandt:

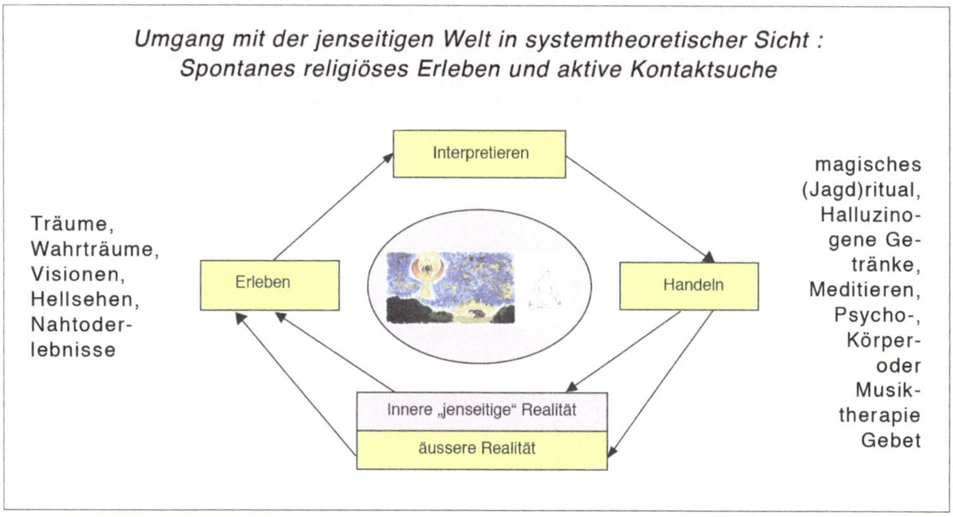

Laszlo hat seine systemtheoretische Konzeption der Informationsverarbeitung jedoch zunächst für die organisch-biologische und die supraorganische humane Ebene entwickelt und sie erst in zweiter Linie auch auf die transpersonale Ebene ausgeweitet.

Vgl. dazu den Anhang A2. ›Systemtheorie als Grundlage unserer Religionskonzeption‹

Für die supraorganische (bzw. humane) Ebene konzipierte Ervin Laszlo unser Handeln als Anwendung einer großen Zahl von erfolgreichen (Alltags-)Theorien und erfolgreich bewährten Handlungsplänen dar:

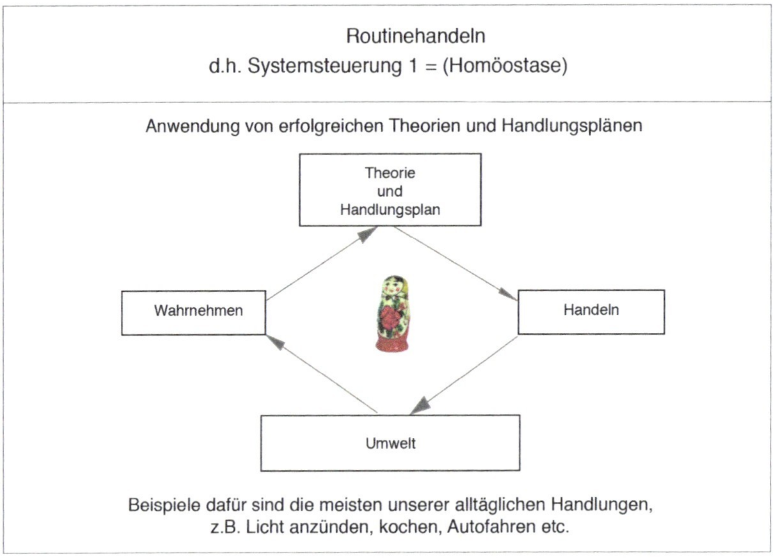

Wie das folgende Schema zeigt, wird die Bewältigung unseres Alltags schwieriger, wenn unsere Handlungspläne plötzlich nicht mehr zu den erwarteten Ergebnissen führen. Dann wird Lernen erforderlich:

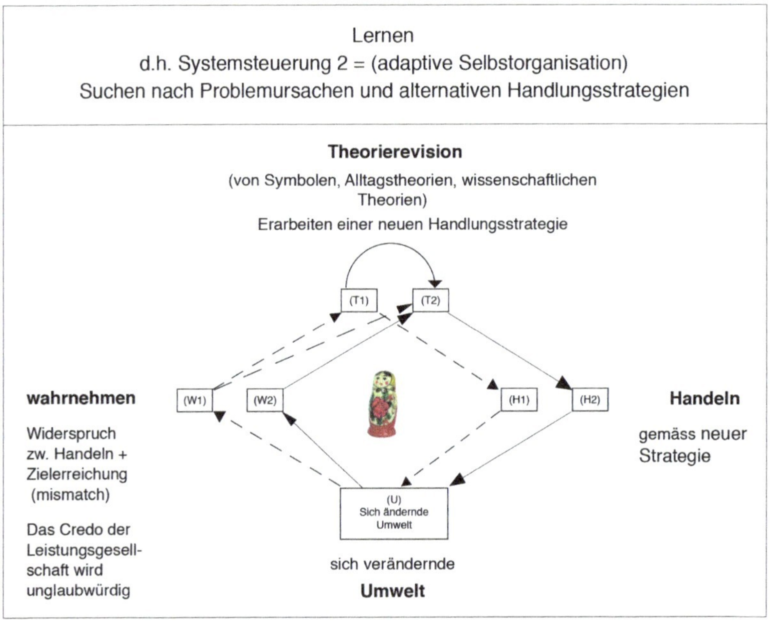

Wenn wir Widersprüche zwischen unseren Zielsetzungen und den Auswirkungen unserer Handlungen wahrnehmen, jedoch unsere Ziele nicht aufgeben wollen, zwingt uns dies zu einer Neuinterpretation der Situation (Theorierevision) und zur Suche nach einer neuen Strategie des Handelns, welche auf der vorangegangenen Problemanalyse beruht.
Falls unsere Problemanalyse und die davon abgeleitete neue Handlungsstrategie richtig war, wird sie sich in der Anwendung bewähren und wir können sie gemäß dem ersten Schema wieder zu einer Routine machen.

Auf S. 45 habe ich darauf hingewiesen, dass Carel van Schaik und Kai Michel (implizit, d. h. ohne es zu begründen) ebenfalls ein systemtheoretisches Modell anwenden, wenn sie von *mismatch* sprechen, d. h. vom Auseinanderklaffen der psychischen Ausstattung der Jäger und Sammler und den neuen Lebensbedingungen der Sesshaftigkeit.

Im folgenden Schema weite ich Laszlos Konzeption zu einem Schema rationaler Projektplanung aus und wende es auf das Gleichnis des barmherzigen Samariters an:

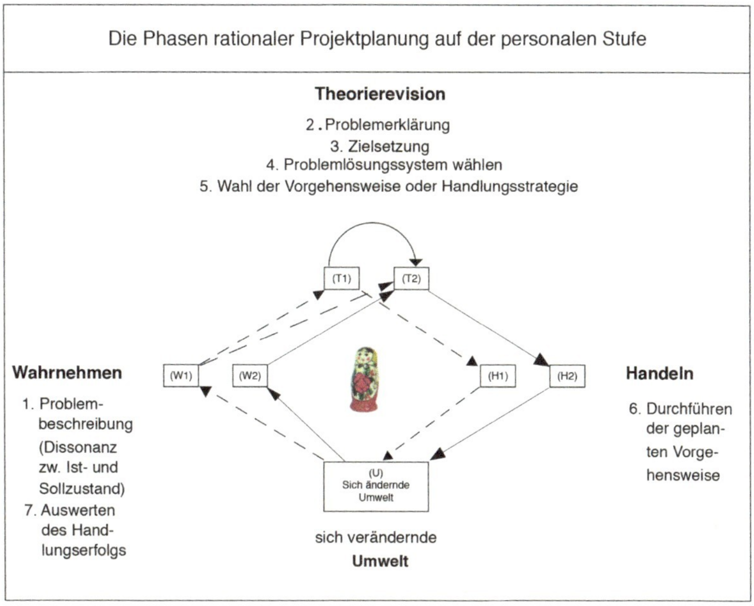

Erstaunlicherweise finden wir in diesem Gleichnis in rudimentärerer Form schon alle wesentlichen Phasen des rationalen systemtheoretischen Projektmanagements:

1. Schritt:	Problemwahrnehmung:	Hilflos am Boden liegender Mensch
2. Schritt:	Problemursachen suchen:	Wunden als Folgen des Überfalls
3. Schritt:	Konkretes Ziel und Teilziele setzen:	Erste Hilfe und längerfristige Pflege

4. Schritt:	Problemlösungsorganisation aufbauen:	• erste Phase: allein Nothilfe leisten • zweite Phase: Pflege organisieren
5. Schritt:	Vorgehen und Ressourcen wählen	• Öl auf Wunden gießen den Verwundeten auf Esel setzen und zur Herberge bringen • dem Wirt Pflegeauftrag erteilen und und im Voraus bezahlen.
6. Schritt:	Praktische Umsetzung des gewählten Problemlösungsverfahrens	
7. Schritt:	Auswerten, ob das Ziel erreicht wurde durch Nachfrage beim Wirt.	

Interessant ist übrigens, dass und wie der Samariter im 5. Schritt seines Vorgehens die weitere Pflege für den unter die Räuber Gefallenen organisiert. Wir finden in diesem Gleichnis bereits eine einfache Form der Hilfe durch Schaffen geeigneter Strukturen.

Vorbildlich ist am barmherzigen Samariter seine Fähigkeit zu sinnlich emotionalem Miterleben, d. h. sich in die Not des unter die Räuber Gefallenen einzufühlen, und dieses Einfühlen mit rational-effizientem, situationsgerechtem Helfen zu verbinden. Jesus verfügte über ein für seine Zeit erstaunlich umfassendes Bewusstsein. Er war fähig, das normative – der mythischen Bewusstseinsphase seiner Zeit entsprechende – Denken und Verhalten in Richtung der rationalen Bewusstseinsstufe zu erweitern. Er begann mythisches und rationales Bewusstsein zu integrieren und war so zum integrativen Bewusstsein Jean Gebsers unterwegs.

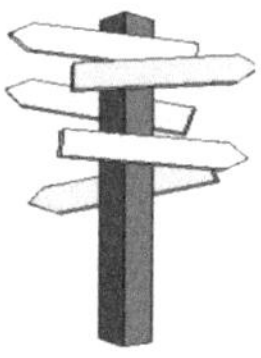

zum Vorgehen

Im Folgenden verwende ich das systemtheoretische Modell der Informationsverarbeitung von Ervin Laszlo und das darauf basierende Modell ausgeweiteter Projektplanung auch für die Suche nach den Ursachen der durch die ungeregelte neoliberale Globalisierung bewirkten Probleme an und für die Suche nach möglichen Handlungsstrategien zu deren Bekämpfung. Laszlos Systemtheorie kann uns helfen dazu Informationen zu suchen und einzuordnen.

Mein Vertrauen in die Vertreter des ökonomischen Mainstreams, hält sich in engen Grenzen nach ihrem Versagen anlässlich der Banken- und Wirtschaftskrise - sowie angesichts der übrigen negativen Begleiterscheinungen der Globalisierung. Ich finde es deshalb sinnvoll und rational mich an seriöse, menschlich und fachlich glaubwürdig erscheinende Aussenseiter zu halten, die nachweisbar in ihrem Fach etwas geleistet haben.

Gegenwärtig scheint sich immerhin eine wachsende Anzahl von Institutionen, Oekonomen und Fachjournalisten von der orthodoxen neoliberalen Lehre schrittweise zu distanzieren. Umso wichtiger ist es sich breit zu informieren.

Laszlos Konzept der Informationsverarbeitung gilt grundsätzlich auch für Organisationen, Institutionen, Staaten und die globale Gesellschaft. Auf diesen Ebenen wird dann auch deren interne Struktur bedeutsam (Machtstruktur, Strukturierung des Informationsaustausches zwischen Subeinheiten etc.)

Zur Suche nach den Ursachen der Globalisierungsprobleme

Nach E.Laszlos Schema stellt sich als Erstes die Aufgabe der Suche nach den Ursachen der Probleme, d.h. die Aufgabe die Theorien zu revidieren, die sich nicht bewährt haben. Die folgenden Beispiele führe ich hier hier nur stichwortartig an. Sie sind im Anhang A5. détailliert zitiert.

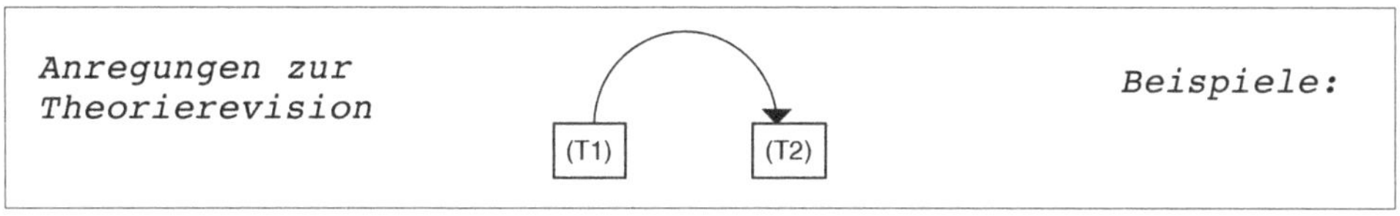

1. *Wachsende Ungleichheit gefährdet das weltweite Wirtschaftswachstum, sagt die Organisation für wirtschaftliche Zusammenarbeit und Wachstum OECD.*

   Dieser Artikel von Philipp Löpfe erschien auf watson.ch. Themenbezogene Interessen(-bindung) der Autorin/des Autors: Keine. Philipp Löpfe war früher stellvertretender Chefredaktor der Wirtschaftszeitung »Cash« und Chefredaktor des »Tages-Anzeigers«. Heute ist er Wirtschaftsredaktor von Watson.ch.

2. *Konferenz über finanzielle Verflechtungen und Nachhaltigkeit an der Universität Zürich*
   Podium mit Joseph Stiglitz, Sony Kapor, Mod. Katharina Serafimova. Bericht Urs. P. Gasche Infosperber 15. Jan. 2017

   Jahre nach der Finanzkrise betreiben Großbanken weiter in erster Linie Wettgeschäfte. Im Pleite-Fall zählen sie auf Staatshilfe.

4. *Jahrhundertprobleme überfordern unsere Demokratie.*
   Ob Wahlen alle paar Jahre oder Volksabstimmungen über Sachfragen: Die Institutionen aus dem letzten Jahrhundert genügen nicht mehr.
   Urs P. Gasche im Infosperber vom 24.11.2017

   Die demokratischen Spielregeln in westlichen Industriestaaten erfordern dringend einen Stresstest. Denn die heutigen Institutionen sind offensichtlich nicht mehr in der Lage, die Bevölkerungen vor drohenden Gefahren rechtzeitig zu schützen und zukunftsverträglich Entscheide zu fällen.

5. *Einige von Urs P. Gasche formulierte ungelöste Probleme, vor denen die nationalen Parlamente und Regierungen kapitulieren, und die sie deshalb aus ihrem öffentlichen Diskurs verdrängen:*

   Die Migration
   Die westlichen Demokratien beschäftigten sich mit den Symptomen, welche die Flucht aus der Armut nach sich zieht, beseitigen jedoch nicht deren Ursachen.

   Die Steuerflucht in Steueroasen
   Die Steuerflucht in Steueroasen stiehlt den Entwicklungs- ländern über 170 Milliarden Dollar an Steuereinnahmen – jedes Jahr!

   Ein drohender Finanzkollaps
   Offensichtlich überfordert sind die Demokratien auch damit, das internationale Finanzsystem so zu regulieren, dass das Risiko eines folgenschweren Crashs auf ein Minimum reduziert wird.

   Die Steuerkrise
   Unternehmen wie Amazon, Coca-Cola, Facebook, Fiat, Google, Ikea oder McDonalds prellen ihre Standortländer Jahr für Jahr um Milliarden an Steuern, indem sie ihre Gewinne in praktisch steuerfreie Länder verschieben.

   Ein völlig verzerrter »Markt«
   Markt und Wettbewerb funktionieren über die Höhe der Preise. Doch die meisten Preise im Welthandel und auch im Inland spiegeln schon längst nicht mehr die Kosten.

Der Artikel über diese Probleme wurde verfasst vom Schweizer Journalisten, Publizisten und ehemaligen Fernsehmoderator, *Urs P. Gasche*. Dieser erhielt 1981 den Zürcher Journalistenpreis des Zürcher Pressevereins, mit dem Beiträge zur Förderung der journalistischen Qualität ausgezeichnet werden. Gegenwärtig ist er maßgeblich am Newsletter *Infosperber* beteiligt.

Zur Suche nach erfolgsversprechenden Handlungsmöglichkeiten:

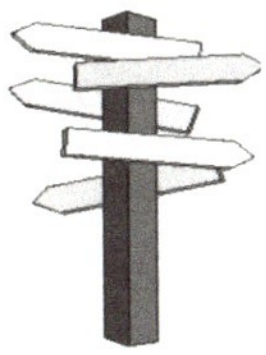

zum Vorgehen

In den nächsten beiden Abschnitten folgen einige Vorschläge, für das was jene tun können, die sich vom neoliberalen »Gott, der keiner war« lösen wollen.

Der erste Teil ist von mir aus dem Dialog mit Zwinglis Theologie der Gerechtigkeit abgeleitet und auf die Handlungsmöglichkeiten von StimmbürgerInnen in der direktdemokratischen Schweiz ausgerichtet.

Der zweite Teil stammt von Urs P. Gasche und wurdeauf der Internetplattform Infosperber (Kontaktadresse: kontakt@infosperber.ch) publiziert, einer Plattform, die Zeitungsartikel zugänglich macht, die uns in der Regel im Alltag entgehen.

Prüfen und Erproben neuer Handlungsstrategien (H1) → (H2)

Da wir den neoliberalen Kapitalismus nicht abschaffen können, würde uns Zwingli vermutlich empfehlen, ihm wenigstens nicht mehr wie einem Gott Gehorsam zu leisten, d.h. nicht den grössten Teil unserer Lebensenergie dafür zu opfern, im kapitalistischen Konkurrenzkampf maximal erfolgreich zu sein, einem grenzenlosen Konsum zu frönen und möglichst schnell zu den Reichen zu gehören.

Wir könnten uns unter dem Titel
»Ein Gott, der keiner war«
innerlich vom Kapitalismus distanzieren,
so wie dies Arthur Koestler schrittweise
in Bezug auf den Kommunismus getan hat.

- Wir könnten uns dafür sensibilisieren als Wissenschaft getarnte Pseudoreligionen oder Ideologien zu erkennen.
- Wir könnten zusammen mit andern, die dem Gott namens Kapitalismus ebenfalls den Gehorsam aufkündigen wollen, nach Wegen suchen, der wirtschaftlichen Globalisierung ein menschlicheres Gesicht zu geben.
- Wir könnten im eigenen Land - wie seinerzeit Zwingli - nach Massnahmen suchen, der Umverteilung der Einkommen und Vermögen von unten nach oben Grenzen zu setzen.
- Und wir könnten dazu beitragen, einige der Regeln, die vor dem Aufkommen des Neoliberalismus den Kapitalismus gezähmt hatten, wieder in Kraft zu setzen, indem wir uns zusammen mit andern z.B. durch unser Abstimmungsver-

halten für eine faire Lohn- und, Steuerpolitik, sowie für eine zahlbare Krankenversicherung und für eine Alterssicherung einsetzen, die diesen Namen verdienen. Damit könnten wir dazu beitragen, dass das Credo der Leistungsgesellschaft nicht zu einer Farce wird.

Die folgenden Vorschläge stammen von Urs P. Gasche. Sie sind konkret und systemkonform. Sie würden ein Funktionieren der Markt- und Wettbewerbswirtschaft zum Wohle der heutigen und künftigen Generationen ermöglichen:

1. Keine Großbank und kein Konzern darf »too big to fail« sein.

Die großen Risiken einer Pleite dürfen nicht mehr die Steuerzahler tragen. Bis das ungewichtete Eigenkapital von Großbanken 25 Prozent der Bilanzsumme (inklusive Staatsanleihen) erreicht, dürfen sie keine Dividenden auszahlen. Denn solange Banken zehn- oder zwanzigmal so viele Kredite schaffen können wie sie Kapital als Sicherheit haben, bleibt das Bankensystem instabil und eine Gefahr für die Realwirtschaft.
Für Privateinlagen von bis zu 100'000 CHF pro Bank ist eine unbegrenzte staatliche Garantie zu gewähren ...

2. Unkontrollierte Schattenbanken wie Hedge Funds regulieren

Sie sind strikt zu regulieren, damit Banken die Eigenkapitalvorschriften nicht umgehen können: Rund ein Viertel aller weltweiten Finanztransaktionen laufen heute über Schattenbanken. Die Verschiebung von Risiken in die Schattenbanken sei »die größte Gefahr für die Finanzstabilität«, warnte Goldman-Sachs-Vizepräsident Gary Cohn.

3. Das risikoreiche Investmentbanking ausgliedern

Es muss in unabhängige juristische Personen verlagert werden. Der Eigenhandel, also Börsenspekulationen der Banken auf eigene Rechnung, wird verboten. Oder er muss mindestens in eine selbstständige Einheit der Bank ausgegliedert werden. Letzteres schlugen die EU-Kommission 2014 und die EU-Finanzminister 2015 vor. Doch jetzt soll dieser »Trennbanken-Vorschlag« begraben werden. Die Finanz-Lobbyisten haben sich durchgesetzt.

4. Das Schuldenmachen nicht mehr fördern

Unternehmen und Private dürfen Schuldzinsen bei den Steuern nicht mehr in Abzug bringen, wie dies in Schweden schon seit Ende der 80er Jahre der Fall ist.

5. Eine radikale Steuerreform

Sie ist die einfachste und wirkungsvollste Kursänderung. Vorgeschlagen hat sie der Zürcher Vermögensverwalter Felix Bolliger (Infosperber vom 18.2.2016) und der Zürcher Finanzprofessor Marc Chesney hat den Vorschlag unterstützt: Das schrittweise Einführen einer Mikrosteuer von bis zu 2 Promille auf alle elektronischen Geldtransaktionen, zum Beispiel 1 Promille je Belastung und Gutschrift.

Mit den Einnahmen kann man zuerst die viel höhere Mehrwertsteuer komplett ersetzen und dann schrittweise fast alle anderen Steuern. Auch kommende Lücken in der AHV wären damit zu finanzieren. Eine Mikrosteuer auf allen Geldtransaktionen hat folgende Vorteile:

- Das unproduktive Wettcasino mit dem Hochfrequenzhandel verlagert sich weg von der Schweiz ins Ausland.
  Die Realwirtschaft wird finanziell und administrativ stark entlastet, weil tiefere Steuern, einschließlich der Sozialabgaben, und das einfache Erfassen den Unternehmen in der Schweiz einen erheblichen Wettbewerbsvorteil verschaffen.
- Der Staat wird entlastet: Steuerbetrug, Steuervermeidungstricks und Steuerkriminalität werden praktisch verunmöglicht.
- Die automatische Mikrosteuer verschiebt die Steuerlast auf viel breitere Schultern: Es würden in der Schweiz nicht mehr das Bruttoinlandprodukt von 600 Milliarden CHF besteuert, sondern die rund 185'000 Milliarden des Zahlungsverkehrs mikrobesteuert. Dies unter der Annahme, dass ein Teil der spekulativen Casino-Finanzgeschäfte, inklusive des Hochfrequenzhandels in gleicher Höhe ins Ausland »fliehen« wird.
- Wer mehr Geld ausgibt und verschiebt, zahlt mehr Steuern.
  Die Zeit der Milliardäre und Millionäre, die keine oder kaum Steuern zahlen, ist vorbei.

Positiv an dieser Liste ist, dass es offensichtlich Massnahmen gibt, welche der ungeregelten, neoliberalen Globalisierung Grenzen setzen könnten, um sie humaner zu gestalten. Marktgesetze sind also keine Naturgesetze.

Negativ daran ist, dass die meisten dieser Massnahmen gegenwärtig nicht durchsetzbar sind.

Internationale Konzerne, Finanzindustrie und Milliardäre behindern heute das traditionelle Funktionieren der westlichen Demokratien. Die traditionellen demokratischen Institutionen schaffen wichtige Weichenstellungen nicht mehr, die für eine sichere Zukunft ohne gefährliche Wirtschaftskrisen, menschengemachte Umweltkatastrophen und Kriege nötig wären.

Vgl. dazu im Anhang A5. die ausführlichen Beispiele zur Suche nach den Ursachen der Globalisierungsprobleme und nach erfolgsversprechenden Handlungsmöglichkeiten

Die Unvermeidbarkeit metaphysischer Entscheidungen

Das menschliche Zusammenleben erforderte und erfordert immer wieder metaphysische Entscheidungen, d. h. Antworten auf Probleme, welche die empirischen Wissenschaften nicht lösen können. Solche Fragen sollten offen deklariert, öffentlich diskutiert und demokratisch entschieden werden.

Wissenschaftler (heute vor allem Ökonomen) versuchen leider oft, metaphysische Behauptungen im Interesse mächtiger wirtschaftlicher Akteure als unumstößliche, wissenschaftlich bewiesene Sachzwänge auszugeben.

Mit ihren Dogmen trägt die neoliberale, kapitalistische Ökonomie und die von ihr konzipierte und legitimierte Produktions- und Konsummaschinerie in großem Maße zur Zerstörung der Natur, der menschlichen Beziehungen und zu weltweiter Armut bei.

Die Mahnung auf der Gedenktafel am früheren Kaiser Wilhelm- Gedächtnis-Institut für Anthropologie, die uns an die Wirkungsgeschichte der darwinistisch fundierten Eugenik erinnert, sollte auch den Oekonomen ins Stammbuch geschrieben werden:

WISSENSCHAFTLER HABEN INHALT UND FOLGEN IHER WISSENSCHAFTLICHEN ARBEIT ZU VERANTWORTEN.

(vgl. dazu ausführlicher die S. 161/162 abgebildete Gedenktafel)

Einschub zum Problem einer gespaltenen Identität vieler Menschen

Ein ernsthaftes Hindernis für eine erfolgreiche individuelle und/oder kollektive Bewältigung der aktuellen Krisen ist die gespaltene Identität vieler Menschen:

Ein wesentlicher Teil der Identität vieler Menschen ist geprägt durch ihre berufliche Rolle im alltäglichen kapitalistischen Konkurrenzkampf um globale Märkte und in der dafür erforderlichen Erzeugung von grenzenlosen globalen Konsumbedürfnissen sowie durch das technische und ökonomische Wissen, das die entsprechenden Produktions-, Marketing- und Vertriebsprozesse gewinnbringend ermöglicht.

Mit dem anderen Teil ihrer Identität versuchen sie, die damit verbundene Einseitigkeit und Kälte zu kompensieren. Er kommt in der Familie, im Freundeskreis, in Vereinen und allenfalls auch im Rahmen einer religiösen Gruppierung auf seine Rechnung, d. h. an Orten, an denen humane Werte wie Sympathie, gegenseitige Solidarität oder Nächstenliebe Nähe und gegenseitiges Vertrauen ermöglichen. Diese Hälfte ist unbewusst noch weitgehend durch unser christlich-humanistisches Erbe, aber auch durch eine individualistisch verengte Art des Denkens geprägt.

Wer seine Identität primär aus solchen privaten sozialen Beziehungen bezieht, läuft Gefahr auch die gesellschaftlichen Prozesse nur als ein Geflecht von individuellen Beziehungen zu interpretieren, wie es ihm oder ihr aus der eigenen Familie oder aus Kleingruppen wie z. B. Schulklassen vertraut ist.

Wer nur über eine individualistisch verengte Betrachtungsweise verfügt, übersieht allfällige strukturelle Ursachen von Problemen.

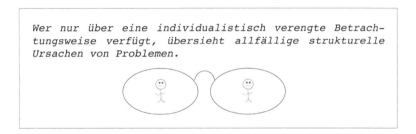

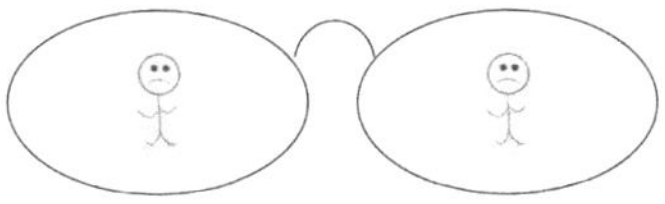

Für gesellschaftliche und wirtschaftliche Probleme werden dann einzelne Personen, wie zum Beispiel Donald Trump oder Marine Le Pen, verantwortlich gemacht. Und die Lösung der von diesen ›Bösewichten‹ verursachten Probleme erwarten solche Menschen dann oft von einer charismatischen Persönlichkeit, die als eine Art Heilsbringer bewundert wird. Dabei wird die Frage ausgeblendet, wieso so viele Menschen für die populistische Propaganda der »Bösewichte« anfällig werden.
Eine derartig verkürzte Betrachtungsweise ist leider auch bei Mitgliedern religiöser Gruppierungen anzutreffen.
Sie können zwar ein moralisch bewundernswertes Verhalten im Sinne des barmherzigen Samariters an den Tag legen, wie dies 2015 angesichts der Flüchtlingskrise häufig der Fall war.
Sie sind aber nicht fähig, die Heiligen Schriften ihrer religiösen Tradition sinngemäß für die Befreiung von Manipulation und Unterdrückung sowie für die Gestaltung gerechter gesellschaftlicher Strukturen zu aktualisieren.

Viele der aktuellen Probleme erfordern zu ihrer Lösung nicht nur zwischenmenschliches Engagement im Rahmen der Beziehungen von Individuen und Kleingruppen (= Thema der Individualethik) sondern auch die Fähigkeit strukturelle Probleme der Beziehungen von Individuen zu Organisationen, Institutionen und Staaten sowie von deren Beziehungen untereinander verstehen und bewerten zu können (= Thema der Sozialethik).

Viele christliche Kirchen und Gemeinschaften (u. a. die Mitglieder der Tea Party in den USA) – aber auch viele individualistisch religiöse Menschen mit einer ›Flickenteppichreligion‹, haben diese Ausweitung von einer individualethischen zu einer sozialethischen Auffassung von Gerechtigkeit (noch?) nicht vollzogen.

Wer all die in diesem Kapitel ausgebreiteten Analysen und Handlungsmöglichkeiten zur Kenntnis nimmt, wird die Zukunft weniger rosa sehen, als sie uns von unsern Politikern, den Banken, der Börsen und der Werbeindustrie täglich vor vorgegaukelt wird.

Die Möglichkeit ist real, dass wir unsere globalisierte Weltgesellschaft und unsere natürliche Umwelt selbst zerstören.

Anderseits wird die Anzahl der Menschen wachsen, die im eigenen Leben oder im Bekanntenkreis erfahren, dass das Credo der Leistungsgesellschaft nicht mehr glaubwürdig ist.
Damit meine ich, dass jene, die sich gut ausbilden und bereit sind, im Beruf etwas zu leisten, nicht mehr damit rechnen können, ein genügendes wirtschaftliches Auskommen erarbeiten können, um gut zu leben, eine Familie zu ernähren und sich für das Alter ein armutsfreies Leben zu sichern.

Darüber hinaus wächst auch die Zahl derer, die erkennen, dass es so nicht weitergehen kann. Viel wird davon abhängen, ob genügend WissenschafterInnen, PolitikerInnen und BürgerInnen nach realisierbaren Veränderungsstrategien suchen und sich dafür einsetzen.

9. Integrales Bewusstsein – Gottesbilder? – Identität? Zusammenfassung und Schlussfolgerungen

Integrales Bewusstsein statt arrogant rationales Ego

Die meisten von uns sind stolz darauf in einem rationalen Zeitalter zu leben. Wir wissen zwar von Jean Piaget, dass auch unsere Kinder noch eine Bewusstseinsentwicklung von einer archaischen über eine magische und eine mythische Stufe durchlaufen, bevor sie die heute dominierende rationale Stufe erreichen.

Die Kehrseite des rationalen Denkens – ein arrogantes Ich

Nach Ken Wilber hat die Entwicklung des rational-abstrakt denkenden Ichs jedoch auch eine Kehrseite:

»Auf halbem Wege zwischen dem Unbewussten und dem Überbewussten fühlte sich das Ego jetzt in der Lage, seine Abhängigkeit von beiden zu leugnen ... Das Ego wurde aggressiv und arrogant[120].«

> Im Abendland hat der nach seinem freien Willen handelnde, die Geschichte verändernde, Held gesiegt und bis heute das Feld behauptet. Nicht mehr Achtung vor der Natur sondern technologischer Angriff auf die Natur wurde die Devise.
>
> (Wilber K. Halbzeit: 220–26)

Francis Bacon

Die Arroganz des rationalen Ichs zeigt sich eindrücklich am Beispiel von Francis Bacon, der als Begründer der modernen Naturwissenschaft gilt[121].

Mit seinem Werk NeuAtlantis (Originalausgabe 1624) wollte er die Macht und Herrschaft der Menschheit über das Universum errichten. Der Schlüssel zu diesem neuen Zeitalter der Macht über die Natur war nach Bacon die organisierte Forschung. Er beschreibt ein technokratisches Utopia, in dem eine wissenschaftliche Priesterschaft zum Wohl des gesamten Staates die Entscheidungsgewalt innehat und auch bestimmt, welche Naturgeheimnisse geheim bleiben sollen.

»Unterwerfung der Natur – das ist eine Idee, die nicht nur selbst schon sexistische Anklänge hat, sondern sich auch in einer sehr verräterischen Metaphorik artikuliert. Die Schriften Bacons geben uns dafür höchst sprechende Beispiele. In Ausdrücken, die sehr an die hochnotpeinlichen Hexenverhöre seiner Zeit erinnern, verkündete er, dass die Natur »sich unter den Versuchen und Eingriffen durch die Wissenschaft deutlicher zeigt, als wenn sie sich selbst überlassen bleibt«. Bei der Inquisition, der die Natur zur Ermittlung der Wahrheit zu unterziehen sei, müsse man in ihre geheimen »Höhlungen und Winkel« eindringen; man werde sie »sezieren«, und durch mechanische Mittel und die Hand des Menschen könne man sie »ihrem natürlichen Zustand entreißen und sie pressen und formen« – und hierin liege »die Einswerdung von menschlicher Erkenntnis und menschlicher Macht«. Der neuen Klasse von Naturphilosophen empfahl er, beim Verhör der Natur und bei ihrer Gestaltung nach dem Vorbild der Bergleute und Schmiede zu verfahren: »Der eine dringt forschend in ihre Eingeweide vor, der andere formt sie wie auf einem Amboss.«

Von der neuen Naturwissenschaft sprach er als einer »maskulinen Geburt«, die eine »gesegnete Rasse von Helden und Übermenschen« hervorbringen werde.
Viele der frühen Fellows der Royal Society folgten Bacon in diesem Gebrauch des Wortes ›maskulin‹ für höhere und produktive Erkenntnis und sprachen wie er von der Unterwerfung und Beherrschung der Natur[122]«.

Dass Francis Bacons aggressiv-arrogantes Ich auch heute noch großen Einfluss auf Naturwissenschaftler hat, belegt der folgende Bericht aus dem Tages Anzeiger vom 20. Mai 2016, der den Startschuss für ein Nachfolgeprojekt des »Human Genome Project« von 1990–2003 schildert.

Geheimtreffen für das Projekt Labormensch
Nik Walter Tages Anzeiger 20. Mai 2016

Letzte Woche diskutierten in Boston 150 Eingeweihte hinter verschlossenen Türen über einen brisanten Plan: Die künstliche Herstellung eines menschlichen Genoms. Und sorgten dabei auch bei prominenten Genetikern für Empörung.

Es erstaunt, dass die Organisatoren des Meetings überhaupt in Erwägung gezogen hatten, über ein ethisch so heikles Thema wie die künstliche Erschaffung eines menschlichen Genoms im Geheimen zu diskutieren. Letztlich geht es dabei ja um existenzielle Fragen: Kann man künftig Menschen mit bestimmten Eigenschaften züchten? Wollen wir das? Was heißt es, Mensch zu sein, wenn wir uns selber kreieren können?« Francis Bacon lässt grüßen ...

Jürgen Schmidhubers künstliche Intelligenz
Interview im Tages Anzeiger[123] vom 1.9.2016

Jürgen Schmidhuber, einer der führenden Erforscher der künstlichen Intelligenz träumt seit seiner Pubertät davon, etwas Bedeutsameres als den Menschen zu schaffen. Er arbeitet mit seinen Mitarbeitern für Google und andere Technologiefirmen an der Entwicklung von Computern und Robotern mit künstlicher Intelligenz, die nach seiner Überzeugung bis in wenigen Jahrzehnten intelligenter und klüger sein werden als der Mensch. Sie werden dann das Weltall erobern und anstelle des Menschen den weiteren Verlauf der Geschichte steuern.

David Eagleman – den neuronalen Code entdecken
Magazin No. 17 vom 29.4.2017:

Ein weiteres Beispiel dafür, welchen Einfluss dieses deterministisch reduktionistische Denken im angelsächsischen Bereich auch heute noch ausübt, ist das Interview des Biologen Frederik Jötten mit dem Neurowissenschaftler *David Eagleman*.

Auf die Frage, was er im Forscherleben noch erreichen möchte, *antwortete er:* Den neuralen Code knacken, also welche Sprache unsere Milliarden Neuronen sprechen. Stellen Sie sich vor, dann wäre es denkbar, dass wir von eingefrorenen Urzeitmenschen das Gehirn auslesen. Wenn wir nicht nur wüssten, was sie aßen und wo sie lebten, sondern wenn wir wüssten, wer sie waren – das wäre doch wahnsinnig interessant.

Auf die Frage, wann der neurale Code geknackt sein werde, antwortete er: Es kann morgen sein – oder noch 100 Jahre dauern.

Vom präpersonalen zum transpersonalen Bewusstsein

Sigmund Freuds Entdeckung des Unbewussten

Freuds Entdeckung des Unbewussten war für das arrogante rationale Ich des 19. und des beginnenden 20. Jahrhunderts eine massive Kränkung und hat ihm viel Kritik und Anfeindungen eingetragen.

Zwei Patientenbilder als erste Annäherung an Freud

zum Vorgehen

Im Hinblick auf das Thema Religion, illustriere ich im Folgenden das psychoanalytische Denkmodell mit zwei Bildern von Patienten von Jolande Jacobi[124].

Angesichts der noch immer starken Stellung fundamentalistischer Kreise in christlichen Kirchen und unter Muslimen sind diese Patientenbilder immer noch (oder erneut) aktuell.

Die Eltern im Auge

Bild 21: Die Eltern im Auge
Bild einer Patientin von Jolande Jakobi

Jolande Jacobi kommentierte dieses Bild folgendermaßen:

»Eine 54-jährige, verheiratete, im Grunde unreligiöse, jedoch formalistisch gläubige protestantische Schweizerin (hat) eine Serie von Bildern gemalt, in denen Gott in allerhand negativen Aspekten erscheint. Die Malerin hatte eine harte puritanische Erziehung erhalten, die sie zur verängstigten Buchstabengläubigen machte. Sie sagte, hörte und dachte ausschließlich das, was von ihren Eltern kam. Auf ihrem Bild ist das eindeutig durch die dünnen roten Ströme gekennzeichnet, die aus dem Kopf der hinter ihren Augen sitzenden, also ihre ganze Sicht beeinflussenden Eltern in ihr Ohr, ihre Nase und ihren Mund fließen und ihr Gehirn überfluten. Der Vater, unter dessen strenger Zucht sie stand, hält die Bibel in seiner Hand, die Mutter das Kochbuch. Er befindet sich im linken Auge, sie im rechten, wodurch im Sinne der Symbolik von »links« und »rechts« deutlich wird, dass die Malerin stärker unter dem Einfluss des Vaters als unter dem der Mutter litt, weil ihr seine Wirkung unbewusst war, während sie der Mutter wissend und bewusst begegnen konnte. Wie sehr sie noch Bébé ihrer Eltern ist, gleichsam erst neugeboren, lässt sich auch an dem eiförmigen, haarlosen Kopf erkennen, mit dem sie sich porträtiert. Die blauen und gelben Linien, die ihn wie Starkstromkräfte umzucken, beweisen, dass es nicht ungefährlich ist, in diesem Alter noch im Kindeszustand zu verharren. Das wusste auch die Analysandin und so brachte sie eigentlich der Hass gegen ihre Eltern in die Analyse. Sie hoffte, dass sie ihn mithilfe der Psychologie in Liebe verwandeln könne.[125]

Angst vor dem »Es«

Bild 22: Die Spaltung
Bild eines Patienten von Jolande Jakobi

Dieses Bild kommentierte Jacobi[126] auf S. 140–42 folgendermaßen:

»Rechts, das allgemein als die bewusste Seite bezeichnet wird, sehen wir, vor einem himmelsgleichen Hintergrund stehend, eine helle, geistbetonte, madonnenartige Frau; das blaue Kleid, in das sie ganz eingehüllt ist, und die sonnengelben Haare, die im Winde flattern, charakterisieren sie als solche. Ihr Unterleib ist im Bilde nicht sichtbar, sie steht nicht auf festem Boden, sie schwebt gleichsam in der Luft. Erschrocken bäumt sie sich auf gegen die auf sie zukommende Gefahr und versucht, mit der Hand den gefürchteten tierischen Angriff abzuwehren. Links, auf der unbewussten Seite, steht nämlich ein schwarzes, wolfähnliches Tier mit scharf bezahntem Rachen, das auf sie zukommt. Die drei roten, ihm entfallenden Geifertropfen sind Indiz für die Emotionalität und Gier, die als treibende Kraft wirken. Das Tier ist auf einem Block dunkler Felsen wie angenagelt, sein Standpunkt ist hart und steinern. Es stellt den dunklen Aspekt der rechts stehenden hellen Frau, die zerreißende, todbringende, darum »schwarze Mutter« dar, in deren Hintergrund ein Meer von sinnlicher, flammender Leidenschaft lodert.

Die krasse Gegensätzlichkeit der zwei Bildseiten, der Kontrast zwischen kalter Moral und heißer Sinnlichkeit, springt fast schmerzhaft in die Augen; sie weist durch Inhalt und Farbe untrüglich auf eine tiefe Spaltung in der Seele des Autors hin.

Sie ist jedoch nicht hoffnungslos, denn die kleine grüne Pflanze mit ihren vier Blütenblättern, vielleicht einem glückbringenden Klee verwandt, entwächst dem Boden gerade dort, wo sich die zwei kontrastierenden Seiten noch berühren. Mit ihrer auf Wachstum und Hoffnung hindeutenden Farbe und der eine Ganzheit darstellenden Vierheit ihrer Blätter lässt sie sich als »vereinigendes«, Ausgleich bringendes Symbol bezeichnen. Auch der weiße Fleck in der Mitte, der eine Art Niemandsland sein könnte, wo die Vereinigung der Gegensätze stattfinden sollte, weist auf einen möglichen prospektiven Aspekt des Bildes hin. Ohne den Autor, einen 26-jährigen deutschen Mediziner zu kennen, kann man die Diagnose seiner Schwierigkeiten aus dem Bilde ablesen: Er ist mit seinem bewussten Ich ganz der fleckenlosen Mutter verhaftet, ganz ihren moralisch reinen Anschauungen verfallen; er ist mit ihnen identisch. In seinem unbewussten seelischen Hintergrund jedoch lauert verdrängt, aber angriffsbereit sein triebhafter, sinnlich aggressiver Widerpart, von dem er keine Kenntnis nehmen will, obwohl die innere Spannung ihn schier zu sprengen droht. Hier auf dem Bild hat sie Ausdruck erhalten und muss erkannt und anerkannt werden, was dem jungen Mann nur nach schwerem Ringen gelang.«

Schematische Darstellung von Freuds Konzeption:

Die folgende schematische Darstellung versucht, die psychische Ganzheit unter Einbezug der Entdeckung des Unbewussten durch Freud schematisch-symbolisch darzustellen.

Legende zum Schema:

Oben links = Bild 23: Mose und die 10 Gebote, Gemälde von Jusepe de Ribera (1591–1652)
Mitte links = Die zentrale Devise der Aufklärung von Immanuel Kant (1724–1804)
Unten links = Bild 24: Der Sündenfall (1. Mose 2/3), lavierter Stahlstich von E. Jordan, Hannover um 1890

Zur Dominanz des rationalen Ichs in der heutigen westlichen Kultur

Die Dominanz des Ichs gilt in unserer heutigen westlichen Kultur und Wissenschaft als der Normalzustand. Anerkannt wird nur das realistisch-vernünftige Denken des Tagesbewusstseins, ohne dessen Grenzen zu berücksichtigen. Dieses scheinbar rationale Argumentieren ist oft (unbewusst!) mit projektivem vorurteilshaftem Denken verbunden.

Bezüglich der Wirkungsgeschichte der Wissenschaft veranschaulichten wir dominant-arrogante Rationalität ohne Über-Ich und moralische Verantwortung mit den Beispielen »Eugenik« und Darwinismus.

Zu den Verbindungen von Darwinismus und Oekonomie vgl. Kapitel 7 den Abschnitt zu Verdinglichung und Ideologisierung in der neoliberalen Oekonomie

Das wichtigste Symbol für rationales Denken ist heute der Computer. Seine Verwendung bedarf jedoch der Steuerung und Kontrolle durch eine entwickelte moralische Vernunft, die neben der heute dominanten Rationalität auch über »Über-Ich«-Maßstäbe verfügt und der Gier des »Es« nach Reichtum und Macht durch innere Verpflichtung auf moralische Maßstäbe und geltende Gesetze Grenzen setzen kann.

Das transpersonale Bewusstsein

Carl Gustav Jung und Jean Gebser, Ken Wilber und andere erweiterten das (grüne) Freud'sche Modell um eine zusätzliche transpersonale Ebene (violett):

Erweiterung des Bewusstseins um eine transpersonale Ebene durch Jean Gebser und Ken Wilber		
	Gefahr von einseitig rationaler Entwicklung	**Transpersonale Ebene**
	↑↓	**Personale Ebene** 4. Rationale bzw. personale Ebene
	bzw. Gefahr auf frühere Entwicklungs-stufen zurück zu fallen (= Regression)	**Praepersonale Ebene** 3. mythische Ebene 2. magische Ebene 1. archaische Ebene
Die Bewusstseinsstufen oder Bewusstseinsstrukturen lassen sich mit verschiedenen Brillen vergleichen. Jede ermöglicht bestimmte Aspekte der Wirklichkeit klar wahrzunehmen. Andere Aspekte der Wirklichkeit sind damit nur sehr unklar oder gar nicht zu erkennen.		

Die Beiträge von Jean Gebser, Ken Wilber und Roberto Assagioli

Gebser fasst in seinem Büchlein »Der unsichtbare Ursprung (1970)«[127] die Hauptmerkmale des integralen Bewusstseins zusammen:

»Es ist *aperspektivisch*, also von den unperspektivischen und den perspektivischen Seh- und Denkweisen befreit;
es ist *arational*, also von den prärationalen, den irrationalen und den rationalen Realisationsformen befreit;
es ist *integral*, weil uns die früheren Bewusstseinsstrukturen bis hin zur archaischen transparent geworden sind.
Nur dort wird die Wahrnehmung des Ursprunges möglich, wo uns rückblickend und in uns selber hineinblickend weder die Dunkelheit des Magischen, noch die Zwielichtigkeit des Mythischen, noch die hiesige Tageshelligkeit des mental-rationalen Bewusstseins ein Hindernis sind ... «

Als Beispiele für das Auftauchen eines integralen Bewusstseins nennt Aldous Huxley, Robert Jungk, Werner Heisenberg, Pascual Jordan, C. G.Jung, Hugo von Hoffmannsthal, Marcel Proust, Robert Musil, Arthur Stanley Eddington, Paul Cézanne, Pablo Picasso, Paul Klee, T. S. Eliot und R. M. Rilke.

Zur Bedeutung der vier Bewusstseinsstufen oder -ebenen für die künftige integrale Stufe äußert sich Gebser folgendermaßen:

»›Geschichte‹, wie wir sie dargestellt haben, ist ein Beitrag zu einer Geschichte der Bewusstwerdung. Sie macht es uns bewusst, in welch lebendiger Fülle alle Strukturen ihre Wirksamkeit ausüben. Diese Strukturen miteinander und ihrem jeweiligen Bewusstseinsgrad entsprechend zu leben, dürfte zu einer Annäherung an ein ganzheitliches Leben befähigen. Und zu wissen, aus welcher der Strukturen dieser oder jener Lebensvorgang, diese oder jene unserer Reaktionen oder Ansichten oder Urteile stammen, kann uns ohne Zweifel behilflich sein, um das Leben zu klären. Klarheit jedoch, die auch um die Dunkelheiten weiß, Wachheit, die um den Schlaf weiß, sind Voraussetzungen, welche die Durchsichtigkeit der integralen Struktur fordert.«[128]

Bei der streckenweise sehr mühsamen Lektüre seines Hauptwerks spürte ich, dass er etwas sehr Wichtiges sehr vorsichtig zu umschreiben sucht (vermutlich zu vorsichtig aus Angst, nicht in traditionelle Klischees zurückzufallen[129]). Deshalb habe ich in seiner von Gerhard Wehr verfassten Biografie – und bei von diesem zitierten Menschen, die Gebser besonders nahestanden – nach Hilfe für das Verstehen gesucht.

Rudolf Hämmerli, den Gebser zu seinem Nachlassverwalter bestimmt hat, den Ertrag von ›Ursprung und Gegenwart‹ in vier Einsichten zusammengefasst:

Der Ertrag von Gebsers ›Ursprung und Gegenwart‹ nach Rudolf Hämmerli:
1. daß das Bewußtsein über das mental-rationale Denken weit hinaus reicht und mit ihm nicht verwechselt werden darf;
2. daß das Bewußtsein entwicklungsfähig ist, sowohl im individuellen Leben als auch im kulturellen Ganzen der Menschheitsepochen;
3. daß im integralen Bewußtsein der Mensch sich seines geistiggöttlichen Ursprungs neu bewußtwerden kann, daß eine nüchterne, klare Religiosität oder Spiritualität jenseits von magischer Trance, mythischem Bild, mentalem Begriff gefunden werden kann. Jean Gebser spricht in diesem Zusammenhang vom Durchscheinenden, von der Transparenz des Göttlichen.
Wehr Gerhard 1996: 173

Wer sich den Zugang zu einem integralen Bewusstsein erarbeitet hat, lässt allen früheren Bewusstseinsstufen die ihnen gebührende Anerkennung zukommen.
Er oder sie ist fähig bei der Betrachtung von 30'000 Jahre alten Höhlenmalereien zu staunen und mit zu empfinden, wenn die eigenen Kinder von biblischen Mythen, wie beispielsweise der Weihnachtsgeschichte, fasziniert sind.
Er oder Sie kann sich aber auch von überholten Aussagen oder Irrtümern seiner Herkunftstradition distanzieren und das Wertvolle der Tradition für Gegenwart und Zukunft kreativ aktualisieren.

Der Beitrag von Carl Gustav Jung

Freuds Traumdeutung basierte auf dem Grundkonzept der Verdrängung. Unangenehme, peinliche oder schuldbeladene Erlebnisse werden verdrängt, und damit unbewusst, und andererseits mit sogenannten Reaktionsbildungen kompensiert.
Jung dagegen sieht im Unbewussten nicht einfach bloß ein Behältnis von unbrauchbaren und widerstrebenden Erlebnissen. Er erkennt darin etwas Schöpferisches und auch die Quellen allen künstlerischen Schaffens und damit letztlich auch der Kultur. Die Muster und Energien des kollektiven Unbewussten beschäftigten Jung fast sein ganzes Leben lang. In seinem Buch »Träume, Erinnerungen, Gedanken«[130] erzählt Jung den für seine Entwicklung zentralen Traum:

»Ich war in einem mir unbekannten Hause, das zwei Stockwerke hatte. Es war ›mein Haus‹. Ich befand mich im oberen Stock. Dort war eine Art Wohnzimmer, in welchem schöne alte Möbel im Rokokostil standen. An den Wänden hingen kostbare alte Bilder. Ich wunderte mich, dass dies mein Haus sein sollte und dachte: nicht übel.
Aber da fiel mir ein, dass ich noch gar nicht wisse, wie es im unteren Stock aussähe. Ich ging die Treppe hinunter und gelangte in das Erdgeschoss. Dort war alles viel älter, und ich sah, dass dieser Teil des Hauses etwa aus dem 15. oder aus dem 16. Jahrhundert stammte. Die Einrichtung war mittelalterlich, und die Fußböden bestanden aus rotem Backstein. Alles war etwas dunkel. Ich ging von einem Raum in den anderen und dachte: Jetzt muss ich das Haus doch ganz explorieren! Ich kam an eine schwere Tür, die ich öffnete.
Dahinter entdeckte ich eine steinerne Treppe, die in den Keller führte. Ich stieg hinunter und befand mich in einem schön gewölbten, sehr altertümlichen Raum. Ich untersuchte die Wände und entdeckte, dass sich zwischen den gewöhnlichen Mauersteinen Lagen von Backsteinen befanden; der Mörtel enthielt Backsteinsplitter. Daran erkannte ich, dass die Mauern aus römischer Zeit stammten. Mein Interesse war nun aufs Höchste gestiegen. Ich untersuchte auch den Fußboden, der aus Steinplatten bestand. In einer von ihnen entdeckte ich einen Ring. Als ich daran zog, hob sich die Steinplatte, und wiederum fand sich dort eine Treppe. Es waren schmale Steinstufen, die in die Tiefe führten. Ich stieg hinunter und kam in eine niedrige Felshöhle. Dicker Staub lag am Boden, und darin lagen Knochen und zerbrochene Gefäße wie Überreste einer primitiven Kultur. Ich entdeckte zwei offenbar sehr alte und halb zerfallene Menschenschädel. – Dann erwachte ich ... «

»Es war mir deutlich, dass das Haus eine Art Bild der Psyche darstellte, d. h. meiner damaligen Bewusstseinslage mit bis dahin unbewussten Ergänzungen. Das Bewusstsein war durch den Wohnraum charakterisiert. Er hatte eine bewohnte Atmosphäre, trotz des altertümlichen Stils.
Im Erdgeschoss begann bereits das Unbewusste. Je tiefer ich kam, desto fremder und dunkler wurde es. In der Höhle entdeckte ich Überreste einer primitiven Kultur, d. h. die Welt des primitiven Menschen in mir, welche vom Bewusstsein kaum mehr erreicht oder erhellt werden kann. Die primitive Seele des Menschen grenzt an das Leben der Tierseele, wie auch die Höhlen der Urzeit meist von Tieren bewohnt wurden, bevor die Menschen sie für sich in Anspruch nahmen ...
Wenn ich über Träume und Inhalte des Unbewussten nachdachte, geschah es nie ohne historischen Vergleich; ... Ich kannte vor allem die Autoren des 18. sowie diejenigen des angehenden 19. Jahrhunderts. Diese Welt bildete die Atmosphäre meines Wohnzimmers im ersten Stock.

... Zu meiner geschilderten Bewusstseinslage fügte der Traum nunmehr weitere Bewusstseinsschichten hinzu: das längst nicht mehr bewohnte Erdgeschoss im mittelalterlichen Stil, dann den römischen Keller und schließlich die prähistorische Höhle. Sie stellen verflossene Zeiten und überlebte Bewusstseinsstufen dar.«

Jungs Entdeckung der Archetypen

»Um 1906 begegnete ich einer merkwürdigen Fantasie eines Paranoikers, der seit vielen Jahren interniert war. Der Patient hatte seit seiner Jugend an unheilbarer Schizophrenie gelitten. Er hatte die Volksschulen besucht und war als Angestellter in einem Büro tätig gewesen. Er war mit keinerlei besonderen Gaben ausgestattet, und ich selbst wusste damals nichts von Mythologie oder Archäologie; so war die Situation in keiner Weise verdächtig.
Eines Tages traf ich ihn an, wie er am Fenster stand, seinen Kopf hin und her bewegte und in die Sonne blinzelte. Er bat mich, dasselbe zu tun, und versprach mir, ich würde dann etwas sehr Interessantes sehen. Als ich ihn fragte, was er sähe, war er überrascht, dass ich selbst nichts sehen konnte, und sagte: ›Sie sehen doch den Sonnenpenis – wenn ich meinen Kopf hin und her bewege, so bewegt er sich ebenfalls, und das ist der Ursprung des Windes‹.«

Natürlich begriff ich die sonderbare Idee ganz und gar nicht, aber ich hielt sie in einer Notiz fest. Ungefähr vier Jahre später, während meiner mythologischen Studien, entdeckte ich ein Buch von Albrecht Dieterich, dem bekannten Philologen, welches Licht auf jene Fantasie warf. Dieses Werk ... behandelt einen griechischen Papyrus der Bibliothèque Nationale in Paris. Dieterich glaubte, in einem Teil des Textes eine Mithrasliturgie entdeckt zu haben. Der Text ist zweifellos eine religiöse Anweisung für die Durchführung bestimmter Anrufungen, in denen Mithras genannt wird. Er stammt aus der alexandrinischen Mystikerschule und stimmt in der Bedeutung mit dem ›Corpus Hermeticum‹ überein.

In Dieterichs Text lesen wir die folgenden Weisungen:

›Hole von den Strahlen Atem, dreimal einziehend, so stark du kannst, und du wirst dich sehen aufgehoben und hinüberschreitend zur Höhe, sodass du glaubst, mitten in der Luftregion zu sein ... der Weg der sichtbaren Götter wird durch die Sonne erscheinen, den Gott, meinen Vater; in ähnlicher Weise wird sichtbar sein auch die sogenannte Röhre, der Ursprung des diensttuenden Windes. Denn du wirst von der Sonnenscheibe wie eine herabhängende Röhre sehen: und zwar nach den Gegenden gen Westen unendlich als Ostwind; wenn die Bestimmung nach den Gegenden des Ostens der andere hat, so wirst du in ähnlicher Weise nach den Gegenden jenes die Umdrehung (Fortbewegung) des Gesichts sehen.‹

Der Text zeigt die Absicht des Autors, den Leser selbst in die Lage zu versetzen, diese Vision zu erleben«[131] ...

Jung begann, sich vertieft mit diesem Mythos und verwandten Ideen zu beschäftigen und entdeckte eine ganze Reihe von Übereinstimmungen. Zum Beispiel zeigen mittelalterliche Gemälde göttliche Strahlen, die von der Sonne ausgehen, und in einigen Legenden wird behauptet, dass der Heilige Geist die Jungfrau Maria auf ähnliche Weise geschwängert habe. Hinzu kommt, dass die Anwesenheit Gottes oft als ein göttlicher Wind wahrgenommen wird. Es sah also so aus, als sei ein gewisser Kern dieses Sonnenmythos in den vergangenen zweitausend Jahren geistiges Allgemeingut geworden.

In den folgenden Jahrzehnten entdeckte Jung immer wieder, dass ähnliche Träume, Bilder und Mythen in entfernten Teilen der Welt in sehr unterschiedlichen Kulturen und historischen Zeitabschnitten auftauchen.

Durch seine Reisen und seine Forschungen entdeckte er, dass die Bilder des Helden, der Zwillingsbrüder, der Sonne, des ewig Weiblichen, der Reise in die Unterwelt, der Schlange, des Mandala der Ganzheit und der Dynamik der Gegensätze immer wieder auftauchen und dieselbe ihnen zugrunde liegende Urform offenbaren, auch wenn sie jedes Mal mit den Besonderheiten der örtlichen Kultur ausgestattet sind.

Jung zog daraus den Schluss, daß das Unbewußte eine kollektive Ebene hat, die allen Menschen gemeinsam ist.

Jungs Traum im Jahre 1909 war eine bildliche Darstellung der kollektiven Schichten des Unbewussten gewesen.
Während das Freud'sche Unbewusste persönliche Erfahrung und Wünsche enthält, die aus dem Bewusstsein verdrängt worden sind, besteht Jungs kollektives Unbewusstes aus Material, das niemals zuvor im Geist des Individuums zu Bewusstsein gekommen ist. Die tieferen Schichten des Geistes sind objektiv, da sie der gesamten Menschheit zu eigen sind und nicht das persönliche und subjektive Eigentum eines bestimmten Individuums darstellen.
Sie sind unbewusst, nicht weil sie vergessen oder verdrängt worden wären, sondern sie existieren in einer verborgenen, verschlossenen Form, die normalerweise der aktiven Aufmerksamkeit nicht zugänglich ist.

Jung meint, daß die tiefsten Schichten des Unbewußten nicht unmittelbar begriffen werden können. Nur wenn bestimmte Aspekte des kollektiven Geistes im Gewand von Bildern und Symbolen unserer besonderen Kultur ins Bewußtsein projiziert werden, werden wir dieser universellen Inhalte des Geistes gewahr.

Einige Visionen des Niklaus von Flüe, interpretiert durch Marie Louise von Franz.

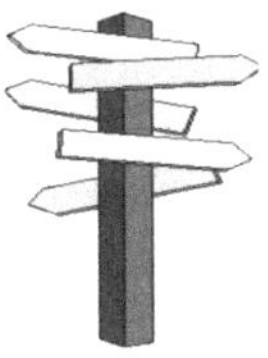

zum Vorgehen

Eindrückliche Beispiele für die Bedeutung von Archetypen für das Verständnis religiösen Erlebens und religiöser Entwicklung sind die Visionen des Niklaus von Flüe.

Im Folgenden zitiere ich die Beschreibungen einiger seiner Visionen und deren Interpretation durch die bedeutende Schülerin C. G. Jungs, Marie Louise von Franz[132].

Bruder Klaus wurde im Jahre 1417 als Sohn eines angesehenen Sachseler Gemeindebürgers ›Heinrich von Flüe‹, geboren. Mit etwa dreißig Jahren, heiratete er eine Dorothea Wiss von angesehener Familie. Mit ihr lebte er rund zwanzig Jahre zusammen und zeugte mit ihr zehn Kinder. Auch übte er verschiedene Ämter in seiner Gemeinde aus; die Würde eines Landammannes allerdings schlug er aus. Er nahm als Fähnrich und später als Rottmeister an verschiedenen Kriegsexpeditionen teil, ohne indessen am Kriegshandwerk Gefallen zu finden. Etwa in oder kurz nach der Lebensmitte begann er dann aber, an Zuständen von Depression und innerer Unruhe zu leiden und aus dieser Zeit stammen auch die meisten Visionen, die wir kennen.

Die Vision von der Lilie

»Als er nämlich zu anderer Zeit, um das Vieh zu besehen, auf die Wiese kam, setzte er sich auf die Erde und begann nach seiner Weise aus innerstem Herzen zu beten und sich himmlischen Betrachtungen hinzugeben, und plötzlich sah er aus seinem eigenen Munde eine weiße Lilie von wunderbarem Wohlgeruch emporwachsen, bis dass sie den Himmel berührte.
Als aber bald darauf das Vieh (aus dessen Ertrag er seine ganze Familie erhielt) vorüberkam und er ein Weilchen den Blick senkte und sein Auge auf ein Pferd heftete, das schöner als die andern war, sah er, wie sich die Lilie aus seinem Munde über jenem Pferde niederneigte und von dem Tiere im Vorübergehen verschlungen wurde.«

»Bruder Klaus deutet die Vision selber in dem Sinn, dass »der für den Himmel zurückzulegende Schatz mitnichten von den nach Glücksgütern Lechzenden gefunden werden kann und dass die Himmelsgaben, wenn sie mit den Sorgen und Interessen dieses irdischen Lebens vermischt werden, ebenso wie der Same des Gotteswortes, der unter Dornen keimt, erstickt werden.«

Von Franz interpretiert die Lilie, mithilfe der amplifizierenden Methode, als ein Symbol des geistigen unbeirrbaren Gottsuchens, das aus ihm wuchs wie eine Pflanze, die dem Licht zustrebt. Sie neigt sich in der Vision einem Lieblingspferd von Bruder Klaus zu und wird von ihm verschlungen. Im germanischen Vorstellungsbereich ist das Pferd noch mehr als die Lilie von höchster Bedeutung als Symbol und auch sogar eigentliche Erscheinungsform des Gottes Wotans, der übrigens gerade beim Pilatus,

d. h. in Bruder Klausens nächster Nähe, in jener Zeit oft noch als wilder Jäger oder als Schar dunkler Rosse umherstürmte.
Allgemein psychologisch betrachtet, verkörpert das Pferd die tierische, instinktive psychische Energie in reinster Essenz, eine Form der Libido[133], welche in ihren mythologischen Assoziationen oft das Mütterliche, das Physische, das Unterweltliche und das Geisterhafte umspielt.
Das Pferd neigt zu Erregungs- und Panikzuständen, und dieser Umstand wäre vielleicht deshalb speziell zu berücksichtigen, weil nicht allzu lang nach dieser Vision Bruder Klaus davonzurennen versuchte ins Ausland, sodass hier möglicherweise ein psychologischer Zusammenhang zwischen der Vision und diesem Impuls zum Fortgehen bestehen könnte.

Für Marie Louise von Franz veranschaulicht die Vision von der Lilie einen inneren seelischen Prozess, nämlich denjenigen Augenblick, in welchem die geistige, nach oben strebende Form des Psychischen umkehrt und sich wieder hinab ins Animalische neigt. Die geistige Energie kommt aus dem Körper und geht nun wieder in einen Körper hinab, in den Körper eines Tieres, welches Bruder Klaus besonders liebt. Sie steigt von der Erde zum Himmel empor und kehrt wieder zur Erde hinab und nimmt die Kräfte von oben und unten in sich auf. Ihre Kraft ist vollkommen, wenn sie wiederum zur Erde zurückgekehrt ist[134].

»Zunächst also ist die Seelenblume des Heiligen im Pferd einverleibt, und es wäre demnach zu erwarten, dass Bruder Klaus von irgendeinem Drang ergriffen würde, der dem symbolischen Wesen des Pferdes entspricht, nämlich vom Drang zu einem ›Geisterritt‹. Nicht nur im Bereich der germanischen Mythologie spielt nämlich das Pferd die Rolle eines Geleiters in jenseitige, geistige Bereiche, auch in den Initiationsriten anderer Völker erscheint es oft als Totengeleiter und Tragtier zur ›ekstatischen Jenseitsfahrt‹. Auf ihm fliegen der Medizinmann, das Medium und der Schamane primitiver Völker, zum Himmel oder zur Totenwelt. Es hilft ihm, in eine andere Welt hinüberzugelangen, weshalb viele Schamanen Stöcke mit Pferdeköpfen bei sich tragen«[135].

Auf diesem Hintergrund interpretiert von Franz die Reise von Bruder Klaus nach Liestal, als er von Frau und Kindern Abschied nahm und ins Ausland fortwollte, als vom Wandertrieb und dem Davonrennen wollen des Pferdes ergriffen geworden zu sein.

Die Vision bei Liestal

»Und als er damals gegen Liestal kam, dünkte ihn, wie selbe Stadt und alles darin ganz rot wäre, darob er erschrak. Deshalb sei er aus ihr weg auf einen Hof zu einem Bauern gegangen, dem er nach mancherlei Rede seinen Willen zu verstehen gegeben, woran derselbige Bauer keinen Gefallen hatte, sondern ihm das widerriet und meinte, er sollte wieder heimgehen zu den Seinen und daselbst Gott dienen. Das würde Gott angenehmer sein, als wenn er anderen, fremden Leuten zur Last falle; und er werde es ruhiger haben, aus der Ursache, dass er ein Eidgenosse, denen nicht alle gleich hold wären. Darum ging er in derselben Nacht aus des Bauern Haus auf das Feld. Da lag er die Nacht bei einem Zaun, und als er einschlief, kam ein Glanz und ein Schein vom Himmel; der öffnete ihn am Bauche, wovon ihm solcher Schmerz geschah, als ob ihn einer mit einem Messer aufgeschnitten, und zeigte ihm, dass er wieder heim und in den Ranft gehen sollte, was er auch sofort am Morgen tat.«[136]

Marie Louise von Franz betont zunächst im Rahmen ihrer amplifizierenden Deutung, dass die Farbe Rot meistens mit Feuer und Blut assoziiert sei und daher auf Emotionalität und leidenschaftliche Gefühle hindeute (S. 43).
In seiner durch die Vision hervorgerufenen seelischen Krise fragt Bruder Klaus dann auf einem einsamen Bauernhof den Besitzer um Rat, und jener sagt ihm, er solle lieber daheim Gott dienen, denn die Eidgenossen seien im Ausland nicht beliebt. Diesen Rat befolgte er ohne Wenn und Aber.
Der Traum in der darauffolgenden Nacht scheint zu bestätigen, dass der Entschluss des Bauern und Bruder Klausens richtig war, denn ihm erscheint ein Glanz am Himmel und tut Bruder Klaus den Bauch auf, wie mit einem Messer. Von Franz interpretiert diesen Vorgang als eine plötzliche Erleuchtung, aber nicht im Kopf, sondern in der Tiefe der animalischen Persönlichkeit. Diese Erleuchtung hat zugleich den Charakter einer äußerst schmerzlichen Verletzung, wie sie oft auch bei der Erwählung eines Schamanen vorkommt[137].

Die Vision der drei Besucher

»Drei wohlgestaltete Männer, die in Gewandung und Haltung einen adligen Rang verrieten, kamen zu ihm, während er mit häuslicher Arbeit beschäftigt war. Der erste begann in folgender Weise das Gespräch: ›Nikolaus, willst du dich mit Leib und Seele in unsere Gewalt geben?‹ Jener erwiderte sofort: ›Niemandem ergebe ich mich als dem allmächtigen Gott, dessen Diener ich mit Seele und Leib zu sein verlange.‹
Auf diese Antwort wandten sie sich ab und brachen in ein fröhliches Lachen aus. Und wiederum zu ihm gewendet, sprach der Erste: ›Wenn du allein in die ewige Knechtschaft Gottes dich versprochen hast, so verspreche ich dir für gewiss, dass, wenn du das siebenzigste Jahr erreicht hast, dich der barmherzige Gott, deiner Mühen sich erbarmend, von aller Beschwernis erlöst; darum ermahne ich dich inzwischen zu beharrlicher Ausdauer, und ich werde dir im ewigen Leben die Bärenklaue und die Fahne des siegreichen Heeres geben; das Kreuz aber, das dich an uns erinnern soll, lasse ich dir zum Tragen zurück.‹
Darauf entfernten sie sich. Aus diesen Worten erkannte er, dass er, wenn er die Bedrängnisse vielfältiger Versuchung tapfer überwinde, begleitet von einer großen Heerschar in die ewige Glorie eingehen werde.«

Für von Franz erinnern diese drei Adligen zwar an die christliche Trinität, ohne ganz der dogmatischen Vorstellung zu entsprechen.

Was nicht christlich an diesen drei Gestalten zu sein scheint, weist in die Richtung älterer germanischer Vorstellungen, das ist auf Wotan, hin, so besonders die Bärenklaue, welche Niklaus als Zeichen bzw. »Totem« oder individuelles Symbol im Jenseits erhalten wird.

»Das Lachen der Besucher nach der Antwort von Bruder Klaus, dass er sich niemandem anderen ergeben wolle als dem allmächtigen Gott, dürfte so zu interpretieren sein, dass sich dieser unter Gott etwas anderes vorstellt, als die vor ihm stehende Wirklichkeit Gottes ist. Das, was abweicht, sind wohl hauptsächlich jene Wotanszüge, welche die wirkliche und unmittelbare Gotteserscheinung unerwartet auszeichnen.«

»Ein seltsames Motiv schließt die öfters fast durchsichtig heidnisch wirkende Vision doch wieder ganz unerwartet an das Christliche an: Nämlich jene Hinterlassung des Kreuzes, das Bruder Klaus seiner Lebtag zum Andenken an die drei Besucher tragen soll. Dadurch ist die Bewertung der Vision als eine bloße Regression ins Heidentum nicht möglich ... «

»Der ganze Kontext der Visionen spricht dagegen, wie z. B. das Motiv, dass die drei göttlichen Besucher Klaus die Kreuztragung auferlegen; dass zwar in einer Vision der »Geist der Wahrheit« als Bärenhäuter erscheint, in der nächsten aber Klaus in die christliche Himmelswelt einführt usw.«

Jung machte von Franz darauf aufmerksam, dass das Gottesbild Wotans zwei Züge besitzt, welche Jahwe fehlen:

- eine intensive Beziehung zur kosmischen Natur und
- die Kunst des Loswerfens und der Runenkunde (Vgl. dazu S. 197 ff.), deren Herr Wotan ist – d. h. die Ausrichtung auf das Synchronizitätsprinzip.

Diese zwei Züge fehlen der Gestalt Jahwes fast ganz und sind offenbar doch Teile eines ganzheitlichen Gottesbildes, welches nicht nur das Dunkle, Böse, sondern auch die kosmische Natur und ihre Sinnoffenbarungen in synchronistischen Ereignissen zu umfassen scheint«.[138]

> Was die drei Besucher Klaus nahebringen wollen ist eine seelische Weiterentwicklung, welche weitere (durch Christentum, Judentum und Islam unterdrückte) archetypische Inhalte integriert, ohne sein christliches Erbe zu verraten.

Für das Verständnis des religiösen Erlebens ist speziell wichtig das Thema des Bruches zwischen der Sphäre der Natur (bei Bruder Klaus verkörpert durch den Gott Wotan und die ihm zugehörenden Symbole) und der individualisierenden geistigen Entwicklung (verkörpert durch die Vision mit der Lilie und generell durch die traditionelle christliche Spiritualität)[139].

»Die Naturbeziehung in Bruder Klausens Leben, welche durch die einbrechenden archetypischen Inhalte konstelliert wurde, bewirkt, daß er nicht nur den Typus des christlichen Heiligen abbildet, sondern daß er auch zugleich das alte Urbild des primitiven Medizinmannes, des nordischen Schamanen und des Propheten wieder verkörpert.

Es ist, als ob ein urtümliches ‚pattern' (= Muster/K.S) des Individuationsprozesses auf höherer Stufe wiederkehrte, um sich mit der geistigen Entwicklung des Christentums zu versöhnen und dabei letzteres zugleich in eine neue Naturdimension auszuweiten«.

(Von Franz Marie Louise 1983: 130)

In den folgenden Jahrzehnten entdeckte Jung immer wieder, dass ähnliche Träume, Bilder und Mythen in entfernten Teilen der Welt in sehr unterschiedlichen Kulturen und historischen Zeitabschnitten auftauchen.

Wie das Beispiel der Interpretation der Visionen von Bruder Klaus zeigt, war das Thema der Bewusstseinsentwicklung für C. G. Jung und M. L. von Franz zentral, und zwar sowohl auf der Ebene des Individuums, wie auch auf der Ebene der Menschheit.

Für das Verständnis des religiösen Erlebens ist speziell wichtig das Thema des Bruches zwischen der Sphäre der Natur und der individualisierenden geistigen Entwicklung.

Dabei ist die Natur verkörpert durch Wotan und die ihm zugehörenden Symbole. Die Sphäre des Geistes dagegen ist verkörpert durch die Vision mit der Lilie und generell durch die traditionelle christliche Spiritualität.

Die Vision warnt Niklaus von Flüe davor, die vorangegangene Entwicklungsphase aus der Sicht der neugewonnenen Entwicklungsstufe völlig abzulehnen. Dieser Gefahr sind sowohl die Anhänger des jüdischen Monotheismus wie auch die Christen erlegen, als sie alle heidnischen Götter als Götzen bekämpften und verboten.

(vgl. dazu Othmar Keels Plädoyer zum Thema einer vertikalen Oekumene in Kapitel 4)

»Seine Visionen offenbaren in eindrucksvoller Klarheit gewisse Grundtendenzen des kollektiven Unbewussten, welche das christliche religiöse Symbol weiter zu entwickeln streben. Sie wirken daher wie Orientierungspunkte, die uns angeben, wo wir stehen und wo die unbewusste Psyche uns hinbringen will.«[140]

Individuation

Jung betrachtete den Individuationsprozess als einen lebenslangen, unvollendbaren Prozess mit einer stetigen Annäherung an ein »fernes Ziel«, das Selbst, für den der Tod die letzte Grenze ist. Auf dem Weg seiner Individuation ist der Mensch immer wieder gefordert, sich aktiv und bewusst den neu auftauchenden Problemen zu stellen und seine Entscheidungen vor sich selbst zu verantworten.

1933 hat er Individuation folgendermaßen erläutert:

»Individuation bedeutet: zum Einzelwesen werden, und, insofern wir unter Individualität unsere innerste, letzte und unvergleichbare Einzigartigkeit verstehen, zum eigenen Selbst werden. Man könnte ‚Individuation' darum auch als ‚Verselbstung' oder als ‚Selbstverwirklichung' übersetzen.«

Individuation bedeutet, sich nicht danach zu richten, »was man sollte« oder »was im allgemeinen richtig wäre«, sondern in sich hinein zu horchen, um herauszufinden, was die innere Ganzheit (das Selbst) jetzt hier in dieser Situation »von mir oder durch mich« bewirken will.«

(nach Wikipedia C. G. Jung 2017)

Mit seinem Werk hat uns C. G. Jung Möglichkeiten für den Umgang mit unseren religiösen Traditionen aufgezeigt und uns Wege zu individuellem religiösem Erleben geöffnet.

Integrales Bewusstsein und Gottesbild

Aus der Perspektive eines integralen Bewusstseins ergeben sich nicht nur kritische Rückfragen an unserer wissenschaftlich-technischen Entwicklungsperspektive, sondern auch an unsere traditionellen Gottesbilder.

Dank der wissenschaftlichen Forschung mit den Mitteln der rationalen Bewusstseinsstufe wissen wir heute, dass Religion in ihren frühesten Entwicklungsphasen nicht eine in heiligen Schriften niedergeschriebene dogmatische Glaubenslehre war, sondern Erleben einer transzendenten Wirklichkeit durch speziell begabte Individuen, d. h. durch Schamanen.

An die Stelle des Schamanen traten später neue Mittlergestalten:

- der Prophet, der in Ekstase oder intuitiv mit den Göttern verkehrt;
- der Priester, der sich verschiedener Orakeltechniken bedient, um den Willen der Götter zu erkunden;
- der König, der in besonderer Weise als gottgleich gilt.

Religiöse Erlebnisse wurden stets mittels der Bilder und Symbole der Stufe des Bewusstseins verstanden, auf der sich die Erlebenden befanden. Der Mensch schuf seine Gottesbilder immer entsprechend dem Stand der Entwicklung seines Bewusstseins und der Kultur, der er angehörte.

Die älteste Religion Israels war – wie die der übrigen Völker des vorderorientalischen Milieus – polytheistisch, d. h. man verehrte eine Vielzahl von Göttern und Göttinnen, die unterschiedliche Aspekte der jenseitigen Wirklichkeit in vielfältiger Weise symbolisch zum Ausdruck brachten.[141]

Als Folge der durch die Deportation nach Babylon hervorgerufenen extremen Identitätskrise, erfolgte dann bei vielen Juden eine massive innerliche Abgrenzung von allen anderen Religionen, wie sie später im 5. Buch Mose (12,2–3) zum Ausdruck gebracht wurde.

Die extreme Verunsicherung weckte darüber hinaus das Bedürfnis nach einem starken Gott, der allen andern Göttern – auch dem Gott der Assyrer – überlegenen sei.

Die judäischen Theologen glaubten, den unerwarteten Abbruch der Belagerung Jerusalems durch den Großkönig von Assur ihrem Gott Jahwe zu verdanken, der sich dadurch für sie sogar als mächtiger als der so mächtige Assyrergott erwiesen hatte. Die *politischen* Forderungen des assyrischen Vasallenvertrags, die sie akzeptieren und erfüllen mussten, um zu überleben, deuteten sie zu Forderungen ihres eigenen Gottes Jahwe um. So wurde ihr Gott zum stärksten aller Götter. Der Preis dafür war hoch: Er wurde nun zu einem noch extremeren Despoten als der Gott der Assyrer.
Dank der extremen Verunsicherung der Bevölkerung gelang es dann der »Jahwe allein Bewegung« das Volk dazu zu bewegen die Verehrung aller andern Götter aufzugeben und es zur Annahme dieses despotischen Monotheismus zu bewegen.
Jahwes Gebote mussten nun kritiklos geglaubt und fundamentalistisch befolgt werden. So wurde die jüdische Religion in zunehmendem Maße zu einer fremdenfeindlichen intoleranten Gesetzes- und Buchreligion.
Individuelles religiöses Erleben wurde nur noch den großen religiösen Heroen der Frühzeit wie z. B. Abraham und Mose zugestanden.

Eine ähnliche fundamentalistische Verengung erfolgte dann wieder 2000 Jahre später nach der Reformation im Protestantismus. In seinen Anfängen bewirkte der Rückgriff

der Reformatoren auf die Bibel eine Befreiung von traditionellen Dogmen und von den Machtansprüchen des römischen Papsttums.
In den darauffolgenden Jahrhunderten (v. a. als Folge des Erlebens extremer Anomie während des 30-jährigen Krieges) erfolgte jedoch, im Rahmen der protestantischen Orthodoxie, eine immer stärkere Fixierung auf die Schrift allein (fundamentalistischer Glaube an die Verbalinspiration der Bibel!).

Nach einer aufklärerisch-liberaleren Entwicklung des Bibelverständnisses während des 18. und 19. Jahrhunderts, wurde im Zwanzigsten Jahrhundert, während des Widerstands der dialektischen Theologie und der Bekennenden Kirche gegen Hitler, die fundamentalistische Fixierung auf die Bibel wieder stärker.
Seit den sechziger Jahren des 20. Jahrhunderts erfolgte dann in einer Phase optimistischen wirtschaftlichen und gesellschaftlichen Aufbruchs (mit geringer Anomie) eine gesellschaftliche und kulturelle Liberalisierung.

Im religiösen Bereich äußerte sich diese durch Interesse an Begegnungen mit östlichen Religionen, durch das Aufkommen der Esoterik sowie durch die Hippybewegung etc. Die Folge war ein Ausbruch aus der dogmatisch erstarrten, lehrhaften Religiosität. Dieser Ausbruch ging und geht mit massiver Kritik an den Kirchen einher.

Als Ergebnis dieser jüngsten Geschichte wird heute Religiosität in einer Vielfalt von Formen gelebt

- die archaische und animistische in der Esoterik
- die mythische im Judentum, im Islam und in den meisten Kirchen, vor allem in den fundamentalistischen religiösen Gruppierungen
- die rationale in der rational-wissenschaftlichen Interpretation der religiösen Traditionen
- Stark an Bedeutung gewonnen haben auch die früher unterdrückten mystischen Formen von Religiosität.

In unserer Religionswerkstatt tragen wir diesen Entwicklungen Rechnung, indem wir Bekenntnisse nicht als unfehlbare Lehren (oder Dogmen) deuten. Wir versuchen, sie so zu verstehen, wie sie von ihren Verfassern ursprünglich gemeint waren und wagen es, sie sinngemäß und kreativ in unsere heutige Zeit zu übersetzen. Damit tun wir für die heutige Zeit dasselbe, was die Mitwirkenden im »Hundert Stimmen Strom« der biblischen Traditionen während vieler Jahrhunderte getan haben, die über viele während Jahrhunderten auch Mythen aus andern Religionen übernommen hatten. Dazu verwenden wir das Konzept eines integralen Bewusstseins.

Aus der Sicht eines integralen Bewusstseins bedarf das monotheistische Gottesbild der Juden, Christen und Muslime dringend einer Weiterentwicklung in Richtung einer vertikalen Oekumene und einer grösseren Toleranz.
Denn das in der Religionswerkstatt erarbeitete Wissen stellt unser traditionell männliches, monotheistisches Gottesbild massiv in Frage.

Wie uns die Geschichte der Religionen lehrt, kann die transzendente Realität (bzw. Aspekte von ihr) nur mit Hilfe einer Vielfalt von Symbolen erfasst werden. Wenn Symbole für die jenseitige Realität zu stark von Wunschprojektionen (z.B. nach eigener Allmacht!) verfälscht und die Vielfalt der Symbole auf ein einziges reduziert wird, entsteht die Gefahr, dass die transzendente Realität zu einseitig und zu starr abgebildet wird.
Dies betrifft nach meiner Ueberzeugung alle religiösen Symbole und Religionen, speziell aber den jüdischen, den christlichen sowie den muslimischen Monotheismus.

Entscheidende Impulse für ein neues Verständnis der Gottesbilder (oder Gottessymbole) verdanken wir Carl Gustav Jung, Jean Gebser Roberto Assagioli und Ken Wilber.

C. G. Jungs Tiefenpsychologie fußt (wie die Beiträge anderer Begründer der transpersonalen Psychologie) auf dem religiösen Erbe der Menschheit und speziell unserer westlichen Kultur, vor allem auf dem vom Christentum und dem Liberalismus erarbeiteten Konzept des Individuums.

Die Muster und Energien des kollektiven Unbewussten beschäftigten Jung fast sein ganzes Leben lang. In seinem Buch »Träume, Erinnerungen, Gedanken«[142] erzählt Jung den für seine Entwicklung zentralen Traum, der seinen Weg der Entdeckung der verschiedenen Schichten des individuellen und des kollektiven Unbewussten vorwegnahm.

Während das Freud'sche Unbewusste persönliche Erfahrung und Wünsche enthält, die aus dem Bewusstsein verdrängt worden sind, besteht Jungs kollektives Unbewusstes aus Material, das niemals zuvor im Geist des Individuums zu Bewusstsein gekommen ist. Die tieferen Schichten des Geistes sind der gesamten Menschheit zu eigen und nicht das persönliche und subjektive Eigentum eines bestimmten Individuums.

Sie sind unbewusst, nicht weil sie vergessen oder verdrängt worden wären, sondern sie existieren in einer verborgenen, verschlossenen Form, die normalerweise der aktiven Aufmerksamkeit nicht zugänglich ist.

Für C. G. Jung ist Religiosität alles andere als nur ein fundamentalistisches für wahr halten und praktizieren von Glaubenssätzen, sondern ein – auf der Bewusstseinsentwicklung, Kulturentwicklung und religiösen Entwicklung aufbauender Indivdiduationsprozess.

Träume und Visionen können für entsprechend begabte und sensible Menschen Formen individuellen religiösen Erlebens sein. Die traditionellen Gottesbilder sind für ihn Archetypen, d. h. Urbilder des kollektiven Unbewussten.

Speziell eindrückliche Beispiele für einen Individuationsprozess durch religiöse Erlebnisse sind die Visionen des Niklaus von Flüe.

10. Sterben, Tod und was darnach kommt

Das Thema »Sterben, Tod und was darnach kommt?« ist sowohl in religiöser wie auch in philosophischer Sicht das wohl schwierigste denkbare Thema. Allerdings auch sehr praxisrelevant, denn es betrifft uns alle todsicher.

Sterben, Tod und was darnach kommt, war für die Menschen zu allen Zeiten die größte Bedrohung ihrer Suche nach einem Lebenssinn. Aus diesem Grunde war es stets ein zentrales Thema der Religionen. Deshalb gehört es auch heute zu den Themen der Religionswerkstatt.

Während des christlichen Mittelalters gaben die allgemein anerkannten kirchlichen Dogmen und Riten den gläubigen Kranken und Sterbenden Halt.

Bild 25: Das Jüngste Gericht von Hans Memling (etwa 1433–1494)

Seit dem 19. Jahrhundert konnte die Entstehung des Lebens durch die darwinistische Evolutionstheorie empirisch überzeugender erklärt werden als durch die religiösen

Schöpfungsmythen der Bibel. Als Folge davon stehen die Naturwissenschaften (und ebenso die naturwissenschaftlich fundierte Medizin) auch mythisch-religiösen Aussagen in Bezug auf »Sterben, Tod und was nachher kommt?« äußerst kritisch gegenüber.

> Dieser Konflikt zwischen unserem mythisch-religiösen Erbe und dem naturwissenschaftlichen Weltbild raubt den heutigen Menschen die Geborgenheit, die das mythische biblische Weltbild des Mittelalters den Gläubigen angesichts von Sterben und Tod vermittelte.
> Die Symbole der mythischen Bewusstseinsstufe sind zwar in den religiösen Traditionen und als Archetypen im kollektiven Unbewussten immer noch vorhanden. Sie werden aber vom gesellschaftlich dominierenden, rationalen Bewusstsein als haltlose Phantasien oder als pathologisch kritisiert.
> Dieser Konflikt führt dazu, dass Sterben und Tod von den Einzelnen so lange als möglich verdrängt werden. Falls ihnen dies nicht mehr gelingt, greifen die Betroffenen entweder auf die mythisch-dogmatischen Vorstellungen ihrer Kindheit zurück (und suchen in ihrer Herkunfts- oder in einer fremden Religion dafür Bestätigung), oder sie erarbeiten sich eine integrative Verbindung zwischen ihrem mythischen Erbe und der dominierenden naturwissenschaftlichen Weltanschauung.

Neben dem erwähnten Konflikt erschwert auch der eigene biologische Alterungsprozess das Erarbeiten einer zeitgemäßen eigenen Meinung zu diesen komplexen Fragen. Denn diese Aufgabe fordert nicht nur unsere intellektuellen Fähigkeiten heraus, sondern auch unseren Mut, uns auf neue zeitgemäße Sichtweisen einzulassen.
Es ist deshalb von großer Bedeutung für den Verlauf unseres Alterns und unseres Sterbeprozesses, sich mit diesen Fragen zu befassen, bevor die dazu erforderlichen Kräfte schwinden.
Extrem schwierig wird die Bewältigung des Alterns für Menschen (meistens Männer!), welche die darwinistische (und kapitalistische) These vom Leben als »Kampf ums Dasein« verinnerlicht haben. Aus der Perspektive dieser Weltanschauung wird ihr Leben unnütz und sinnlos, sobald sie in diesem Kampf keine herausragende Leistung mehr erbringen können. Es ist deshalb nicht verwunderlich, dass im Alter manche von ihnen zynisch, depressiv oder alkoholsüchtig werden.
Menschen, die sich von traditionellen kirchlichen Bekenntnissen und von biblischen Mythen nicht mehr überzeugen lassen, suchen zum Teil in bildhaftem Erleben in Todesnähe Ermutigung. Die bekanntesten Formen sind die Nahtoderlebnisse.
Falls Patienten persönliche Erlebnisse dieser Art ihren Ärzten erzählen, erleben sie häufig, dass ihre Erfahrungen als pathologische Wahrnehmungstäuschungen abgetan werden. Oft werden sogar Medikamente eingesetzt, um diese Zustände möglichst

rasch zu beenden und die Patienten wieder in einen »normalen« Bewusstseinszustand zurückzuführen.

Viele sensible Menschen verzichten deshalb darauf, mit den sie behandelnden Ärzten über derartige – für sie kostbare – Erlebnisse zu sprechen, sondern behalten diese für sich.

Dies hat zur Folge, dass sie mit ihren Fähigkeiten zur Sinnsuche und Problembewältigung allein bleiben und im Falle von belastenden Formen von Nahtoderleben weder dialogisch begleitet noch ermutigt werden.

Das Thema erfordert intensives Nachdenken darüber, wie wir erkennen

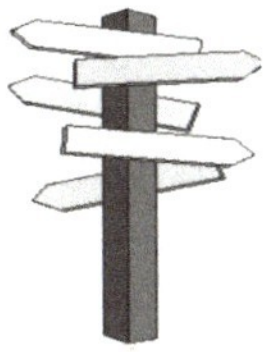

zum Vorgehen

Auf die Frage »Sterben, Tod und was darnach kommt?« können wir nur sinnvolle Antworten finden, wenn wir uns die Mühe nehmen, intensiv über die Art und Weise nachzudenken, wie wir Realität erkennen.

Ich werde deshalb der Auseinandersetzung mit inhaltlichen Vorstellungen über »Tod, Sterben und dem, was nachher kommt« eine Reihe von Beispielen und Ueberlegungen voranstellen, wie wir die Realität erkennen. Ich greife dazu auf Ueberlegungen zurück, die ich in verschiedenen Kapiteln meines Buches ausführlicher dargestellt habe.

Für die Suche nach hilfreichen Antworten auf unsere schwierige Frage ist rationales Denken unverzichtbar. Einseitig arrogantes rationales Denken kann aber die heute mit Sterben und Tod verbundenen Probleme so wenig lösen wie fundamentalistisches Zurückgreifen auf die mythologischen Antworten heiliger Schriften.

Für den Umgang mit diesen letzten Fragen benötigen wir ein integrales Bewusstsein, welches das mythische und das rationale Denken versöhnen kann.

Wichtige Etappen des Weges zu einem integralen Bewusstsein:

Bevor ich auf konkrete Vorstellungen zum Erleben in Todesnähe, und zu dem was uns nach dem Tod erwartet, eingehe, stelle ich in geraffter Form einige wichtige Etappen der Entstehung eines integralen Bewusstseins vor. Und darüber hinaus einige Pioniere, die dessen Entwicklung gefördert haben.

Wie Kinder denken

Als Ausgangspunkt wähle ich einige Beobachtungen des bekannten Schweizer Psychologen Jean Piaget an Kindern, die Sie vielleicht in ähnlicher Weise auch schon gemacht haben.

Wie ich im zweiten Kapitel dargestellt habe, stellen sich Kleinkinder auf der Stufe animistischen Denkens und magischen Handelns[143] vor, dass die Dinge beseelt sind und dass ihre kindlichen Wünsche deren Verhalten beeinflussen können.

Jean Piaget beobachtete, dass ein Zweijähriger zu weinen begann, weil eine an der Wand aufgehängte Fotografie herunterfiel und sagte, die Frauen darauf hätten sich beim Fallen wehgetan.

Kinder stellen sich auf dieser Entwicklungsstufe vor, dass die Dinge für den Menschen gemacht sind und von ihm Notiz nehmen, zum Beispiel

»Der Mond und die Straßenlaternen schicken uns Träume, um uns zu ärgern«.

Sie stellen sich auch vor, dass sie den Dingen Befehle erteilen können, und dass diese ihren Befehlen folgen. Sonne, Mond, Sterne gehorchen den Befehlen des Menschen. Diese Phase dauert bis zum Alter von ca. drei Jahren.

So erzählte ein Erwachsener Piaget die folgende Erinnerung

aus seiner Zeit als 5-Jähriger:

»Ich redete mir selbst ein, wenn es mir gelänge, die benötigten Worte oder die notwendigen Losungen zu finden, so könnte ich den großartigen Vögeln und prachtvollen Schmetterlingen in den illustrierten Handbüchern meines Vaters die Fähigkeit verleihen, wieder lebendig zu werden und aus dem Buch herauszufliegen, sodass nur Löcher zurückbleiben würden«.

Eine mythische Erklärung der Entstehung der Welt zeigt uns der folgende Dialog mit einem 9-Jährigen:

»Es sind Leute gekommen.«
»Woher?«
»Ich weiß nicht. Es hatte Blasen im Wasser, einen kleinen Wurm darauf, dann ist er groß geworden, er ist aus dem Wasser herausgegangen, dann hat er Nahrung aufgenommen, er hat Arme wachsen lassen, er hatte Zähne, Füße, einen Kopf, er ist ein Kind geworden.«
»Woher kam die Blase?«
»Aus dem Wasser. Der Wurm kam aus dem Wasser heraus. Die Blase ist geplatzt. Der Wurm ist hinausgegangen.«
»Was hatte es auf dem Grunde des Wassers?«
»Sie (die Blase) ist aus der Erde herausgekommen.«
»Und was ist aus dem Kind geworden?«
»Es ist groß geworden, es hat Kleine gemacht. Als es starb, haben die Kleinen Kleine gemacht. Dann hatte es welche, die Franzosen, Deutsche, Savoyarden ... geworden sind.«

Ab ca. 12 Jahren entwickelt das Kind die Fähigkeit zum abstrakten Denken und hypothetischen Schlussfolgern. Bei denen, die dieses Stadium erreichen, erweitert und bereichert dies ihre intellektuelle Welt außerordentlich. Diese Fähigkeit ist für das wissenschaftliche Denken unerlässlich, insbesondere befähigt es, Experimente zu gestalten und ihre Ergebnisse zu interpretieren.
Dieses rational-abstrakte Denken erlaubt es dem Jugendlichen, sich Alternativen vorzustellen, wie die Welt beschaffen sein könnte und systematisch alle möglichen Ergebnisse einer Situation abzuwägen.
Wenn Jugendliche fähig werden, systematische logische Schlussfolgerungen zu ziehen, bedeutet dies allerdings nicht, dass sie nun immer differenziert logisch denken würden. Aber sie verfügen nun im Prinzip über das Denkpotenzial intelligenter Erwachsener. Sie können jetzt systematisch denken und darüber spekulieren, was alternativ zum Bestehenden sein könnte. Dies ermöglicht ihnen, nicht nur wissenschaftlich-logisch zu denken, sondern auch Politik, Ethik und Science-Fiction zu verstehen.

Im 2. Kapitel habe ich nachgewiesen, dass nicht nur die Bewusstseinsentwicklung der Kinder, sondern auch diejenige der Menschheit eine archaische, eine magische und eine mythische Stufe durchlaufen, bevor die heute dominierende rationale Stufe erreicht wird.

Die Stufen der Bewusstseinsentwicklung		
Die Stufen der seelischen Entwicklung der Individuen		Die Stufen der kulturellen und religiösen Entwicklung der Menschheit
4. Die rationale Stufe	↑	4. Die rationale Stufe
3. Die mythische Stufe		3. Die mythische Stufe
2. Die magische Stufe		2. Die magische Stufe
1. Die archaische Stufe		1. Die archaische Stufe

Die Kehrseite des rationalen Denkens – ein arrogantes Ich

Die meisten von uns verstehen das rationale Denken als die höchste Stufe der Bewusstseinsentwicklung und sind stolz darauf, in einem aufgeklärt-rationalen Zeitalter zu leben.

Nach Ken Wilber hat die Entwicklung des rational-abstrakt denkenden Ichs jedoch auch eine Kehrseite.

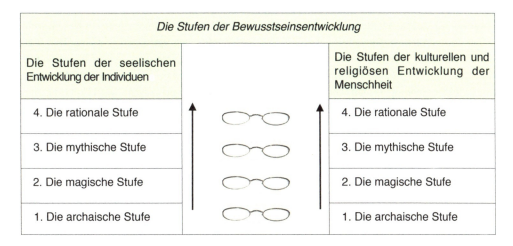

»Auf halbem Wege zwischen dem Unbewußten und dem Überbewußten fühlte sich das Ego jetzt in der Lage, seine Abhängigkeit von beiden zu leugnen ... Das Ego wurde aggressiv und arrogant.«

»Nicht mehr Achtung vor der Natur, sondern technologischer Angriff auf die Natur wurde die Devise.«

(Wilber Ken 1984: 220–26)

Beispiele:

1. Francis Bacon

Die Arroganz des rationalen Ichs zeigt sich eindrücklich am Beispiel von Francis Bacon, der als Begründer der modernen Naturwissenschaft gilt[144].

Mit seinem Werk NeuAtlantis (Originalausgabe 1624) wollte er die Macht und Herrschaft der Menschheit über das Universum errichten. Der Schlüssel zu diesem neuen Zeitalter der Macht über die Natur war nach Bacon die organisierte Forschung. Er beschreibt ein technokratisches Utopia, in dem eine wissenschaftliche Priesterschaft zum Wohl des gesamten Staates die Entscheidungsgewalt innehat und auch bestimmt, welche Naturgeheimnisse geheim bleiben sollen.
»Unterwerfung der Natur – das ist eine Idee, die nicht nur selbst schon sexistische Anklänge hat, sondern sich auch in einer sehr verräterischen Metaphorik artikuliert. Die Schriften Bacons geben uns dafür höchst sprechende Beispiele. In Ausdrücken, die sehr an die hochnotpeinlichen Hexenverhöre seiner Zeit erinnern, verkündete er, dass die Natur »sich unter den Versuchen und Eingriffen durch die Wissenschaft deutlicher zeigt, als wenn sie sich selbst überlassen bleibt«. Bei der Inquisition, der die Natur zur Ermittlung der Wahrheit zu unterziehen sei, müsse man in ihre geheimen »Höhlungen und Winkel« eindringen; man werde sie »sezieren«, und durch mechanische Mittel und die Hand des Menschen könne man sie »ihrem natürlichen Zustand entreißen und sie pressen und formen« – und hierin liege »die Einswerdung von menschlicher Erkenntnis und menschlicher Macht«. Der neuen Klasse von Naturphilosophen empfahl er, beim Verhör der Natur und bei ihrer Gestaltung nach dem Vorbild der Bergleute und Schmiede zu verfahren: »Der eine dringt forschend in ihre Eingeweide vor, der andere formt sie wie auf einem Amboss.«

Von der neuen Naturwissenschaft sprach er als einer »maskulinen Geburt«, die eine »gesegnete Rasse von Helden und Übermenschen«« hervorbringen werde.
Viele der frühen Fellows der Royal Society folgten Bacon in diesem Gebrauch des Wortes ›maskulin‹ für höhere und produktive Erkenntnis und sprachen wie er von der Unterwerfung und Beherrschung der Natur«.[145]

Dass Francis Bacons aggressiv-arrogantes Ich auch heute noch großen Einfluss auf Naturwissenschaftler hat, belegt der folgende Zeitungsausschnitt:

2. Jürgen Schmidhubers künstliche Intelligenz
Quintessenz eines Interviews im Tages Anzeiger[146] *vom 1.9.2016*

Jürgen Schmidhuber, einer der führenden Erforscher der künstlichen Intelligenz träumt seit seiner Pubertät davon, etwas Bedeutsameres als den Menschen zu schaffen. Er arbeitet mit seinen Mitarbeitern für Google und andere Technologiefirmen an der Entwicklung von Computern und Robotern mit künstlicher Intelligenz, die nach seiner Überzeugung bis in wenigen Jahrzehnten intelligenter und klüger sein werden als der Mensch. Sie werden dann das Weltall erobern und anstelle des Menschen den weiteren Verlauf der Geschichte steuern.

Das materialistische Denken ist zu naiv – unser Bewusstsein konstruiert die Welt

Das Nachdenken über unser Thema erfolgt häufig auf der Grundlage einer viel zu simplen Vorstellung davon, wie wir die Wirklichkeit erkennen.

> Die Wirklichkeit steht uns nicht einfach in Form materiell-objektiver Gegenstände gegenüber. Wir wissen von ihr nur mit Hilfe unseres Bewusstseins, d. h. sie wird von uns mittels unserer Sprache und Kultur konstruiert.
> Unser Bewusstsein ist ein Hybridprodukt aus Biologie (Gehirn) und Kultur.

Gestaltpsychologen haben schon vor Jahrzehnten gezeigt, dass Objekte und Ereignisse, im Gegensatz zu Farbe, Lautstärke oder Helligkeit, keine über die Augen und Ohren erfassbaren unmittelbaren Gegebenheiten sind. Wir müssen sie vielmehr aus einer Flut von physikalischen Impulsen herausfiltern und ableiten.
Eine biologische Spezies vermag derart abstrakte Aspekte der Außenwelt erst dann zu erfassen, wenn ihr Gehirn fähig wird, die Existenz von Dingen jenseits der rohen Sinnesdaten herauszuarbeiten. Es muss imstande sein, raumzeitliche Muster zu erkennen, die auf komplexe Objekte und Ereignisse verweisen.
Primitive Nervensysteme können nur sehr grobe und allgemeine Muster von Sinnesreizen verarbeiten. Primaten dagegen verfügen über ein Bewusstsein, das fähig ist, komplexere Muster zu erkennen.

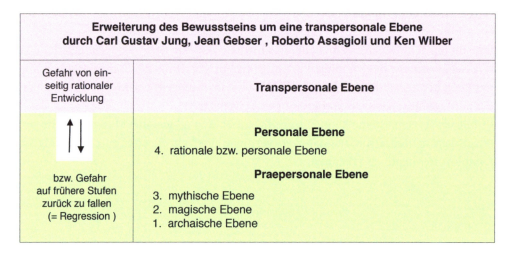

Das nebenstehende Vexierbild veranschaulicht die Schwierigkeiten, die sich bei der Mustererkennung stellen. Es kann entweder als Bild einer alten Frau, oder – wenn man deren Nase als Kinn und das Auge als Ohr interpretiert – als Kopf einer jungen Frau gedeutet werden.

Unsere Kultur bewirkt, dass wir bestimmte komplexe Muster leichter oder schwerer (oder evt. gar nicht) erkennen können.

Sigmund Freuds Entdeckung des Unbewussten

Ein Pionier bezüglich einer erweiterten Auffassung des Bewusstseins war Sigmund Freud mit seiner Entdeckung des irrationalen seelischen Unbewussten. Diese war für das arrogante rationale Ich des 19. und des beginnenden 20. Jahrhunderts eine massive Kränkung und hat Freud viel Kritik und viele Anfeindungen eingetragen.

Die transpersonale Stufe des Bewusstseins

Jean Gebser, Roberto Assagioli, Ken Wilber, sowie Carl Gustav Jung haben die präpersonale und die personale Bewusstseinsstufe um eine transpersonale Stufe erweitert:

Erweiterung des Bewusstseins um eine transpersonale Ebene durch Carl Gustav Jung, Jean Gebser , Roberto Assagioli und Ken Wilber	
Gefahr von einseitig rationaler Entwicklung	**Transpersonale Ebene**
↑↓	**Personale Ebene** 4. rationale bzw. personale Ebene
bzw. Gefahr auf frühere Stufen zurück zu fallen (= Regression)	**Praepersonale Ebene** 3. mythische Ebene 2. magische Ebene 1. archaische Ebene

Alle im Schema dargestellten Ebenen zusammen bilden das integrale Bewusstsein im Sinne von Jean Gebser.

Zum Beitrag von Jean Gebser

Rudolf Hämmerli, der Nachlassverwalter Jean Gebsers, hat die Grundideen von Gebsers Hauptwerk ›Ursprung und Gegenwart‹ folgendermaßen zusammengefasst:

Die Grundideen Jean Gebsers
1. daß das Bewußtsein über das mental-rationale Denken weit hinaus reicht und mit ihm nicht verwechselt werden darf; 2. daß das Bewußtsein entwicklungsfähig ist, sowohl im individuellen Leben als auch im kulturellen Ganzen der Menschheitsepochen; 3. daß im integralen Bewußtsein der Mensch sich seines geistiggöttlichen Ursprungs neu bewußtwerden kann, daß eine nüchterne, klare Religiosität oder Spiritualität jenseits von magischer Trance, mythischem Bild, mentalem Begriff gefunden werden kann. Jean Gebser spricht in diesem Zusammenhang vom Durchscheinenden, von der Transparenz des Göttlichen. (Wehr Gerhard 1996:173)

Zum Beitrag von Carl Gustav Jung

Freuds Traumdeutung basierte auf dem Grundkonzept der Verdrängung. Unangenehme, peinliche oder schuldbeladene Erlebnisse werden verdrängt, und damit unbewusst.

Jung dagegen sah im Unbewussten nicht einfach bloß ein Behältnis von unbrauchbaren und widerstrebenden Erlebnissen. Er erkannte darin etwas Schöpferisches und auch die Quelle allen künstlerischen Schaffens und damit letztlich auch der Kultur.

Jungs Konzept der Archetypen

Für das Verständnis mythischer Symbole und mythisch-religiösen Erlebens ist C. G. Jungs Entdeckung der Archetypen von entscheidender Bedeutung.
Beginnend mit einem wörtlichen Zitat aus Jungs Autobiografie, fasse ich es im folgenden zusammen:

»Um 1906 begegnete ich einer merkwürdigen Fantasie eines Paranoikers, der seit vielen Jahren interniert war. Der Patient hatte seit seiner Jugend an unheilbarer Schizophrenie gelitten. Er hatte die Volksschulen besucht und war als Angestellter in einem Büro tätig gewesen. Er war mit keinerlei besonderen Gaben ausgestattet, und ich selbst wusste damals nichts von Mythologie oder Archäologie; so war die Situation in keiner Weise verdächtig.
Eines Tages traf ich ihn an, wie er am Fenster stand, seinen Kopf hin und her bewegte und in die Sonne blinzelte. Er bat mich, dasselbe zu tun, und versprach mir, ich würde dann etwas sehr Interessantes sehen. Als ich ihn fragte, was er sähe, war er überrascht, dass ich selbst nichts sehen konnte, und

sagte: ›Sie sehen doch den Sonnenpenis – wenn ich meinen Kopf hin und her bewege, so bewegt er sich ebenfalls, und das ist der Ursprung des Windes‹.«

Jung begriff die sonderbare Idee ganz und gar nicht, hielt sie aber in einer Notiz fest. Ungefähr vier Jahre später entdeckte er ein Buch des Philologen Albrecht Dieterich, das ein Licht auf die von Jung in einer Notiz festgehaltene Szene warf. Nach Dieterich handelte es sich dabei um eine Mithrasliturgie, eine religiöse Anweisung für die Durchführung bestimmter Anrufungen des Gottes Mithras[147].
In Dieterichs Text las er die folgenden Weisungen:

›Hole von den Strahlen Atem, dreimal einziehend, so stark du kannst, und du wirst dich sehen aufgehoben und hinüberschreitend zur Höhe, sodass du glaubst, mitten in der Luftregion zu sein ... der Weg der sichtbaren Götter wird durch die Sonne erscheinen, den Gott, meinen Vater; in ähnlicher Weise wird sichtbar sein auch die sogenannte Röhre, der Ursprung des diensttuenden Windes. Denn du wirst von der Sonnenscheibe wie eine herabhängende Röhre sehen: und zwar nach den Gegenden gen Westen unendlich als Ostwind; wenn die Bestimmung nach den Gegenden des Ostens der andere hat, so wirst du in ähnlicher Weise nach den Gegenden jenes die Umdrehung (Fortbewegung) des Gesichts sehen‹.

Der Text zeigt die Absicht des Autors, den Leser selbst in die Lage zu versetzen, diese Vision zu erleben«[148] ...

Sein Patient hatte demnach versucht, Jung in ein Ritual zur Anrufung des Gottes Mithras einzuführen, zu dem er auf Grund seiner Biographie gar keinen Zugang haben konnte.

In den folgenden Jahrzehnten entdeckte Jung immer wieder, dass ähnliche Träume, Bilder und Mythen in entfernten Teilen der Welt, in sehr unterschiedlichen Kulturen und historischen Zeitabschnitten auftauchen.

Während das Freud'sche Unbewusste persönliche Erfahrung und Wünsche enthält, die aus dem Bewusstsein verdrängt worden sind, besteht Jungs kollektives Unbewusstes aus Material, das niemals zuvor im Geist des Individuums zu Bewusstsein gekommen ist. Die tieferen Schichten des Geistes sind der gesamten Menschheit zu eigen und sind nicht das persönliche und subjektive Eigentum eines bestimmten Individuums. Sie sind unbewusst, nicht weil sie vergessen oder verdrängt worden wären, sondern sie existieren in einer verborgenen, verschlossenen Form, die normalerweise der aktiven Aufmerksamkeit nicht zugänglich ist.

Durch seine Reisen und seine Forschungen entdeckte Jung, dass die Bilder des Helden, der Zwillingsbrüder, der Sonne, des ewig Weiblichen, der Reise in die Unterwelt, der

Schlange, des Mandala der Ganzheit und der Dynamik der Gegensätze immer wieder auftauchen und dieselbe ihnen zugrunde liegende Urform offenbaren, auch wenn sie jedes Mal mit den Besonderheiten der örtlichen Kultur ausgestattet sind.

> Jung zog daraus den Schluss, daß das Unbewußte eine kollektive Ebene hat, die allen Menschen gemeinsam ist.
>
> Nach Jungs Auffassung sind auch die Gottesbilder Archetypen, die bestimmte Aspekte der jenseitigen Welt darstellen.

Eine systemtheoretische Konzeption religiösen Erlebens und Handelns

Das nächste Schema beschreibt die Formen religiösen Erlebens und Handelns der transpersonalen Bewusstseinsebene – mithilfe des in den Sozialwissenschaften verbreiteten systemtheoretischen Denkens:

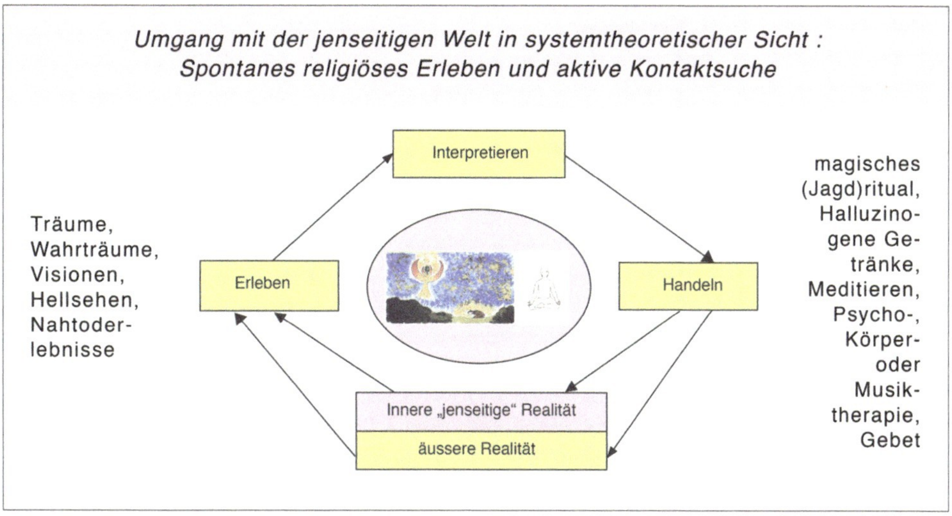

Zum Beitrag von Ken Wilber

Ken Wilber unternahm in Büchern eine ganze Reihe von Versuchen, die transpersonale Stufe des Bewusstseins und die spirituelle Entwicklung der Individuen – unter Berufung auf seine buddhistischen Lehrer – in hierarchisch geordnete Unterebenen aufzuteilen[149].

Die Reihenfolge von der archaischen Ebene bis zur rationalen Ebene wurde durch empirische interkulturelle Untersuchungen als universell gültig nachgewiesen. Dabei erreichen allerdings nicht alle Menschen die rationale Stufe. Ein derartiger Universalismus ist für Wilbers Stufenschema der transpersonalen Ebene nicht belegt.

Ich verzichte deshalb im folgenden Schema darauf, eine feststehende Reihenfolge der transpersonalen Entwicklungsstufen zu postulieren. Denn die spirituelle Entwicklung Einzelner durchläuft nicht immer alle diese Stufen und auch nicht immer in der von Wilber behaupteten Reihenfolge.

Die Formen des transpersonalen Bewusstseins nach Ken Wilber:

- Erfahrung der Leere der Gottheit, reines Sein, Stufe, die allem, was entstehen kann, voraus liegt. Erleben der Identität mit dieser Wirklichkeit
- Kausale Ebene = Einheitserfahrung mit einem Gegenüber (mit personalem Gott z.B. Brahma, Allah oder Jahwe)
- Subtile Ebene = Uebersteigen des Ich Bewusstseins mittels Bilder und Symbolen, Visionen und Prophetien
- Parapsychologische oder paranormale Erlebnisse, z.B. Hellsehen
- Ausserkörperliche Erfahrungen, Nahtoderfahrungen

Wilbers höchste Stufe und die Grundlage aller transpersonalen Erscheinungen ist ein formloses Bewusstsein.
Auf dieser Stufe gibt es kein Selbst mehr, keinen Gott mehr, keine Subjekte, keine Dinge, sondern nur noch Präsenz des reinen Bewusstseins.

Diese grundlegende Ebene ist für Ken Wilber die mystische.

Mystiker aller Zeiten berichten uns, sie hätten diesen gemeinsamen Urgrund allen Lebens (und sich als Teil davon) erfahren.
Als Beispiel einer modernen Form mystischer Religiosität zitiere ich die Beschreibung des mystischen Einheitserlebnisses durch den Neurochirurgen Eben Alexander während seines Nahtoderlebnisses:

»Ich erkannte, dass die Verbote mancher Religionen, Gott zu benennen oder die göttlichen Propheten bildlich darzustellen, tatsächlich intuitiv richtig waren, weil die Realität Gottes in Wahrheit so völlig jenseits all unserer menschlichen Versuche liegt, Gott in Worte oder Bilder zu fassen, während wir hier auf der Erde sind.
Genau wie mein Bewusstsein sowohl individuell als auch gleichzeitig völlig eins mit dem Universum war, zogen sich die Grenzen dessen, was ich als mein ›Ich‹ erlebte, bisweilen zusammen und erweiterten sich dann wieder, um alles einzuschließen, was bis in alle Ewigkeit besteht. Das Verschwimmen der Grenze zwischen meinem Bewusstsein und dem Bereich um mich herum ging bisweilen so weit, dass ich zum gesamten Universum wurde. Ich könnte es auch so ausdrücken, dass ich in dem Moment ein Gleichsein mit dem Universum bemerkte, welches die ganze Zeit existiert hatte, für das ich aber bisher blind gewesen war.«[150]

»Mit Gott zu kommunizieren ist die außergewöhnlichste Erfahrung, die man sich vorstellen kann. Aber es ist gleichzeitig die natürlichste Erfahrung von allen, weil Gott jederzeit in uns allen ist. Allwissend, allmächtig, persönlich – und er liebt uns bedingungslos. Wir sind eins mit Gott – an ihn angeschlossen durch unsere göttliche Verbindung.«[151]

Wer einen Zugang zu einem integralen Bewusstsein gefunden hat, lässt allen früheren Bewusstseinsstufen die ihnen gebührende Anerkennung zukommen.

Er oder sie ist fähig bei der Betrachtung von 30'000 Jahre alten Höhlenmalereien zu staunen und mit zu empfinden, wenn die eigenen Kinder von biblischen Mythen, wie beispielsweise der Weihnachtsgeschichte, fasziniert sind.

Er oder Sie kann sich aber auch von überholten Aussagen oder Irrtümern seiner Herkunftstradition distanzieren und das Wertvolle der Tradition für Gegenwart und Zukunft kreativ aktualisieren.

Rituale und Symbole zu Sterben und Tod aus archäologischen Funden und Heiligen Schriften

zum Vorgehen

Die frühesten Rituale und Symbole für den Umgang mit Sterben und Tod waren religiöser Art. Wie C. G. Jung durch seine Entdeckung der Archetypen nachgewiesen hat, wirken sie in uns bewusst oder unbewusst bis heute nach. Die darin erkennbare Entwicklung des Bewusstseins hat unsere Art zu Denken geprägt und prägt sie immer noch.
Zum Weg zu einem integralen Bewusstsein gehört, sich die Wirkung dieser - heute den meisten nicht mehr bewussten - Interpretationsmuster bewusst zu machen.

Die Vorstellungen vom Tod und vom Leben darnach waren stets vom jeweiligen Stand der Bewusstseinsentwicklung und vom Entwicklungsstand der Lebensbedingungen der Lebenden geprägt. Dies belegen die seit der ausgehenden Alt- und Mittelsteinzeit nachweisbaren Bestattungen und rituellen Totenbehandlungen:

Bild 26: Hockergrab
Mitterkirchen Keltendorf - Fürstengrab 3 aus der Hallstattzeit (ca.800–450 v. Chr.)

Hockergräber gehören zu den ältesten bekannten Beerdigungsformen. Die ältesten bisher gefundenen Gräber datieren noch in die Jüngere Altsteinzeit. In Europa war diese Bestattungsform ab der frühen Jungsteinzeit (ca. 5600 bis 2200 v. Chr.) bis in die früheste Bronzezeit die häufigste.

Die Menschen der animistischen und mythischen Bewusstseinsstufe stellten sich die Welt der Toten als reale andere Welt vor, die der eigenen vergleichbar war, so wie sie Träume und Visionen als reale Begegnungen mit einer anderen Welt, z. B. mit Engeln oder als Kontakte mit Göttinnen oder Göttern interpretierten.

In ihrem Buch »Eva – Mutter des Lebendigen« hat Silvia Schroer ein Siegelamulett aus der frühen Mittelbronzezeit mit dem Symbol für den Mutterschoß abgebildet:

Bild 10: Ovales gewölbtes Siegelamulett mit omega-förmigem Symbol Südöstliches Anatolien, frühe Mittelbronzezeit (1750–1700 v. Chr.) (siehe Bild 10, S. 51)

Das omegaförmige Symbol kann als Symbol für den Mutterschoss gedeutet werden, das Kreissegment evt. als Symbol für die weibliche Scham. Solche Siegelamulette sind in der Regel in Kindergräbern gefunden worden.

Aus Silvia Schroer »Eva-Mutter des Lebendigen« (S.107)

Dieses Zeichen ist schon auf frühen mittelbronzezeitlichen, winzigen Siegelamuletten aus Anatolien, später auch Palästina/Israel speziell verstorbenen Kindern mitgegeben worden.

»Es dürfte den konkreten Mutterleib, darüber hinaus auch den göttlichen Mutterleib und den Leib der Erde symbolisiert haben. Im Hebräischen entspricht dem Zeichen das Wort raechaem ›Mutterschoß‹, von dem sich rachamim ›Mitgefühl‹ ableitet ... ist im alten Israel raechaem von zentraler Bedeutung im Menschen- und sogar Gottesbild. Im Mutterschoß machen sich Regungen zugunsten allen Lebens bemerkbar.«

Aus Silvia Schroer »Eva-Mutter des Lebendigen« (S. 30/31)

Silvia Schroer zeigt uns damit einerseits ein tröstendes Symbol für Leben und Sterben und anderseits auch, wie bedeutsam weibliche Symbole der göttlichen Wirklichkeit im Nahen Osten in der vorbiblischen und in der biblischen Zeit waren.

Auch für die Evolutionsbiologie war und ist mit dem Tod nicht alles zu Ende. Nach der Meinung von Carel van Schaik und Kai Michel[152] finden wir in allen Kulturen der Welt in mehr oder weniger ausgeprägter Form den Glauben an das Weiterleben der Toten als Geister und Ahnen. Der Tod, so unheimlich er sein mochte, wurde nicht als das Ende von allem empfunden. Er war der Beginn einer anderen Existenzform. Das scheint eine universale Annahme zu sein[153].

> »Ein Glaube an die Unsterblichkeit der Toten taucht in allen Kulturen genauso auf wie die Verehrung der Ahnen. Die Ahnen mochten unsichtbar und nicht immer genau zu lokalisieren sein – sie waren jedoch nicht völlig anders, als sie es als lebende Personen gewesen waren. Sie gehorchten derselben Psychologie; sie beeinflussten die Welt der Menschen und liessen sich beeinflussen«.

»Dem ursprünglichen Animismus des Homo sapiens zufolge sind die Seelen der Toten nach Pascal Boyer »weltweit die meistverbreiteten übernatürlichen Akteure« ... Menschen können sich schlicht nicht vorstellen, überhaupt tot zu sein.«
»Was liegt also näher als anzunehmen, dass ein Toter als »körperloser Geist« weiterexistiert, fragt der Evolutionspsychologe Jesse Bering ... Der überzeugte Atheist Bering erfuhr es am eigenen Leib: Nach dem Tod seiner Mutter wusste er sehr wohl, dass sich der Leichenbeschauer des toten Körpers angenommen hatte. Doch als ein Windstoß das Klangspiel vor ihrem Schlafzimmerfenster zum Klingen brachte, war ihm sofort klar: »Sie sagt mir, dass alles in Ordnung ist«.
Diese uralten Intuitionen kommen noch ohne ein explizites Totenreich aus. Bei Jägern und Sammlern wurde oft an Wiedergeburt geglaubt. Der Geist eines Verstorbenen suchte sich einen neuen Körper. Doch auch wenn er als Ahne fortlebte, brauchte er keinen andersgearteten Aufenthaltsort. Er lebte unsichtbar in der natürlichen Welt, vielleicht in einer den Lebenden schwer zugänglichen Sphäre. Als Geist war man so, wie man es als Mensch gewesen war.«[154]

Impulse der Evolutionsbiologie für das Bibelverständnis

Carel van Schaik (Anthropologe und Evolutionsbiologe) und Kai Michel (Historiker und Literaturwissenschaftler) haben zusammen ein Buch geschrieben. Sein Titel lautet: »Das Tagebuch der Menschheit – was die Bibel über unsere Evolution verrät[155]«.

Sie betonen, unter Berufung auf die Schweizer Alttestamentler Othmar Keel und Thomas Staubli, dass an der Bibel viele Autoren über einen Zeitraum von 1000 Jahren mitgewirkt haben[156]:

»Wir glauben aber, die Lektüre fällt leichter, wenn man die Bibel als Tagebuch der Menschheit begreift, als eines, an dem tausend Jahre geschrieben und gearbeitet wurde.
Das deshalb oft so widersprüchlich erscheint ... Denn damit fällt auch die Verpflichtung fort, die makellose Schrift eines makellosen Gottes sein zu müssen.«

(Van Schaik Carel und Kai Michel 2016: 488)

Zur Geschichte des Todes im Alten Testament

In Israels Frühzeit gab es zwischen seinem Gott Jahwe und den Toten keine Beziehung, weil der Umgang mit dem Tod, (bzw. der Totenkult) wie auch der Kult der Ahnen[157], in vormonotheistischer Zeit der familiären Frömmigkeit vorbehalten blieb. Ein Beispiel dieser familiären Frömmigkeit finden wir im von Silvia Schroer im obigen Kästchen dargestellten Symbol des Mutterschoßes.
Nach Thomas Staubli[158] wurde in Israel manchmal der Kopf der Toten in ähnliche omegaförmige Nischen gelegt. Man stellte sich die Erde als großen Mutterschoß vor, der nicht nur das Leben gebiert, sondern totes Leben auch barmherzig wieder aufnimmt.

Carel van Schaik und Kai Michel weisen darauf hin, dass die Tora das Thema des Todes totschweigt. Sie betonen, dass sich im Alten Testament aber doch Aussagen zum Tod finden, nämlich in der Form von Verboten, die über die Tora verstreut sind.

»Da werden Trauerbräuche für tabu erklärt: das Scheren von Haar und Bart zum Beispiel, das Zufügen von Ritzungen und Verstümmelungen. Auch ist es untersagt, die Toten mit Speisen zu versorgen. Die Geister der Toten beschwören?
Streng verboten! Und jeder Kontakt mit den Toten macht unrein.
Manches, was die Tora verbietet, taucht an anderer Stelle der Bibel indes als alltägliche Praxis auf. Keine Überraschung: »Gesellschaften verbieten keine Handlungen, die niemand praktiziert.« Spektakulär ist, wie König Saul zur Hexe von Endor geht (vgl. 1. Sam 28), damit sie den Geist des Propheten Samuel aus dem Totenreich heraufbeschwört.

»Warum hast du meine Ruhe gestört?«, schimpft dieser und gibt doch bereitwillig Auskunft. Auch finden wir das ganze Spektrum von Trauerriten wie das Zerreißen der Kleidung, das Bestreuen des Hauptes mit Asche oder das laute Beweinen durch Klagefrauen. Es sind Praktiken, wie sie in unzähligen Kulturen der Welt existieren. Man kann von diesen Formen des Toten- und Ahnenkultes als einer »anthropologischen Grundkomponente« sprechen, die fester Bestandteil dessen ist, was wir als intuitive Alltagsreligion bezeichnen.

Die Bibelautoren jedoch unternehmen alles, um die bedeutende Stellung der Toten und der Fürsorge für sie im antiken Israel herunterzuspielen. Ganz gelang es ihnen jedoch nicht, alle Spuren zu beseitigen.«

»Es war der Monotheismus, der eben nicht nur allen andern Göttern, sondern auch den Geistern den Krieg erklärte und den Ahnenkult totzuschweigen versuchte.«

(Van Schaik Carel und Michel Kai 2016: 355/356)

Dem Thema ›Sterben, Tod und was darnach kommt‹ konnte der Jahweglaube allerdings nicht mehr ausweichen, als das physische Überleben, die Freiheit und die Identität Israels durch koloniale Unterdrückung durch fremde Völker extrem bedroht wurde[159]. Diese für viele Individuen lebensbedrohliche Situation führte in Israel zur Entstehung der jüdischen Apokalyptik[160].
Die Apokalyptiker erwarteten ein baldiges, durch Gott herbeigeführtes Ende der gegenwärtigen, verdorbenen Welt, dem dann eine neue und bessere Welt folgen würde. Die von politischen Krisen, Kriegen, Unterdrückung und Terror hervorgerufenen Todesängste wurden dadurch bewältigt, dass die Reichweite des Jahweglaubens um den Glauben an ein Leben nach dem Tod erweitert wurde.

»Deine Toten aber werden leben, ihre Leichname stehen wieder auf. Wacht auf, und jubelt, ihr Bewohner des Staubs!« (Jes 26:19).

»Viele von denen, die im Erdenstaub schlafen, werden erwachen, die einen zum ewigen Leben und die anderen zu Schmach, zu ewigem Abscheu« (Dan 12,2).

Das Wissen des Danielbuches ist allerdings Geheimwissen:

Du aber, Daniel, halte die Worte geheim und versiegle das Buch bis zur Zeit des Endes (Dan 12,4).

Aus diesen apokalyptischen Traditionen stammt die Vorstellung einer leiblichen Auferstehung der Toten, die sowohl im Judentum wie auch im Christentum bis heute nachwirkt.

Zur christlichen Auferstehungshoffnung

Jesus und die von ihm ins Leben gerufene gewaltlose Befreiungsbewegung erwarteten den baldigen Anbruch der Gottesherrschaft. Sie hofften auf eine Gesellschaft ohne koloniale Unterdrückung, in der alle Menschen – unabhängig von ihrem gesellschaftlichen Status – über die gleiche, ihnen von Gott verliehene, Würde verfügen würden.

Die Hinrichtung Jesu stellte diese Hoffnungen brutal infrage.

Gemäss den ältesten biblischen Zeugnissen begegnete Jesus nach seinem Tode einigen seiner Jünger und Jüngerinnen im einem Traum oder in einer Vision. Diese Erlebnisse vermittelten ihnen ermutigende Impulse für die Bewältigung ihrer durch seinen Tod bewirkten Lebenskrise und der Krise, der von Jesus ins Leben gerufenen Befreiungsbewegung.

Eine Vision bewirkte auch, dass der Christenverfolger Paulus zum Anhänger Jesu wurde, dem die Gründung von christlichen Gemeinden im Römischen Reich zu verdanken ist. Dank Paulus wurde die Jesusbewegung aus einer erfolglosen jüdischen Reformbewegung zu einer erfolgreichen Religion im gesamten Römischen Reich. Eines der zentralen Anliegen der Jesusbewegung war die von Gott allen Menschen verliehene gleiche Würde, unabhängig von ihrem gesellschaftlichen Status. Paulus hat auch in der hellenistischen Kultur des Römischen Reiches an dieser grundlegenden Wertvorstellung festgehalten und sich auch unter römischer Herrschaft für dieses Anliegen eingesetzt.

Nach ihm hat sich dann das Christentum über viele Jahrhunderte hinweg – im Rahmen verschiedenster Gesellschaftsformen und Kulturen – für die Menschenwürde eingesetzt und so entscheidend dazu beigetragen, das Konzept des westlichen Individuums zu schaffen und durchzusetzen.

Der Auferstehungsglaube der frühen Christen bezog sich also nicht nur auf ihr individuelles Überleben des Todes, sondern auf die Erneuerung der gesamten Welt.
Entsprechend ihrem archaischen Traumverständnis interpretieren die JüngerInnen Jesu ihre Träume und Visionen objektiv-realistisch: *Jesus lebt!*
Die Erscheinungen konnten auch in einer theologisch reflektierteren Form gedeutet werden: *Gott hat Jesus von den Toten auferweckt!*

Im ältesten Paulusbrief (1. Thess aus dem Jahr 50) wird von dem Sohn gesprochen »den Gott von den Toten auferweckt hat« (1. Thess 1,10).

Diese objektiv-realistische Interpretation der Erscheinungen Jesu wurde durch das gedankliche Konstrukt der damaligen Kultur ermöglicht, dass Tote auferstehen können:

Im 15. Kapitel des 1. Korintherbriefes setzt sich der Apostel Paulus mit der Behauptung auseinander, dass es keine Auferstehung der Toten gebe (1. Kor 15, 12ff.):

Wenn aber verkündigt wird, dass Christus von den Toten auferweckt worden ist, wie können dann einige unter euch sagen, es gebe keine Auferstehung der Toten? (1. Kor 15,12)
Nun aber ist Christus von den Toten auferweckt worden, als Erstling derer, die entschlafen sind.
Da nämlich durch einen Menschen der Tod kam, kommt auch durch einen Menschen die Auferstehung der Toten.
Denn wie in Adam alle sterben, so werden in Christus auch alle zum Leben erweckt werden.
Jeder aber an dem ihm gebührenden Platz: als Erstling Christus, dann die, die zu Christus gehören, wenn er kommt.
Dann ist das Ende da, wenn er das Reich Gott, dem Vater, übergibt, wenn er alle Herrschaft, alle Gewalt und Macht zunichtegemacht hat.
Denn er soll herrschen, bis Gott ihm alle Feinde unter die Füße gelegt hat. Als letzter Feind wird der Tod vernichtet. (1. Kor 15,20–26).

Wie diese Bibelstelle belegt, begründeten die Christen ihre Hoffnung auf ihre eigene Auferstehung nach dem Tode mit der Auferstehung Jesu, den sie sich als himmlischen von Gott eingesetzten Herrscher über das All vorstellten.

Bild 17: Christus als Pantokrator
(= Herrscher über das All)
(siehe Bild 17, S. 105)

Mosaik im byzantinischen Stil. in der Apsis der Kathedrale von Cefalu auf Sizilien (Italien)

Wie dieser Glaube an Jesu Auferstehung entstanden ist, habe ich im Kapitel über unser neutestamentliches Erbe ausführlich dargestellt.

Historisch nachweisbar ist nur die Überzeugung von Anhängern Jesu, dass der Getötete einzelnen von ihnen erschienen sei. Die Interpretation dieser Erlebnisse als Auferstehung Jesu vermag aber für Menschen auf der rationalen Bewusstseinsstufe den Glauben an eine reale körperliche Auferstehung nicht überzeugend zu begründen. Daran ändert auch die Tatsache nichts, dass diese Interpretation im 5. Jahrhundert im ›apostolischen Glaubensbekenntnis‹, zum kirchlichen Dogma erklärt worden ist:

Ich glaube an Gott,
den Vater, den Allmächtigen,
den Schöpfer des Himmels und der Erde.

Und an Jesus Christus,
seinen eingeborenen Sohn, unsern Herrn,
empfangen durch den Heiligen Geist,
geboren von der Jungfrau Maria,
gelitten unter Pontius Pilatus,
gekreuzigt, gestorben und begraben,
hinabgestiegen in das Reich des Todes,
am dritten Tage auferstanden von den Toten,
aufgefahren in den Himmel;
er sitzt zur Rechten Gottes,
des allmächtigen Vaters;
von dort wird er kommen,
zu richten die Lebenden und die Toten.

Ich glaube an den Heiligen Geist,
die heilige katholische *(christliche/allgemeine)* Kirche,
Gemeinschaft der Heiligen,
Vergebung der Sünden,
Auferstehung der Toten
und das ewige Leben.
Amen.

Die Gewissheit der Jüngerinnen und Jünger, dass Jesus nach seinem Tode lebt, ist die das Resultat der Interpretation ihrer Träume und Visionen mittels jüdischer Denkmodelle des ersten Jahrhunderts.

Diese bezogen ihre Plausibilität und Überzeugungskraft aus ihrem kulturellen Kontext.

Sie verloren diese Plausibilität aber mit dem kulturellen Wandel oder ausserhalb ihrer Ursprungskultur.

Für Menschen auf der rationalen Stufe des Bewusstseins ist es deshalb heute nicht mehr möglich, unter fundamentalistischer Berufung auf die Auferstehungstexte der Bibel an ihre eigene Auferstehung zu glauben.

Die biblischen mythischen Aussagen werden deshalb nicht einfach falsch oder ungültig, aber relativ,

- relativ zu einer bestimmten historischen Problemsituation,
- relativ zu einer bestimmten Stufe der Bewusstseinsentwicklung,
- relativ zu bestimmten kulturellen Selbstverständlichkeiten oder Plausibilitäten.

Träume und Visionen vermittelten in Krisensituationen Anregungen zu sinnvollem und ethisch verantwortbarem Handeln. Die daraus resultierenden Problemlösungen sind zeitgebundene Wahrheiten. Deshalb sollten sie nicht zu unveränderlichen Dogmen erklärt, sondern reformierbar bleiben.

Der emeritierte Professor für Neues Testament, Gerd Theissen, betonte, dass es von unserer Konstruktion der Wirklichkeit abhänge, ob wir es für möglich halten, dass auch durch innerpsychische Prozesse eine objektive Botschaft an Menschen vermittelt werden kann.
Als Beispiel erwähnte er die Richtigkeit mancher Informationsübertragungen während oder nach dem Tode von Menschen (von denen Menschen vor allem in Kriegszeiten berichten).

Vgl. dazu die Beispiele im nächsten Abschnitt zu Träumen, traumartigem Erleben, Visionen, parapsychologischen Phänomene und Nahtoderlebnissen

C. G. Jung und sein Schüler Felix Wirz trafen in Bezug auf den Aussagewert von Visionen die Unterscheidung zwischen Aussagen auf der Subjektstufe und Aussagen auf der Objektstufe.

- Aussagen auf der Subjektstufe betreffen nur die innere Situation des Träumers. Sie sind also ausschließlich auf das betreffende Ich bezogen.
- Eine Aussage auf der Objektstufe stellt dagegen eine auf ein Objekt bzw. auf ein reales Ereignis bezogene Aussage dar.

Grundsätzlich bestehen bei der Interpretation von Träumen und Visionen beide Möglichkeiten. Oft enthält die Aussage beides gleichzeitig, eine subjektiv zutreffende Meldung und einen objektiv gültigen Bericht. Beide werden meistens in der Symbolsprache des Unbewussten ausgedrückt.

Damit nicht zusammenhanglose Kombinationen entstehen, ist es notwendig, Aussagen bezüglich der Objektstufe sorgfältig zu überprüfen. Falls dies nicht real möglich ist, können manchmal spätere Träume oder Visionen die Aussage bekräftigen oder korrigieren.

Der Verrat der frühchristlichen Grundüberzeugungen durch die katholische Kirche

Der Auferstehungsglaube der frühen Christen bezog sich nicht nur auf ihr individuelles Überleben des Todes, sondern auf die Erneuerung der gesamten Welt.
Das Christentum hatte sich deshalb über viele Jahrhunderte hinweg – im Rahmen verschiedenster Gesellschaftsformen und Kulturen – für die Menschenwürde und entsprechende gesellschaftliche Reformen eingesetzt. So hatte es wesentlich dazu beigetragen, das Konzept des westlichen Individuums zu schaffen und durchzusetzen.

Seit dem Mittelalter ist dann leider die katholische Kirche unter der Führung machtgieriger Päpste einem absolutistischen Machtrausch erlegen. Sie erhob den Anspruch, allein über die Wahrheit zu verfügen und versuchte, ihre Version der Wahrheit (mittels Inquisition und Konfessionskriegen) mit Gewalt durchzusetzen.

Der säkulare Liberalismus als Gegenbewegung gegen dogmatische Intoleranz und Machtmissbrauch

Als Gegenbewegung entstand der säkulare Liberalismus der Aufklärung. Dieser hat den ursprünglich christlichen Wert der statusunabhängigen Menschenwürde verteidigt und zu ihrem Schutz Rechtsformen entwickelt. Diese liberalen Grundrechte hat er dann in einem jahrhundertelangen politischen Kampf gegen den kirchlichen und politischen Absolutismus durchgesetzt.

Bilanz zum Auferstehungsglauben

> Bilanz in Bezug auf den Auferstehungsglauben Der Auferstehungsglaube der frühen Christen bezog sich nicht nur auf ihr individuelles Ueberleben des Todes sondern auf die Erneuerung der gesamten Welt. Dieser Glaube veranlasste sie, sich für die - allen Menschen von Gott verliehene - gleiche Würde einzusetzen, unabhängig von ihrem jeweiligen gesellschaftlichen Status.

Diesen Werten Geltung zu verschaffen war eine schwierige, jahrhundertelang dauernde und mit Rückschlägen verbundene, Aufgabe. Absolutistische Regierungen und machthungrige Kirchenleitungen haben sich zeitweise einseitig auf die Seite der Reichen und gesellschaftlich Mächtigen gestellt und ihre christlichen Grundwerte verraten.
Diese Werte scheinen mir jedoch auch heute noch überzeugend.

Der Glaube an die Unsterblichkeit der Toten war in allen frühen Kulturen selbstverständlich, genauso wie die Verehrung der Ahnen als Geister.
Der jüdische Monotheismus hat dann den familiären Totenund Ahnenkult vom persönlichen Miterleben des Sterbens der eigenen Angehörigen im Kreise der Familie gelöst und den Glauben an Geister verboten. Damit ersetzte er den Glauben an ein individuelles Leben nach dem Tode als Geist durch die politisch motivierte jenseitige Utopie einer besseren und gerechteren Welt, über deren Zugänglichkeit für jeden Einzelnen das jüngste Gericht entscheiden werde.

Für Menschen der rationalen Bewusstseinsstufe ist dieser, durch fundamentalistischen Rückgriff auf die biblische Utopie einer ausgleichenden Gerechtigkeit im Jenseits begründete, Glaube nicht mehr überzeugend. Die in den letzten Jahrzehnten aufgekommene Diskussion um Nahtoderfahrungen hat nun zur Frage von Sterben, Tod und was darnach kommt, den ganz persönlichen, erlebnismässigen Bezug wieder hergestellt, den der jüdische Monotheismus verdrängt hatte.
Ob und wie weit bildhaftes Erleben in Todesnähe und Nahtoderlebnisse eine objektive Realität abbilden, hängt entscheidend von den wissenschaftstheoretischen und weltanschaulichen Grundüberzeugungen der Urteilenden ab.

Was wir von bildhaftem Erleben in Todesnähe und von Nahtoderlebnissen lernen können

In der Diskussion um Sterben, Tod und was darnach kommt, spielen auch Berichte von bildhaftem Erleben in Todesnähe eine wichtige Rolle. Wir verdanken diese den Fortschritten der Medizin in den letzen Jahrzehnten. Der modernen Medizin ist es gelungen eine wachsende Zahl von Menschen, die sich am Rande des Todes befanden, ins Leben zurück zu holen.

Für meine Zusammenfassung dieser aktuelle Diskussion stütze ich mich in erster Linie auf den von Pierre Bühler und Simon Peng-Keller als Schlussbericht eines Forschungsprojektes im Rahmen des Schweizerischen Nationalfonds (mit dem Schwerpunkt »Lebensende«) herausgegebenen Sammelband »Bildhaftes Erleben in Todesnähe«.[162]

Ferner

- auf Diane Hennacy Powells Buch »Das Möbius Bewusstsein«,
- auf Karl Pribrams holonomes Gehirnmodell[163],
- auf das Buch von Ervin Laszlo »Zu Hause im Universum – Die neue Vision der Wirklichkeit« und
- auf das Nahtoderlebnis des renommierten Neurochirurgen Dr.Eben Alexander[164] und auf dessen Versuch sein Erlebnis zu verstehen
- das Buch »Endloses Bewusstsein« des holländischen Kardiologen Pim van Lommel[165]«.

Pierre Bühler und Simon Peng-Keller betonen in der Einleitung ihres Buches, dass erlebte Todesnähe oft bedeutet, in Bilderwelten einzutauchen.

»Gewiss, nicht erst im Sterben finden wir uns in Bilderwelten wieder. Wir leben ständig mit ihnen, in unserer bildvermittelten Welt- und Selbstwahrnehmung und besonders intensiv in unseren Träumen. In Todesnähe stellen sich jedoch Bilder besonderer Art ein, bei Sterbenden und Menschen in komatösen Zuständen ebenso wie bei Zurückbleibenden. Der vorliegende Studienband geht dem Sinn und den verschiedenen Formen dieses Bilderlebens nach, und fragt nach seiner Bedeutung für die Begleitung von Menschen in Todesnähe.«
»Eine Verstehensbrücke zu den von uns untersuchten Erlebnisformen bildet das allnächtliche Traumerleben. Dass der Schlaf und der Tod, das Einschlafen und das Sterben, manches gemeinsam haben, ist eine alte Beobachtung, die für unsere Studie bedeutsam ist.«

> »Bilder und die in ihnen sich verdichtenden Geschichten offerieren Sinn an der Grenze des Lebens, ohne das Nichtverstehbare und Widersinnige des Todes aufzuheben ... Sie eröffnen Verhaltensspielräume und entwerfen Ordnungen, in denen sich sterbende Menschen verorten können.«

»Bildhaftes Erleben in Todesnähe tritt in deutlich zu unterscheidenden, wenn auch miteinander verwandten und korrespondierenden Varianten auf.
Der vorliegende Band erkundet verschiedene Formen, die wir behelfsmäßig als *imaginatives* oder *visionäres Erleben* zu fassen suchen: Träume und Visionen Sterbender (und ihrer Angehörigen), oneiroides (= traumartiges/K. S.) Erleben und Nahtoderfahrungen.«

> »Menschen, die in Todesnähe mit einem intensiven Bilderleben konfrontiert sind, fühlen sich oft unverstanden, isoliert und pathologisiert.«
>
> Bühler P. und Peng-Keller 2014: 12

Träume, Visionen, parapsychologische Vorgänge und Nahtoderlebnisse – Beispiele:

1. *Eine Vision nach einem Herzstillstand*[166]
   Herr S. (ca. 75 Jahre alt) auf der Intensivstation freut sich, dass ich komme, ausgerechnet jetzt. Er habe viel nachgedacht darüber, ob er bereit sei zu gehen. Er schildert sein Erlebnis nach einem Herzstillstand: Er sah auf eine Theaterbühne, rote und blaue Vorhänge. Dann war da eine Gruppe von Männern mit Blättern in der Hand. Er dachte: »Die fangen jetzt zu singen an«. Er war auf einem Podest in seinem Bett und wollte gerne bei den anderen sein. Plötzlich sah und realisierte er, dass dies die Arztvisite war. Da war er wieder auf dieser Welt. Ihm ist klar geworden, er muss nichts entscheiden, er muss auch nichts wollen, sondern demütig einfach annehmen, was dann, im Moment des Sterbens, mit ihm passiert. Er hat keine Angst mehr vor dem Sterben.

2. *Oneiroides (d. h. traumartiges) Erleben auf der Intensivstation*[167]
   Das Oneiroid (von oneiros = Traum) ist ein Zustand, den ein Betrachter von außen nur mit Todesnähe verbinden kann, ein Zustand, der instinktiv Abwehr und Gegenmaßnahmen hervorrufen wird. Der Psychiater tritt auf den Plan und verordnet Psychopharmaka, denen es aber kaum jemals gelingen wird, einen Menschen aus der befremdlichen Abwesenheit herauszureißen ... Aus Erfahrung wissen alle, die in den Intensivstationen arbeiten: Der Zustand ist reversibel. Der Impuls zu helfen geht dahin, den Schwerkranken möglichst schnell aus Absonderung und Todesnähe zu lösen und wieder ins Leben und in die Realität zurückzuholen. Der Dämmerzustand wird nicht als eine natürliche Reaktion angesehen, sondern als Komplikation, als zusätzliche Krankheit ...
   Die reale Umgebung beeinflusst die Kopfwelt des Oneiroids bis zu einem gewissen Grad, sie hat aber keinerlei Einfluss darauf, was die sich auf inneren Reisen befindliche Person daraus macht.

3. *Wahrnehmung des Todes einer Bekannten durch ein Kind, erzählt von seiner Mutter*[168]
   Ich fahre mit meinem Mann und meinem Sohn in das Tessin. Wir machen Halt auf einem Friedhof. Die Gräber sind leer. Ich möchte die Blumen mitnehmen, aber ich überlege: »Es ist Herbst, ich nehme lieber die Samen mit.« Mein Sohn ruft »Tante Velili, Tante Velili.« Ich frage ihn, warum er sie hier rufe, und zweitens: Sie heiße Tante Vreneli. Er sagt mir, dass er wisse, dass sie da sei. – Am nächsten Tag haben wir erfahren, dass diese Frau in Deutschland gestorben war. Es war eine Bekannte meines Mannes.

4. *C. G. Jung nahm den Suizid eines Patienten im Schlaf wahr*[169]
   »Die Beziehung zwischen Arzt und Patient kann, besonders wenn eine Übertra-

gung des Patienten oder eine mehr oder weniger unbewusste Identifikation von Arzt und Patient hineinspielt, gelegentlich zu Erscheinungen parapsychologischer Natur führen.

Zu jener Zeit musste ich einen Vortrag in B. halten. Etwa um Mitternacht kam ich ins Hotel - ich hatte nach dem Vortrag noch mit ein paar Freunden zusammengesessen - und ging sogleich zu Bett. Ich lag aber noch lange wach. Etwa gegen zwei Uhr - ich muss gerade eingeschlafen sein - erwachte ich mit Schrecken und war überzeugt, dass jemand in mein Zimmer gekommen sei; es war mir auch, als ob die Türe hastig geöffnet worden wäre. Ich machte sofort Licht, aber da war nichts. Ich dachte, jemand hätte sich in der Tür geirrt und schaute in den Korridor, doch da war Totenstille. »Merkwürdig«, dachte ich, »es ist doch jemand ins Zimmer gekommen!« Dann versuchte ich, mich zurückzuerinnern, und es fiel mir ein, dass ich an einem dumpfen Schmerz erwacht war, wie wenn etwas an meine Stirn geprallt und dann an der hinteren Schädelwand angestoßen wäre. - Am anderen Tag erhielt ich ein Telegramm, dass jener Patient Suizid begangen hätte. Er hatte sich erschossen. Später erfuhr ich, dass die Kugel an der hinteren Schädelwand stecken geblieben war.«

5. *Eine Vision aus der therapeutischen Praxis von Felix Wirz*[170]*:*
   Bernhard Nauer[171] befand sich in den Badeferien und kam vom Schwimmen an den Strand zurück. Im seichten Wasser stürzte rechts von ihm eine Frau mit einem Aufschrei zusammen.
   Zwei Männer trugen die Frau in eine Höhle unter der Felswand, welche die Bucht umgab. Bernhard Nauer eilte dorthin, hatte aber Mühe, seine Strand- und Ferienstimmung abzulegen und ärztliche Hilfe zu leisten.
   Zwei Männer trugen die Frau in eine Höhle unter der Felswand, welche die Bucht umgab ... Als Bernhard Nauer sie untersuchte, war sie klinisch tot. ... Einige Tage vor seiner Abreise ging er nochmals zur Unglücksstelle. In der Felsenhöhle war ein Brettchen mit Namen und Todestag angebracht.

   »In dieser abgeschirmten Höhle kam plötzlich eine große Stille über mich. Unvermittelt stand die verstorbene Frau, die ich vor ihrem Tod nie gesehen hatte, rechts neben mir. Sie hatte keine Schädelverletzung mehr und sah sehr gesund aus. Ich wusste nun ganz deutlich, dass sie mir meine damalige Reaktion ihr gegenüber verzieh. Um die Frau herum sah ich darauf eine etwa zwei bis drei Meter große, helle Wolke. Diese Wolke, das wusste ich ebenso genau, war Ausdruck einer umfassenden Liebe, ausgehend von der Verstorbenen und ihrer neuen Welt.«

6. *Begegnung mit dem unbekannten, außerehelichen Vater*
   Der holländische Kardiologe Pim van Lommel, der Autor einer Studie solcher Fälle auf Intensivstationen an verschiedenen Krankenhäusern in Holland, zitierte einen Patienten, der Folgendes zu berichten hatte:

»Als mein Herz stillstand ... sah ich meine verstorbene Großmutter vor mir, aber auch einen Mann, der mich liebevoll anschaute, den ich aber nicht kannte. Über zehn Jahre später gestand mir meine Mutter in ihrem Totenbett, dass ich das Produkt einer außerehelichen Beziehung war. Mein biologischer Vater, ein Jude, war im Zweiten Weltkrieg deportiert und getötet worden. Meine Mutter zeigte mir ein Bild von ihm: Es war der Unbekannte, den ich über zehn Jahre zuvor während meines Herzanfalls vor mir gesehen hatte.«[172]

7. *Begegnung im Koma mit der eben erst verstorbenen Tante Cilia*
Renate Akstaller war am 1. Weihnachtstag 1993 mit schwerem Leberschaden in ein Krankenhaus eingeliefert worden. Ihr Mann Bernd (den ich ebenso wie die Frau persönlich kennengelernt habe) erzählt:

»In der Nacht standen ein Arzt und eine Krankenschwester vor ihrem Bett. Die Krankenschwester sprach zum Arzt: ›Soll ich ihr ein Nachthemd anziehen?‹ Arzt: ›Ist nicht nötig, die Frau stirbt diese Nacht‹. Übergangslos fand sich meine Frau auf einmal über einer grünen Wiese. Es war etwas neblig. Im Hintergrund Bäume, wo sie hinschwebte. Dort verschwand der Nebel. Es war hell und warm, als wenn die Sonne schiene, die aber nicht zu sehen war. Aus dem Hintergrund der Bäume kamen bekannte Verstorbene sowie unbekannte zum Vorschein. Die Gesichter der Verstorbenen waren gut zu erkennen, ihre Körper in schwebende Gewänder gehüllt ... Sie sprach zu ihrer Tante Cilia: ›Du auch hier?‹ Tante Cilia lächelte neben dem Vater meiner Frau. Ihr Vater: ›Du musst wieder zurück, es wartet noch eine Aufgabe auf dich ... ‹ Der Vater war schon länger verstorben, Tante Cilia aber lebte nach Kenntnis Renates noch. Einige Tage später fragte Renates Mutter Bernd, ob man Renate schon eine traurige Mitteilung machen könnte. ›Ich fragte‹, so Bernd, ›was ist denn passiert?‹ Die Mutter: ›Ich bekam heute einen Brief. Meine Schwester ist gestorben. Laut Todesanzeige ist sie schon drei Tage beerdigt. Tante Cilia lebte demnach während Renates Nahtodvision nicht mehr.‹«[173]

8. *Eine Nahtoderfahrung unter kontrollierten Bedingungen*
Skeptiker kritisieren die Berichte über Nahtoderfahrungen schon deshalb, weil sie nicht unter kontrollierten Laborbedingungen zustande kamen. Auf einen Fall jedoch, den Dr. Michael Sabom beschreibt, ist diese Kritik nicht anwendbar, denn das durchgeführte Experiment war zur Untersuchung von Nahtoderfahrungen gedacht.
Die Versuchsperson war eine Frau, die wegen eines Basilaneurysmas am Gehirn operiert werden musste. Das erweiterte Blutgefäß an der Gehirnbasis konnte jederzeit platzen. Die Operation erforderte, dass ihre Körpertemperatur unter fünfzehn Grad Celsius abgesenkt werden musste. Herzschlag und Atmung setzen dabei aus. Auf dem EEG wurden die Hirnströme deutlich flacher, bis sie den

Grenzwert für den Hirntod erreichten. Ihr Kopf wurde vollkommen blutleer. Während dieser kritischen Zeit stand sie unter sorgfältiger Beobachtung.
Als sie das Bewusstsein wiedererlangte, berichtete sie von den klassischen Nahtoderlebnissen wie dem Tunnel, dem hellen Licht und den verstorbenen Familienmitgliedern, die sie drüben erwarteten, um sie zu begrüßen. Doch sie konnte auch genaue Einzelheiten darüber angeben, was das medizinische Personal tat oder sagte, während sie im hirntoten Zustand war und ihr EEG eine Nulllinie zeigte. Eben diese Einzelheiten erlaubten dann festzustellen, dass sie den Tunnel und die Verwandten in der Zeit sah, in der sie hirntot war. Dies zeigt deutlich, dass die Vorstellung, es komme zu Nahtoderfahrungen, bevor man das Bewusstsein verliert, falsch ist. Genauso bedeutsam ist, dass die Nahtoderlebnisse auftraten, als ihre Augen verklebt und ihre Ohren mit Ohropax verschlossen waren. Die Erfahrungen der Patientin konnten also nicht über die normalen Sinnesorgane gemacht worden sein.[174]

9. *Die Nahtoderfahrung der achtjährigen Crystal*
1982 berichtete der Kinderarzt Melvin Morse von einem Fall, den er als »Faszinosum« bezeichnete. Er wurde per Hubschrauber nach Pocatello, Idaho, gebracht, um an Crystal, einem achtjährigen Mädchen, das im Swimmingpool ertrunken war, Wiederbelebungsmaßnahmen durchzuführen. Als er vor Ort ankam, war die Kleine neunzehn Minuten lang ohne Herzschlag gewesen. Ihre Pupillen waren starr und geweitet, was gewöhnlich als Signal für Koma oder Hirntod gewertet wird. Dr. Morse brachte ihr Herz wieder zum Schlagen, drei Tage später erlangte das Mädchen das Bewusstsein wieder. Nach ein paar Wochen begegnete Dr. Morse ihr im Krankenhaus auf dem Flur. Crystal sagte zu ihrer Mutter: »Das ist der Mann, der mir am Swimmingpool das Röhrchen in die Nase geschoben hat.« Morse war erstaunt, dass Crystal sich an etwas erinnerte, was passiert war, als sie offensichtlich hirntot gewesen war. Dann beschrieb Crystal eine klassische Nahtoderfahrung, zu der auch eine Reise in den Himmel gehörte. Dort schickte man sie zurück, weil sie ihrem noch nicht geborenen Brüderchen helfen sollte.

Morse veröffentlichte seinen Bericht über den Fall im ›American Journal of Diseases of Children‹.[175]

10. *Marks Erfahrung der Kommunikation mit Verstorbenen*
Vor etwa fünfundzwanzig Jahren, als Mark am Beginn einer erfolgreichen Karriere stand, wurde er eines Abends auf einer einsamen Autofahrt von Scheinwerfern geblendet und geriet einem entgegenkommenden Fahrzeug in den Weg. Er selbst blieb unversehrt, doch die junge Familie in dem anderen Auto – Vater, Mutter und ein zwölfjähriges Mädchen – kamen zu Tode. Dieses Ereignis veränderte Marks Leben. Jeden Morgen, wenn er aufwachte, empfand er tiefe Traurigkeit und

brennende Schuld und dann quälte er sich durch den Tag, indem er den Unfall immer wieder aufs Neue durchlebte. Nach zwei Selbstmordversuchen und zwei gescheiterten Ehen stand er nun kurz davor, seinen Job zu verlieren. Das Leben schien für ihn zu Ende zu sein. Doch dann versuchte er es mit einer von Dr. Botkin eingeleiteten ADC-Erfahrung. Nach einer kurzen Desensibilisierungs- und Verarbeitungsphase saß Mark still mit geschlossenen Augen. Nach einem Augenblick sagte er: »Ich kann sie sehen. Es ist die Familie mit dem kleinen Mädchen. Sie stehen zusammen, sie lächeln ... Mein Gott, sie sehen so glücklich und friedvoll aus! Sie sind alle sehr glücklich, sie sagen, es gefällt ihnen sehr gut, wo sie jetzt sind. Ich sehe sie alle ganz deutlich«, fuhr Mark fort, »besonders das Mädchen. Sie steht vor ihrer Mutter und ihrem Vater. Sie hat rotes Haar, Sommersprossen und ein wundervolles Lächeln.«

Jetzt sehe ich, wie der Vater umhergeht, als wollte er mir zeigen, dass er laufen kann. Vielleicht hat er vor seinem Tod an multipler Sklerose gelitten, und jetzt ist er überglücklich, dass er sich wieder frei bewegen kann!« Mark sagte der Familie dann, wie leid es ihm täte, was geschehen war, und dann hörte er sie sagen, dass sie ihm vergeben hätten. Er fühlte sich danach, als wäre ihm eine überwältigende Last von den Schultern genommen worden.

Mark hatte die Familie im Leben noch nie gesehen. In seiner tiefen Trauer und Depression hatte er sich stets geweigert, Bilder von ihnen anzuschauen oder Berichte über sie zu lesen. Doch nach der ADC-Behandlung fühlte er sich so viel besser, dass er bei seiner Schwester vorbeifuhr und sich die Zeitungsausschnitte von dem Unfall zeigen ließ. Danach flippte er »total aus«, wie er berichtete, denn die Zeitungsbilder zeigten genau die Familie, die er in seiner ADC-Therapie gesehen hatte, bis in die kleinsten Einzelheiten, besonders das Lächeln und die Sommersprossen des Mädchens stimmten. Und er las etwas, das ihn noch mehr beeindruckte: Die Zeitungen hatten tatsächlich geschrieben, der Vater, der ihm in seiner Erscheinung so glücklich seine Beweglichkeit demonstriert hatte, habe vor seinem Tod an multipler Sklerose gelitten.[176]

Der Konflikt um die Deutung der Erlebnisse

Nach Simon Peng-Keller sind Nahtoderfahrungen die populärste der oben beschriebenen Formen von bildhaftem Erleben in Todesnähe.

Im Folgenden zitiere ich A. Moodys idealtypische Beschreibung, die er auf der Basis vieler Beispiele konstruiert hat[177]. Das Bild mit dem Titel »Der Flug zum Himmel« stammt von Hieronymus Bosch und könnte auf eine Nahtoderfahrung zurückgehen.

Bild 27: Hieronymus Bosch

»Ein Mensch liegt im Sterben. Wahrend seine körperliche Bedrängnis sich ihrem Höhepunkt nähert, hört er, wie der Arzt ihn für tot erklärt. Mit einem Mal nimmt er ein unangenehmes Geräusch wahr, ein durchdringendes Läuten oder Brummen, und zugleich hat er das Gefühl, dass er sich sehr rasch durch einen langen, dunklen Tunnel bewegt. Danach befindet er sich plötzlich außerhalb seines Körpers, jedoch in derselben Umgebung wie zuvor. Als ob er ein Beobachter wäre, blickt er nun aus einiger Entfernung auf seinen eigenen Körper. In seinen Gefühlen zutiefst aufgewühlt, wohnt er von diesem seltsamen Beobachtungsposten aus den Wiederbelebungsversuchen bei. Nach einiger Zeit fängt er sich und beginnt, sich immer mehr an seinen merkwürdigen Zustand zu gewöhnen. Wie er entdeckt, besitzt er noch immer einen »Körper«, der sich jedoch sowohl seiner Beschaffenheit als auch seinen Fähigkeiten nach wesentlich von dem physischen Körper, den er zurückgelassen hat, unterscheidet.
Bald kommt es zu neuen Ereignissen. Andere Wesen nähern sich dem Sterbenden, um ihm zu helfen. Er erblickt die Geistwesen bereits verstorbener Verwandter und Freunde, und ein Liebe und Wärme ausstrahlendes Wesen, wie er es noch nie gesehen hat, ein Lichtwesen, erscheint vor ihm. Dieses Wesen richtet – ohne Worte zu gebrauchen – eine Frage an ihn, die ihn dazu bewegen soll, sein Leben als Ganzes zu bewerten. Es hilft ihm dabei, indem es das Panorama der wichtigsten Stationen seines Lebens in einer blitzschnellen Rückschau an ihm vorbeiziehen lässt. Einmal scheint es dem Sterbenden, als ob er sich einer Art Schranke oder Grenze näherte, die offenbar die Scheidelinie zwischen dem irdischen und dem folgenden Leben darstellt. Doch wird ihm klar, dass er zur Erde zurückkehren muss, da der Zeitpunkt seines Todes noch nicht gekommen ist. Er sträubt sich dagegen, denn seine Erfahrungen mit dem jenseitigen Leben haben ihn so sehr gefangen genommen, dass er nun nicht mehr umkehren möchte. Er ist von überwältigenden Gefühlen der Freude, der Liebe und des Friedens erfüllt. Trotz seines inneren Widerstandes – und ohne zu wissen, wie – vereinigt er sich dennoch wieder mit seinem physischen Körper und lebt weiter.«

Der Anteil von Menschen mit Nahtoderfahrungen dürfte gegenwärtig bei ca. 4 % der Gesamtbevölkerung liegen, d. h. dass etwa drei Millionen Menschen in Deutschland und um 300'000 Personen in der Schweiz von solchen Erfahrungen berichten können. Darüber hinaus ist es durch die mediale Berichterstattung populär(er) geworden, von solchen Erfahrungen zu erzählen.
Dass viele Betroffene sich dennoch nach wie vor davor scheuen, dürfte nicht zuletzt mit den Deutungskonflikten zu tun haben, in die sie, ohne es zu wollen, hineingeraten. Die existenzielle Bedeutung dessen, was ihnen in Todesnähe widerfuhr, steht meist in deutlicher Spannung zu den medizinischen Erklärungen ihrer Ärzte.

Reduktionistische materialistische Deutung

Die reduktionistischen Interpretationsansätze führen imaginatives Erleben in Todesnähe auf psychophysiologische Vorgänge zurück und bewerten sie als pathologisch oder als überlebenswichtige Wahrnehmungstäuschung.
Pionier dieser Richtung war der Zürcher Pfarrer und Psychoanalytiker Oskar Pfister, der die von Albert Heim 1892 veröffentlichten Nahtoderfahrungsberichte in Anlehnung an Sigmund Freud als Rückfall in frühkindliche Fantasiewelten interpretierte.

> Als Folge des Siegeszuges des rationalen Bewusstseins bestreiten die meisten Vertreter des naturwissenschaftlichen Weltbildes jegliche Möglichkeit eines Weiterlebens nach dem Hirntod und interpretieren alle religiösen oder parapsychologischen Jenseitsvorstellungen als pathologische Phantasien.

Den arrogantesten Umgang mit der dadurch bewirkten Sinnkrise finden wir beim Hirnforscher *Francis Crick* oder dem Philosophen Daniel *Dennett* sowie beim Publicity Star unter den angelsächsischen Hirnforschern, *David Eagleman.*

Auf den Hintergrund ihrer naturalistisch-deterministischen Weltanschauung postulierten Francis Crick und Daniel Dennett

»dass ›Du‹, Deine Freuden und Sorgen, Deine Erinnerungen und Ansprüche, Dein Gefühl persönlicher Identität und eines freien Willens, in Wirklichkeit nichts anderes sind als das Verhalten einer riesigen Ansammlung von Nervenzellen und der mit ihnen verbundenen Moleküle.«

In den Kontext der naturalistisch-deterministischen Hirnforschung gehören auch die Behauptungen der Wissenschaftsjournalisten Werner Siefer und Christian Weber über das menschliche Leben. Für sie

»... ist Evolution ein zweckfreier, ein blinder (d. h. sinnloser/K. S.) Prozess, etwas, das einfach nur passiert.«
»... schwer ist es für viele zu akzeptieren, dass das Ich ein unbedeutender Niemand im riesigen Universum sein soll.«
»... Allzu frostig klingt die These, dass wir als Niemand auf die Welt kommen, als Niemand sterben und zwischendrin aufgrund einer umfassenden Verwechslung uns für Jemand halten.«[178]

Auf den Hintergrund ihrer naturalistisch-deterministischen Weltanschauung lösen diese Autoren die durch Sterben und Tod aufgeworfenen Probleme, indem sie sowohl das Universum wie auch das menschliche Leben als sinnlos deklarieren.

Nach der Überzeugung des Hirnforschers *David Eagleman* ist Sterben und Tod dagegen ein mit technokratischen Mitteln grundsätzlich lösbares Problem. Wir könnten unsterblich werden, wenn wir unsere Gehirne als Datenmenge auf Computer laden würden:

»Es gibt keinen theoretischen Grund, warum wir das nicht schaffen könnten in Zukunft. Aber es wird ein langer Weg, schon allein wegen der Computerkapazitäten. Ein einziges Gehirn enthält so viele Daten, dass man heute die Kapazität aller Computer auf unserem Planeten bräuchte, um dessen Daten auszulesen. Es wird also noch lange dauern, bis wir es versuchen können, ein Gehirn in Silizium zu reproduzieren.«

Die Naturwissenschaft leistet zwar in den Bereichen Technik und Medizin immer wieder Bewundernswertes. Sie hat sie es allerdings immer noch nicht geschafft

- den Anfang unseres Universums (d. h. den Urknall)
- die von ihr postulierte Entstehung des Geistes aus Materie und
- parapsychologische Phänomene, wie z. B. Gedankenübertragung zu erklären.

Da scheint es doch ziemlich vermessen zu behaupten, genau zu wissen, was aus dem Geist nach dem Hirntod wird.

In Diskussionen um die Entstehung des Geistes aus der Materie fühle ich mich stets an die gläubigen Eugeniker (d. h. an die Vertreter der Erbgesundheitslehre des 19. Jahrhunderts) erinnert:

Die gesellschaftlichen Veränderungen zu Beginn der industriellen Revolution bewirkten Anomie und schlugen sich im Bewusstsein und in den Stimmungen der Zeitgenossen in Form von Verunsicherung und Zukunftsängsten nieder. Gleichzeitig schossen sogenannte Theorien der Degeneration aus dem Boden.[179]

Ein Beispiel für diese Zeitstimmung war Oswald Spenglers berühmtes Buch »Der Untergang des Abendlandes«, in dem er die These vertrat, dass die Gegenwart im Untergang begriffen sei. Spengler (1890–1936) war ein demokratieskeptischer politischer Schriftsteller mit Sympathien für Benito Mussolinis Faschismus.

Obschon Alfred Ploetz eine empirische Bestätigung seiner Degenerationsthese – immerhin ein Kernpunkt der Eugenik als Wissenschaft – nicht gelungen war, hielt er unbeeindruckt an ihr fest. Sie wurde damit – wie er selbst treffend schrieb – zu einem »Glauben«[180].

Andere Eugeniker kamen mit ihren Bemühungen um eine empirische Bestätigung der Degenerationsthese auch nicht weiter als Ploetz, ließen sich in ihrem »Glauben« an sie aber ebenso wenig erschüttern[180].

Hirnforscher haben vielfach nachgewiesen, dass Zerstörungen im Gehirn unsere Fähigkeiten zu denken und zu fühlen schädigen. Es gelang ihnen jedoch nicht nachzuweisen, dass und wie aus Materie Bewusstsein entsteht.
Sie glauben aber, dass dies der Fall ist, ähnlich wie die Eugeniker aus der Degenerationsthese einen Glauben machten, als sie die Degeneration nicht empirisch nachweisen konnten. So leben wir nun eben im Zeitalter der gläubigen naturwissenschaftlichen Materialisten und Hirnforscher...

Extensionistische, religiös überhöhte Deutung

Fast alle bisherigen Generationen der Menschheit glaubten, dass nur unser Körper stirbt und unser Geist in irgendeiner Form weiterleben wird.

Das Vakuum, das die Negierung jeglichen Überlebens nach dem Hirntod für Sterbende und ihre Angehörigen (sowie für von Krieg und Terror Betroffene) hinterlässt, ist so bedrohlich, dass die reduktionistische Interpretation nicht ohne Widerstand hingenommen wird.

- Viele fallen angesichts von Tod und Sterben in ihre kindlich-religiösen Überzeugungen zurück und werden für die entsprechenden Glaubensaussagen fundamentalistischer religiöser Gruppierungen empfänglich.
- Vermutlich ist auch die Faszination breiter Kreise durch die Berichte von Nahtoderfahrungen ein Stück weit eine Kompensation für die durch das naturwissenschaftliche Menschenbild zerstörten Jenseitsvorstellungen.

Sie hat wohl mit der Vermutung zu tun, jene Erfahrungen legten Zeugnis von einer anderen Welt ab.

»Nachdem die Dogmatik von Himmel und Hölle und die christlichen Jenseitslehren verblasst sind, scheint sich eine durch Erfahrungen – wie auch immer – belegte Nachfolgeinstanz aufzutun, eben die Nahtoderfahrung. Sie kompensiert gewissermaßen die Leere, die von jenen dogmatischen Instruktionen und Doktrinen hinterlassen wurde.

Der Zugang zu dieser «Anderen-Welt-Perspektive», wie ich ihn nennen möchte, vermag in der wissenschaftlichen Debatte allenfalls eine Bestätigung für die phänomenale Realität der Nahtoderfahrungen zu erblicken und ignoriert Kritik und Bedenken. In diesem Zusammenhang – vor allem in der popularisierenden und medial einträglichen Inszenierung – wird das Jenseits vorschnell zu einem Faktum und das imaginäre Erleben zu einem Fundus von Beweisen.«

(Jean Pierre Wils in Bühler P. und Peng S. 2014:213)

Beide Deutungen sind zu einseitig

Sowohl die *reduktionistische wie die extensionistische* Betrachtungsweise zweifeln nicht an der Realität bildhaften Erlebens in Todesnähe, aber sie interpretieren es höchst unterschiedlich.

Während die reduktionistische Betrachtungsweise die Bedeutung der Erlebnisse durch psychophysiologische, pathologische Vorgänge erklärt und ihnen jegliche Sinnhaftigkeit abspricht, benutzt die extensionistische Interpretation die gleichen Erlebnisse, um damit dogmatische religiöse Lehren zu verteidigen.
Beide weltanschaulichen Positionen sind häufig dogmatisch verhärtet.

> Wenn man von der Realität jener verschiedenen Phänomene «angesichts des Todes» spricht, spricht man nach Jean Pierre Wils zunächst und vor allem von der «Realität des imaginativen Erlebens».
>
> Er fordert deshalb, sowohl eine reduktionistische wie auch eine extensionistische Interpretation der Erlebnisse zu vermeiden.
>
> (Wils Jean Pierre in Bühler P. und Peng S. 2014: 213)

Gemäß Jean Gebsers und Ken Wilbers Konzeption eines integralen Bewusstseins sind dogmatische Jenseitslehren das Ergebnis der Institutionalisierung von Religion auf der mythischen Stufe der Bewusstseinsentwicklung.
Solche dogmatischen Jenseitslehren können Menschen auf dieser mythischen Stufe des Bewusstseins (oder Menschen, die auf diese Stufe zurückfallen und sich entsprechenden fundamentalistischen Gruppierungen anschließen) auch heute noch helfen, Sinnkrisen zu bewältigen.
Auf dieser Bewusstseinsstufe fehlt jedoch die Fähigkeit zu einem toleranten Umgang mit anderen Religionen, da ein solcher die Fähigkeiten der rationalen Bewusstseinsstufe voraussetzt.

Mythisch-dogmatische Jenseitslehren sind in nachaufklärerischen Gesellschaften eine Form von Religiosität, die zunehmend an Plausibilität verliert.
Menschen auf der rationalen (oder integralen) Bewusstseinsstufe lehnen dogmatische religiöse Bekenntnisse in der Regel ab. Sie werden Agnostiker bzw. Atheisten oder bevorzugen eine individuelle Form der Religiosität.

Jean Pierre Wils warnt zurecht davor, die Berichte von Nahtoderlebnissen als Fundus von Beweisen für eine objektiv-reale Existenz christlich-dogmatischer Jenseitsvorstellungen von Himmel und Hölle zu benutzen.

Sinnvoller dürfte es sein, mit dem bildhaften Erleben in Todesnähe so umzugehen, wie wir dies bisher mit dem *religiösen* Erleben ganz generell getan haben. Ich erinnere deshalb nochmals an Karl Heinz Ohligs Darstellung der Entwicklung des religiösen Bewusstseins. Ohlig betont die entscheidende Bedeutung der Religion zur Bewältigung von Sinnkrisen:

»Seit aus der Evolution mit der Gattung Mensch eine Lebensform hervorgegangen ist, die nicht ausschließlich instinktbestimmt ist, ist den Menschen diese Sinnfrage und somit die Suche nach Sinn auferlegt. Sie ist Wurzel der kulturellen wie der religiösen Dynamik, durch die Menschen ihre Angst und die Bodenlosigkeit von allem zu überwinden suchen[181].«

Diese Aussage gilt auch für bildhaftes Erleben in Todesnähe. Nach Pierre Bühler und Simon Peng-Keller können Bilder und die in ihnen sich verdichtenden Geschichten an der Grenze des Lebens Sinn offerieren:

»In Situationen, in denen es keine Wahlmöglichkeiten mehr zu geben scheint, können sie mit poetischer Kraft auf verborgene Möglichkeiten aufmerksam machen. In dieser Weise haben sie eine kreative und eine orientierende Funktion: Sie eröffnen Verhaltensspielräume und entwerfen Ordnungen, in denen sich sterbende Menschen verorten können[182].«

Bildhaftes Erleben in Todesnähe hat also dieselbe Funktion, die Karl Heinz Ohlig der Religion ganz generell zuschreibt, nämlich die Bewältigung von Sinnkrisen. Bildhaftes Erleben in Todesnähe weist darauf hin, dass die Fähigkeit zu individuellem Transzendenzerleben bzw. religiösem Erleben in Extremsituationen auch heute noch zum Leben erwachen kann.

Transpersonale Erlebnisse fordern uns heraus, unser Weltbild zu erweitern

Jean Pierre Wils fordert uns auf, sowohl die Schwächen einer reduktionistischen wie auch die Schwächen einer extensionistischen Weltanschauung zu vermeiden und uns keiner der beiden anzuschließen.

Wenn wir die zahlreichen Berichte von bildhaften Erlebnissen in Todesnähe (d. h. von traumartigem Erleben, Visionen, Wahrträumen, parapsychologischen Phänomenen und Nahtoderlebnissen) ernst nehmen, kommen wir jedoch nicht darum herum, uns kritisch mit reduktionistischen Denkverboten auseinanderzusetzen und unser traditionelles Weltbild zu erweitern.

Der Versuch, Nahtoderlebnisse, die nachträglich erfolgreich überprüfte Informationen vermittelten (z. B. über den eigenen biologischen Vater oder über den Tod von Tante

Cilia) zu verstehen, erfordert die Bereitschaft, sich mit den Spielregeln einer Realität, die unsere alltägliche Welt transzendiert, zu befassen.

Die beachtliche Anzahl der oben aufgezählten parapsychologischen Vorkommnisse, bildhafter Erlebnisse in Todesnähe, sowie von Nahtoderlebnissen, weist darauf hin, dass das – nach wie vor dominierende – naturwissenschaftlich-reduktionistische Weltbild unvollständig ist und wesentliche Aspekte der Wirklichkeit nicht zu erklären vermag. Menschen sind auch auf der Intensivstation keine Maschinen, sondern sinnsuchende leibseelische Lebewesen.

Einschub zum Verständnis von Wahrträumen

Eine spezielle Herausforderung für unser traditionelles Weltbild sind Wahrträume. Wertvolle Anregungen zu ihrem Verständnis liefert uns die Neurowissenschaftlerin Diane Hennacy Powell in ihrem Buch ›Das Möbiusbewusstsein‹, im Kapitel über das Hellsehen (S. 87ff.):

»Beim Hellsehen sieht man ferne oder verborgene Dinge so, als hätte man ein ›übersinnliches‹ Fernrohr oder eine Kamera. Dabei gibt es zwei unterschiedliche Formen:
Bei einigen Menschen entstehen solche Bilder aus dem Unbewussten wie telepathische Gedanken. Das Bild kann sich spontan in einer Art Aufblitzen zeigen oder es kann sich allmählich entwickeln, während sich der Mensch darauf konzentriert.
Bei einer anderen Form entsteht die Erfahrung im Rahmen einer sogenannten ›außerkörperlichen Erfahrung‹. Während einer derartigen Erfahrung hat der Betreffende den Eindruck, sein Bewusstsein sei nicht mehr an seinen Körper gebunden.«

Nach Powell berichteten Menschen mit einer hellseherischen Begabung des öfteren, dass sie diese Fähigkeiten erst nach einer Nahtoderfahrung entwickelten. Auch Gefahren- oder Krisensituationen fördern hellseherische Fähigkeiten.

Powell erwähnt, dass die berühmten Hellseher Ingo Swann und Joe McMoneagle darauf hinwiesen, dass die ersten Stadien des Prozesses des Hellsehens mit denjenigen Hirnbereichen verbunden sind, die auch beim Träumen aktiv sind.

Evolution des Spektrums des Bewusstseins der Menschheit und des Individuums		*Informationsverarbeitung beim Prozess des Hellsehens*
Bewusstseins-stufen /bzw. Brillen	*Ken Wilber + Jean Gebser*	*Hellseher Ingo Swann Joe McMoneagle*
	4. Rationale Ebene	realistisch-rationale Deutung wie im Alltag
	3. Mythische Ebene	symbolische Deutung wie beim Träumen
	2. Magische Ebene	
	1. Archaische Ebene	Bewegungsempfindung

»Alles weist darauf hin, dass außersinnliche Informationen einmal über das nicht-analytische Unbewusste zu uns gelangen. Swann und McMoneagle unterstrichen dies beide in ihren Ausführungen zum Prozess des Hellsehens und seinen verschiedenen Stadien.

Anfangs hatten sie eher kinästhetische (d. h. Bewegungs-)Empfindungen und sahen bruchstückhafte Bilder.

Erst im zweiten Stadium erhielten sie auch Zugang zu emotionalen und ästhetischen Aspekten des Zielobjekts wie Angst, Einsamkeit oder dem Empfinden von Schönheit.

Im dritten Stadium nahmen sie physikalische Merkmale wie Größe, Schwere, Biegsamkeit wahr.

Erst am Ende des gesamten Prozesses wurden Funktion oder Zweck des Zielobjekts enthüllt.«

Wenn wir – wie D. H. Powell es tut – Träume, Visionen und Hellsehen (sowie die mit diesen verwandten Nahtoderlebnisse) als ein Kontinuum mit zwei Polen betrachten, kommen wir zu folgenden Resultaten:

Am einen Pol und in der Mitte des Kontinuums scheint die Interpretation von Erlebnissen symbolisch zu erfolgen, während am andern Pol exakt realistische Abbildungen der äußern (oder sogar von Ausschnitten einer jenseitigen?) Realität auftreten können.

Menschen auf der archaischen Bewusstseinsstufe deuteten ihre Traumsymbole als reale Vorgänge in der Außenwelt.

Menschen auf der rationalen Bewusstseinsstufe unterscheiden innerseelische Vorgänge von solchen in der äußeren Realität.

Sie leugnen aber in der Regel die Möglichkeit, Erkenntnisse über die äußere (oder über Ausschnitte einer jenseitigen) Realität unter Umgehung des normalen Gebrauchs unserer Sinnesorgane wahrzunehmen.

Quantenphysik als Weg zur Erweiterung des reduktionistischen Weltbildes?

Um Nahtoderlebnisse, Wahrträume und Kommunikation über die Todesgrenze hinweg als Transzendenzerfahrungen zu verstehen, greife ich in einem ersten Schritt auf das Nahtoderlebnis des renommierten Neurochirurgen Dr. Eben Alexander[183] zurück, unter besonderer Berücksichtigung seiner eigenen fachlichen Interpretation des Erlebten.
Anschliessend fasse ich die für unser Thema bedeutsamen Ergebnisse von Ervin Laszlos Buch »Zuhause im Universum« in Form einer Skizze zusammen.
Zusätzlich empfehle ich in erster Linie das Buch des holländischen Kardiologen Pim van Lommel »Endloses Bewusstsein«[184], der sich ebenfalls auf einen intensiven Dialog mit der Quantenphysik eingelassen hat.

Das Nahtoderlebnis des Neurochirurgen Dr. Eben Alexander[185]:

Eben Alexander ist ein international renommierter Hirnchirurg und Gehirnspezialist. Er hinterfragte sein eigenes Nahtoderlebnis und überprüfte seine Erlebnisse nach streng wissenschaftlichen Kriterien.
Als Folge einer bakteriellen Hirnhautentzündung (Meningitis), einer seltenen Krankheit, fiel er sieben Tage lang ins Koma. Nachdem er wieder genesen war, durchging er seine Krankenakte aus der Zeit während des siebentägigen Komas:

»Ich ging auch meine Krankenakte über meine Zeit im Koma durch. In dieser Zeit war praktisch von Anfang an alles minutiös aufgezeichnet worden. Als ich meine Scans genauso überprüfte, wie ich es mit denen eines meiner Patienten getan hätte, wurde mir endlich klar, wie schwer krank ich gewesen war.
Eine bakterielle Meningitis ist insofern eine einzigartige Erkrankung, als sie zunächst nur die äußere Oberfläche des Gehirns angreift und seine tieferen Strukturen intakt lässt. Die Bakterien zerstören erst einmal den menschlichen Teil unseres Gehirns und haben später eine tödliche Wirkung, wenn sie auch die tieferen, für die quasi haushälterischen Funktionen erforderlichen Strukturen angreifen, die weit unter dem menschlichen Teil liegen und die wir mit anderen Tieren gemeinsam haben.
Die anderen Leiden, die den Neokortex[186] schädigen und Bewusstlosigkeit hervorrufen können – Schädelhirntrauma, Schlaganfall, Hirnblutungen oder Hirntumore –, sind nicht annähernd so effizient in der vollständigen Zerstörung der gesamten Oberfläche des Neokortex. Sie berühren tendenziell nur Teile des Neokortex und lassen andere unversehrt und funktionsfähig. Doch Bakterien schalten, wie gesagt, nicht nur den Neokortex aus, sondern schädigen meist auch die tieferen und primitiveren Teile des Gehirns.
Angesichts all dessen ist eine bakterielle Meningitis wohl die denkbar geeignetste Krankheit, um einen menschlichen Tod vorzutäuschen, ohne ihn tatsächlich herbeizuführen. (Wenngleich eine bakterielle Meningitis das natürlich normalerweise schließlich tut. Die traurige Wahrheit ist, dass praktisch keiner von denen, die an einer so schweren Form von bakterieller Meningitis erkranken, wie ich sie hatte, zurückkehrt und seine Geschichte erzählt.)[187]«.

Ich verzichte darauf, Eben Alexanders Erlebnisse im Einzelnen zu resümieren, sondern verweise auf seine eigenen Schilderungen. Dagegen zitiere ich aus seinen Reflexionen über das Erlebte nach seiner Genesung:

»Der Ort, an den ich ging, war real. Real in einer Weise, die das Leben, das wir hier und jetzt führen, im Vergleich dazu wie einen Traum erscheinen lässt. Das bedeutet allerdings keineswegs, dass ich das Leben, das ich jetzt führe, nicht zu schätzen weiß. In der Tat schätze ich es mehr als je zuvor. Ich schätze es, weil ich jetzt alles in seinem wahren Zusammenhang sehe.
Dieses Leben ist nicht sinnlos. Doch das können wir von hier aus nicht erkennen – zumindest meistens nicht. Was mir passierte, während ich im Koma lag, ist zweifellos die wichtigste Geschichte, die ich jemals erzählen werde. Aber es ist schwierig, diese Geschichte zu erzählen, weil sie dem üblichen Verständnis so fremd ist. Ich kann sie nicht einfach hinausposaunen. Gleichzeitig basieren meine Schlüsse auf einer medizinischen Analyse meiner Erfahrung und auf meiner Vertrautheit mit den neuesten Ansichten der Hirnforschung und der Bewusstseinsforschung.«[188]

Eben Alexander erlebte während seines Komas einen ganzen Ansturm von Nahtoderlebnissen und beurteilt deren Tragweite nach seiner Genesung folgendermaßen:

»Diese Tragweite ist so gewaltig, dass es sich nicht beschreiben lässt. Meine Erfahrung hat mir gezeigt, dass der Tod des Körpers und des Gehirns nicht das Ende des Bewusstseins ist - dass die menschliche Erfahrung über das Grab hinausgeht.«

(Alexander E. 2013 S.21)

Als ihm sein Sohn, ebenfalls ein Neurologe, riet, vor jeglicher Lektüre zu Nahtoderlebnissen seine eigenen Erlebnisse niederzuschreiben[189], um unbewusste Vermischungen seiner Erinnerungen mit den Erlebnissen und Interpretationen anderer zu vermeiden, befolgte E. Alexander diesen Rat.
Später ging er dann die Vorschläge, von denen er wusste, dass seine Kollegen sie machen würden, und dass er selbst sie früher gemacht hätte, um zu erklären, was mit ihm passiert war, einen nach dem andern durch[190]. Dabei kam er zum folgenden Schluss:

»Je mehr ich über meinen damaligen Zustand erfuhr und je mehr ich unter Hinzuziehung der wissenschaftlichen Literatur zu erklären versuchte, was passiert war, desto schlechter stand ich da.
Alles, die unheimliche Deutlichkeit meines Sehens ebenso wie die Klarheit meiner Gedanken als rein konzeptioneller Ablauf, wies eher auf eine höhere und bessere als auf eine geringere Arbeitsweise meines Gehirns hin. Aber meine höher entwickelten Gehirnareale waren funktionsunfähig und konnten diese Arbeit nicht tun.«[191]

»Je mehr ›wissenschaftliche‹ Erklärungen von Nahtoderlebnissen ich las, desto schockierter war ich über ihre Fadenscheinigkeit. Und doch musste ich zähneknirschend zugeben, dass es genau die Erklärungen waren, auf die mein altes ›Ich‹ vage verwiesen hätte, wenn mich jemand gebeten hätte zu erklären, was ein Nahtoderlebnis ist.«

(Alexander E. 2013: 195)

Als Kirchenmitglied[192] interpretierte Eben Alexander sein Erleben zunächst als Begegnung mit einer personalen Gottheit:
»Meine Reise tief ins Koma – heraus aus dieser kleinen physischen Welt und hinein in die erhabenste Wohnstätte des allmächtigen Schöpfers – offenbarte mir die unbeschreiblich große Kluft zwischen unserem menschlichen Wissen und dem Ehrfurcht einflößenden Reich Gottes.«

Alexander ist allerdings sehr vorsichtig in der Benutzung von Vorstellungen seines Erlebens und verwendet auch mystische Bilder:

»Ich erkannte, dass die Verbote mancher Religionen, Gott zu benennen oder die göttlichen Propheten bildlich darzustellen, tatsächlich intuitiv richtig waren, weil die Realität Gottes in Wahrheit so völlig jenseits all unserer menschlichen Versuche liegt, Gott in Worte oder Bilder zu fassen, während wir hier auf der Erde sind.
Genau wie mein Bewusstsein sowohl individuell als auch gleichzeitig völlig eins mit dem Universum war, zogen sich die Grenzen dessen, was ich als mein ›Ich‹ erlebte, bisweilen zusammen und erweiterten sich dann wieder, um alles einzuschließen, was bis in alle Ewigkeit besteht. Das Verschwimmen der Grenze zwischen meinem Bewusstsein und dem Bereich um mich herum ging bisweilen so weit, dass ich zum gesamten Universum wurde. Ich könnte es auch so ausdrücken, dass ich in dem Moment ein Gleichsein mit dem Universum bemerkte, welches die ganze Zeit existiert hatte, für das ich aber bisher blind gewesen war.«[193]
»Mit Gott zu kommunizieren ist die außergewöhnlichste Erfahrung, die man sich vorstellen kann. Aber es ist gleichzeitig die natürlichste Erfahrung von allen, weil Gott jederzeit in uns allen ist. Allwissend, allmächtig, persönlich – und er liebt uns bedingungslos. Wir sind eins mit Gott – an ihn angeschlossen durch unsere göttliche Verbindung.«[194]

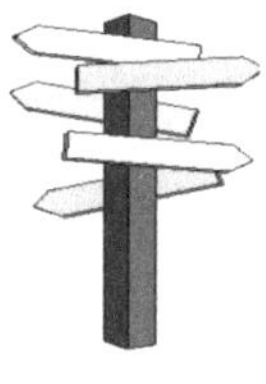
zum Vorgehen

Eben Alexander hat seither noch ein zweites Buch mit dem deutschen Titel »Vermessung der Ewigkeit«[195] geschrieben.
Darin geht er primär auf Fragen ein, die ihm von Menschen gestellt wurden, die entweder persönlich ein Nahtoderlebnis hinter sich haben oder von einem solchen in ihrem Freundes- oder Bekanntenkreise mitbetroffen waren. Um den Einstieg in die Welt der Quantenphysik zu erleichtern, verwende ich einige Passagen seiner Erläuterungen.[196]

Alexander kontrastiert zunächst zwei Gruppen von Wissenschaftlern:

»Viele Wissenschaftler denken, dass wir heute kurz davor sind, so ziemlich alles zu wissen, was es über das Universum zu wissen gibt. Sie sprechen von einer Weltformel, einer allumfassenden »Theorie von allem«, die sämtliche Daten über das Universum, die wir gegenwärtig besitzen, erfasst. Diese Theorie soll, wie der Name bereits vermuten lässt, alles erklären.[197]

Nach Eben Alexander gibt es aber noch eine zweite Gruppe, die, die ebenfalls glaubt, dass wir gerade kurz davor sind, eine »Theorie von allem« zu entdecken.
»Aber diese Theorie ist ziemlich anders als die, vor deren Entdeckung die materialistische Wissenschaft zu stehen glaubt. Sie postuliert, dass wir nie wirklich eine Theorie von allem entwickeln können, wenn wir uns dabei allein auf materialistische Daten stützen.«[198]

»Nach drei fantastisch erfolgreichen Jahrhunderten hatte die Wissenschaft, besonders die Physik, im Zwanzigsten Jahrhundert eine Überraschung für uns parat... Es stellte sich heraus, dass »Materie« – also der Stoff, von dem die Wissenschaftler dachten, dass sie ihn so gut verstehen – alles andere war als das, wofür sie sie gehalten hatten. Die Atome, von denen die Wissenschaft gedacht hatte, sie seien die kleinsten Bausteine der Welt, erwiesen sich letztlich als keineswegs unspaltbar.
Materie stellte sich als kompliziert verschachtelte Matrix (= Anordnung/K.S.) superstarker, aber nicht materieller Kräfte heraus, die nichts Materielles an sich hatte...
Und als sei das alles noch nicht genug, kam noch ein weiterer Faktor ins Spiel – ein Faktor, den die Wissenschaft zwar schon lange gekannt, für den sie sich aber bis dahin nicht interessiert hatte.

In der Tat hat die Wissenschaft erst im 17. Jahrhundert einen Begriff für dieses Phänomen geprägt, welches bei vorwissenschaftlichen Völkern auf der ganzen Welt im Zentrum ihrer Wirklichkeit stand, und für das sie Dutzende von Wörtern hatten.«[199]

»Dieser neue Faktor war das Bewusstsein – der einfache und doch äusserst komplizierte Umstand, sich selbst und der Welt um sich herum gewahr zu sein.
Niemand aus der wissenschaftlichen Gemeinde hatte auch nur die geringste Ahnung, was Bewusstsein ist, doch das war vorher nie ein Problem gewesen. Die Wissenschaftler hatten das Bewusstsein einfach vernachlässigt, denn weil es nicht messbar sei, so sagten sie, sei es nicht real«.

(Alexander E. 2017: 21)

Aber in den 1920er-Jahren zeigte sich in quantenmechanischen Experimenten nicht nur, dass man Bewusstsein sehr wohl nachweisen kann, sondern auch, dass es auf einer subatomaren Ebene keine Möglichkeit gibt, dessen Einfluss zu leugnen. Das Bewusstsein des Beobachters verbindet ihn tatsächlich mit allem, was er beobachtet. Es ist ein nicht zu vernachlässigender Teil jedes wissenschaftlichen Experiments.

Dies war eine überwältigende Entdeckung – auch wenn die meisten Wissenschaftler es immer noch vorziehen, sie mehr oder weniger zu ignorieren.

Sehr zum Ärger vieler Wissenschaftler, die glaubten, sie seien kurz davor, alles im Universum aus einer rein materialistischen Perspektive erklären zu können, bewegte sich das Bewusstsein nun ins Zentrum der Bühne und weigerte sich, beiseite geschoben zu werden. Im Laufe der Jahre fanden die wissenschaftlichen Experimente immer mehr auf der subatomaren Ebene statt, auf einem als Quantenmechanik bezeichneten Gebiet.
Und während die Experimente immer anspruchsvoller wurden, wurde die Schlüsselrolle, die das Bewusstsein dabei stets spielt, immer sichtbarer, auch wenn sie nach wie vor nicht erklärt werden konnte.«

Wie der ungarisch-amerikanische Physiker Eugene Wigner schrieb:

»Es war nicht möglich, die Gesetze der Quantenmechanik auf vollkommen stimmige Weise zu formulieren, ohne Bezug auf das Bewusstsein zu nehmen.«

Der spanische Mathematiker und Physiker Ernst Pascual Jordan fand noch nachdrücklichere Worte:

»Beobachtungen«, so schrieb er, »stören die Messungen nicht nur, sie bringen sie auch hervor.«

Das eigentliche Fundament unseres Daseins ist das Bewusstsein.

Das heisst nicht unbedingt, dass wir mit unserer Vorstellungskraft die Realität erschaffen, wohl aber, dass das Bewusstsein so eng mit ihr verbunden ist, dass es keine Möglichkeit gibt, sie ohne die Berücksichtigung des Bewusstseins zu erfassen.

Die brillanten Gründerväter dieses Fachgebiets, etwa Werner Heisenberg, Louis de Broglie, Sir James Jeans, Erwin Schrödinger, Wolfgang Pauli oder Max Planck, wandten sich in ihrem Bemühen, die Ergebnisse ihrer Experimente zu den Mechanismen der subatomaren Welt zu begreifen, dem Mystizismus zu.
Das »Messproblem« zeigt, dass das Bewusstsein eine entscheidende Rolle für die Bestimmung des Wesens der sich entfaltenden Realität spielt. Es gibt keine Möglichkeit, den Beobachter vom Beobachteten zu trennen.

»Die Realität, die durch die quantenmechanischen Experimente abgebildet wird, ist das genaue Gegenteil dessen, was man auf der Basis einer rationalen Alltagslogik erwarten würde.
Ein tieferes Verständnis und eine genauere Interpretation dieser Experimente erfordern eine gründliche Revision unserer Vorstellungen von Bewusstsein, Kausalität, Raum und Zeit. Wir brauchen eine starke Erweiterung der Physik, welche die Realität des Bewusstseins (Seele oder Geist) als Basis von allem, was ist, akzeptiert ... «. (Alexander E. 2017:23/24)

Die moderne Neurowissenschaft geht davon aus, dass das Gehirn das Bewusstsein aus seiner schieren Komplexität heraus erschafft. Es gibt jedoch absolut keine Erklärung, durch welchen Mechanismus dies geschieht.
Ja, je mehr wir das Gehirn erforschen, desto deutlicher erkennen wir, dass das Bewusstsein unabhängig von ihm existieren kann.
Roger Penrose, Henry Stapp, Amit Goswami und Brian Josephson sind bemerkenswerte Beispiele für Physiker, die eine Einbeziehung des Bewusstseins in die Modelle der Physik vorangetrieben haben, aber der große Teil der physikalischen Gemeinde negiert die Bedeutung der entsprechenden Forschungsresultate nach wie vor.

Die neue Theorie – die neue »Landkarte von allem«, die Eben Alexander eindeutig favorisiert – wird all die revolutionären Entdeckungen einschließen, welche die Wissenschaft im letzten Jahrhundert gemacht hat, ganz besonders die neuen Erkenntnisse zum Wesen der Materie und des Raumes und die revolutionäre Entdeckung der zentralen Bedeutung des Bewusstseins, welche die materialistische Wissenschaft zu Beginn des Zwanzigsten Jahrhunderts in ein derartiges Chaos stürzte.

Skizze von Ervin Laszlos Konzept des informierten Universums

Ervin Laszlo fasst in seinem Buch »Zuhause im Universum« die von mir zitierten Erfahrungsberichte folgendermaßen zusammen:

»In Todesnäheerlebnissen, außerkörperlichen »Out-of-Body«-Erfahrungen, früheren Leben und verschiedenen mystischen und religiösen Erfahrungen nehmen Menschen Dinge wahr, die sie durch Augen, Ohren oder andere körperliche Sinne nicht aufnehmen könnten. Wie schon dargelegt, kann das Gehirn während eines Todesnäheerlebnisses klinisch tot sein, das EEG vollkommen »flach«, und doch erinnern sich Leute nach solchen Vorfällen, wenn sie von der Schwelle des Todes zurückkehren, klar und deutlich an alle Einzelheiten ihres Erlebnisses. In den sogenannten »Out-of-Body«-Erfahrungen »sehen« Menschen Dinge von einem Punkt im Raum, der außerhalb ihres Körpers und Gehirns liegt, und in mystischer oder religiöser Verzückung erleben die

Betroffenen ein Gefühl der Vereinigung mit etwas oder jemandem, der größer ist als sie selbst, größer oder höher gar als die natürliche Welt.
Trotz der Trennung des individuellen Bewusstseins vom Gehirn des Einzelnen, die sich in manchen dieser Ereignisse eingestellt haben muss, erscheinen diese Erfahrungen lebhaft und realistisch. Wer es erlebt hat, zweifelt kaum jemals daran, dass es tatsächlich geschehen ist.
Neben den Todesnäheerlebnissen, außerkörperlichen und mystischen Erfahrungen gibt es noch eine weitere bemerkenswerte Form solcher Phänomene: Erlebnisse in denen Kontakt oder Kommunikation mit Verstorbenen besteht. Dieses Phänomen wird heute als *After-Death Communication (ADC)* oder *Kommunikation nach dem Tode* bezeichnet.
... Oft begegnen Menschen in einer Todesnäheerfahrung jemandem, den oder die sie kennen – oder gar jemandem, den sie nicht kannten und erst später wieder erkennen.«[200]

Nach Eben Alexander, Pim van Lommel und Ervin Laszlo sprengen derartige Erlebnisse unsere materialistische Weltsicht und fordern uns heraus, unsere Auffassung des Bewusstseins zu erweitern.

Ervin Laszlo verwendet für seinen Versuch, die oben geschilderten Phänomene zu erklären, das - u. a. auf Ergebnisse der Quantenphysik abgestützte - Konzept des informierten Universums.

Für meine stark vereinfachte Skizze dieses Konzepts stütze ich mich auf sein Buch »Zuhause im Universum«.
Nach Laszlo ist die, seit Beginn des 20. Jahrhunderts dominierende Vorstellung, dass der Raum leer und passiv - d. h. ein Vakuum - sei, wenn sich keine Materie in ihm befindet, überholt. Die Physiker fanden immer mehr Wechselwirkungen zwischen diesem Vakuum und den beobachteten Objekten und Prozessen der physischen Welt. Im Vakuum findet nicht nur Energieübertragung statt, sondern auch eine besondere Art von Informationsübertragung: physikalisch wirksame, aktive Information oder *Information.*

Die Annahme eines derartigen Informationsfeldes könnte den rätselhaften Befund der Quantenphysik erklären[201], dass ehemals verbundene subatomare Teilchen miteinander verschränkt bleiben, auch wenn sie weit voneinander entfernt sind (= Nichtlokalität). Jede Messung an einem der Teilchen hat eine augenblickliche Wirkung auf das andere Teilchen[202]. Das Vakuum erzeugt Kohärenz (= Zusammenhalt) zwischen den Teilchen, die in ihm eingebettet sind.

Der neuen Physik zufolge erwachsen alle Teilchen und Atome – und auch Moleküle, Zellen, Organismen und Galaxien –, die in Raum und Zeit entstehen und sich entwickeln, letztlich aus einem virtuellen Energieozean, den man als das Quantenvakuum bezeichnet. Und alle diese Objekte haben nicht nur ihren Ursprung im Energiemeer des Vakuums, sie stehen auch in fortwährender Wechselwirkung damit[203].

Diese neue Weltsicht hatte schon Vorläufer in den fernöstlichen Religionen. Hinduistische und chinesische Kosmologien haben schon lange behauptet, die Dinge und Wesen, die auf der Welt existieren, seien eine Konkretisierung oder ein Destillat der fundamentalen Energie des Kosmos, die aus ihrer ursprünglichen Quelle zu uns herabfließt. Die physische Welt ist demnach eine Reflektion der Energievibrationen, die aus einer subtileren Welt zu uns gelangen. Diese Energievibrationen sind wiederum Reflektionen eines noch subtileren Energiefelds.

In der indischen Akashavision ist Akasha das allumfassende Medium, das allen Dingen zugrunde liegt, das Medium, aus dem alles wird. Es ist so fein, dass es erst wahrnehmbar wird, wenn es zu den vielen Dingen wird, die die Welt um uns herum erfüllen. Der indische Yogi Swami Vivekananda hat Akasha folgendermaßen beschrieben:

»Alles, was Gestalt hat, alles, was eine Zusammensetzung aufweist, ist aus diesem Akasha geworden. Es ist das Akasha, aus dem die Luft wird, die Flüssigkeiten und die festen Körper; es ist das Akasha, das die Sonne wird, die Erde, der Mond, die Sterne und die Kometen; es ist das Akasha, das der menschliche Körper wird, die Körper aller Tiere, die Pflanzen und alle Formen, die wir sehen, alles, was spürbar ist, alles, was existiert.
Es ist nicht wahrnehmbar; es ist so fein, dass es jenseits jeder Wahrnehmung ist; es ist nur zu sehen, nachdem es grob geworden ist, Gestalt angenommen hat. Zu Beginn der Schöpfung gibt es nur dieses Akasha und am Ende des Zyklus schmelzen die Feststoffe, Flüssigkeiten und Gase alle wieder ins Akasha zurück, und die nächste Schöpfung wird wieder aus diesem Akasha hervorgehen.«[204]

Während manche angelsächsischen Esoteriker beanspruchen, aus dem Akashafeld auch die Zukunft herauslesen zu können, geht es Ervin Laszlo nur darum, die Parallelen dieser Vorstellung zum Konzept des physikalischen Quantenvakuums aufzuzeigen.
Aus Ervin Laszlos Optik der westlichen Wissenschaft betrachtet, ist Akasha das ursprüngliche Energie- und Informationsfeld, aus dem Elementarteilchen und Atome, Sterne und Planeten, Menschen und Tiere und alle anderen Dinge, die man sehen und berühren kann, hervorgegangen sind. Es bringt sowohl Materie als auch Geist hervor und entwickelt sie von Universum zu Universum zu immer komplexeren und feiner artikulierten Formen.[205]

Leider hat der Monotheismus der Juden, Christen und Muslime derartige – dem mystischen Erleben verwandte – Erklärungsversuche der Entstehung unseres Universums stets zugunsten der Vorstellung eines allmächtigen Herrschergottes (nach dem Vorbild assyrischer Herrscher) bekämpft, der die Welt durch seine Befehle ins Leben rief.

Zur Entstehung des menschlichen Bewusstseins – das sich in Bildern, Gedanken, Gefühlen und einem reichen Unterbewusstsein ausdrückt und mit komplexen neuralen Strukturen verbunden ist – vertritt Ervin Laszlo die Meinung, dass sich das Bewusstsein nicht allein als Resultat materieller Strukturen erklären lässt.
Die Hirnforschung kann nämlich die Frage nicht beantworten, wie immaterielles Bewusstsein aus bewusstloser Materie erwachsen kann.

Evolutionärer Panpsychismus als Alternative

> Laszlo vertritt deshalb philosophisch einen evolutionären Panpsychismus, d.h. die Vorstellung der Beseeltheit aller Dinge. Nach dieser Auffassung hat alle Realität sowohl einen materiellen, wie auch einen geistigen Aspekt, und sowohl Materie wie Geist durchlaufen eine Evolution.
> Wir können nirgends eine Schwelle setzen, wo wir sagen können, darunter gibt es kein Bewusstsein und darüber gibt es eines.
>
> Laszlo Ervin 1987 (2. Aufl.): 182–185

Die Auffassung, Geist und Wissen seien ihrem Wesen nach universal, vertrat schon der Physiker Freeman Dyson.
»In der Quantenmechanik«, so sagte er, »ist Materie keine teilnahmslose Substanz, sondern etwas aktiv Handelndes, das unablässig unter verschiedenen Möglichkeiten auswählt ... Anscheinend ist Bewusstsein, soweit es sich in der Fähigkeit äußert, eine Auswahl zu treffen, gewissermaßen jedem Elektron zu eigen«[206].

Das Konzept des informierten Universums gibt uns nicht nur eine neue Weltsicht, sondern auch eine neue Sicht von Leben und Geist. Es erlaubt dem Gehirn und dem Geist, auf ein breites *Informations*spektrum zuzugreifen, weit über die Information hinaus, die wir mit unseren Augen und Ohren empfangen.

»Wenn wir die entsprechenden Intuitionen nicht unterdrücken, können wir von den kleinsten und größten Dingen informiert werden, vom Elementarteilchen bis zur Galaxie. Dies ist, wie wir gesehen haben, was Psychiater und Psychotherapeuten fanden, als sie ihre Patienten in veränderte Bewusstseinszustände versetzten und die Eindrücke aufnahmen, die dann in deren Geist auftauchten.«[207]
Wie Stanislav Grof entdeckte, erlebten Menschen in tief veränderten Bewusstseinszuständen eine Art Bewusstsein, das das Bewusstsein des Universums selbst zu sein scheint[208]. Zwei Beispiele eines derartigen Erlebnisses habe ich in Anhang Nr. 3 angeführt (Text Nr. 9 und 10)

Wir können auf alles und jedes zugreifen, was wir je erlebt oder erfahren haben. Nicht nur wir selbst, sondern auch andere Menschen (v. a. solche mit denen uns ein emotionales Band verbindet) können zumindest etwas von dem auslesen, was wir in das Akasha-Feld eingelesen haben.

Ist unser Geist unsterblich?

Was die Unsterblichkeit von Personen nach dem Absterben ihres Körpers betrifft, vertritt Laszlo die Meinung, dass unser Bewusstsein den Tod überlebt. Wie wir uns dies vorzustellen haben, bleibt bei ihm allerdings zweideutig.

Bei seinem Versuch *After-Death-Communication (ADC)* zu verstehen, folgt er zunächst der Interpretation durch den Psychotherapeuten Dr. Botkins[209]. Dieser vertritt die Ansicht, dass es sich dabei möglicherweise um wahre Unsterblichkeit einer Person handle.
Im Lichte des *informierten* Universums betrachtet, überlebe das menschliche Bewusstsein die Existenz von Gehirn und Körper.
Das Bewusstsein scheine mindestens noch eine Zeit lang nicht nur in Form von Fragmenten und Episoden der Erinnerung weiter zu existieren, sondern als integriertes Ganzes, das in der Lage sei, mit Lebenden zu kommunizieren[210].

Etwas später vertritt Laszlo dann die Meinung, dass wir als Individuen nicht unsterblich seien, dass jedoch unsere Erfahrung unsterblich sei. Die Spuren all unserer Erfahrungen würden im *in-formierten* Universum erhalten bleiben und könnten immer wieder abgerufen werden.
Dabei stützt er sich auf Gustav Fechner, den pragmatischen Mitbegründer der experimentellen Psychologie. Dieser formulierte diese Idee in folgender Weise:

»Wenn jemand von uns stirbt«, so schrieb er nach seiner Genesung von einer Krankheit, »ist es, als schlösse sich ein Auge der Welt, denn der Beitrag, den die Wahrnehmungen dieses einen Auges leisten, findet damit ein Ende. Die Erinnerungen und begrifflichen Beziehungen, die sich um die Wahrnehmungen dieser Person gesponnen haben, bleiben jedoch im weiteren Erdenleben so deutlich wie eh und je, formen neue Beziehungen und wachsen und entwickeln sich in alle Zukunft, ebenso wie unsere eigenen bestimmten Gedankenobjekte, einmal in der Erinnerung gespeichert, neue Beziehungen formen und sich unser ganzes endliches Leben hindurch weiterentwickeln.«[211]

Im Rahmen dieser zweiten Sicht der Unsterblichkeit, vertritt Laszlo die Meinung: »Nichts in dieser Welt geht verloren. Durch die Spuren, die es im kosmischen Informationsfeld hinterlässt, existiert alles weiter. Auch wir Menschen hinterlassen solche Spuren, den ›Eintrag‹ unserer Lebenserfahrung in die Akasha-Chronik, einen Eintrag, der erhalten bleibt und für uns selbst und für andere zugreifbar ist. Dies verschafft uns eine Art Unsterblichkeit.«[212]

Ervin Laszlo wurde und wird für sein Konzept des *informierten* Universums heftig kritisiert und gelegentlich sogar als Esoteriker diffamiert. Wer sich jedoch mit seiner Biografie und mit seinen Publikationen unvoreingenommen auseinandersetzt, wird bald erkennen, dass er ein seriöser Wissenschaftstheoretiker und Philosoph ist, der auf Schwächen des heutigen wissenschaftlichen Weltbildes hinweist. Er lehnt dieses Weltbild aber nicht ab, sondern will – wie schon mit seinen Beiträgen zur Systemtheorie – zu dessen Erweiterung beitragen.
Dabei führt er, wie dies auch in der Religionswerkstatt geschieht, einen neugierigen, aber auch kritischen Dialog mit dem aktuellen wissenschaftlichen Weltbild sowie mit den religiösen Traditionen.

Ob seine Kritik und seine alternativen Vorschläge die Naturwissenschaft oder die Philosophie beeinflussen werden, ist für mich allerdings fraglich. Nach meiner Ansicht besteht die Gefahr, dass seine Konzeption gar nicht auf empirisch überprüfbare Fragestellungen hin konkretisiert und empirisch überprüft wird, sondern mit materialistisch-dogmatischen Argumenten als »esoterisch« oder »verrückt« erklärt oder auf ein bloßes »Gedankenspiel eines Philosophen« reduziert wird. Wie ich im Verlauf dieses Buches dargelegt habe, wäre er in diesem Falle nicht das erste Opfer von materialistisch-dogmatischen Argumenten.

In der Einleitung seines Buches schlägt sich Ervin Laszlo auf die Seite derer, die akzeptieren, dass moderne Wissenschaft das Universum entzaubert hat. Er besteht jedoch auch darauf, dass die Entzauberung der Welt durch die Wissenschaft große Gefahren mit sich bringt:
»Die Entzauberung der Welt durch die Wissenschaft hat uns einen hohen Preis abgefordert. Wenn wir Geist, Bewusstsein und Sinn als menschliche Phänomene betrachten, finden wir Menschen uns als zielgeleitete, wertorientierte, empfindende Wesen in einem Universum, in dem genau diese Eigenschaften abwesend sind, die uns selbst innewohnen. Wir sind Fremde in der Welt, in die wir geboren wurden. Unsere Entfremdung von der Natur öffnet die Schleusen zur blinden Ausbeutung von allem um uns herum.
Wenn wir allen Geist für uns selbst beanspruchen, so sagte Gregor Bateson einmal, müssen wir die Welt als geistlos betrachten, als einen Ort, der keine moralische oder ethische Rücksicht beansprucht. ›Wer seine Beziehung zur Natur so einschätzt und über eine fortgeschrittene Technologie verfügt, dessen Überlebenschancen sind die eines Schneeballs in der Hölle‹ – fügte Bateson hinzu.«[213]

Eine Brücke zwischen Reduktionismus und Extensionismus

In diesem Kapitel über Sterben, Tod und was darnach kommt, versuche ich, zwischen den (meistens dogmatisch verhärteten) weltanschaulichen Positionen Reduktionismus einerseits und Extensionismus anderseits mithilfe von C. G. Jungs Theorie des Unbewussten, Ergebnissen der Quantentheorie sowie D. H. Powells Konzeption des Hellsehens eine Brücke zu bauen.

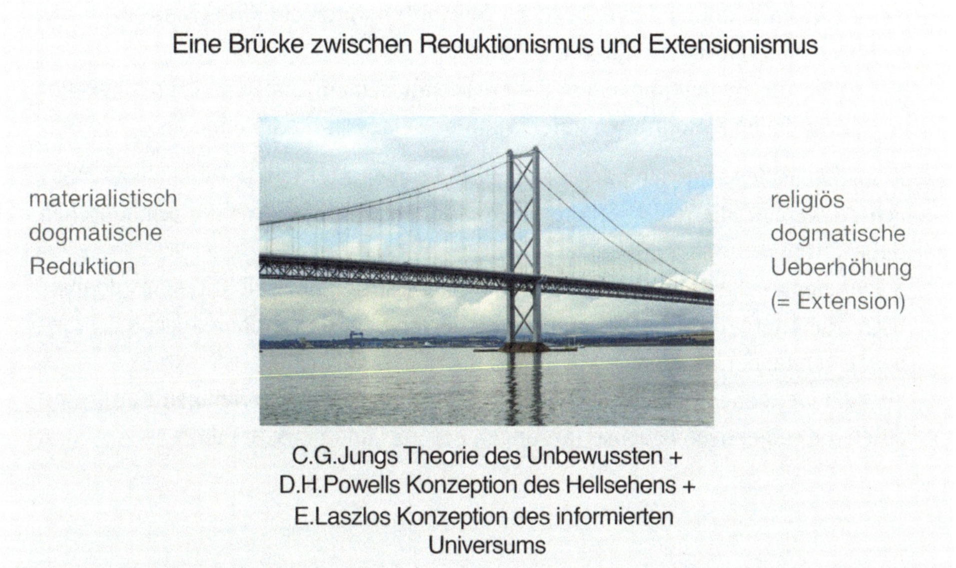

Bild 28

Angesichts unseres aktuellen Wissensstandes ist es durchaus vernünftig, reduktionistische Erklärungen von Nahtoderlebnissen abzulehnen und zu versuchen, möglicherweise darin enthaltene Botschaften des Unbewussten zu entschlüsseln bzw. Betroffene dazu zu ermutigen und sie dabei im Gespräch zu begleiten. Menschen sind auch auf der Intensivstation keine Maschinen, sondern sinnsuchende leibseelische Lebewesen.

Eine Brücke zwischen Reduktionisus und Extensionismus:

Nahtoderlebnisse dürften in der Regel am sinnvollsten wie Träume und Visionen zu deuten sein, nämlich als symbolische Botschaften des Unbewussten.

Allenfalls darin enthaltene Informationen über objektive Tatsachen treten oft in Form von Bildern oder Symbolen auf. Diese Bilder bedürfen der Deutung, und diese Deutung wiederum wird weitgehend durch den Symbolvorrat und die Konstrukte der jeweiligen Kultur ermöglicht (evt. auch behindert).
Für ihre Deutung empfiehlt sich zunächst die Verwendung des von der Tiefenpsychologie erarbeiteten Instrumentariums zum Umgang mit Träumen und Visionen.

Ausnahmen sind die im vorangegangenen Einschub besprochenen Wahrträume und gewisse Nahtoderlebnisse, wie z.B.

- der präkognitive Traum von US-Präsident Abraham Lincoln, der im Traum seinen eigenen Tode voraussah, oder
- die Wahrnehmung des Todes einer Bekannten durch ein Kind (Tante Velili....)
- bzw. eines Patienten durch C.G.Jung
- sowie die Begegnung eines Patienten mit seinem ihm erst später bekannt gewordenen biologischen Vater während seines Nahtoderlebnisses

In solchen Fällen scheinen punktuelle Einblicke in eine jenseitige Wirklichkeit möglich zu werden, die realistischere Informationen vermitteln als die symbolischen Botschaften des Unbewussten.
Solche punktuellen realistischen Informationen dürfen aber nicht religiös dogmatisch überinterpetiert und als empirische Beweise für ganze dogmatische Lehrgebäude verstanden werden.
Sie sind weitgehend durch die Bilder (bzw.Archetypen) der jeweiligen Kultur und durch die subjektiven Lebenserfahrungen geformt und deshalb relativ.

Ein beeindruckender zeitgemäßer Versuch, sowohl der Relativität wie auch der subjektiven Verbindlichkeit persönlicher Jenseitserfahrungen Ausdruck zu geben, ist für mich das Gottesbild von Eben Alexander nach seiner Nahtoderfahrung und der dadurch bewirkten Lebenswende:

»Ich erkannte, dass die Verbote mancher Religionen, Gott zu benennen oder die göttlichen Propheten bildlich darzustellen, tatsächlich intuitiv richtig waren, weil die Realität Gottes in Wahrheit so völlig jenseits all unserer menschlichen Versuche liegt, Gott in Worte oder Bilder zu fassen, während wir hier auf der Erde sind.
Genau wie mein Bewusstsein sowohl individuell als auch gleichzeitig völlig eins mit dem Universum war, zogen sich die Grenzen dessen, was ich als mein ›Ich‹ erlebte, bisweilen zusammen und erweiterten sich dann wieder, um alles einzuschließen, was bis in alle Ewigkeit besteht. Das Verschwimmen der Grenze zwischen meinem Bewusstsein und dem Bereich um mich herum ging bisweilen so weit, dass ich zum gesamten Universum wurde. Ich könnte es auch so ausdrücken, dass ich in dem Moment ein Gleichsein mit dem Universum bemerkte, welches die ganze Zeit existiert hatte, für das ich aber bisher blind gewesen war.«[214]
»Mit Gott zu kommunizieren ist die außergewöhnlichste Erfahrung, die man sich vorstellen kann. Aber es ist gleichzeitig die natürlichste Erfahrung von allen, weil Gott jederzeit in uns allen ist. Allwissend, allmächtig, persönlich – und er liebt uns bedingungslos. Wir sind eins mit Gott – an ihn angeschlossen durch unsere göttliche Verbindung.«[215]

Die Frage nach der Möglichkeit eines Lebens nach dem Tode fordert uns heraus, die Grenzen des rationalen Denkens anzuerkennen und uns für eine integrale Sichtweise zu öffnen.

»Es gibt wohl tausend Sachen,
die wir getrost belachen,
weil unsere
(zu einseitig auf die rationale Betrachtung der Wirklichkeit fixierten)
Augen sie nicht sehn.«
(Matthias Claudius)

Bildhaftes Erleben in Todesnähe und Nahtoderlebnisse sind ernst zu nehmende mögliche Formen individuellen religiösen Erlebens.

Abschließende Überlegungen zur Religionswerkstatt

Das Projekt Religionswerkstatt ist ein Wagnis

Die traditionellen religiösen Angebote schaffen es nur ungenügend die Mythen ihrer heiligen Bücher in die heutige Zeit zu übersetzen.

In der Zeit der Reformation übten die Bibelübersetzungen in die Muttersprache und die Predigtgottesdienste eine befreiende und weltgestaltende Wirkung aus, die sie heute weitgehend verloren haben.

Um rational aufgeklärte Menschen zu erreichen, müssten die traditionellen Predigtgottesdienste durch zusätzliche Angebote ergänzt werden, die ein integrales Bewusstsein fördern und so einen Zugang zum religiösen Erbe ermöglichen, aber auch zur Bewältigung aktueller gesellschaftlicher Probleme beitragen.

Das in diesem Buch konzipierte, breit angelegte Konzept einer Religionswerkstatt ist

- *ein unvermeidlicherweise unvollkommener Versuch, neue Formen der Auseinandersetzung mit religiösen Traditionen zu ermöglichen und religiöses Erleben zu verstehen.*
  Er besteht im Kern darin, dass sich Gruppen Interessierter bilden, welche das Modell und die Werkzeuge diskutieren, anwenden und weiter entwickeln.
- *Die Weiterentwicklung des Projektes könnte durch eine risikofreudige Abteilung für praktische Theologie einer Universität unterstützt werden, die bereit ist, den kritischen Dialog mit Vertretern anderer Disziplinen und Berufe, die an*

religiösem Erleben und ethisch verantwortlichem Handeln interessiert sind, zu suchen.

- *Für wichtiger als die einzelnen im Laufe dieses Pilotprojektes erarbeiteten Einsichten, halte ich das Wagnis einer mutigen Aktualisierung der religiösen Traditionen in einem lernbereiten aber auch kritischen Dialog mit den empirischen Wissenschaften.*

Religion ist zu wichtig,
um sie den Fundamentalisten zu überlassen!

Für Anregungen und Bereitschaft zur Mitarbeit bin ich dankbar.
Entsprechende Kurse sind in Vorbereitung
Kontaktadresse = kurt.staub@religionswerkstatt.ch

Anhänge zur Vertiefung

A1 Bewusstseinsentwicklung nach Merlin Donald und Jean Piaget

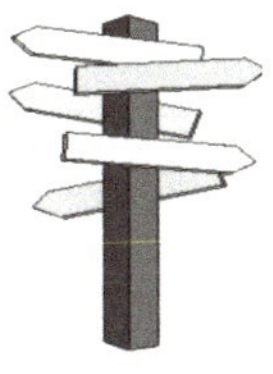

zum Vorgehen

In diesem ersten Anhang werden die im Hauptteil nur in Stichworten dargestellten Konzeptionen des Spektrums des Bewusstseins von Merlin Donald und Jean Piaget kurz skizziert.

Die Konzeption von Jean Gebser und Ken Wilber wurde schon im zweiten Kapitel dargestellt.

Merlin Donald und Jean Piaget weisen nach, dass das Konzept der Bewusstseinsentwicklung durch empirische Forschung belegt ist.

Evolution des Spektrums des Bewusstseins nach den Kategorien von Merlin Donald, Jean Gebser, Ken Wilber und Jean Piaget**

Evo-lu-tion		*Merlin Donald*	*Ken Wilber + Jean Gebser*	*Jean Piaget*
↑		4. Theoretische Ebene	4. Rationale Ebene	4. Formals-operationales Denken, Logik
		3. Mythische Ebene	3. Mythische Ebene	3. Konkret-operationales Denken
		2. Mimetische Ebene	2. Magische Ebene	2. Bilder, Symbole, erste Begriffe
		1. Episodische Ebene	1. Archaische Ebene	1. Körper, Gewahrwerdung, Emotionen

Die Bewusstseinsstufen oder Bewusstseinsstrukturen lassen sich mit verschiedenen Brillen vergleichen, von denen jede ermöglicht, bestimmte Aspekte der Wirklichkeit klar wahrzunehmen, während andere damit nur sehr unklar oder gar nicht zu erkennen sind.

Merlin Donalds Stufen der kognitiven und kulturellen Evolution

Merlin Donald war Professor für Psychologie und Kognitionswissenschaft in Cleveland, Ohio. Sein 2002 englisch und 2008 deutsch erschienenes Buch trägt den Titel: »Triumph des Bewusstseins, Die Evolution des menschlichen Geistes«.

> Im Prolog formuliert er den Grundgedanken folgendermassen:
>
> »Der Grundgedanke dieses Buches ist, dass die Einzigartigkeit des menschlichen Geistes nicht auf seiner biologischen Ausstattung beruht, deren Hauptmerkmale auch bei vielen Tieren zu finden sind, sondern auf der Fähigkeit, Kulturen aufzubauen und sich an sie zu assimilieren. Der menschliche Geist ist somit ein »Hybridprodukt« aus Biologie und Kultur.
>
> (Merlin Donald 2008: 11)

Wie Gerald Hüther (2007) betont auch Merlin Donald, dass der Geist auf einem materiellen Fundament ruht, und dass wir anhand der Strukturen archaischer Nervensysteme, die in Fossilien erhalten sind, die Geschichte des Bewusstseins auf der Erde zurückverfolgen können[216].

Die ersten Hybridintelligenzen der Erde

Seine Sicht der Stufen der kognitiven und kulturellen Evolution fasst Donald in einem Schema zusammen, über das er den Titel setzt: »Die ersten Hybridintelligenzen der Erde«. Darin stellt er aufeinander aufbauende Schichten der kognitiven und kulturellen Evolution dar. Jede der vier darin dargestellten Schichten besitzt auch heute noch ihre kulturelle Nische, sodass in den modernen Gesellschaften sämtliche vier Stufen gleichzeitig präsent sind.

Entgegen allen Erwartungen, ließ sich bei den anatomischen Vergleichen zwischen Menschen und Schimpansen kein spezifisches Gehirnareal finden, das die tiefe Kluft in Bezug auf die kognitiven Fähigkeiten zwischen uns Menschen und unsern engsten Verwandten im Tierreich erklären würde[217].

Wie ist dann die Entwicklung unserer besonderen kognitiven Fähigkeiten zu verstehen, wenn das menschliche Gehirn über keinen neuartigen modularen Aufbau verfügt? Dann muss ein anderer Faktor als ein grundlegender Umbau des Gehirns ins Spiel gekommen sein.

Aufschlussreich ist in diesem Zusammenhang, welche anatomischen Strukturen sich beim Menschen im Vergleich zu den Primaten am stärksten erweitert haben. Es

handelt sich um die mit Exekutivfunktionen[218] (d. h. die mit der Handlungssteuerung/K. S.) betrauten anatomischen Strukturen.
Die klinische Forschung hat gezeigt, dass diese Areale Überwachungs-, Steuerungs- und metakognitive Funktionen[219] ausüben. Dies sind genau diejenigen Funktionen, die wir dem Bewusstsein zugeschrieben hatten, vor allem als es um die Selbstregulierung des Gehirns auf der mittleren Zeitebene ging.
Unter metakognitiven Operationen versteht Donald beispielsweise die Selbsteinschätzung, das langfristige Planen, das Ordnen von Wertvorstellungen nach Priorität, die Flüssigkeit des Sprechens oder die Ausführung sozial angemessener Verhaltensweisen.

Die ersten Hybridintelligenzen der Erde

Aufeinander aufbauende Schichten der kognitiven und kulturellen Evolution des Menschen

Stufe	Spezies/ Zeitraum	Neuerungen	Aeusserungsformen	Art der Regulierung
4. Theoretisch = dritter Uebergang	moderne Kulturen	ausserhalb der Individuen gespeichertes symbolisches Universum	Formalismen, theoretische Artefakte im grossen Massstab, externe Speicherung grosser Datenmengen	Institutionalisierung von paradigmatischem Denken und Innovationsprozessen
3. Mythisch = zweiter Uebergang	Homo sapiens und Homo sapiens sapiens (vor 500 000 Jahren bis heute)	Sprache, symbolisches Denken	mündliche Wissensweitergabe, mimetische Rituale, narratives Denken	Steuerung durch mythische Bezugssysteme
2. Mimetisch = erster Uebergang	Hominiden mit Spätform Homo erectus (vor ca. 4 Mio. bis ca. 100 000 Jahren)	Handlungs-Metaphern	Gestik, Mimik, Nachahmung, Einüben von Fertigkeiten	Mimetische Stile und Archetypen
1. Episodisch	Primaten	Ereigniswahrnehmung in Gestalt von Episoden	bewusste Selbstwahrnehmung des Individuums, Registrieren von Ereignisstrukturen	episodisch und reaktiv

Evolution ↑

1. Die episodische Stufe der kognitiven und kulturellen Evolution

Die episodische Stufe des Bewusstseins basiert auf der Fähigkeit des Primatengehirns, Wahrnehmungen und Erfahrungen in Episoden zu gliedern:

»Die Erinnerungen eines mit episodischem Bewusstsein ausgestatteten Geistes bestehen in der Regel nicht aus einem Wirrwarr von Objekten, Bewegungen, Farben oder puren Empfindungen, sondern aus einer Abfolge von Ereignissen. Diese sind die Bausteine seines Gedächtnisses, das aus Erfahrungen besteht, die segmentiert und als eine Abfolge umschriebener Episoden im Gedächtnis abgelegt sind[220].«

Dies gilt in unterschiedlichem Maße für alle Säugetiere. Sie gliedern ihre Erfahrung in eine Aneinanderreihung von Episoden auf. In einer typischen Episode könnte zum Beispiel festgehalten sein, dass das Säugetier Nahrung aufnimmt, sein Territorium markiert, gegen einen Rivalen kämpft oder vor einem Menschen flüchtet. Jede Episode setzt sich aus Hunderten von Wahrnehmungserlebnissen zusammen, die zu kohärenten Blöcken verknüpft sind.

Erklären Spiegelneurone die episodische Wahrnehmung?

Giacomo Rizzolatti und seine Mitarbeiter an der Universität Parma untersuchen seit mehr als zwanzig Jahren, wie das Gehirn von Affen die Planung und Ausführung zielgerichteter Handlungen steuert. Da das Affenhirn dem menschlichen Hirn ähnlich ist, dehnte Rizzolatti Ende der neunziger Jahre seine Forschungen auch auf den Menschen aus. Dabei wurden bei beiden Spezies die gleichen Ergebnisse gefunden. Zunächst wurden einzelne Nervenzellen identifiziert und ganz bestimmten Aktionen zugeordnet. Ein solches Neuron feuerte dann, und nur dann, wenn der Affe eine spezifische Handlung ausführte, z. B. dann, wenn der Affe mit seiner Hand nach einer Erdnuss griff, die auf einem Tablett lag.
Rizzolatti gelang es, ein Handlungsneuron[221] zu identifizieren, das den Plan für die Aktion »Greifen nach einer Nuss, die auf einer Fläche liegt« speicherte. Erstaunlicherweise feuerte diese Zelle auch dann, wenn der Affe beobachtete, wie jemand anders nach der Nuss auf dem Tablett griff.

Offenbar gibt es so etwas wie neurobiologische Resonanz[222]. Die Beobachtung einer durch einen anderen vollzogenen Handlung aktivierte im Beobachter, in diesem Fall dem Affen, genau das neurobiologische Programm, das die beobachtete Handlung bei ihm selbst zur Ausführung bringen könnte. Diese Nervenzellen, die im eigenen Körper ein bestimmtes Programm realisieren können, die aber auch dann aktiv werden, wenn man miterlebt wie ein anderes Tier dieses Programm in die Tat umsetzt, werden als Spiegelnervenzellen oder Spiegelneurone bezeichnet.

Diese Forschungsresultate dürften für das Verständnis der episodischen Bewusstseinsstufe von Merlin Donald mindestens eine teilweise Erklärung liefern.

»Handlungen und Verhaltensweisen zu imitieren, die wir bei anderen beobachten, ist ein durch Spiegelneuronen vermittelter menschlicher Grundantrieb. Er ist bei Säuglingen und Kleinkindern noch völlig ungehemmt: Was sie bei ihren Bezugspersonen sehen, versuchen sie intuitiv und unwillkürlich nachzuahmen.

Das Kind benutzt das Imitationsverhalten nicht nur als eine erste Möglichkeit zur Kommunikation, sondern macht mit dessen Hilfe auch seine ersten Lernerfahrungen.

Nach etwa eineinhalb Jahren beginnen, aufgrund der dann erreichten neurobiologischen Reife, Hemmungsmechanismen einzusetzen, welche die Imitationsneigung in den darauffolgenden Jahren immer stärker kontrollieren. Bei der Fähigkeit, intuitive Spiegelungs- und Nachahmungsphänomene unter Kontrolle zu halten, spielen bestimmte Partien des Frontalhirns eine entscheidende Rolle. Dies zeigt sich daran, dass Personen, bei denen diese Regionen beschädigt oder in ihrer Funktion behindert sind, häufig zu primitivem Imitationsverhalten zurückkehren.

»Nervenzellen für die Vorstellung von Empfindungen feuern nicht nur, wenn wir selbst eine Handlung planen oder ausführen. Sie verhalten sich wie Spiegelneurone und treten auch dann in Aktion, wenn wir nur beobachten, wie eine andere Person handelt oder auch nur etwas empfindet. Nervenzellen der inferioren parietalen Hirnrinde, die für die Vorstellung von Empfindungen zuständig sind, können uns also auch Auskunft darüber geben, wie sich eine von uns beobachtete Person fühlt. Wachgerufen werden in uns dabei genau jene Nervenzellen für die Vorstellung von Empfindungen, die in Aktion getreten wären, wenn wir uns selbst in der Situation befunden hätten, in der wir die Person beobachten«.[223]

Wahrnehmen = Erkennen von Mustern

Gestalttheoretiker haben schon vor Jahrzehnten gezeigt, dass Wahrnehmen eine abstrakte kognitive Leistung ist. Sie besteht nicht einfach darin, dass wir in sich völlig klare und eindeutige materielle Reize aufnehmen, die nicht mehr weiter gedeutet werden müssen.

Objekte und Ereignisse sind, im Gegensatz zu Farbe, Lautstärke oder Helligkeit, keine über die Augen und Ohren erfassbaren unmittelbaren Gegebenheiten. Wir müssen sie vielmehr aus einer Flut von physikalischen Impulsen herausfiltern und ableiten.
Eine Spezies vermag derart abstrakte Aspekte der Außenwelt erst dann zu erfassen, wenn ihr Gehirn fähig wird, die Existenz von Dingen jenseits der rohen Sinnesdaten herauszuarbeiten. Sie muss imstande sein, raumzeitliche Muster zu erkennen, die auf komplexe Objekte und Ereignisse verweisen.

Die meisten Lebewesen sind zu derartiger Mustererkennung nicht fähig. Primitive Nervensysteme können nur sehr grobe und allgemeine Dimensionen von Sinnesreizen verarbeiten.

Mustererkennung durch Primaten erfordert Aufmerksamkeit

Primaten dagegen verfügen über ein episodisches Bewusstsein. Bei ihnen erfordern schon einfachste Akte der Objekterkennung die aktive Zuwendung von Aufmerksamkeit.

Donald beschreibt die Auswirkungen von Aufmerksamkeit am Beispiel von Untersuchungen des Hörsinns. Steven Hillyard und seine Mitarbeiter[224] in San Diego konnten solche Zusammenhänge vor gut 30 Jahren als Erste überzeugend nachweisen. Sie beobachteten in den elektrischen Reaktionen des menschlichen Gehirns auf Klänge Amplitudensteigerungen von um die 100 Prozent, die sich mit der willkürlichen Verlagerung der Aufmerksamkeit erklären ließen.

»Konzentration scheint die zusätzlichen Verarbeitungskapazitäten zu mobilisieren, die wir brauchen, um unsere Wahrnehmungen, Erinnerungen und Handlungen zu prüfen und zu bewerten. Außerdem steuert sie diesen Überprüfungsprozess, ob es nun darum geht, eine Wahrnehmung zu präzisieren, unser Handeln zu koordinieren, ein begriffliches Problem zu lösen oder eine Erinnerung festzuhalten«.[225]

Je nach dem zu lösenden Problem
werden andere temporäre Netzwerke im Gehirn aktiviert

»Der wichtigste Effekt der Konzentration ist, dass sie im Gehirn zur Lösung dieses oder jenes unmittelbar anstehenden Problems temporäre Netzwerke knüpft. Diese Netzwerke können immer wieder aus der Erinnerung abgerufen werden und führen zu einer räumlichen Umgliederung der Informationsverarbeitung im Nervensystem.«

»Das Gehirn ist, wenn wir in einer Mathematikprüfung eine Differenzialgleichung zu lösen versuchen, buchstäblich ein anderes als das, mit dem wir uns in einem sozialen Umfeld zurechtfinden, denn es ist jeweils ganz anders »aufgestellt«. Dies dürfte der Grund sein, warum es uns manchmal so schwerfällt, von einer Denkform auf eine andere umzuschwenken«.[226]

Funktioniert das Gehirn wie ein Computer?

Ein populäres Modell um das Gehirn zu verstehen ist der digitale Computer. Er muss programmiert werden, d. h. man gibt ihm in Tausenden von Kommandos jeden einzelnen Schritt ein, den er vollziehen soll und auch die Reihenfolge, in der er diese Schritte vollziehen soll. Er muss die Abfolge von Anweisungen nicht verstehen, um zu einem korrekten Ergebnis zu kommen. Entscheidend ist nur, dass das Programm richtig umgesetzt wird.

»In der Tierwelt ist das Nervensystem auf einen ganz anderen Stil der Informationsverarbeitung festgelegt. Es verwendet keine Symbole wie Zahlen und Worte, sondern einen *ganzheitlichen oder analogen Modus* um Muster zu erkennen, wie dies in der populären Vorstellung des »rechtshemisphärischen Denkens« zum Ausdruck kommt.

So hat eine Gottesanbeterin oder *Mantis religiosa* gelernt, auf den optischen Reiz »Fliege« zuzuschnappen und zu fressen. Und auch unser menschliches Gehirn lernt nach dem Prinzip der ungefähren Wiedererkennung, selbstständig und ohne programmiert zu werden, Gesichter zu erkennen.

Dieser Stil des Erkennens kann nur in sehr beschränktem Maße in einem künstlichen neuronalen Netzwerk auf einem digitalen Computer simuliert werden.

> »Das menschliche Hirn arbeitet teils analog, teils mit Symbolen. Weil unser Nervensystem nach einem althergebrachten Modell aufgebaut ist, können wir davon ausgehen, dass wir unsere frühesten Erfahrungen in einem nichtsymbolischen Modus verarbeiten, der dem Grundmuster folgt, nach dem unser Nervensystem Wahrnehmungseindrücke bildet«.
>
> (Donald M. 2008: 191)

»Wir sind darüber hinaus aber auch in der Lage, Sprach- und Symbolsysteme aufzubauen, wie sie beispielsweise dem Geschichtenerzählen, der Kunst und der Mathematik zugrunde liegen. Aus einer bestimmten Spielart dieses symbolischen Denkmodus ist die größte Erfindung des 20. Jahrhunderts hervorgegangen, der Computer, der heute eine direkte technische Erweiterung unserer Fähigkeit bildet, mit Symbolen zu operieren.«[227]

2. Die mimetische Stufe[228] der kognitiven und kulturellen Evolution

In seiner Konzeption der mimetischen Stufe stützt sich Donald weitgehend auf die Arbeiten von Michael Tomasello.

Ich folge deshalb bei der Erklärung dieser Stufe in erster Linie dessen Buch »Die Ursprünge der menschlichen Kommunikation«.

Beim Kommunizieren gehen Gesten der Sprache voran.

»Meine zentrale Behauptung in diesem Buch ist, daß wir zuerst verstehen müssen, wie Menschen durch den Gebrauch natürlicher Gesten miteinander kommunizieren, bevor wir nachvollziehen können, wie Menschen durch den Gebrauch einer Sprache miteinander kommunizieren und wie diese Fertigkeit im Lauf der Evolution entstanden sein könnte.«

(Tomasello Michael 2009: 13)

»Tierische Laute sind beinahe vollständig genetisch festgelegt und eng mit spezifischen Emotionen verknüpft. Und sie sind wahllos an alle Zuhörenden gerichtet.
Im Gegensatz dazu werden viele Gesten der Menschenaffen erlernt und flexibel für verschiedene soziale Zwecke eingesetzt. Dabei richten Menschenaffen ihre Gesten an bestimmte Individuen und berücksichtigen deren Aufmerksamkeitszustand[229]. Sie produzieren eine Geste typischerweise nur dann, wenn der Empfänger entsprechend aufmerksam ist, und sie beobachten hinterher oft die Reaktion des Empfängers und warten auf eine Antwort.«[230]

Gesten und Gebärden

Tomasello unterscheidet zwei Grundtypen von Gesten und Gebärden:

- Bewegungen, die aus dem ersten Schritt einer ererbten Verhaltenssequenz bestehen, z. B. wenn Wölfe knurren und ihre Zähne blecken wie vor dem realen Zubeißen. Normalerweise reicht dieser erste Schritt schon aus, um beim Empfänger eine Fluchtreaktion auszulösen[231].
- Bewegungen, die in der individuellen Biografie erworben sind und sehr flexibel eingesetzt werden können. In diesem Falle wird eine Geste ausprobiert, die Reaktion des Empfängers beobachtet und die Geste wiederholt bzw. ein Versuch mit einer anderen Geste unternommen.
  In diesem Fall geht es um eine absichtliche, an einen anderen adressierte Handlung, wobei sich ein gewisses Verständnis dafür zeigt, wie weit die Reaktion des andern von dessen Fähigkeit abhängt, Dinge wahrzunehmen.

Menschenaffen verstehen andere Primaten als absichtsvoll Handelnde.

Nach der grundsätzlichen Logik absichtsvollen Handelns

- wollen Schimpansen als Akteure, dass bestimmte Zustände in ihrer Umgebung eintreten (sie haben Ziele);
- als Akteure sehen sie die Welt und können daher die Situation im Hinblick auf den erwünschten Zielzustand einschätzen;
- und als Akteure tun sie bestimmte Dinge, wenn sie wahrnehmen, dass die Umwelt nicht im gewünschten Zielzustand ist.

Diese Art des Verstehens absichtsvoller Handlungen unterstützt eine elementare Form des praktischen Schlussfolgerns, mit dessen Hilfe Individuen verstehen und vorhersagen können, was die andern tun werden, selbst unter neuen Umständen.

Tomasello zieht daraus den Schluss, dass Primaten andere Primaten verstehen, und zwar sowohl im Hinblick auf deren Ziele und Wahrnehmungen als auch im Hinblick darauf, wie diese zusammenwirken, um Verhaltensentscheidungen zu bestimmen. Mit anderen Worten: Sie verstehen andere als absichtsvolle, möglicherweise sogar als rationale Akteure.

Lernen bei Säuglingen und Gesten von Einjährigen

»In den ersten Wochen nach der Geburt ist die Aufmerksamkeit des Säuglings weitgehend mittels angeborener Reflexe automatisch gesteuert; er spricht jeweils auf den hellsten, fremdartigsten oder lautesten Reiz und auf ganz bestimmte Reize wie etwa ein Gesicht oder Gesichtsschema an.
Sehr bald beginnt er die Welt aber gezielter zu beobachten und zu erkunden. Er entwickelt Vermutungen zur Struktur der ihn umgebenden Welt und unterzieht sie der Überprüfung. An sich stets wiederholende Ereignisabfolgen gewöhnt er sich sehr rasch; seine Vorliebe für neue Reize und Erfahrungen lenkt die Aufmerksamkeit auf Situationen hin, die eine Fülle von Lerngelegenheiten bieten. So kommt ein stetiger Kreislauf aus Erfahrungen und sich verändernden Vorstellungen in Gang.«[232]

»Ein entscheidender Schritt ist, dass das Aufmerksamkeitssystem des Kindes sich mit dem anderer Menschen verzahnt. Dieses Ineinandergreifen erfolgt über Kanäle wie Blickkontakt, Stimmäußerungen und Berührungen, die an eingespielten Interaktionsmustern wie Begrüßungen, Umarmungen und Spielen beteiligt sind. Damit ein wechselseitiger Austausch entstehen kann, muss das Kind als aktiver Teilnehmer einbezogen sein.
Die entsprechenden Formen der Interaktion eignet es sich vor allem im Kontakt zu seinen zentralen Bezugspersonen an. Am Beginn steht meist das gegenseitige Nachahmen von Kind und Mutter ... Der heranreifende Geist des Kindes verzahnt sich mit dem seiner Bezugspersonen und nach und nach mit seinem gesamten Umfeld. Auf diese Weise werden Muster des gemeinsamen Beobachtens, Anteilnehmens, Empfin-

dens und Erinnerns eingeübt und verfeinert, die das Kind auf seine späteren Erfahrungen innerhalb der Kultur vorbereiten.«[233]

Vorsprachliche Zeigegesten von Kleinkindern

Um ihren ersten Geburtstag herum, fangen die meisten Kleinkinder an *Zeigegesten* zu verwenden, die

Auffordern, z. B. Essen verlangen, wie dies auch Affen können
Informieren, z. B. darüber, wo Mama den Schlüssel hingelegt hat
Wissen teilen, z. B. auf ein Flugzeug am Himmel hinweisen.

Das Teilen von Wissen z. B. sieht so aus, dass das Kleinkind auf ein entferntes interessantes Tier zeigt, Gefühle ausdrückt und seinen Blick zwischen dem Tier und dem Erwachsenen hin und her wandern lässt. Es ist an dem neuen Tier interessiert oder von ihm gefesselt und will anscheinend seine Aufregung mit dem Erwachsenen teilen, indem es ihn dazu bringt, mit ihm gemeinsam das Tier zu betrachten und seine Gefühlsreaktion zu teilen[234].

All diese Gesten sind schon da, bevor das Kind überhaupt in der Lage ist, sinnvolle Sätze zu bilden.

Schon bevor es wirklich sprechen kann, lernt das Kind, viele der Faktoren zu registrieren und zu verstehen, die für das Überleben in der Kultur wichtig sind. Schon in den ersten anderthalb Jahren beginnt es zu lernen, das eigene Handeln unter Berücksichtigung der Perspektive anderer zu prüfen und seine Folgen abzuschätzen[235].

Notwendigkeit eines gemeinsam begriffenen Hintergrundes

Sehr einfache Zeigegesten und pantomimische Gesten können nur verwendet werden, weil Menschen in der Lage sind, zusammen mit anderen einen gemeinsam begriffenen Hintergrund für gemeinsames Handeln zu konstruieren.

Wenn dieser gemeinsame Hintergrund besonders gut bestimmt ist, kann man in vielen Fällen mit einfachen Gesten durchaus so leistungsfähig kommunizieren, wie mit der Sprache.
Beispielsweise kann eine Zahnärztin in ihrer Zahnarztpraxis manchmal auf das Instrument zeigen, das sie haben möchte, ohne ihren eigentlichen Wunsch zu auszusprechen, weil ihr Wunsch in diesem wechselseitig bekannten Kontext wechselseitig vorausgesetzt wird ...[236]

Die Entstehung mimetischer und kooperativer Kommunikation

Für Tomasello beginnt der Weg zur kooperativen Kommunikation des Menschen mit der absichtsvollen Kommunikation der Menschenaffen, wie sie sich besonders in Gesten manifestiert.

Menschenaffen können zwar verstehen, was der andere als Akteur tut, sie verfügen aber weder über die Fähigkeiten, noch über die Motivation, mit anderen gemeinsame Ziele und gemeinsame Aufmerksamkeit auszubilden und gemeinsam zu handeln. Menschliche Kleinkinder dagegen können bei gemeinschaftlichen Tätigkeiten gemeinsame Ziele und komplementäre Rollen mit anderen entwickeln[237].

Tomasello vertritt die Ansicht, dass eine größere Toleranz unter Artgenossen in der menschlichen Evolution ausgereicht hätte, um eine Bewegung in Richtung auf echte Zusammenarbeit wie auch auf imperative Zeigegesten in Gang zu setzen, ohne dass weitere kognitive Fertigkeiten notwendig gewesen wären, die diejenigen der heutigen Menschenaffen übersteigen[238].
Diejenigen Gruppen, die ihre Handlungen miteinander regelmäßiger und toleranter koordinieren, wären dann von der natürlichen Selektion bevorzugt worden.

Zeigegesten und Gebärden seien zuerst als Mittel entstanden, um gemeinschaftliche Tätigkeit effizienter zu koordinieren, und zwar ursprünglich durch Aufforderungen, dass der andere etwas Bestimmtes tun soll. Die Einwilligung wurde dadurch gesichert, dass diese Handlung beiden Beteiligten einen Vorteil verschaffte. Anfangs wurden solche kooperativen Kommunikationsakte nur innerhalb des Kontexts von gemeinschaftlichen Tätigkeiten verwendet; daher war ihre absichtsvolle Struktur durch und durch kooperativ.

Diese Position erscheint plausibler, wenn wir uns Donalds Aussagen in Erinnerung rufen, dass das menschliche Gehirn zwar den gleichen Bauplan aufweist wie Primatengehirne, dass aber die für die Funktion der Handlungssteuerung und für metakognitive Funktionen[239] zuständigen Teile des menschlichen Gehirns massiv größer geworden sind als bei den Primaten[240].

Metakognitive Funktionen sind beispielsweise die Selbsteinschätzung, das langfristige Planen, das Ordnen von Wertvorstellungen nach Priorität, die Flüssigkeit des Sprechens oder die Ausführung sozial angemessener Verhaltensweisen.

Die Vergrösserung der Frontallappen der Grosshirnrinde ermöglichte es den Hominiden sich des eigenen Handelns bewusst zu werden und es bewusst und gezielt einzuüben, zu überprüfen und zu verfeinern.

3. Die mythische Stufe der kognitiven und kulturellen Evolution

Der Übergang zur mythischen Stufe der kognitiven und kulturellen Evolution begann, als vor etwa einer halben Million Jahren der Homo sapiens auftrat und vor 125.000 Jahren wir, der Homo sapiens sapiens. Gehirn und Stimmtrakt durchliefen massive Umgestaltungen. Die Menschen erfanden Werkzeuge zur Herstellung von Gebrauchsgegenständen, bauten verbesserte Behausungen und Feuerstellen und bestatteten ihre Toten in sorgfältig gestalteten Gräbern. Sie verfertigten Körperschmuck und eine Vielfalt von Gebrauchsgegenständen und quasi-symbolisch rituelle Objekte.

Sprache wurzelt in der Mimesis = (Nachahmung)

> Sprache ist eine kollektive Hervorbringung des Bewusstseins und muss sich somit im Kontext einer mimetischen Kultur als eine gruppenbezogene Anpassungsleistung entwickelt haben. Da sie ein auf Konventionen beruhendes, kollektives Phänomen ist, kann sie nicht auf anderem Wege entstanden sein.

Bewusstsein spielt sich nicht allein in sprachlichen Prozessen ab oder im Aufnehmen und Bewahren von flüchtigen Eindrücken. Es ist auch in der auf der mittleren Zeitebene agierenden mentalen Leitinstanz angesiedelt, die wir als Sitz von Intellekt und Seele erleben und »Ich« nennen.

Die kulturelle Evolution des Menschen wäre nicht allzu weit gediehen, wenn er nicht die Fähigkeit entwickelt hätte, das Arbeitsgedächtnis in mindestens zwei Unterbereiche aufzugliedern:

- In den Bereich Selbst-Gegenüber:
  Schon für eine einfache soziale Interaktion zwischen zwei Menschen ist die Fähigkeit erforderlich, Aufmerksamkeitsprozesse anderer Personen von den eigenen zu unterscheiden, sie zu beobachten und in sie einzugreifen.
  Ein Kind fasst einen Gedanken in eine primitive symbolische Form, führt eine Lautäußerung oder eine Geste aus, wertet das Feedback aus, das es daraufhin erhält, modifiziert die Gestalt der Äußerung und wiederholt sie so lange, bis sie verstanden worden ist.

- In den Bereich gegenwärtiges Handeln – vergangenes Handeln:
  Die ersten vereindeutigenden Lautäußerungen zielten wohl darauf, in einem einzigen Symbolisierungsakt ein ganzes Ereignis darzustellen, so wie die ersten Wörter eines Kindes, die oft als sogenannte Einwortsätze funktionieren.
  Das Kind sagt »Ball« und meint damit beispielsweise »Hol mir den Ball«, »Wirf den Ball«, »Ich hab den Ball fallen lassen«, »Papa hat den Ball geworfen« oder

»Das sieht aus wie ein Ball«. Alle diese Sätze sind in der Einwortäußerung latent vorhanden, die dann so weiter zu entwickeln ist, dass ihre Mehrdeutigkeit sich schrittweise abbaut.
Oft schließen wir aus Intonation, Gestik und Kontext, welche der vielen Bedeutungen das Kind gerade intendiert.
Am Beginn stehen Sätze, die nur implizit gegeben sind, und das Kind lernt mit der Zeit, ganze Sätze zu äußern und so den gemeinten Sinn präziser zu fassen.

Aus der Perspektive der Kultur geht es bei der Sprache nicht um das Erfinden von Wörtern, sondern vielmehr um das Erzählen von Geschichten in der Gruppe. Sprache wurde im Kontext der Narration erfunden, von Kollektiven mit Bewusstsein ausgestatteter Individuen.

In der Frühphase ihres Erwerbs ist die Sprache gegenüber der Mimesis (= Nachahmung) sekundär; als autonome Dimension der Symbolisierung bildet sie sich erst heraus, wenn das Kind etwa im Alter von vier Jahren fähig wird, eigene Geschichten zu erfinden, und beginnt, sein eigenes Leben aktiv in der Erinnerung festzuhalten, die verschiedenen Ereignisse darin zeitlich einzuordnen.

»Während Mimesis das verbindende Element ist, das die Kultur zusammenhält, sind Erzählungen und Geschichten die wesentliche strukturierende Kraft, die hinter der klassischen, von der Tradition der Mündlichkeit geprägten Form der menschlichen Kultur steht. Auf dieser Stufe ist das Leben bestimmt von Erzählungen und Sagen, die etwa von Zauberei, Hexen, Teufeln, Dämonen, großen Helden oder der Entstehung der Welt handeln.
Sie bilden den Hintergrund, auf dem sich Identität, Moralvorstellungen, Gesellschaftsstrukturen und Autorität entfalten. Derartige Erzählungen können so tief in das tagtägliche Geschehen der Kultur eingreifen, dass sie einen besonderen kognitiven Status erlangen, nämlich den des Mythos. Mythen sind maßgeblich gewordene Varianten von sehr alten und weitverbreiteten Erzählungen, die sich allgemein durchgesetzt haben. Die Handlung des Mythos dreht sich um große Kulturheroen wie Odysseus, Moses oder Jesus. Sammlungen von mythischen Erzählungen wie die Veden oder die homerischen Epen können in der jeweiligen Gesellschaft bestimmenden Einfluss auf jede Lebensphase ausüben. Die Menschen richten ihr Leben auf Figuren des Mythos aus.«

»Der Aufstieg eines jeden großen Reiches der Weltgeschichte, ob islamisch, indisch, chinesisch, venezianisch oder britisch, wurde von Mythen beflügelt. Sie üben eine ungeheure Macht über unser Denken aus und bringen viele Menschen dazu, die unglaublichsten Dinge zu wagen. Sie können nicht nur gestaltend in das Leben der Einzelnen eingreifen, sondern auch eine Gruppenidentität erzeugen, die sie zu Höchstleistungen antreibt«.

Donald M. (2008): 286/287

»Das Bewusstsein steht in der Entwicklung einer Kultur stets in vorderster Linie. Über die Jahrhunderte und Jahrtausende hinweg entsteht dabei ein Geflecht aus Gewohnheiten, Gebräuchen und Überzeugungen, über das sich die Kultur definiert.
Die einzelnen Bestandteile sinken mit der Zeit natürlich ins Unbewusste ab; wie beim Individuum, so bildet auch in der Kultur die Automatisierung das Gegenstück zu einem fortgeschrittenen Bewusstsein. Der bewusste Geist ist somit in ein größeres Gefüge eingebunden, das überwiegend jenseits seines Horizonts liegt.«[241]

4. Die theoretische Stufe der kognitiven und kulturellen Evolution

»Die Entwicklung der Sprache und der Mündlichkeitskultur hat unsere Spezies mit eindrucksvollen Repräsentationen von Wirklichkeit ausgestattet und ihr Bewusstsein auf eine neue Stufe gehoben.«[242]

Schriftlose Kulturen besitzen nur zwei Instrumente, mit denen sie ein kulturelles Gedächtnis aufbauen können: Erzählung und Mimesis. Sie bewahren Vorstellungen, die für sie wichtig sind, in Form von Gleichnissen und Allegorien auf. Zum Beispiel kann man eine moralische Grundregel in einer Allegorie ausdrücken oder das Männlichkeitsideal in einem Heldenmythos. Zu überliefernde Vorstellungen lassen sich auf diese Weise sehr effizient speichern, aber die Möglichkeiten der Symbolisierung sind sehr begrenzt[243].

Symbole

»Symbole können sich im Gehirn selbst befinden oder als materielle Objekte vorliegen. Gesprochene Worte sind im Gehirn von Sprecher und Zuhörer gespeicherte Symbole. Geschriebene Worte sind externe Symbole, die in einem materiellen Objekt gespeichert sind.«
Im Verlauf ihrer Geschichte hat die Menschheit ein gigantisches System der externen Symbolspeicherung aufgebaut, das als Langzeit-Gruppengedächtnis dient und Dinge wie Bücher, Museen, Messinstrumente, Kalender und Computer (bis hin zum Internet)

umfasst. Sie dienen dazu das Denken, die Erinnerung und das Abbilden der Realität zu unterstützen[244].

Externe Symbole haben die Art und Weise verwandelt, in der wir als Individuen und Kollektive denken, uns erinnern und die Welt erfahren[245].

»Die Schnittstelle von Gehirn und Symbol ist Ursprung der Kunst, der Wissenschaft, der Mathematik und der meisten von Menschen errichteten großen gesellschaftlichen Institutionen. Jeder wesentliche geistig-intellektuelle Fortschritt ist auf irgendeine Art von symbolischer Innovation zurückzuführen. Das weite Spektrum dieser Neuerungen umfasst zum Beispiel Observatorien des Megalithikums, Sextanten oder das gewaltige Instrumentarium der modernen Laborwissenschaft. Wir dürfen die Definition der Symboltechniken keinesfalls auf die Schrift einengen, denn die symbolischen Errungenschaften der Menschheit sind ungeheuer vielgestaltig. Sie haben uns mehr als einmal befähigt, mit Traditionen zu brechen und zu denken, was vormals undenkbar war.«[246]

Das externe Gedächtnisfeld

Donald bezeichnet den Schauplatz, auf dem externe Symbole präsentiert werden, als externes Gedächtnisfeld, z. B. Bücher, der Computer und Notizzettel etc. Hier beginnt und endet die Schnittstelle zwischen Gehirn und Symbol. Wir können nun Vorstellungen auf diesem externen Gedächtnisfeld ausbreiten, sie vergleichen, klassifizieren und mit ihnen experimentieren. Und wir können sie viel leichter zu komplexen Argumenten zusammenfügen, wie wenn sie nur in unserem biologisch fundierten Gedächtnis vorliegen.

Das externe Gedächtnisfeld präsentiert dem Bewusstsein ein Abbild der Welt. Seine Symbole widerspiegeln die Architektur des biologischen Gedächtnisses. Das Bewusstsein agiert auf dieser Stufe zwischen zwei Systemen der Repräsentation, von denen sich das eine im Kopf und das andere in der Außenwelt befindet.

Die drei Schichten der Kultur und des Bewusstseins

> Wesen und Bandbreite unseres bewussten Erlebens sind nicht länger allein von der Biologie vorgegeben. Sie hängen vielmehr von dem mehr oder weniger unberechenbaren Zusammenspiel von Gehirn und Kultur ab, in dem kulturelle Kräfte unsere kognitiven Muster fortwährend neu ordnen und umformen können.

Beim Menschen hat das Bewusstsein wesentlich mehr Kontrolle über kognitive Funktionen und Handeln gewonnen als bei jeder anderen Spezies[247].

Unsere einzigartige Beziehung zur Kultur stattet uns mit einem hybriden Bewusstsein aus und eröffnet mehrere Kanäle, über die der Einfluss der Kultur wirksam werden kann.

Das menschliche Bewusstsein trägt Spuren von sämtlichen Stufen der kulturellen Evolution in sich. Wir können drei Schichten von kulturellen Symbolisierungsformen auseinanderhalten, von denen jede einen verstärkenden Effekt auf die darunter liegenden Schichten ausübt.

Die episodische Stufe ist ihrem Wesen nach fremdgeleitet. Lebewesen dieser Stufe nehmen die Welt aus einer Perspektive wahr, die kein Bewusstsein von der eigenen Person einschließt[248].

Auf der mimetischen (= nachahmerischen) Stufe dagegen ist sich ein Individuum seiner selbst intensiv bewusst und überprüft und revidiert unablässig das eigene Handeln.
Durch die mimetisch strukturierte Wahrnehmung, die sich im Wesentlichen auf dasselbe Repertoire an Bewusstseinsprozessen stützt wie ein rein episodisch strukturierter Geist, aber einen größeren Kontext von Handlungen einbezieht, gewinnt die Kultur zunehmend an Konturen.

Auf der mythischen (bzw. erzählerischen) Stufe erlangen Ideen und Vorstellungen eine gewisse Unabhängigkeit vom Erleben des Einzelnen, sodass abstrakte Überzeugungen und ein kollektiver Dialog entstehen können.
Erzählungen können aber nur eine maßgebliche Rolle einnehmen, wenn sie die Oberhand über die mimetische Schicht gewinnen. Sprache und Erzählungen können nur bestimmend werden, wenn es ihnen gelingt, Fertigkeiten und kognitive Operationen der Mimesis, beispielsweise die Nachahmung, in ihrem Sinne zu beeinflussen.
Der Mythos gewinnt nur dann an Macht, wenn ihm die direkte Kontrolle über die mimetische Vorstellungskraft zufällt. Durch den Triumph des Mythos geht die Geschlossenheit der bewussten Erfahrung jedoch nie verloren, weil die Sprache, wie wir gesehen haben, nur eine Oberflächenschicht des kognitiven Ozeans bildet. Sie ist nicht autonom und kann die grundlegende Einheitlichkeit des bewussten Erlebens nicht erschüttern, weil sie ebenso wie die episodische und die mimetische Kognition in ihm wurzelt…

Theoretisches Denken hat eine wichtige Überlebensfunktion, bleibt für sich genommen aber wirkungslos; es kann in einer Kultur nur zum ausschlaggebenden Faktor werden, wenn es seinen Einfluss auf sämtlichen Ebenen des kognitiv-kulturellen Gefüges durchsetzt.

Die Geschlossenheit des bewussten Erlebens hängt eng mit dem Aspekt der Ziel- oder Zweckgerichtetheit zusammen. Diese setzt bewusstes Abwägen voraus. Es mag zwar unbewusste Motive und Triebkräfte geben, doch eine Zielgerichtetheit oder ein Wille ohne bewusste Absicht ist undenkbar[249].

Die Stufen der kognitiven und kulturellen Evolution nach Jean Piaget

In der Psychologie bezeichnet *Kognition* nach Wikipedia die geistigen Prozesse und Strukturen eines Individuums, also Gedanken, Meinungen, Einstellungen, Urteile, Wünsche und Absichten.

zum Vorgehen

Auf den folgenden Seiten skizziere ich die Stufen der kognitiven Entwicklung des Individuums nach Jean Piaget[250].
Dabei werden die Entwicklungsstufen des Individuums nach Jean Piaget und die von Jean Gebser sowie Ken Wilber nebeneinander gestellt, damit der Vergleich leichter fällt.

Evolution des Spektrums des Bewusstseins nach den Kategorien von Merlin Donald, Jean Gebser, Ken Wilber und Jean Piaget**				
Evo-lu-tion		*Merlin Donald*	*Ken Wilber + Jean Gebser*	*Jean Piaget*
↑		4. Theoretische Ebene	4. Rationale Ebene	4. Formals-operationales Denken, Logik
		3. Mythische Ebene	3. Mythische Ebene	3. Konkret-operationales Denken
		2. Mimetische Ebene	2. Magische Ebene	2. Bilder, Symbole, erste Begriffe
		1. Episodische Ebene	1. Archaische Ebene	1. Körper. Gewahrwerdung, Emotionen

Vorbemerkung zu Piagets Theorie der kognitiven Entwicklung

Piagets Theorie der kognitiven Entwicklung betont das Zusammenwirken von Anlage und Umwelt. Piaget nahm an, dass ein reifendes Gehirn, reifende Wahrnehmungs- und Handlungsfähigkeiten sowie zunehmend reichere und variablere Erfahrungen im

Umgang mit der Umwelt, Kinder in die Lage versetzen, sich auf immer verschiedenere Umstände und Situationen einzustellen.

Nach Piaget geschieht jeglicher Austausch zwischen Individuen über Aktivitäten des Individuums. Das gilt auch für die Erkenntnisleistungen. Der Säugling erkennt die Mutterbrust nur saugend und die Rassel und ihr Geräusch nur, indem er sie schüttelt[251].

Wir erkennen nur, indem wir auf die Welt einwirken.

Deshalb lässt sich Piagets Entwicklungstheorie problemlos in den Rahmen von Ervin Laszlos systemtheoretischer Konzeption des Bewusstseins integrieren.

1. Die sensumotorische Phase		Körper, Gewahrwerdung, Emotionen

Nach Jean Piaget kreisen die Aktivitäten des Babys in dieser sensomotorischen Phase zunächst um seinen eigenen Körper; später schließen sie dann auch die umgebende Welt mit ein. Frühe Ziele sind konkreter Natur (eine Rassel zu schütteln und auf die dabei entstehenden Geräusche zu achten); spätere Ziele sind oft abstrakterer Art (die Höhe zu variieren, aus der man Objekte fallen lässt, und zu beobachten, wie sich die damit erzielten Effekte verändern). Die Kinder sind auch zunehmend in der Lage, mentale Vorstellungen zu bilden, bis hin zum Erinnern von Handlungen eines Spielgefährten, die einen ganzen Tag vorher stattgefunden haben.
Das Leben des Säuglings ist am Anfang noch nicht vom Leben der Mutter unterschieden. Seine Wünsche und grundlegenden Bedürfnisse führen notwendigerweise zu einer Antwort der Mutter und der unmittelbaren Umgebung. Jeder Schrei des Kleinkindes weitet sich zu einer Aktion der Eltern und auch kaum angetönten Wünschen wird immer nachgekommen. So entsteht für das Kleinkind eine vollständige Einheit zwischen dem Leben der Eltern und der persönlichen Aktivität.
Nach Piaget gewöhnt sich das Kleinkind in dieser Phase daran, dass die Eltern und alle Gegenstände, welche die Eltern oder sein eigener Körper bewegen können (Nahrung, Spielzeuge) seinen Wünschen oder Befehlen gehorchen. Diese Erfahrung überträgt es dann auf das ganze Universum.
Der sensomotorischen Phase entspricht die Vorstellung magischer Verursachung und der Beseelung der Außenwelt (= Animismus): Das Kind stellt sich vor, dass Wünschen das Verhalten der Dinge beeinflussen kann. Das Kind kann den Dingen Befehle erteilen und sie folgen ihm. Sonne, Mond, Sterne gehorchen den Befehlen des Menschen.

Nach Piaget dauert die sensomotorische Phase bis zum Alter von ca. drei Jahren. Wie alle Übergänge in der Bewusstseinsentwicklung erfolgt auch dieser Übergang nicht plötzlich, sondern *als langer und ganz langsamer Prozess*. In diesem Prozess sind immer wieder Rückfälle auf frühere Stufen möglich.

2. Die präoperationale, vorgedankliche Phase	Bilder, Symbole, erste Begriffe

In dieser Phase ersetzt das Kind die sensomotorischen Aktivitäten immer mehr durch verinnerlichte geistige Aktivitäten wie sprachlicher Ausdruck und Bildvorstellung. Es agiert in Gedanken. Ein Kind, das sich den zwingenden Aspekten des unmittelbaren konkreten Reizes nicht entziehen und sich nicht vorstellen kann, wie das Objekt vor einer Änderung ausgesehen hat, befindet sich im präoperationalen, vorgedanklichen Stadium.
In diesem Stadium sieht sich das Kind mit seinen Bedürfnissen und Zwecken noch als das Zentrum. Alles wird in Bezug auf das Ich gesehen. Der Egozentrismus des präoperationalen Kindes lässt es annehmen, dass jeder so denkt, wie es selbst denkt, und dass die ganze Welt seine Emotionen, Gefühle und Wünsche teilt. Das Kind ist noch nicht fähig, sich in andere Menschen hineinzuversetzen und nimmt an, dass alle Mitmenschen seine Perspektive teilen.
In dieser animistischen Phase glaubt das Kind, dass alles, was es für real hält (Bilder oder Träume), wie es selbst existiert und belebt ist.

Beispiele für animistisches Denken und magisches Handeln:

»Ein Zweijähriger beginnt zu weinen, weil eine an der Wand aufgehängte Fotografie herunterfällt und sagt, die Frauen darauf hätten sich beim Fallen wehgetan.«
Ein Dreijähriger sagt über das Auto in der Garage: »Es schläft, das Auto. Es geht nicht hinaus wegen des Regens.«

Erinnerung eines Erwachsenen an seine Kindheit an die Zeit als 5-6-Jähriger:
»Ich redete mir selbst ein, wenn es mir gelänge, die benötigten Worte oder die notwendigen Losungen zu finden, so könnte ich den großartigen Vögeln und prachtvollen Schmetterlingen in den illustrierten Handbüchern meines Vaters die Fähigkeit verleihen wieder lebendig zu werden und aus dem Buch herauszufliegen, sodass nur Löcher zurückbleiben würden.«[252]

3. Die voroperatorische Phase	Konkret-operationales Denken, Sprache

Piaget bezeichnet dieses entwicklungspsychologische Stadium als voroperatorisch.

»Im voroperatorischen Stadium (2. bis 7. Jahr) werden die Kinder fähig, ihre Erfahrungen in Form von Sprache, geistigen Vorstellungen und symbolischem Denken zu repräsentieren. Dadurch ist es ihnen möglich, ihre Erfahrungen über längere Zeiträume zu erinnern und differenziertere Konzepte zu bilden. Wie der Begriff voroperatorisch jedoch nahelegt, glaubt Piaget, Kinder seien in diesem Stadium noch nicht in der Lage, mentale Operationen (reversible geistige Aktivitäten) auszuführen[253].«

Dieses Stadium umfasst sowohl eindrucksvolle kognitive Errungenschaften wie *das symbolische Vorstellungsvermögen* und auffällige Schwächen wie den *Egozentrismus.*

Beispiele für symbolische Vorstellungen sind die Verwendung eines Objekts z. B. einer Banane als Stellvertretung eines andern, wie etwa einer Pistole. Im Verlaufe ihrer Entwicklung verlassen sich Kinder weniger auf selbst erzeugte Symbole und dafür zunehmend auf konventionelle Symbole wie etwa auf eine Augenklappe und ein Kopftuch, um einen Piraten zu spielen.

Piaget hebt für dieses Stadium neben dem symbolischen Vorstellungsvermögenden *den kindlichen Egozentrismus* hervor, d. h. die Wahrnehmung der Welt ausschließlich aus der eigenen Perspektive. In diesem Stadium erweist sich die Einnahme der Perspektive anderer Menschen bei der Kommunikation als sehr schwierig.

In einer Fernsehsendung mit Kindern im Kindergartenalter fragte der Interviewer:

I: Hast Du Geschwister?
Kind: Ich habe einen Bruder, der ist eine Woche alt.
I: Wie benimmt er sich?
K: Er schreit jede Nacht.
I: Warum macht er das wohl?
K: Wahrscheinlich glaubt er, er verpasst etwas im Fernsehen.[254]

Im Verlauf des voroperatorischen Stadiums wird dann der egozentrische Sprachgebrauch seltener.

Die eigentliche Magie, der Allmachtsglaube des Ich funktioniert in diesem Entwicklungsstadium nicht mehr. Die Erfahrungen in der Auseinandersetzung mit der Welt führen das Kind zur Einsicht, dass es offenbar doch nicht die Welt erschafft oder beherrscht. Der Allmachtsglaube wird aber nicht einfach aufgegeben, sondern auf andere übertragen, auf Papi oder auf Götter.
Es kommt vor, dass Kinder die Eltern bitten, den Regen aufhören zu lassen oder Spinat in Kartoffeln zu verwandeln.
Das Auftauchen des vom Körper verschiedenen Geistes vollzieht sich zunächst über Bilder, dann durch Symbole, dann durch Begriffe. Diese Entwicklung wird vor allem durch das Erlernen der Sprache gefördert. Mithilfe der Sprache entsteht ein Ich, das seine Körpervorgänge, Wünsche und Instinkte beherrschen kann.

Auf dieser Stufe kann das Kind erstmals soziale Rollen und Regeln verstehen und ausüben. Auf dieser Stufe findet das Kind seine Identität über seine Rollen und die Erfüllung der damit verbundenen Rollenerwartungen bzw. sozialen Normen.

4. Die formal-operatorische Phase	Formal-operationales Denken, Logik

Den Gipfel von Piagets Stufenfolge bilde das formal-operatorische Denken (ab 12 Jahren), das die Fähigkeit zum abstrakten Denken und hypothetischen Schlussfolgern umfasst. Bei denen, die dieses Stadium erreichen, erweitert und bereichert es ihre intellektuelle Welt außerordentlich. Diese Fähigkeit ist für das wissenschaftliche Denken eine unerlässliche, insbesondere die Fähigkeit, Experimente zu gestalten und ihre Ergebnisse zu interpretieren.
Dieses rational-abstrakte Denken erlaubt es, sich Alternativen vorzustellen, wie die Welt beschaffen sein könnte und systematisch alle möglichen Ergebnisse einer Situation abzuwägen.

Wenn Jugendliche fähig werden, systematische, formal-operatorische logische Schlussfolgerungen zu ziehen, bedeutet dies nicht, dass sie nun immer differenziert logisch denken würden. Aber sie verfügen nun im Prinzip über das Denkpotenzial intelligenter Erwachsener. Sie können nun systematisch denken und darüber spekulieren, was alternativ zum Bestehenden sein könnte. Dies ermöglicht ihnen, nicht nur wissenschaftlich-logisch zu denken, sondern auch Politik, Ethik und Science-Fiction zu verstehen.

Piagets Theorie ist immer noch die umfassendste Theorie der kognitiven Entwicklung, an der alle anderen gemessen werden.

Piagets Konstruktivismus

Piaget zeigte, dass Realität nicht einfach gegeben ist, sondern auf vielfältige Art und Weise konstruiert wird; und dass jede Stufe der Entwicklung eine andere Weltsicht hat mit anderen Wahrnehmungen, Modi von Raum und Zeit und anderen moralischen Motivationen.

Die Kenntnis der kognitiven Entwicklung erwies sich auch als hilfreich, um andere Dimensionen der Persönlichkeitsentwicklung zu untersuchen, z. B. moralische oder emotionale Entwicklung oder die Entwicklung des Selbst. Fast immer, wenn spezifische Entwicklungslinien studiert werden – wie moralische Entwicklung, Selbstentwicklung und Entwicklung der Fähigkeit, Rollen zu übernehmen – zeigte sich, dass kognitive Entwicklung dafür notwendig, aber nicht ausreichend ist. Bewusstsein ist für diese anderen Entwicklungen notwendig, aber nicht ausreichend[255].

Der Hauptmangel von Piagets System besteht, nach der Meinung der meisten Forscher, in seiner Behauptung, dass kognitive Entwicklung (verstanden als logisch-mathematische Kompetenz) die einzige Hauptlinie der Entwicklung sei.
Inzwischen gibt es reiches Belegmaterial dafür, dass zahlreiche Entwicklungslinien (wie Ich, Moral, Affektives, Interpersonelles, Künstlerisches usw.) sich auf relativ unabhängige Weise entfalten.

Piagets Stufen der Bewusstseinsentwicklung sind universell und kulturunabhängig gültig

Drei Jahrzehnte kulturübergreifender Forschung zeigten, dass Piagets Stufen der kognitiven Entwicklung, bis hin zur formal-operationalen, universell und kulturunabhängig gültig sind. Kulturelle Gegebenheiten verändern zwar manchmal das Tempo oder die Betonung bestimmter Aspekte der Stufen der Entwicklung - aber nicht die Stufen selbst oder ihre kulturunabhängige Geltung. In allen Kulturen (asiatischen, afrikanischen, amerikanischen und anderen) erreicht allerdings nur ein Teil der Individuen die formaloperationelle Stufe des Erkennens.

(Wilber Ken, 2001:39/40)

A2 Systemtheorie als Grundlage unserer Konzeption religiösen Erlebens und Handelns

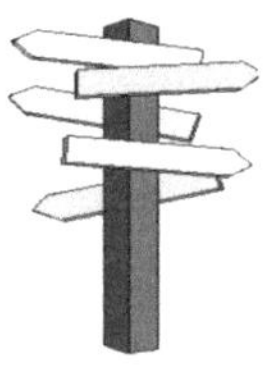
zum Vorgehen

Die Religionswerkstatt stützt sich auf empirisch fundiertes Wissen aus verschiedenen Wissenschaften, sowie auf philosophische und wissenschaftstheoretische Konzepte für religiöse und gleichzeitig psychologische und gesellschaftliche Lernprozesse. Dabei spielen die im letzten Jahrhundert entwickelten Systemtheorien heute in den verschiedensten Wissenschaften und im Gespräch zwischen den Wissenschaften eine bedeutsame Rolle.
Ervin Laszlo hat schon vor 50 Jahren eine interessante Konzeption einer Systemphilosophie entwickelt, die es ermöglicht die Prozesse auf verschiedenen Ebenen der Wirklichkeit zu unterscheiden, sie miteinander in Beziehung zu setzen und auch das religiöse Erleben ins Gespräch mit andern Wissenschaften einzubringen.
Für unser Verständnis religiösen Erlebens und Handelns stützen wir uns deshalb nicht nur auf die Religionswissenschaften und auf die Sozialwissenschaften sondern auch auf Ervin Laszlos Systemtheorie.

Ervin Laszlos Modell für Informationsprozesse

Ervin Laszlo war Professor für Philosophie, Systemwissenschaften und Zukunftsstudien an verschiedenen Universitäten. In seinem Buch »Systemtheorie als Weltanschauung«, erklärt er den Aufstieg der Systemwissenschaften folgendermaßen:

> »Neue Gesetze wurden aufgestellt, nicht im Widerspruch, sondern in Ergänzung zu den physikalischen Gesetzen. Sie zeigten, wie sich hochkomplexe Gefüge von Teilen, die jedes für sich den Grundgesetzen der Physik unterworfen sind, verhalten, wenn die Teile gemeinsam agieren. Im Hinblick auf die parallelen Entwicklungen in Physik, Chemie, Biologie, Soziologie und Wirtschaftswissenschaften zeigt sich, daß viele Zweige der modernen Wissenschaft, in Warren Weavers Worten, zu »Wissenschaften organisierter Komplexität« wurden, also zu Systemwissenschaften«.

»Beim Analysieren komplexer Systeme treffen wir auf jeder Ebene Elemente, die durch eine bestimmte Struktur verbunden sind und Materie oder Information austauschen.«

Um diesen Zugang zur organisierten Komplexität von Systemen zu veranschaulichen, verwende ich das bekannte russische Puppenmodell der Babuschka, bei der bei jedem Öffnungsschritt wieder eine noch kleinere Puppe zum Vorschein kommt:

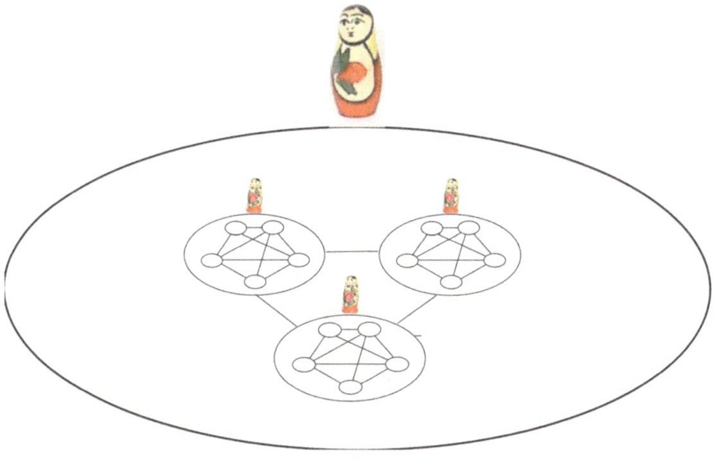

Während bei der klassischen Babuschka auf jeder tieferen Ebene nur eine einzige kleinere Babuschka zum Vorschein kommt, sind es bei natürlichen Systemen mehrere. Beispiel dafür ist ein menschlicher oder tierischer Körper, der aus Organen und

Zellen besteht, die auf jeder Ebene durch eine bestimmte Struktur verbunden sind und Materie und Information austauschen.

Für Ervin Laszlo sind Organismen nicht Maschinen, sondern offene natürliche Systeme. Sie können ohne dauernde Aufnahme und Abgabe von Energien, Substanzen und Informationen nicht länger als wenige Minuten existieren. Was noch bemerkenswerter ist: Alle ihre Teile werden langsam aber sicher ausgetauscht.

Offene Systeme bestehen einerseits aus materiellen Elementen, im Falle der Zelle aus Molekülen, beispielsweise der Desoxyribonukleinsäure DNS. Anderseits aber auch aus Prozessen der Informationsverarbeitung. Dafür bilden die materiellen Elemente die Basis. So sind im Genom, der Gesamtheit der Erbanlagen, die Informationen gespeichert, die die Produktion von Proteinen (d. h. von Eiweißstoffen) steuern.

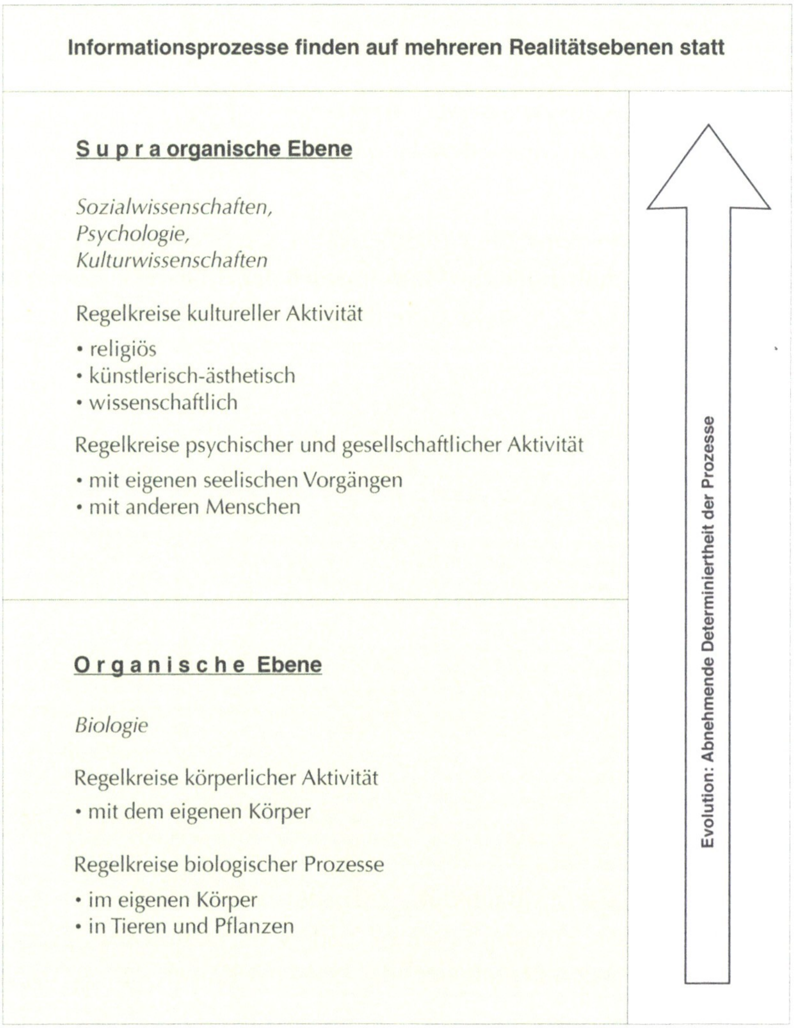

Ervin Laszlo unterscheidet *isomorphe* - d. h. gestaltgleiche aber nicht identische - Informationsverarbeitungsprozesse auf verschiedenen Ebenen der Realität. Ich trage dem durch verschiedene Bezeichnungen je nach Ebene Rechnung:

Auf der organischen Ebene bezeichne ich die Informationsverarbeitungsprozesse jeweils mit den folgenden Buchstaben:

(W)	= Wahrnehmen
(C)	= Codieren (vgl. unten den Begriff »genetischer Code« der Genetik)
(R)	= Reaktion (chemische Reaktionen)

Auf der supraorganischen Ebene dagegen ist der Informationsverarbeitungsprozess durch Sprache und Kultur geprägt und mit den folgenden Buchstaben bezeichnet:

(W)	= Wahrnehmen
(S oder T)	= Theoretisch interpretieren, mit Hilfe von Symbolen oder Alltagstheorien, evt. sogar mit Hilfe empirischer Forschung
(H)	= Handeln

Informationsprozesse auf der organischen Ebene

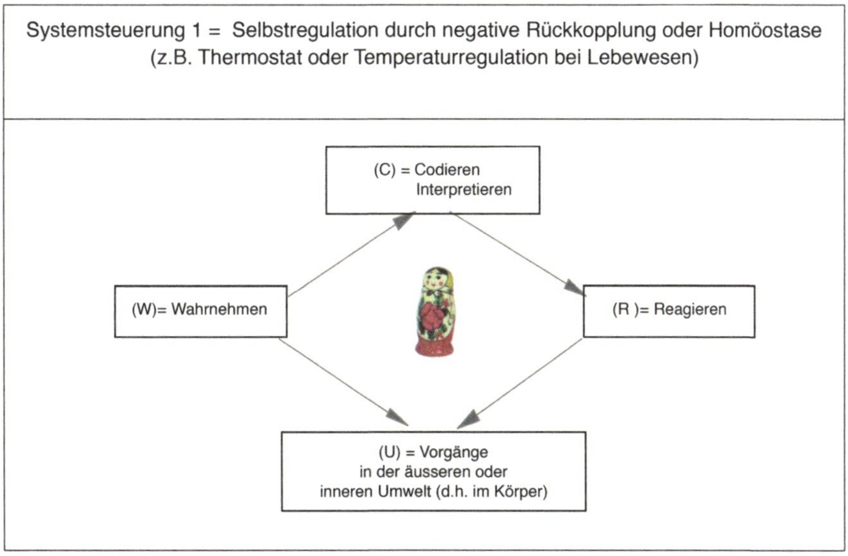

Im *Fall der negativen Rückkopplung* verläuft der Informationsfluss in einem kontinuierlichen Kreis von (U) zu (W) zu (C) zu (R). Eine Eingabe, die (C) entspricht, wird als geordnete Information bezeichnet und bewirkt eine Reaktion (R) innerhalb einer bestimmten Bandbreite. Vorausgesetzt wird ein zielgerichtetes System mit einer Selbstregulation, beispielsweise ein Thermostat, der die Raumtemperatur innerhalb einer bestimmten Bandbreite konstant hält.

Derartige homöostatische Regulationen finden in physiologischen Prozessen dauernd und meist unbemerkt statt. Warmblüter beispielsweise benötigen zum Überleben eine bestimmte Körpertemperatur, die im Rahmen eines Toleranzbandes variiert, dieses aber nicht verlassen darf. Das Nervensystem jedes Warmblüters beinhaltet daher einen Temperatur-Regelkreis mit entsprechenden Rezeptoren als Sensoren und Schweißdrüsen sowie Muskeln als Stelleinrichtungen.

Auf der organischen Ebene sind Gene die materiellen Träger der Informationsprozesse.

Ein Gen ist jener Teilabschnitt einer DNS (d. h. Desoxyribonukleinsäure)-Sequenz, der in seinem genetischen Text den Bauplan für ein bestimmtes Protein enthält. Ein Beispiel dafür ist das Immunsystem:
Das körpereigene Immunsystem kann zwischen »Selbst« und »Nichtselbst« unterscheiden, und es verfügt über Waffen, um den Körper vor eindringenden Bakterien oder Viren und vor Tumorerkrankungen zu schützen, z. B. über diverse Abwehrzellen aber auch Alarmzellen. Bei Kontakt mit eindringenden Erregern aktivieren diese Zellen diverse Gene, die Immunbotenstoffe produzieren. Diese Botenstoffe aktivieren dann das Immunsystem, damit dieses Antikörper herstellt. Diese Immunbotenstoffe aktivieren auch Nervenzellen im Gehirn, das dann die Entwicklung von Fieber veranlasst, das die Vermehrung von Erregern hemmt und Tumorzellen zum Absterben bringt.

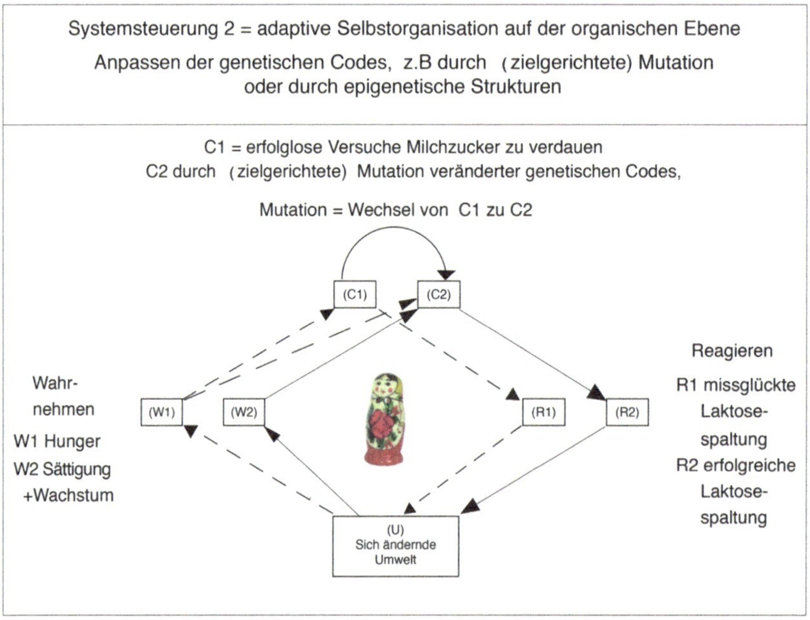

Adaptive Selbstorganisation ist eine Anpassung an Bedingungen, denen auf der Grundlage einer bereits gegebenen Struktur nicht entsprochen werden kann. Sie ist eine Voraussetzung der Evolution.

Der von (U) zu (W1) zu (C1) zu (R1) verlaufende Informationsfluss (= - - ⟶) ist in diesem Falle widersprüchlich und entspricht nicht dem in (C1) codierten Sollwert.

In einem System, das nur über einen homöostatischen Regelkreis verfügt, könnte dies zum Kollaps des Systems führen; beispielsweise dann, wenn die Umgebungstemperatur so kalt wird, dass der Körper dies nicht mehr genügend kompensieren kann und der Erfrierungstod eintritt. Oder dann, wenn im Falle von Unterzuckerung, die Ausschüttung von Adrenalin, (mit der Folge von Zittern und starkem Schwitzen), nicht mehr genügt, um die Glukosekonzentration aufrechtzuerhalten und einen hypoglykämischen Schock zu verhindern.

Zielgerichtete Mutation:

1988 stellte der international bekannte Genetiker John Cairns am Beispiel von Bakterien, die wegen eines genetischen Defekts keine Laktose herstellen konnten, um den Milchzucker zu verdauen, die offizielle Doktrin von der Zufälligkeit der Mutationen auf die Probe. Die Bakterien konnten diesen Nährstoff nicht verarbeiten, und wurden ganz langsam ausgehungert. Deshalb konnten sie nicht wachsen und sich nicht vermehren. Daher musste man damit rechnen, dass keine Kolonien entstanden. Doch erstaunlicherweise gab es doch in vielen Kulturen Bakterienwachstum. Cairns überprüfte nochmals, dass es im ursprünglichen Bakterienstamm keine Mutationen gegeben hatte. Da dies nicht der Fall war, schloss er aus diesem Befund, dass die Mutation des Laktose-Gens erst nach der Konfrontation mit der neuen Umgebung entstanden war. Diese Ergebnisse passen nicht zu der Annahme, dass Mutationen nur rein zufällig erfolgen und dass evolutionäre Entwicklungen kein Ziel verfolgen. Cairns nannte den von ihm neu entdeckten Mechanismus *zielgerichtete Mutation.*

Informationsprozesse auf der supraorganischen Ebene

Menschen verfügen über die Fähigkeit, Tätigkeiten, die sie zwar einst Schritt um Schritt erlernen mussten, aber sehr häufig ausführen, zu automatisieren. Ein Beispiel dafür ist das Autofahren. AutofahrerInnen mussten zwar in Fahrstunden das Fahren mit viel geistiger Konzentration auf jeden einzelnen Schritt erlernen. Nach jahrelanger Fahrpraxis können sie dann ihren Arbeitsweg zurücklegen, ohne sich auf jeden Schritt konzentrieren zu müssen. Dies ermöglicht es, sich daneben noch mit anderem zu beschäftigen, z. B. mit einem Mitfahrer ein Gespräch zu führen.

Falls Probleme wahrgenommen werden, z. B. eine unerwartete Baustellensignalisierung auf dem Arbeitsweg des Autofahrers oder häufigere extreme Wetterlagen als

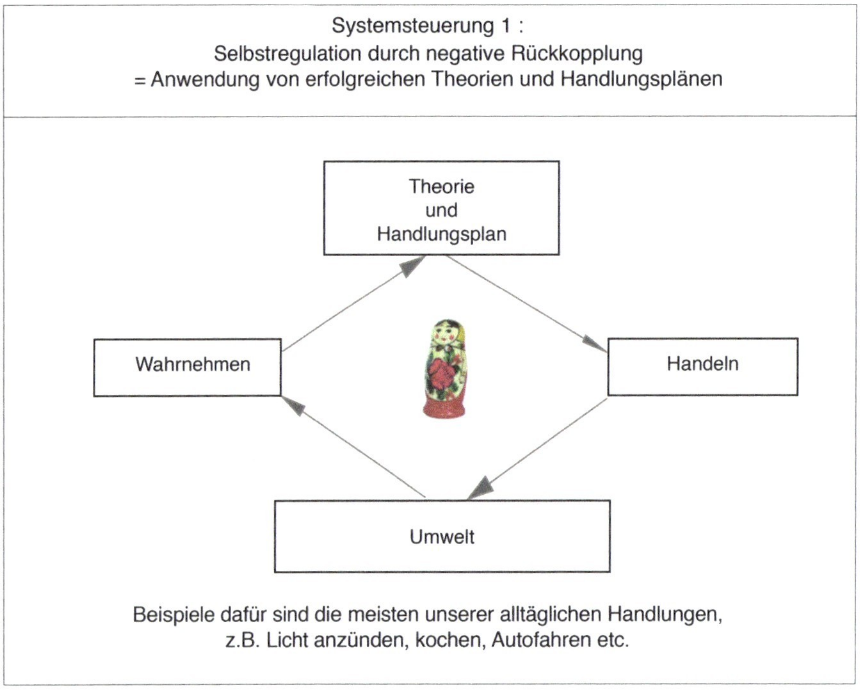

Folge des Klimawandels, müssen bisherige Gewohnheiten und die dahinter stehenden Alltags- oder wissenschaftlichen Theorien, und die dadurch begründeten Handlungsstrategien, überprüft und allenfalls durch neue ersetzt werden.

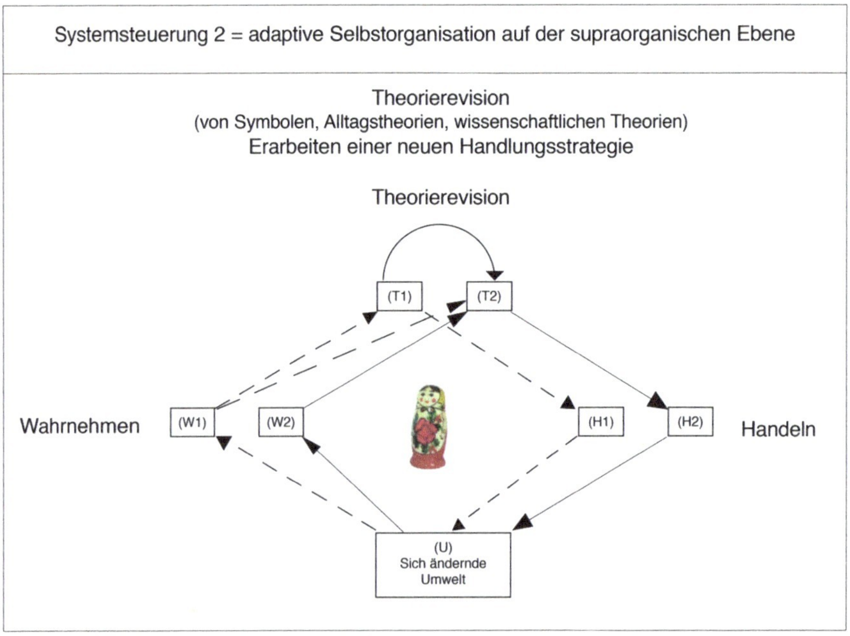

Laszlos Systemtheorie lässt sich nicht nur auf die Informationsprozesse von Individuen in ihrem Umgang mit ihrer Umwelt anwenden, sondern auch auf diejenigen von Organisationen, Institutionen, Staaten und supranationalen Institutionen. Dabei muss dann allerdings auch die Struktur der Beziehungen der Elemente des Systems zueinander thematisiert werden. Ist das Machtprofil flach oder hierarchisch? Demokratisch oder diktatorisch?

Ein Beispiel für eine sehr flache Struktur finden wir in der Beschreibung der Phase der bäuerlichen Gesellschaft des frühen Israel durch Thomas Staubli:

»Bäuerliche Gesellschaften waren tendenziell akephal (führerlos) und segmentär (in kleine Einheiten unterteilt). Die Keimzelle des israelitischen Bauerntums war die patriarchal strukturierte Großfamilie, in der Bibel ›Haus‹ genannt. Verwandte Häuser bildeten Sippen, verbündete Sippen einen Stamm, verbündete Stämme einen Stammesverband. Als Führer wurden nur für bestimmte Krisenzeiten oder sakrale Handlungen charismatische Männer und Frauen akzeptiert.«[256]

Ein systemtheoretisches Rahmenkonzept ermöglicht uns, Aehnlichkeiten von Prozessen auf verschiedenen Ebenen der Wirklichkeit zu erkennen.

Es ermöglicht uns, den Einfluss von Prozessen auf anderen Wirklichkeitsebenen (z.B. biologischen, kulturellen oder gesellschaftlichen) auf das religiöse Erleben, und umgekehrt zu untersuchen.

Es macht nicht nur das isolierte subjektives Erleben, sondern auch dessen Auswirkungen auf das Handeln und die Auswirkungen des Handelns, zum Thema.

Es erinnert uns daran, die Wirkungsgeschichte von Religionen und Wissenschaften und deren Dogmen im Auge zu behalten und daraus Schlussfolgerungen für allfällig erforderliche Kurskorrekturen zu ziehen.

A3 Jenseitserfahrungen aus verschiedenen Kulturen

Im folgenden Schema sind neben den Formen religiösen Erlebens auch Techniken aktiver Kontaktaufnahme mit der jenseitigen Wirklichkeit samt Beispielen eingezeichnet. Diese Beispiele werden anschließend an das Schema ausführlich zitiert:

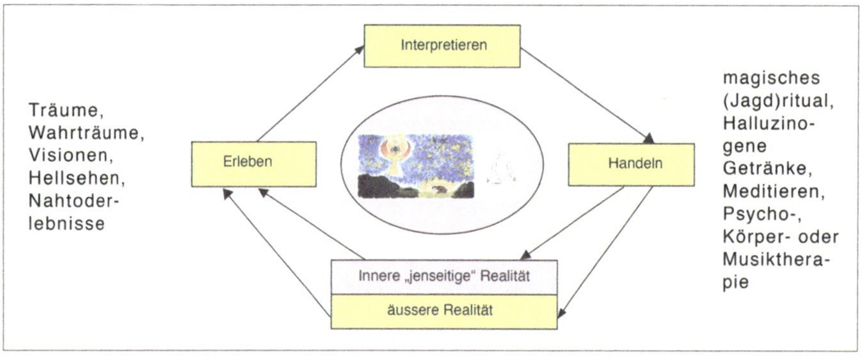

Liste der Beispiele zum Schema

Aktiv bewirkte Jenseitskontakte zur Beeinflussung der äußeren Realität

1. Erfolgreiches Ritual von Pigmäen vor der Jagd zur Bannung einer Antilope
2. Entdeckung des Rezepts zur Herstellung eines halluzinogenen Pflanzentrunks zur Erreichung eines veränderten Bewusstseinszustandes
3. Entdeckung des Rezepts des Pfeilgiftes Curare während eines veränderten Bewusstseinszustand

Jenseitserfahrungen als Hilfe aus dem Unbewussten zur Krisenbewältigung

4. August Kekulés Entdeckung des Benzolringes im Traum
5. Ein Traum als symbolische Hilfe für Lebensentscheidung
6. B. Nauers Vision, die ihn mit seinem Ungenügen anlässlich des Unfalltodes einer badenden Frau versöhnte
7. Niklaus von Flües Visionen als Hilfe in einer Lebenskrise
8. Bekehrungsvision des Paulus vor Damaskus

Hellsehen und Wahrträume

9. Erlebnis ein Adler zu sein in einem holotropen Seminar von Stanislav Grof
10. Begegnung mit einem Kriegserlebnis des eigenen Vaters in einem holotropen Seminar von Stanislav Grof
11. Wahrtraum vom Tod einer Bekannten Nahtoderfahrungen
12. Ueberprüftes Hellsehen im Verlauf einer Nahtoderfahrung
13. Begegnung mit dem unbekannten ausserehelichen Vater während eines Herzstillstandes Mystisches Erleben
14. Meister Eckharts Einheitserlebnis mit Gott
15. Einheitserlebnis mit Gott in einem Meditationskurs von Willigis Jäger

Beispiele zum Schema (ausführlich)

Aktiv bewirkte Jenseitskontakte zur Beeinflussung der äusseren Realität

1. Erfolgreiches Ritual von Pigmäen vor der Jagd zur Bannung einer Antilope

Bild 4: Steinzeitliche Höhlenmalerei: »Herr der Tiere« oder Schamane?
Der berühmte Zauberer von Les Trois Frères, halb Tier halb Mensch

»Um das Tier zu bannen, das ihn bedroht, macht sich der magische Mensch in der Verkleidung zu diesem Tier; oder er macht das Tier indem er es zeichnet, und er erhält so Macht darüber.
So entstehen die ersten Entäusserungen innerer Kräfte, die ihren Niederschlag in den vorgeschichtlichen Fels- und Höhlenzeichnungen finden.« (siehe Bild 4, S. 31)

Gebser Jean 3. Aufl 2003:89

Als Veranschaulichung zitiert Gebser einen Bericht von Leo Frobenius[257]:

»Dort beschreibt er, wie im Kongo-Urwald Leute des zwerghaften Jägerstammes der Pygmäen (es handelt sich um drei Männer und eine Frau) vor der Antilopenjagd im Morgengrauen eine Antilope in den Sand zeichnen, um sie beim ersten Sonnenstrahl, der auf die Zeichnung fällt, zu »töten«; der erste Pfeilschuss trifft die Zeichnung in den Hals; danach brechen sie zur Jagd auf und kommen mit einer erlegten Antilope zurück: Der tödliche Pfeil traf das Tier exakt an der gleichen Stelle, wo Stunden zuvor der andere Pfeil die Zeichnung traf; dieser Pfeil nun, da er seine bannende - den Jäger sowohl wie die Antilope bannende - Macht erfüllt hat, wird unter Ritualen, welche die möglichen Folgen des Mordes von den Jägern abwenden sollen, aus der Zeichnung entfernt, worauf dann die Zeichnung selbst ausgelöscht wird. Beide Rituale vollziehen sich, sowohl das des Zeichnens wie das des Auslöschens, was festzustellen äußerst wichtig ist, unter absolutem Schweigen.«

Jean Gebser kommentierte die Sandzeichnung folgendermaßen:

»In diesem Jagdritual und in dieser Jagdszene kommt erstens die Ichlosigkeit insofern zum Ausdruck, als die Verantwortung für den Mord, der durch das Gruppen-Ich an einem Teil der Natur begangen wird, einer schon als »außenstehend« empfundenen Macht, der Sonne, überbunden wird. Nicht der Pfeil der Pygmäen ist es, der tötet, sondern der erste Pfeil der Sonne, der auf das Tier fällt, und für den der wirkliche Pfeil nur Symbol ist (und nicht umgekehrt, wie man heute zu sagen versucht ist: für den der Sonnenstrahl Symbol ist). In dieser Überbindung der Verantwortung durch das Gruppen-Ich (das in den vier das Ritual vollziehenden Menschen Form annimmt) an die Sonne (die ihrer Helligkeit wegen stets als Bewusstseinssymbol aufzufassen ist) wird deutlich, in welchem Maße das Bewusstseinsvermögen dieser Menschen noch im Außen ist oder dem Außen verbunden wird: das sittliche Bewusstsein, das eine Verantwortung zu tragen imstande wäre, weil es auf einem klaren Ich beruht, liegt für die Ichlosigkeit dieser Pygmäen noch in der Ferne; ihr Ich (und damit ein wesentlicher Teil ihrer Seele) ist noch, dem Lichte der Sonne gleich, über die Welt ausgestreut.«[258]

2. Entdeckung des Rezepts zur Herstellung eines halluzinogenen Pflanzentrunks zur Erreichung eines veränderten Bewusstseinszustandes

Der Anthropologe Jeremy Narby verbrachte 1985 zwei Jahre in der Gemeinde Quirishari im Pinchis-Tal am Amazonas.
Das größte Rätsel, auf das er bei der Forschung über die Ökologie der Ashaninca stieß, war folgendes: »Diese außerordentlich praktischen und offenherzigen Menschen, die fast autonom im Regenwald des Amazonas lebten, behaupteten steif und fest, sie bezögen ihr umfassendes botanisches Wissen aus Halluzinationen, die durch psychoaktive Pflanzen hervorgerufen wurden. Konnte das stimmen?«

Als Folge eigener Erfahrungen, und im Anschluss an die Beurteilung der Herstellung des ayahuasca Tranks, den die Amazonas-Schamanen seit Jahrtausenden verwenden, um sich in außerordentliche Bewusstseinszustände zu versetzen, durch den wohl bekanntesten Ethnobotaniker des Zwanzigsten Jahrhunderts, Richard Evans Schultes, kommt Narby zum Schluss:

»Da gibt es also Menschen, die ohne Elektronenmikroskop und ohne biochemische Kenntnisse aus den rund 80.000 Pflanzen des Amazonasgebiets just die Blätter eines Strauches auswählen, die ein bestimmtes halluzinogenes Hirnhormon enthalten und diese Blätter dann kombinieren mit einer Lianenart, deren Inhaltsstoffe ein Enzym des Verdauungstrakts außer Kraft setzen, da sonst das Halluzinogen seine Wirkung nicht entfalten könnte. Das alles tun sie, um willentlich einen veränderten Bewusstseinszustand hervorzurufen.
Sie handeln so zielstrebig, als wüssten sie Bescheid über die molekularen Eigenschaften dieser Pflanzen. Sie scheinen genau zu wissen, welche Pflanzen miteinander kombiniert werden müssen. Und fragt man sie dann, woher sie das wissen, dann antworten sie, die jeweiligen halluzinogenen Pflanzen selbst hätten ihnen dieses Wissen vermittelt.«[259]

3. Entdeckung des Rezepts des Pfeilgiftes Curare

»Vor einigen Tausend Jahren entwickelten die Jäger am Amazonas ein muskellähmendes Pflanzengift für ihre Blasrohre: Es musste einem genau definierten Zweck entsprechen, nämlich auf Bäumen lebende Tiere töten, ohne jedoch die Qualität des Fleisches zu beeinträchtigen, und es sollte eine Muskelentspannung bewirken, damit das getroffene Tier den Ast loslässt und zu Boden fällt. Ein mit einem unbehandelten Pfeil getroffener Affe schlingt nämlich seinen Schwanz um einen Ast und verendet außerhalb der Reichweite des Jägers.

In den vierziger Jahren fanden Wissenschaftler heraus, dass Operationen am Brustkorb und an lebenswichtigen Organen mit Hilfe von Curare sehr viel leichter durchzuführen waren.
Curare unterbricht die Nervenleitungen und entspannt alle Muskeln, auch die Atemmuskulatur. Ein Derivat der ursprünglichen Pflanzenmixtur wurde chemisch synthetisiert und die Molekularstruktur eines der Wirkstoffe verändert. Wenn heute ein Anästhesist seine Patienten mit Curare behandelt, verwendet er nur synthetische Bestandteile. Bei dem gesamten Prozess der Entwicklung und Herstellung von Curare wurde jedermann für seine Arbeit entlohnt – nur nicht die, die das ursprüngliche Produkt entwickelt hatten.«[260]

»Die allgemein anerkannte Theorie besagt, die Indianer seien ›zufällig‹ über die nützlichen Moleküle in der Natur gestolpert. Im Fall von Curare klingt diese Erklärung wenig wahrscheinlich.«

»Es gibt vierzig verschiedene Arten von Curare im Amazonasgebiet, hergestellt aus siebzig Pflanzengattungen. Die heute in der westlichen Medizin verwendete Art kommt aus dem Westamazonasgebiet. Für die Herstellung müssen mehrere Pflanzenarten miteinander kombiniert und zweiundsiebzig Stunden lang gekocht werden. Dabei muss jeder Kontakt mit dem schwachen, aber tödlichen Dampf, der von dem Sud aufsteigt, vermieden werden. Das Endprodukt ist eine Paste, die als solche keinerlei Wirkung hat. Die Wirkung entfaltet sich erst, wenn die Paste unter die Haut injiziert wird. Wird sie geschluckt, zeigt sie keinerlei Wirkung. Man kann sich nur schwer vorstellen, dass irgendein Mensch durch Zufallsexperimente auf dieses Rezept stößt.

Wie hätte denn ein Jäger im Regenwald, dessen Problem in erster Linie die Qualität des Fleisches war, auf die Lösung mit der subkutanen Injektion kommen sollen? Fragt man die Indianer selbst nach der Herkunft von Curare, dann lautet die stereotype Antwort, es sei mythischen Ursprungs. Die Tukano im kolumbianischen Amazonasgebiet sagen, der Schöpfer des Universums habe Curare erfunden und ihnen geschenkt.«

Jenseitserfahrungen als Hilfe aus dem Unbewussten zur Bewältigung von Krisen

4. August Kekulés berühmte Entdeckung des Benzolrings

August Kekulés berühmte Entdeckung, dass Benzol und andere organische Moleküle tatsächlich geschlossene Ketten oder Ringe sind, war das Ergebnis eines Traums, indem er Schlangen sah, die ihre Schwänze fraßen. Diese Entdeckung hat man die »brillanteste Vorhersage auf dem gesamten Gebiet der organischen Chemie« genannt.

Wie bei den meisten Genies ist dies nicht einfach ein Fall guter Intuition. Kekulés logischer Geist war offen für die Idee und verwarf sie nicht einfach als einen »Traum von Schlangen«.

5. Ein Traum als symbolische Hilfe für eine Lebensentscheidung

Eine 28-jährige Frau schreibt:

»Möwen fliegen über den See, dort wo ich wohne. Eine davon trägt einen schönen, glänzenden Ring im Schnabel. Sie lässt den Ring ins Wasser fallen. Leute von meiner Familie tauchen nach dem Ring und bringen ihn.«

Was heißt das nun? Dies sind Symbole, man darf sie nicht konkretistisch auffassen. Der Ring ist, einfach ausgedrückt, Symbol für etwas Abgerundetes. Er hat weder Anfang noch Ende. Es kann ihm also diese Bedeutung zukommen. Wenn wir jedoch auf die spezielle Situation dieser Träumerin eingehen, erhält ein anderer Symbolgehalt stärkeres Gewicht. Die Frau hat mir folgendes erzählt: In den vergangenen Jahren war sie viel im Ausland. Jetzt ist sie im Begriff, zu Hause wieder Fuß zu fassen, doch in ihrem Inneren ist sie noch nicht sicher, für welchen Lebensweg sie sich entscheiden soll.
Und nun ereignet sich ein solcher Traum. Der Ring ist auch Symbol für Verbundenheit, als Ehering, Freundschaftsring, und ausgerechnet die Verwandten der Träumerin tauchen nach diesem verlorenen Ring. Vom Unbewussten her wird also auf die Verbundenheit mit der Familie und mit der Heimat hingewiesen. Falls die Frau noch unsicher war und sich noch nicht entschließen konnte, daheim wieder Wurzeln zu fassen, so signalisiert dieser Traum klar, in welche Richtung sie sich entscheiden soll. Ich habe das mit der Betreffenden nicht besprochen, aber allein schon das Bild ist eindrücklich. Wenn man die Diskussion mit ihr noch fortführen würde, kämen sicher verschiedene weitere Zusammenhänge zum Vorschein. Dies erwähne ich nur als kleines Beispiel, wie ein Traum auch ohne gründliche Auslotung bereits etwas Wesentliches aussagen kann.« (Wirz F. und Wolff K. 1993: 16)

6. B. Nauers Vision, die ihn mit seinem Ungenügen anlässlich des Unfalltodes einer badenden Frau versöhnte

Bernhard Nauer befand sich in den Badeferien und kam vom Schwimmen an den Strand zurück. Im seichten Wasser stürzte rechts von ihm eine Frau mit einem Aufschrei zusammen.
Zwei Männer trugen die Frau in eine Höhle unter der Felswand, welche die Bucht umgab. Bernhard Nauer eilte dorthin, hatte aber Mühe seine Strand- und Ferienstimmung abzulegen und ärztliche Hilfe zu leisten. Die Frau war durch einen von der Felswand herunterstürzenden Stein getroffen worden. Sie wies in der rechten Schläfengegend einen offenen Schädelbruch auf. Als Bernhard Nauer sie untersuchte, war

sie klinisch tot. Herzmassage und künstliche Beatmung blieben erfolglos. Es ärgerte ihn, dass er so missgestimmt und als Arzt machtlos war. Er fühlte sich sehr betroffen. Einige Tage vor seiner Abreise ging er nochmals zur Unglücksstelle. In der Felsenhöhle war ein Brettchen mit Namen und Todestag angebracht.

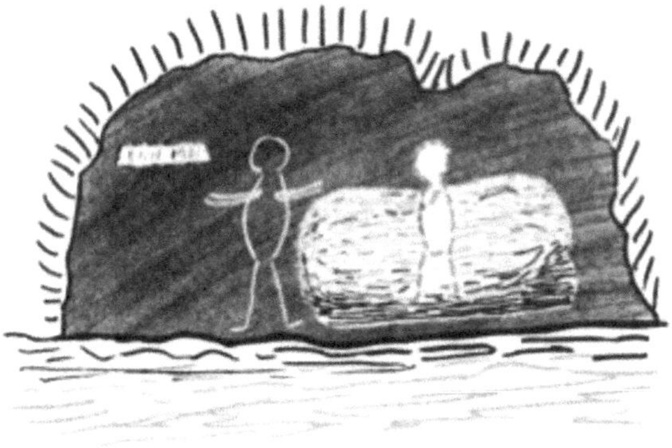

»In dieser abgeschirmten Höhle kam plötzlich eine große Stille über mich. Unvermittelt stand die verstorbene Frau, die ich vor ihrem Tod nie gesehen hatte, rechts neben mir. Sie hatte keine Schädelverletzung mehr und sah sehr gesund aus. Ich wusste nun ganz deutlich, dass sie mir meine damalige Reaktion ihr gegenüber verzieh. Um die Frau herum sah ich darauf eine etwa zwei bis drei Meter große, helle Wolke. Diese Wolke, das wusste ich ebenso genau, war Ausdruck einer umfassenden Liebe, ausgehend von der Verstorbenen und ihrer neuen Welt. Da kam mir ein Bekannter entgegen, das Bild verschwand, und ich nahm wieder alle Geräusche um mich wahr.« (Wirz F. und Wolff K. 1993: 70)

7. Niklaus von Flües Vision von den drei adligen Besuchern

»Drei wohlgestaltete Männer, die in Gewandung und Haltung einen adligen Rang verrieten, kamen zu ihm, während er mit häuslicher Arbeit beschäftigt war. Der Erste begann in folgender Weise das Gespräch: ›Nikolaus, willst du dich mit Leib und Seele in unsere Gewalt geben?‹ Jener erwiderte sofort: ›Niemandem ergebe ich mich als dem allmächtigen Gott, dessen Diener ich mit Seele und Leib zu sein verlange.‹

Auf diese Antwort wandten sie sich ab und brachen in ein fröhliches Lachen aus. Und wiederum zu ihm gewendet, sprach der Erste: ‹Wenn du allein in die ewige Knechtschaft Gottes dich versprochen hast, so verspreche ich dir für gewiss, dass, wenn du das siebenzigste Jahr erreicht hast, dich der barmherzige Gott, deiner Mühen sich erbarmend, von aller Beschwernis erlöst; darum ermahne ich dich inzwischen zu beharrlicher Ausdauer, und ich werde dir im ewigen Leben die Bärenklaue und die Fahne des siegreichen Heeres geben; das Kreuz aber, das dich an uns erinnern soll, lasse ich dir zum Tragen zurück.‹ Darauf entfernten sie sich. Aus diesen Worten erkannte er, dass er, wenn er die Bedrängnisse vielfältiger Versuchung tapfer überwinde, begleitet von einer großen Heerschar in die ewige Glorie eingehen werde.

Für von Franz erinnern diese drei Adligen zwar an die christliche Trinität, ohne ganz der dogmatischen Vorstellung zu entsprechen.
Was nicht christlich an diesen drei Gestalten zu sein scheint, weist in die Richtung älterer germanischer Vorstellungen, das ist auf Wotan, hin, so besonders die Bärenklaue, welche Niklaus als Zeichen bzw. »Totem« oder individuelles Symbol im Jenseits erhalten wird.
»Das Lachen der Besucher nach der Antwort von Bruder Klaus, dass er sich niemandem anderen ergeben wolle als dem allmächtigen Gott, dürfte so zu interpretieren sein, dass sich dieser unter Gott etwas anderes vorstellt, als die vor ihm stehende Wirklichkeit Gottes ist. Das was abweicht, sind wohl hauptsächlich jene Wotanszüge, welche die wirkliche und unmittelbare Gotteserscheinung unerwartet auszeichnen.

»Ein seltsames Motiv schließt die öfters fast durchsichtig heidnisch wirkende Vision doch wieder ganz unerwartet an das Christliche an: Nämlich jene Hinterlassung des Kreuzes, das Bruder Klaus seiner Lebtag zum Andenken an die drei Besucher tragen soll. Dadurch ist die Bewertung der Vision als eine bloße Regression ins Heidentum nicht möglich ... «

»Der ganze Kontext der Visionen spricht dagegen, wie z. B. das Motiv, dass die drei göttlichen Besucher Klaus die Kreuztragung auferlegen; dass zwar in einer Vision der »Geist der Wahrheit« als Bärenhäuter erscheint, in der nächsten aber Klaus in die christliche Himmelswelt einführt usw.«

Jung machte von Franz darauf aufmerksam, dass das Gottesbild Wotans zwei Züge besitzt, welche Jahwe fehlen:

- Eine intensive Beziehung zur kosmischen Natur und
- die Kunst des Loswerfens und der Runenkunde (Vgl. dazu S. 197 ff.), deren Herr Wotan ist – d. h. die Ausrichtung auf das Synchronizitätsprinzip.

Diese zwei Züge fehlen der Gestalt Jahwes fast ganz und sind offenbar doch Teile eines ganzheitlichen Gottesbildes, welches nicht nur das Dunkle, Böse, sondern auch die kosmische Natur und ihre Sinnoffenbarungen in synchronistischen Ereignissen zu umfassen scheint«.[262]

Was die drei Besucher Klaus nahebringen wollen, ist eine seelische Weiterentwicklung, welche weitere (durch Christentum, Judentum und Islam unterdrückte) archetypische Inhalte integriert, ohne sein christliches Erbe zu verraten.

Für das Verständnis des religiösen Erlebens ist speziell wichtig, das Thema des Bruches zwischen der Sphäre der Natur (bei Bruder Klaus verkörpert durch den Gott Wotan und die ihm zugehörenden Symbole) und der individualisierenden geistigen

Entwicklung (verkörpert durch die Vision mit der Lilie und generell durch die traditionelle christliche Spiritualität). (Vgl. Anm. 139)

> »Die Naturbeziehung in Bruder Klausens Leben, welche durch die einbrechenden archetypischen Inhalte konstelliert wurde, bewirkt, daß er nicht nur den Typus des christlichen Heiligen abbildet, sondern daß er auch zugleich das alte Urbild des primitiven Medizinmannes, des nordischen Schamanen und des Propheten wieder verkörpert.
>
> Es ist, als ob ein urtümliches ›pattern‹ des Individuationsprozesses auf höherer Stufe wiederkehrte, um sich mit der geistigen Entwicklung des Christentums zu versöhnen und dabei letzteres zugleich in eine neue Naturdimension auszuweiten«.

8. Die Bekehrungsvision des Paulus vor Damaskus (Apg 9)

Saulus aber schnaubte noch mit Drohen und Morden gegen die Jünger des Herrn und ging zum Hohenpriester und bat ihn um Briefe nach Damaskus an die Synagogen, damit er Anhänger des neuen Weges, Männer und Frauen, wenn er sie dort fände, gefesselt nach Jerusalem führe. Als er aber auf dem Wege war und in die Nähe von Damaskus kam, umleuchtete ihn plötzlich ein Licht vom Himmel; und er fiel auf die Erde und hörte eine Stimme, die sprach zu ihm: Saul, Saul, was verfolgst du mich? Er aber sprach: Herr, wer bist du? Der sprach: Ich bin Jesus, den du verfolgst. Steh auf und geh in die Stadt; da wird man dir sagen, was du tun sollst. Die Männer aber, die seine Gefährten waren, standen sprachlos da; denn sie hörten zwar die Stimme, aber sahen niemanden.
Saulus aber richtete sich auf von der Erde; und als er seine Augen aufschlug, sah er nichts. Sie nahmen ihn aber bei der Hand und führten ihn nach Damaskus; und er konnte drei Tage nicht sehen und aß nicht und trank nicht.

Wahrträume und Hellsehen

9. Erlebnis, ein Adler zu sein, in einem holotropen Seminar von Stanislav Grof

Der bekannte Psychiater Stanislav Grof erforschte über 40 Jahre lang die Macht der Bewusstseinsveränderung mit verschiedenen bewusstseinsverändernden Substanzen und mit der holotropischen Atemtechnik. Seine Resultate legen nahe, dass Information den Geist aus fast jedem Winkel oder Aspekt des Universums erreichen kann, falls die Zensur des Wachbewusstseins ausgeschaltet wird[263].
Der folgende Bericht stammt von einem Teilnehmer eines seiner Seminare:

»Ich hatte dann das sehr realistische Gefühl, ein Adler zu sein. Ich schwebte durch die Luft, indem ich geschickt ihre Strömungen und feinen Veränderungen der Lage meiner Flügel nutzte. Mein Blick tastete das Gebiet weit unter mir nach Beute ab. Ich sah die kleinsten Details der Landschaft unter mir wie durch ein starkes Fernrohr. Es war mir, als ob ich auf Veränderungen im Gesichtsfeld reagierte.
Wenn ich eine Bewegung ausmachte, wurden meine Augen wie starr und stellten sich auf den Ort der Bewegung ein. Ich blickte wie durch einen Tunnel, durch eine lange und enge Röhre. Ich war so fest überzeugt davon, dass diese Erfahrung den Sehmechanismus bei Raubvögeln exakt wiedergab (ich hatte früher nie darüber nachgedacht oder mich dafür interessiert), dass ich beschloss, in die Bibliothek zu gehen und die Anatomie und Physiologie des Sehapparats dieser Tiere zu studieren.« (Grof S. 1987)

10. Begegnung mit einem Kriegserlebnis des eigenen Vaters in einem holotropen Seminar von Stanislav Grof

Eine junge Frau, die zu dem Seminar aus Finnland gekommen war, erlebte in dieser Sitzung eine Reihe sehr dramatischer Szenen, in denen es um Aggressionen und das Töten in verschiedenen Arten von Krieg ging ... Eine dieser Szenen war ungewöhnlich und unterschied sich von den anderen. Die Frau erfuhr sich als einen jungen Soldaten, der in einer Schlacht im Zweiten Weltkrieg kämpfte. Diese Schlacht hatte vierzehn Jahre vor ihrer Zeugung stattgefunden. Ihr wurde plötzlich bewusst, dass sie sich mit ihrem Vater identifizierte und diese Schlacht aus seiner Sicht erlebte. Sie war ganz und gar er, sie spürte seinen Körper, seine Gefühle und seine Gedanken. Sie konnte auch deutlich wahrnehmen, was um sie herum geschah. Dann, als sie/er sich gerade hinter einem Baum versteckte, kam eine Gewehrkugel angeflogen und streifte sie/ihn an der Wange und am Ohr.
Diese Erfahrung war außerordentlich lebhaft, authentisch und zwingend. Sie wusste nicht, woher sie stammte, und konnte nichts mit ihr anfangen. Ihr war bekannt, dass ihr Vater am Russisch-Finnischen Krieg teilgenommen hatte. Sie war sich aber sicher, dass er nie über dieses Erlebnis gesprochen hatte. Sie kam zu dem Schluss, dass in ihr eine Erinnerung ihres Vaters an eine tatsächliche Begebenheit wach geworden sein musste, und beschloss, dies anhand eines Telefonanrufs nachzuprüfen.
Als sie zur Gruppe zurückkam, war sie sehr aufgeregt und von Ehrfurcht ergriffen. Sie hatte ihren Vater angerufen und ihm von ihrem Erlebnis erzählt. Daraufhin war er vollkommen verblüfft gewesen. Sie hatte etwas erlebt, was ihm tatsächlich im Krieg widerfahren war. Ihre Beschreibung des Geschehens und der Umgebung war absolut richtig gewesen. Er versicherte ihr auch, über dieses spezielle Ereignis weder mit ihr noch mit anderen Familienmitgliedern gesprochen zu haben, weil er es nicht als besonders wichtig empfunden hatte.« (Grof S, 1987: 110/111)

11. Wahrtraum vom Tod einer Bekannten

»Besonders eng scheinen die Beziehungen zwischen dem Seelischen und dem Über- oder Außersinnlichen in den Wahr- oder präkognitiven Träumen zu sein, vor allem dort, wo es sich um den Tod handelt. Der Mensch kann seinen eigenen oder einen fremden Tod vorausträumen. Das ist dann ein parapsychologisches Ereignis – und grundsätzlich nicht anders zu beurteilen als Vorahnungen im Wachen ... Das Folgende scheint ein echter und eindeutiger Wahrtraum zu sein:

Ich fahre mit meinem Mann und meinem Sohn in das Tessin. Wir machen Halt auf einem Friedhof. Die Gräber sind leer. Ich möchte die Blumen mitnehmen, aber ich überlege: »Es ist Herbst, ich nehme lieber die Samen mit.« Mein Sohn ruft »Tante Velili, Tante Velili.« Ich frage ihn, warum er sie hier rufe, und zweitens: Sie heiße Tante Vreneli. Er sagt mir, dass er wisse, dass sie da sei. – Am nächsten Tag haben wir erfahren, dass diese Frau in Deutschland gestorben war. Es war eine Bekannte meines Mannes.« (Wirz F. und Wolff K. 1993: 57)

Nahtoderfahrungen

12. Überprüftes Hellsehen im Verlauf einer Nahtoderfahrung

»Skeptiker kritisieren die Berichte über Nahtoderfahrungen schon deshalb, weil sie nicht unter kontrollierten Laborbedingungen zustande kamen. Auf einen Fall jedoch, den Dr. Michael Sabom beschreibt, ist diese Kritik nicht anwendbar, denn das durchgeführte Experiment war zur Untersuchung von Nahtoderfahrungen gedacht.
Die Versuchsperson war eine Frau, die wegen eines Basilaraneurysmas am Gehirn operiert werden musste. Das erweiterte Blutgefäß an der Gehirnbasis konnte jederzeit platzen. Die Operation erforderte, dass ihre Körpertemperatur unter fünfzehn Grad Celsius abgesenkt werden musste. Herzschlag und Atmung setzen dabei aus. Auf dem EEG wurden die Hirnströme deutlich flacher, bis sie den Grenzwert für den Hirntod erreichten. Ihr Kopf wurde vollkommen blutleer. Während dieser kritischen Zeit stand sie unter sorgfältiger Beobachtung.
Als sie das Bewusstsein wiedererlangte, berichtete sie von den klassischen Nahtoderlebnissen wie dem Tunnel, dem hellen Licht und den verstorbenen Familienmitgliedern, die sie drüben erwarteten, um sie zu begrüßen. Doch sie konnte auch genaue Einzelheiten darüber angeben, was das medizinische Personal tat oder sagte, während sie im hirntoten Zustand war und ihr EEG eine Nulllinie zeigte. Eben diese Einzelheiten erlaubten dann festzustellen, dass sie den Tunnel und die Verwandten in der Zeit sah, in der sie hirntot war. Dies zeigt deutlich, dass die Vorstellung, es komme zu Nahtoderfahrungen, bevor man das Bewusstsein verliert, falsch sind. Genauso bedeutsam ist, dass die Nahtoderlebnisse auftraten, als ihre Augen verklebt und ihre Ohren mit Ohropax verschlossen waren. Die Erfahrungen der Patientin konnten also nicht über die normalen Sinnesorgane gemacht worden sein.«[264]

13. Begegnung mit dem unbekannten außerehelichen Vater während eines Herzstillstandes

Der holländische Kardiologe Pim van Lommel, der Autor einer Studie solcher Fälle auf Intensivstationen an verschiedenen Krankenhäusern in Holland, zitierte einen Patienten, der Folgendes zu berichten hatte:
»Als mein Herz stillstand ... sah ich meine verstorbene Großmutter vor mir, aber auch einen Mann, der mich liebevoll anschaute, den ich aber nicht kannte. Über zehn Jahre später gestand mir meine Mutter in ihrem Totenbett, dass ich das Produkt einer außerehelichen Beziehung war. Mein biologischer Vater, ein Jude, war im Zweiten Weltkrieg deportiert und getötet worden. Meine Mutter zeigte mir ein Bild von ihm: Es war der Unbekannte, den ich über zehn Jahre zuvor während meines Herzanfalls vor mir gesehen hatte.«[265]

Mystisches Erleben

14. Meister Eckharts Erleben mystischer Einheit mit Gott

Der mittelalterliche Mönch Meister Eckhart beschreibt seinen Durchbruch zu einem unmittelbaren und formlosen Gewahrsein, das ohne Ich, ohne anderes und ohne Gott ist, folgendermaßen:
»In dem Durchbrechen aber, wo ich ledig stehe, meines eigenen Willens und des Willens Gottes und aller seiner Werke und Gottes selber, da bin ich über allen Kreaturen und bin weder »Gott« noch Kreatur, bin vielmehr, was ich war und was ich bleiben werde jetzt und immerfort.
Da empfange ich einen Aufschwung, der mich bringen soll über alle Engel. In diesem Aufschwung empfange ich so großen Reichtum, dass Gott mir nicht genug sein kann mit allem dem, was er als »Gott« ist, und mit allen seinen göttlichen Werken; denn mir wird in diesem Durchbrechen zuteil, dass ich und Gott eins sind. Da bin ich, was ich war, und da nehme ich weder ab noch zu, denn ich bin da eine unbewegliche Ursache, die alle Dinge bewegt ... Und darum bin ich ungeboren, und nach der Weise meiner Ungeborenheit kann ich niemals sterben. Nach der Weise meiner Ungeborenheit bin ich ewig gewesen und bin ich jetzt und werde ich ewiglich bleiben.«[266]

15. Mystisches Einheitserlebnis in einem Meditationskurs von W. Jäger

Eine Teilnehmerin an einem Meditationskurs von Willigis Jäger beschrieb ihr mystisches Erlebnis folgendermaßen:

»Seit einiger Zeit kann ich mich nicht mehr einverstanden erklären mit diesem persönlichen Gott, diesem Bruder, Partner, Freund, der immer da ist für uns und auf uns wartet. Ich erlebe Gott zurzeit dunkel, gesichtslos, apersonal; nicht den Gottmenschen Jesus Christus auf dieser Erde, sondern als Gottheit in den Dingen dieser Erde, auch in mir, als Kraft, als Intensität, als das Dasein von allem ... «

Vor einigen Tagen las ich über Kontemplation: Wenn du Gott schaust, siehst du nichts, und das ist genau der Punkt: Wenn du auf nichts schaust, dann ist nichts; das ist nicht irgendeine Erfahrung oder eine Art von Erkenntnis, in der Tat, es ist, was Gott ist; Gott ist nichts. Gleich darauf begann ich, nichts zu sehen. Es war die zaunlose Wirklichkeit, die randlose Wirklichkeit, und alle meine Anhänglichkeit schien verschwunden zu sein in diesem Sehen. Es kam eine große Entspannung über mich, es musste nichts getan werden. Kurz vor dieser Erfahrung gab es eine Zeit von etwa zwei Wochen, wo ich fast ständig am Rand des Weinens war. Da war kein Grund für dieses Weinen, es war nur eine sanfte Berührung in mir, eine Zartheit, die mich nicht von meinen Pflichten abhielt.

Nur dieses Namenlose ... Dann kamen die Male, wo ich beim Sitzen den Eindruck hatte, ich trete heraus aus der, die da sitzt, und betrachte von weit draußen mein und der ganzen Welt Theaterspiel. Was war das, was da austrat? Und wer blieb sitzen? Wo war »Ich«? »Mein« Bewusstsein hatte keinerlei individuelle Färbung mehr, und in den Augenblicken von Gotteserfahrung gab es nicht einmal mehr Bewusstsein von, sondern nur dieses Namenlose. In solchen Zuständen – meine ich jetzt nachträglich – ist nur noch geistiges Existieren.« (Vgl. Anm. 29)

Die oben zitierten Berichte über persönliche Erlebnisse, die Gespräche von Jeremy Narby, Floriane Koechlin mit Wissenschaftern und Philosophen, sowie die Berichte von Teilnehmern an den von durch Stanislav und Christina Grof entwickelten »holotropen Seminaren«,

... all dies lässt die Möglichkeit der Existenz eines gemeinsamen Urgrundes allen Lebens als möglich und als wahrscheinlicher erscheinen als die Annahme, dass Pflanzen und Tiere nur lebende Maschinen sind, bzw. dass zwischen Pflanzen, Tieren und Menschen unüberbrückbare Gräben bestehen.

Mystiker aller Zeiten berichten uns, sie seien diesem gemeinsamen Urgrund allen Lebens begegnet.

A4 Zusätzliche soziologische und sozialpsychologische Werkzeuge

Anomie – Autoritarismus und Vorurteile

zum Vorgehen

In diesem Anhang résümiere ich die soziologische Anomietheorie von Émile Durkheim, Robert K.Merton und deren Erweiterung durch Peter Heintz und seine Mitarbeiter Thomas Held, Hans-Joachim Hoffmann-Nowotny und René Levy

Die soziologische Anomietheorie

Das Lexikon zur Soziologie definiert Anomie

1) als Zustand der Regellosigkeit bzw. Normlosigkeit
   - Sie entsteht durch wachsende Arbeitsteilung. Die Individuen stehen in ungenügend intimer und dauerhafter Beziehung, sodass sich kein System gemeinsamer Regeln entwickeln kann.
   - Sie entsteht durch die Ausweitung der menschlichen Bedürfnisse ins Unendliche.
   Anomie tritt besonders in Zeiten plötzlicher wirtschaftlicher Depression oder Prosperität auf und führt zu einer erhöhten Rate abweichenden Verhaltens (E. Durkheim).

2) Als Zusammenbruch der kulturellen Ordnung in Form des Auseinanderklaffens von kulturell vorgegebenen Zielen und Werten einerseits und den sozial erlaubten Möglichkeiten, diese Ziele und Werte zu erreichen, andererseits.
   Die Situation der Anomie übt auf die Individuen einen Druck zu abweichendem Verhalten aus und wird je nach Anerkennung oder Ablehnung der kulturellen Ziele und Werte oder der erlaubten Mittel durch verschiedene Formen der Anpassung bewältigt.

3) Als Bezeichnung für einen psychischen Zustand, der vor allem durch Gefühle der Einsamkeit, der Isoliertheit, der Fremdheit, der Orientierungslosigkeit sowie der Macht- und Hilflosigkeit gekennzeichnet ist.
   Zur Charakterisierung dieses Zustandes wird auch die Bezeichnung ›Anomia‹ verwandt. Psychologische Anomia gilt als Folge von Anomie im soziologischen Sinne. Zur Messung psychologischer Anomie sind verschiedene, zumeist als

»Anomieskalen« bezeichnete Einstellungsskalen entwickelt worden (H. McClosky u. J.H. Schaar 1965; L. Srole 1956).

Als Beispiel zitiere ich die Anomieskala von L. Srole 1956[267]:

Was würden Sie zu folgenden Ansichten sagen:ß Stimmen Sie mit ihnen überein oder finden Sie sie falsch?

- Alles ist heute so unsicher und wechselt so schnell, dass man oft nicht mehr weiß, wonach man sich richten soll.
- Das Schlimme an der heutigen Zeit ist, dass den Leuten die alten Traditionen und Gewohnheiten gar nichts mehr bedeuten.
- Der Durchschnittsmensch wird eigentlich immer schlechter.
- Es hat keinen Sinn, mit den Behörden Kontakt aufzunehmen, denn diese interessieren sich doch nicht für die Probleme des Durchschnittsbürgers.
- Manchmal scheint es mir, andere Leute wüssten besser als ich, was in bestimmten Situationen zu tun ist.

Robert K. Merton unterschied fünf mögliche Anpassungsformen des Menschen auf das Auseinanderklaffen von Zielen und von sozial erlaubten Möglichkeiten, diese zu erreichen:

- Konformität: Konzentrierung auf die Ziele, die mit den zur Verfügung stehenden (gebilligten) Mitteln erreicht werden können. Innovation: Gebrauch kulturell missbilligter Mittel
- Ritualismus: Strikte Nutzung der vorgeschriebenen Mittel, bis hin zur Ignoranz der negativen Konsequenzen dieser Mittel (Durchführung des Rituals um des Rituals willen)
- Rückzug (*retreat*): Verzicht sowohl auf vorgeschriebene Ziele als auch geforderte Mittel (Aussteiger, Drogenabhängige etc.)
- Rebellion: Zurückweisung von Zielen und Mitteln und Betonung eines neuen, sozial missbilligten Systems von Zielen und Mitteln[268]

In den von Europäern kolonialisierten Gesellschaften war der Großteil der Bevölkerung in sehr hohem Maß und in fast allen Lebensbereichen von Anomie (im Sinne von Regel- bzw. Normlosigkeit und des Zusammenbruchs der kulturellen Ordnung) betroffen. Und die Menschen erlebten dies häufig als individuelle Anomie (= *Anomia*), wie sie z.B. Sroles Anomieskala misst.
In den modernen Industrie- und Dienstleistungsgesellschaften nimmt Anomie dagegen vielfältigere Formen an. Emil Durkheim, Robert K. Merton und Peter Heintz (und seine Mitarbeiter) haben diese vielfältigeren Formen diagnostiziert.

Vorurteile

Vorurteile werden im Lexikon für Soziologie folgendermaßen definiert:

»Vorurteil, Globalurteil, Pauschalurteil, ein verfestigtes, vorgefasstes, durch neue Erfahrungen oder Informationen schwer veränderbares Urteil über Personen, Gruppen, Sachverhalte usw. Es ist emotional gefärbt und enthält meist positive (vor allem gegenüber der eigenen Person und Gruppe) oder negative (vor allem gegenüber Fremden und – Fremdgruppen) moralische Wertungen.
Die Informationen, auf die sich ein Vorurteil stützt, sind in der Regel lückenhaft, verzerrt oder sogar falsch. Der Bildung von Vorurteilen über Fremdgruppen (z. B. andere Nationen, Minoritäten usw.) liegen vielfach Erfahrungen mit einzelnen Mitgliedern dieser Gruppen zugrunde, die generalisiert und für jedes Mitglied der betreffenden Gruppe als zutreffend angesehen werden.
Die abwertende Einstellung gegenüber fremden Gruppen, die in den Vorurteilen über diese zumeist zum Ausdruck kommt, geht in der Regel darauf zurück, dass die eigenen Normen und Wertvorstellungen für allgemeingültig gehalten und zum Maßstab des Verhaltens auch aller anderen Menschen gemacht werden; dies dient gleichzeitig der Sicherung des Selbstwertgefühls und des Zusammenhalts der Eigengruppe. Ferner tragen Mechanismen wie die Projektion, die Tendenz zur Ableitung von Aggressionen auf Sündenböcke usw. zur Vorurteilsbildung bei.«

Strukturelle Bedingungen sozialer Vorurteile (Peter Heintz u. a.)

Rund 40 Jahre, nachdem Robert K. Merton seine Anomietheorie publiziert hatte, entwickelte Peter Heintz mit seinen Mitarbeitern (Thomas Held, Hans Joachim Hoffmann-Nowotny und René Lewy) zu Beginn der 70er-Jahre am Soziologischen Institut Zürich[269] – eine komplexe Theorie über die Zusammenhänge zwischen sozialer Struktur, Anomie und sozialen Vorurteilen[270]. Diese Theorie setzte eine ganze Reihe von sozialen Systemen und Systemebenen (Individuen, Provinzen bzw. Kantone, Nationen und die globale Weltgesellschaft) miteinander in Beziehung.

Ich beschränke mich im Folgenden für meine Zusammenfassung nur auf eine der damaligen Untersuchungen, auf die Untersuchung über das damalige Fremdarbeiterproblem und die Vorurteile gegenüber Fremdarbeitern:

»In den sechziger und anfangs der siebziger Jahre des letzten Jahrhunderts herrschte in der Schweiz wirtschaftlich Hochkonjunktur und kein genereller Zustand der Regellosigkeit oder Normlosigkeit wie er sich gegenwärtig im Nahen Osten, in den USA, und noch dramatischer in Griechenland, Spanien und Portugal ausbreitet. Die Schweiz schlug sehr früh den Weg der Multinationalisierung der Wirtschaft ein und zählte global zu den Frühstartern auf diesem Gebiet. Allerdings blieb sie mit ihren Investitionen in Bildung weit hinter ihrer technischen und wirtschaftlichen Entwick-

lung zurück. Aufgrund eines niedrigen Bildungsniveaus existierten ungünstige Voraussetzungen, um Informationen über die Veränderungen der Weltgesellschaft zu verarbeiten und die neuen Herausforderungen als Lernchancen zu nutzen.
Dabei erwies sich das »kognitive Problem« häufig als dem »moralisch-affektiven Problem«[271] kausal vorgeschaltet. So führte beispielsweise die unbewusst-vorurteilshafte Fehldeutung des Verhaltens der Fremden zu moralisch problematischen Reaktionen.

Die strukturellen Ursachen sozialer Vorurteile lagen damals in der schnell verlaufenden, massiven – und vor allen Dingen unterschichtenden – Einwanderung. *»Unterschichtung«* bedeutet, dass die Einwanderer nahezu ausschließlich in die untersten Ränge des gesellschaftlichen Schichtsystems eintreten, wobei die Unterschichtung der Beschäftigungsstruktur von besonderer Bedeutung ist.

Als Folge ergaben sich für viele Mitglieder der Einwanderungsgesellschaft zusätzliche Chancen sozialer Aufwärtsmobilität im beruflichen und finanziellen Bereich.
Gleichzeitig sahen sich nicht mobile Teile der einheimischen Bevölkerung mit Personen sozial auf eine Stufe gestellt, deren Herkunft aus weniger entwickelten Kontexten diesen in ihren Augen Positionen zuweisen sollte, die prinzipiell unter denen der Einheimischen liegen sollten.
Diese Einheimischen erfuhren also *einen relativen Statusverlust*, während die erstgenannte Gruppe zwar aufstieg, dieser Aufstieg aber insofern ungleichgewichtig erfolgte, als ihre Positionen auf legitimierenden Statusdimensionen wie Bildung und fachliche Kompetenz hinter den Statusdimensionen mit Belohnungscharakter wie beruflicher Stellung und Einkommen zurückblieb.

In der Fremdarbeiterstudie konnte nachgewiesen werden, dass sowohl tiefe Ränge wie ungleichgewichtige Ränge[272] auf den Statusdimensionen anomische Spannungen entstehen lassen, und zwar auf individuellem Niveau (= *Anomia*). Ein extrem hoher Anteil mit hoher individueller Anomie wurde bei denen gefunden, deren finanzielle Mobilität bei tiefer Bildung sehr hoch war[273].

> Heintz und seine Mitarbeiter konnten nachweisen, daß diese Kombination von Statuspositionen dazu führte, dass die Einheimischen die für sie aus dieser Situation resultierende anomische Spannung (= Anomia) durch Vorurteile gegenüber Migranten reduzierten .
>
> (Vgl. Nowotny Hans-Joachim 1973)

Die Spannungsreduktion erfolgte durch *Ersetzung von erwerbbaren Legitimationskriterien* (z. B. Ausbildung oder Leistung) *durch zugeschriebene Legitimationskriterien* wie z. B. Teilhabe an der Nationalität der Einwanderungsgesellschaft.

Die Gruppe der einheimischen Bevölkerung mit einem relativen Statusverlust oder mit einer ungleichgewichtigen Kombination zwischen beruflicher Stellung und Bildung bzw. fachlicher Kompetenz entwickelte häufiger Gefühle individueller Anomie (= Anomia) und auch häufiger Überfremdungsängste als die übrigen Schweizer[274], und sie unterstützte auch häufiger als der Rest der Einheimischen politische Überfremdungsinitiativen zur Begrenzung der Ausländerzahl und Diskriminierungsmaßnahmen in Bezug auf den Zugang zu Arbeitsplätzen und die Höhe des Lohnes.
Diese Gruppe forderte häufiger als die übrigen Befragten, dass Ausländer einen schlechteren Kündigungsschutz genießen und für dieselbe Arbeit schlechter bezahlt werden sollten als Schweizer.

Und sie forderten häufiger als der Rest der einheimischen Bevölkerung, dass Immigranten sich mit solchen Diskriminierungen abfinden und dafür dankbar sein sollten, dass sie überhaupt hier sein durften, und dass sie sich ganz generell stärker an die schweizerische Lebensweise anpassen sollten.

Um die Theorie von Heintz einigermaßen vollständig zu skizzieren, möchte ich wenigstens kurz noch darauf hinweisen, dass nach Heintz Gefühle von individueller Anomie (d. h. Anomia) wirksamer durch Identifikation und gemeinsames Engagement mit andern Betroffenen bewältigt werden können als ganz allein.
In der Studie »Fremdarbeiter in der Schweiz« wurden drei Formen der Verarbeitung von Anomia eruiert:

1. Weitere individuelle Anstrengung und Leistung
2. Individuelle Resignation angesichts gesellschaftlicher Grenzen
3. Identifikation mit andern Betroffenen, z. B. anderen Lohnempfängern, die gemeinsam ihre Interessen verteidigen (Kollektivierung der Anomie).

Die dritte Antwort definiert alle Lohnempfänger als eine Interessengemeinschaft, die gemeinsam ihre Interessen verteidigt.

> Diese »Anomie der klassischen Linken« ist die seit der Industrialisierung – neben dem Nationalismus – wichtigste Form der Kollektivierung von individueller Anomie. Kollektivierung von Anomie ist ein Prozess, in dem individuelle Anomie transformiert wird. Diese Transformation bündelt die individuellen Probleme und bringt sie auf der Ebene gesellschaftlicher Institutionen zum Austrag. Unter günstigen Bedingungen trägt sie ein Stück weit zur Problemlösung bei.

Kollektivierung von Anomia im Sinne der klassischen Linken oder als Nationalismus ist allerdings nicht die einzig mögliche Form.

Auch in den von Mühlmann und Lanternari beschriebenen prophetischen Bewegungen wurde individuelle Anomie kollektiviert, wobei allerdings die Bündelung der Probleme und deren Austragung auf interinstitutioneller Basis in sehr verschiedenem Masse erfolgreich war.

Am Interessantesten war wohl die Transformation der Geistertanzbewegung des Propheten Tenskwatas durch dessen Bruder *Tecumseh* zum größten politischen Bund unter den Prärieindianern, um das Vordringen der Weißen aufzuhalten. Die Bewegung wurde 1813 von General Harrison geschlagen.
Erfolgreicher war die Widerstandsbewegung der *Makkabäer* gegen König Antiochus IV. im 2. Jahrhundert v. Christus.

Erfolgreich war auch die Kollektivierung der Anomie der Mittelschicht und der Arbeiterschaft im Iran durch die *fundamentalistische Revitalisierungsbewegung Ajatollah Chomeinis*:

»Die Revolution von 1979 konnte dort den diktatorischen Schah Mohammed Resa Pahlewi stürzen, weil der die iranische Gesellschaft in eine tiefe soziale Krise geführt hatte. Dabei hatte der Autokrat, ein Angehöriger des internationalen Jetsets, strikt säkular agiert und sich am Westen orientiert. Außenpolitisch war er vor allem mit den USA verbündet. Sein Regime brach als Folge der Anomie der Mittelschicht und der Arbeiterschaft zusammen. Mittelschicht und Arbeiterschaft machten seine Politik für ihren sozialen und ökonomischen Niedergang verantwortlich. So gewannen die schiitisch-fundamentalistischen Parolen von Ajatollah Chomeini die Unterstützung der Massen gegen eine allein vom Westen dominierte Moderne, gegen die USA[275].«

Autoritarismus / autoritäre Persönlichkeit

Ein Meilenstein in der Erforschung sozialer Vorurteile stellte die von den Forschern Theodor W. Adorno, Max Horkheimer mit Else Frenkel-Brunswick nach dem Zweiten Weltkrieg entwickelte Theorie der autoritären Persönlichkeit dar.
Für eine knappe Zusammenfassung dieser Theorie halte ich mich an das Lexikon der Soziologie. Darnach ist Autoritarismus, in der Sozialpsychologie (T. W. Adorno u. a. 1950) die Bezeichnung für ein Einstellungssyndrom, das u. a. eine hohe Bereitschaft zu konformem Verhalten, die Tendenz zur Unterwerfung unter Stärkere und zur Beherrschung Schwächerer, übermäßige Kontrolle der eigenen Gefühle und Impulse, Intoleranz, sexuelle Prüderie, Ethnozentrismus und Antisemitismus umfasst (autoritäre Persönlichkeit, auch »antidemokratische« Persönlichkeit).

Die autoritäre Einstellung korreliert mit politisch-reaktionären und konservativen Auffassungen sowie mit niedrigem sozioökonomischem Status und geringem

Ausbildungsgrad[276]. Als Erklärung wird meist die autoritäre Erziehung in der kleinbürgerlichen Familie genannt.
Gemäß Wikipedia ist die Forschungsliteratur zum Thema heute unübersehbar. »Die psychologische Struktur des politischen Konservatismus und des Autoritarismus ist ein überdauerndes Thema der Einstellungsforscher. Die Diskussion spiegelt auch den Wandel von tiefenpsychologischen, soziologischen bis zu sozial kognitiven Strömungen wider, hängt aber an alten Kontroversen fest.«

»Trotz solcher Vorbehalte handelt es sich um ein sehr wichtiges Konzept, und die besonders ausgeprägten Formen der autoritären Persönlichkeit sind überall zu erkennen: unübersehbar in Familien, in der Politik und Wirtschaft, in Institutionen und im Alltag. Die autoritäre Persönlichkeit ist konformistisch. Abweichungen vom »Normalen« werden abgelehnt, u. U. verfolgt. Individualismus und liberale Einstellung – oder ein kultureller Pluralismus werden nicht toleriert.«

Die übertriebene Abgrenzung zwischen dem soziologischen (und gesellschaftskritischen) Ansatz einerseits und der persönlichkeits- und entwicklungspsychologischen Forschung andererseits ist auf diesem Gebiet unfruchtbar, denn es handelt sich um einander ergänzende Perspektiven einer notwendig interaktionistischen Forschung. Vorrangig bleibt die gründliche Untersuchung der geäußerten Einstellung (Selbstbeurteilung), der auslösenden Situation und des tatsächlichen Verhaltens[277].

Autoritarismus verstärkt die Wirkung der Anomie

Da ihre Mobilitätsaspirationen, sofern sie auf eine höhere berufliche Stellung gerichtet waren, sich nur in wenigen Fällen realisieren ließen, konnten gemäß der zitierten Fremdarbeiterstudie viele Einwanderer längerfristig der Anomia nur ausweichen, indem sie ihre Aufstiegswünsche aufgaben. Zu dieser Lösung tendierten sie umso eher, je geringer die Legitimation für ihre Aufstiegswünsche war.
Die Aufgabe von Aspirationen war die Voraussetzung für eine Anpassung an Anomia, die als *neofeudale Absetzung nach »unten«* bezeichnet wurde. Dabei schrieben die Einwanderer den Einheimischen bezüglich verschiedener Eigenschaften Überlegenheit im Vergleich zu sich selbst zu. Dies erlaubte ihnen, eine mit ethnischer Zuschreibung assoziierte Schichtung der Gesellschaft – Einwanderer unten, Einheimische oben – zu akzeptieren.
Hatten die Einwanderer die Einschätzung ihrer Situation so geändert, dass sie Diskriminierung als legitim akzeptierten, fiel die wichtigste Determinante der Rückwanderung weg. Je stärker diskriminiert die Einwanderer sich nämlich fühlten, desto eher äußerten sie die Absicht, nach Italien zurückzukehren.

Die statistische Auswertung der Antworten der Ausländer ergab, dass – bei gleicher Legitimität der Aufstiegsaspirationen – autoritäre Persönlichkeiten (denen Ruhe und Ordnung wichtiger war als die Anliegen einer kleinen Minderheit rebellischer Studenten) häufiger bereit waren, berufliche Diskriminierung aufgrund ihrer Nationalität zu akzeptieren als tolerante Persönlichkeiten.

Autoritarismus verstärkt offenbar die Bereitschaft Diskriminierung auf Grund des zugeschriebenen Kriteriums ‚nationale Zugehörigkeit' zu akzeptieren.

A5 Beispiele zur Suche nach den Ursachen der Globalisierungsprobleme und nach Handlungsmöglichkeiten

Suchen nach den Problemursachen

Anregungen zur Theorierevision

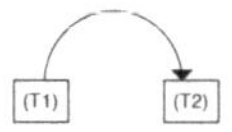

Beispiele:

1. *Wachsende Ungleichheit gefährdet das weltweite Wirtschaftswachstum, sagt die Organisation für wirtschaftliche Zusammenarbeit und Wachstum, OECD.*

»Das Pariser Sekretariat der OECD droht zunehmend Töne anzuschlagen, die geradezu klassenkämpferisch anmuten«, jammert die »NZZ« – und das mit gutem Grund. Die Organisation für wirtschaftliche Zusammenarbeit und Entwicklung stellt in ihrem neuesten Bericht fest, dass die wachsende Ungleichheit nicht nur moralisch ein Problem ist, sondern zunehmend auch eine Gefahr für die Weltwirtschaft wird.
Für die neoliberale Ökonomie ist das Tabubruch und Verrat in einem. Die OECD ist eine Art oberste Instanz. Sie bestimmt die reine Volkswirtschaftslehre, und wenn sie jetzt Ungleichheit als Wachstumsbremse deklariert, dann stellt sie einen zentralen Pfeiler der herrschenden Ideologie infrage. Es ist etwa so, wie wenn der Vatikan die Unbefleckte Empfängnis Marias anzweifeln würde.
Die Fakten sprechen jedoch eine deutliche Sprache. Im Bericht mit dem Titel »In it together: Why Less Inequality Benefits All« hält die OECD fest, dass die wachsende Ungleichheit das Wachstum in den OECD-Staaten zwischen 1990 und 2010 um 4,7 Prozentpunkte vermindert habe. Das deutsche Bruttoinlandprodukt (BIP) etwa würde heute 6 Prozent höher liegen, gäbe es mehr Gleichheit.
Solche Töne hörte man bisher primär aus der linken Ecke. Vor Jahresfrist sorgte *Thomas Piketty* mit seinem Buch »Das Kapital im 21. Jahrhundert« weltweit für Schlagzeilen. Darin weist er die wachsende Ungleichheit in den modernen Industriegesellschaften empirisch nach. Piketty wurde jedoch von einer Gegenpropaganda-Lawine förmlich niedergewalzt.

Dasselbe geschieht regelmäßig mit *Joseph Stiglitz*, Nobelpreisträger und ehemaliger Chefökonom der Weltbank. Auch er hat die »Mehr-Ungleichheit-gleich-weniger-Wachstum«-These in mehreren Büchern durchexerziert – und wird dafür ebenso regelmäßig in die linke Exoten-Ecke gestellt.

Lausige Löhne – weniger Produktivität

Mit der OECD lässt sich das nicht so leicht machen, zumal sie auch von anderer, prominenter Seite Unterstützung erhält. Der »Economist« – weiß Gott keine marxistische Hochburg – hat kürzlich die gleiche These mit einer Fülle von Zahlen belegt. Zwei Beispiele:

- Trotz einer fünfjährigen Wachstumsperiode liegen die Reallöhne in den USA immer noch 1,2 Prozent unter dem Stand von 2009.
- In Deutschland liegen die Löhne durchschnittlich immer noch 2,4 Prozent unter dem Niveau von 2008. Generell hat sich der Anteil der Löhne am BIP in allen Industrienationen vermindert.

Der gierige Banker sei nicht mehr das Feindbild, stellt der »Economist« fest. Er wird abgelöst vom »geizigen Boss, der die Hoffnungen seiner Angestellten mit lausigen Löhnen zerstört«.

Die lausigen Löhne lähmen das Wachstum. Larry Summers, ehemaliger US-Finanzminister und Harvard-Ökonom, begründet seine These der »säkularen Stagnation« unter anderem mit einer schwindenden Binnennachfrage. Das ist nicht weiter verwunderlich: Wenn die Menschen kein Geld in der Tasche haben, dann konsumieren sie weniger, und wenn der Konsum einbricht, dann haben die Unternehmer keinen Grund zu investieren.

Geizige Bosse am Pranger

Diese an sich banale Einsicht zeigt langsam Wirkung. In den USA ist der Mindestlohn ein Mega-Polit-Thema geworden. Großverteiler wie Walmart und Fastfood-Ketten wie McDonalds haben die Mindestlöhne angehoben. Sie wollen damit zwei Fliegen auf einen Schlag treffen: Einerseits soll so die Binnennachfrage angekurbelt, andererseits auch die Produktivität der Mitarbeiter erhöht werden. Schlecht bezahlte Mitarbeiter sind auch wenig motivierte und damit wenig produktive Mitarbeiter. Auch das ist eine banale Einsicht.
Politisch ist in Sachen Mindestlohn viel in Bewegung geraten. Präsident Barack Obama wollte den nationalen Mindestlohn auf zehn Dollar pro Stunde erhöhen. Einzelne Städte gehen deutlich weiter: Seattle, San Francisco und neuerdings auch Los Angeles haben einen Mindestlohn von 15 Dollar pro Stunde beschlossen. Und geizige Bosse sollen an den Pranger gestellt werden: Kalifornien will ab 2016 die Namen aller

Unternehmer mit mehr als 100 Angestellten, die auf staatliche Unterstützung angewiesen sind, veröffentlichen.

Dieser Artikel erschien auf watson.ch.

Themenbezogene Interessen(-bindung) der Autorin/des Autors: Keine. Philipp Löpfe war früher stellvertretender Chefredaktor der Wirtschaftszeitung »Cash« und Chefredaktor des »Tages-Anzeiger«. Heute ist er Wirtschaftsredaktor von Watson.ch.

---

2. *Konferenz über finanzielle Verflechtungen und Nachhaltigkeit an der Universität Zürich*

   Podium mit Joseph Stiglitz, Sony Kapor, Mod. Katharina Serafimova. Bericht Urs. P. Gasche Infosperber 15. Jan. 2017

Jahre nach der Finanzkrise betreiben Großbanken weiter in erster Linie Wettgeschäfte. Im Pleite-Fall zählen sie auf Staatshilfe.

Die letzte große Finanzkrise datiert von 2008. Warum haben Regierungen und Parlamente die Finanzbranche seither nicht so wie früher oder noch besser reguliert, sodass das System wieder stabil und sicherer wird? »Die Demokratie ist überfordert«, antworte Nobelpreisträger Joseph Stiglitz an der »Ersten Konferenz über finanzielle Verflechtungen und Nachhaltigkeit« am 12. Januar an der Universität Zürich. Im US-Kongress zähle man fünf Finanzlobbyisten pro einzelnen Abgeordneten. Überdies spende die Finanzbranche den Abgeordneten großzügig an ihre Wahl- und Wiederwahlkampagnen.
In Brüssel wiederum würden eintausend Lobbyisten des Finanzsektors arbeiten. Unter den EU-Parlamentariern gebe es nur etwa einhundert, die vom Finanzsektor überhaupt etwas verstehen. Das erklärte Thierry Philipponat, Derivat-Spezialist, Mitglied der französischen Aufsichtsbehörde AMF und früherer Direktor von »Financial Watch«. Entsprechende Einflussmöglichkeiten habe die »milliardenschwere Finanzindustrie«, um ihre Interessen durchzusetzen.

Finanzindustrie agiert noch immer weitgehend zügellos

Während der Finanzkrise von 2008 hatten die Staaten mit Steuergeldern etliche Großbanken vor dem Zusammenbruch gerettet. Die Nationalbanken überschwemmten die Wirtschaft mit Geld, um eine globale Wirtschaftskrise wie 1929 zu verhindern. Doch seither erwiesen sich Regierungen und Parlamente als unfähig, dem deregulierten, bunten Casino-Treiben der Großbanken und der Hedgefunds klare Schranken zu setzen.
Weil Donald Trump mehrere »Goldman Sachs«-Exponenten in höchste Posten hievte und sein Team statt von besserer Regulierung von neuer *Deregulierung* des Banksek-

tors redet, kletterten die Aktienkurse der US-Banken seit Dezember auf Rekordhöhe. Der Kurs der Aktien von »Goldman Sachs« schnellte seit der Wahl Trumps um 35 Prozent in die Höhe.
Die an der Zürcher Konferenz mehrfach geäußerte Kritik war deutlich: Noch heute bieten die Notenbanken Billionen billigen Geldes an, das die Akteure der Finanzindustrie mit Handkuss entgegennehmen. Mit dem größten Teil dieser Kredite in Billionenhöhe wird casinomäßig spekuliert. Nur Brosamen gelangen in die produzierende, reale Wirtschaft. Am Ende landet der größte Teil der geschaffenen Geldschwemme in bestehenden Immobilien sowie in Aktien und Obligationen bereits bestehender Unternehmen. Neues wird kaum geschaffen.
Von dieser Politik der Notenbanken und Regierungen profitieren einseitig Personen und Unternehmen, die bereits am meisten Immobilien und Wertpapiere besitzen. »Reiche bedienen sich nicht an einem gewachsenen Kuchen, sondern nehmen vom gleich großen Kuchen ein größeres Stück«, meinte Joseph Stiglitz. In den USA habe sich der Finanzsektor in den 25 Jahren vor der Krise von 2008 von 2,5 auf 8 Prozent des Bruttoinlandprodukts aufgebläht, ohne dass die Realwirtschaft davon profitiert habe.

Wie stark sich der Finanzsektor von der Realwirtschaft tatsächlich abgekoppelt hat, zeigte Marc Chesney auf, Finanzprofessor der Universität Zürich. Der weltweite Nennwert außerbörslicher Finanzderivate wie Optionen oder CDS (»Kreditausfallversicherungen«, in den meisten Fällen ohne vorhandenen Kredit) habe seit 2004 innerhalb eines Jahrzehnts von 259 auf 629 Billionen Dollar zugenommen. Der Nennwert aller Derivate, außerbörsliche oder nicht, übersteigt heute das Welt-Bruttoinlandprodukt um rund das Zehnfache.

Von diesem gigantischen Finanzcasino ist in den täglichen Sendungen »SRF-Börse« und in den Wirtschaftsseiten der Zeitungen nur selten etwas zu hören oder zu lesen. Im gleichen Zeitraum von nur zehn Jahren hat die weltweite Verschuldung um fast 70 Prozent auf 199 Billionen Dollar zugenommen, erklärte Chesney. Die Casino-Spekulation des Finanzsektors führe zu »systemischen Risiken«.

Der frühere Investment-Banker und heutige Direktor des Think-Tanks »Re-Define«, Sony Kapoor, kritisierte, dass die Großbanken stets komplexere Finanzprodukte erfinden würden mit dem Ziel, ihre Gewinne zu steigern – und nicht, um Bedürfnisse ihrer Kunden zu befriedigen. Die Regulatoren ließen den Finanzkonzernen freien Lauf, ergänzte Derivat-Spezialist Thierry Philipponat: »Sie haben Einflussmöglichkeiten, um ihre Interessen durchzusetzen.«

---

3. Die Globalisierung bedroht Demokratien
Markus Diem Meier im Tages-Anzeiger vom 27. Sept 2016

Eine zu weitgehende wirtschaftliche Öffnung gefährde die Selbst- bestimmung demokratischer Staaten und sei ein gefährlicher Nährboden für Abschottung und Protektionismus, sagt Harvard-Professor Dani Rodrik. Damit stößt er auf immer mehr Beachtung.

Geplante umfassende Freihandelsabkommen wie das TTIP zwischen der EU und den USA oder das Ceta zwischen der EU und Kanada sind vom Scheitern bedroht: In der Kritik steht auch das geplante Tisa-Abkommen zum Abbau von Schranken bei Dienstleistungen, in das die Schweiz direkt involviert ist.
Bisher stand bei der Debatte um den Freihandel vor allem die Frage der Verteilung seiner Früchte im Vordergrund.
Mittlerweile dominiert ein ganz anderes Argument: die Sorge um die demokratische Selbstbestimmung der involvierten Länder. Auf den Punkt gebracht hat sie schon früh der an der US-Elite-Universität lehrende Ökonom Dani Rodrik mit seinem politischen Trilemma.
Es besagt, dass ein Land bei einer sehr weitgehenden Öffnung – Rodrik spricht von Hyperglobalisierung – keine demokratische Selbstbestimmung auf der Ebene des Nationalstaats mehr aufrechterhalten kann. Entweder gibt ein Land die demokratische Selbstbestimmung oder den Nationalstaat auf. Der Konflikt zwischen demokratischer Selbstbestimmung und Hyperglobalisierung ergibt sich daraus, dass sehr weitgehende internationale Abkommen bis hin zu einer wirtschaftlichen Integration den einzelnen Ländern nur noch wenig Freiraum lassen, wie sie ihre Wirtschaft regulieren, welche Grenzen und Freiräume sie den Unternehmen auf ihrem Territorium vorgeben und welche Staatsausgaben- oder Sozialpolitik sie verfolgen können. Alles muss immer im Einklang mit dem übergeordneten Abkommen geschehen. Als Beispiel dafür nennt Rodrik die EU und im Speziellen die Eurozone. Wenn der Volkswille dort nicht mit den Erfordernissen des Gesamtgebildes zusammengeht, wird er letztlich missachtet. Das hat sich im am Beispiel Griechenlands gezeigt...

»Das neue Modell der Globalisierung hat die Prioritäten auf den Kopf gestellt», schreibt Rodrik, «jetzt muss die Demokratie den Interessen der globalen Wirtschaft genügen, dabei müsste es umgekehrt sein«.

4. *Jahrhundertprobleme überfordern unsere Demokratie.*
Ob Wahlen alle paar Jahre oder Volksabstimmungen über Sachfragen: Die Institutionen aus dem letzten Jahrhundert genügen nicht mehr.
Urs P. Gasche im Infosperber vom 24.11.2017

Die demokratischen Spielregeln in westlichen Industriestaaten erfordern dringend einen Stresstest. Denn die heutigen Institutionen sind offensichtlich nicht mehr in der Lage, die Bevölkerungen vor drohenden Gefahren rechtzeitig zu schützen und zukunftsverträglich Entscheide zu fällen.

Hier greifen wir einige ungelöste Probleme heraus, vor denen die nationalen Parlamente und Regierungen kapitulieren, und die sie deshalb aus ihrem öffentlichen Diskurs verdrängen.

Die Migration

Die westlichen Demokratien beschäftigten sich mit den Symptomen, welche die Flucht aus der Armut nach sich zieht, beseitigen jedoch nicht deren Ursachen. *Ein Beispiel*: Westliche Staaten überschwemmen Afrika mit Agrar- und Fleischprodukten, die sie mit Milliarden subventionieren. Gleichzeitig verbieten Weltbank und Weltwährungsfonds den armen Ländern, ihre lokale Produktion gegen die hoch subventionierten Importe zu schützen. »Das europäische Subventionsvieh frisst den Hungernden im Süden das Essen weg«, konstatierte ein Afrika-Korrespondent der Neuen Zürcher Zeitung.

Die Steuerflucht in Steueroasen

Die Steuerflucht in Steueroasen stiehlt den Entwicklungsländern über 170 Milliarden Dollar an Steuereinnahmen – jedes Jahr! (Quelle: Oxfam Briefing Paper vom 14. März 2016). Die demokratischen Institutionen schaffen es nicht, diese Steueroasen auszutrocknen.

Ein drohender Finanzkollaps

Offensichtlich überfordert sind die Demokratien auch damit, das internationale Finanzsystem so zu regulieren, dass das Risiko eines folgenschweren Crashs auf ein Minimum reduziert wird. Unter dem Einfluss der mächtigen Finanzlobby legten die Parlamente ihre Hände weitgehend in den Schoss. Mehr noch: Aus Bequemlichkeit begrüßen sie es sogar, dass die Notenbanken ihre Geldschleusen auch noch Jahre nach dem Beinahe-Crash von 2007/2008 politisch unkontrolliert öffnen.

Die Folge: Staaten und Wirtschaft sind heute noch stärker verschuldet als vor und nach dem Fast-Kollaps von 2007/2008. Die weltweiten, globalen, private und öffentliche zusammen, erreichen etwa 220 Billionen Dollar. Diese Summe ist das Zweieinhalbfache des weltweiten Bruttoinlandprodukts in Höhe von 88 Billionen Dollar.
Zehn Jahre nach der letzten Krise sind Großbanken und Versicherungskonzerne noch immer »Too big to fail«. Sie haben ihr Konkursrisiko sozialisiert und dürfen trotzdem ein Finanzcasino betreiben, ohne Nutzen für die Volkswirtschaften. Allein die Devisengeschäfte haben ein Volumen, das fast 70-mal größer ist als das Volumen des gesamten Welthandels mit Gütern und Dienstleistungen. Sie sind zu einem Wettgeschäft verkommen.
Der weltweite Nennwert außerbörslicher Finanzderivate wie Optionen oder CDS (»Kreditausfallversicherungen«, in den meisten Fällen ohne einen zu versichernden Kredit!) hat gigantisch zugenommen. Der Nennwert aller Derivate, inklusive der an den Börsen gehandelten, übersteigt heute das Welt-Bruttoinlandprodukt um rund das Zehnfache. Wiederum vorwiegend Wettgeschäfte, ohne Nutzen für die reale Wirtschaft.
Diese Zahlen müssten längst Alarm auslösen. Doch Regierungen und Parlamente der Industriestaaten sind weder fähig, dieses Finanzcasino zu schließen, noch geordnete Abschreiber auf die Staatsschulden zu organisieren.

Die Steuerkrise

Unternehmen wie Amazon, Coca-Cola, Facebook, Fiat, Google, Ikea oder McDonalds prellen ihre Standortländer Jahr für Jahr um Milliarden an Steuern, indem sie ihre Gewinne in praktisch steuerfreie Länder verschieben. Spätestens seit den Enthüllungen der »Panama Papers« und neustens der »Paradise Papers« sollte dies allen Politikerinnen und Politikern klar sein. Die in Steueroasen unversteuerten Vermögen von Konzernen und Milliardären werden auf mindestens sieben Billionen Dollar geschätzt. Das entspricht annähernd einem Zehntel der globalen Wirtschaftsleistung. Den Herkunftsländern entgehen jedes Jahr Milliarden.
Doch die demokratischen Institutionen zeigen sich unfähig, diese gigantische Steuerumgehung zu stoppen. Sie besteuern und verteuern weiterhin die menschliche Arbeit, verschonen Kapitalgewinne und sind unfähig, Steueroasen auszutrocknen.

Ein völlig verzerrter »Markt«

Markt und Wettbewerb funktionieren über die Höhe der Preise. Doch die meisten Preise im Welthandel und auch im Inland spiegeln schon längst nicht mehr die Kosten. Milliardenschäden in der Umwelt werden nicht den Verursachern belastet, sondern ohne Hemmungen großzügig sozialisiert. Weniger der Staatssozialismus ist heute das Problem, sondern vielmehr der Sozialismus der Konzerne.

Ebenso enorm verfälscht wird das Preisgefüge durch Milliarden von Subventionen. Unsere demokratischen Institutionen sind nicht mehr in der Lage, diesen subventionierten Sozialismus gegen die Interessen der Profitierenden abzuschaffen,

Dieser Artikel wurde verfasst vom Schweizer Journalisten, Publizisten und ehemaligen Fernsehmoderator, *Urs P. Gasche.*

Gasche erhielt 1981 den Zürcher Journalistenpreis des Zürcher Pressevereins, mit dem Beiträge zur Förderung der journalistischen Qualität ausgezeichnet werden.

Gegenwärtig ist er maßgeblich am Newsletter *Infosperber* beteiligt.

(Kontaktadresse: kontakt@infosperber.ch)

Suchen nach alternativen Möglichkeiten des Handelns

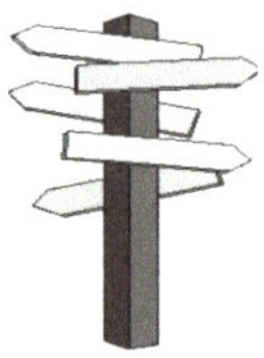

zum Vorgehen

In den nächsten beiden Abschnitten folgen einige Vorschläge, für das was jene tun können, die sich vom neoliberalen »Gott, der keiner war« lösen wollen.

Der erste Teil ist von mir aus dem Dialog mit Zwinglis Theologie der Gerechtigkeit abgeleitet und auf die Handlungsmöglichkeiten von StimmbürgerInnen in der direktdemokratischen Schweiz aus-gerichtet.

Der zweite Teil stammt von Urs P. Gasche und wurde auf der Internetplattform Infosperber (Kontaktadresse: kontakt@infosperber.ch) publiziert, einer Plattform, die Zeitungsartikel zugänglich macht, die uns in der Regel im Alltag entgehen.

Prüfen und erproben neuer Handlungsstrategien

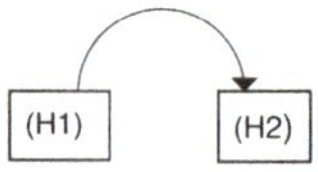

Die Beispiele im folgenden Kasten habe ich für schweizerische StimmbürgerInnen und ihre direkte Demokratie formuliert:

> Da wir den neoliberalen Kapitalismus nicht abschaffen können, würde uns Zwingli vermutlich empfehlen, ihm wenigstens nicht mehr wie einem Gott Gehorsam zu leisten, und nicht den grössten Teil unserer Lebensenergie dafür zu opfern, im kapitalistischen Konkurrenzkampf maximal erfolgreich zu sein, einem grenzenlosen Konsum zu frönen und möglichst schnell zu den Reichen zu gehören.

Wir könnten uns unter dem Titel

»Ein Gott, der keiner war«

zunächst mindestens innerlich von ihm verabschieden, so wie wie dies Arthur Koestler schrittweise in Bezug auf den Kommunismus getan hat.

- Wir könnten uns dafür sensibilisieren als Wissenschaft getarnte Pseudoreligionen oder Ideologien zu erkennen.
- Wir könnten zusammen mit andern, die dem Gott namens Kapitalismus ebenfalls den Gehorsam aufkündigen wollen, nach Wegen suchen, der wirtschaftlichen Globalisierung ein menschlicheres Gesicht zu geben.
- Wir könnten im eigenen Land - wie seinerzeit Zwingli - nach Massnahmen suchen die Umverteilung der Einkommen und Vermögen von unten nach oben Grenzen zu setzen.
- Und wir könnten dazu beitragen, einige der Regeln, die vor dem Aufkommen des Neoliberalismus den Kapitalismus gezähmt hatten, wieder in Kraft zu setzen, indem wir uns zusammen mit andern z.B. durch unser Abstimmungsverhalten für eine faire Lohn- und, Steuerpolitik, sowie für eine zahlbare Krankenversicherung und eine Alterssicherung einsetzen, die diesen Namen verdienen. Damit könnten wir dazu beitragen, und dass das Credo der Leistungsgesellschaft* nicht zu einer Farce wird .

---

* Das Credo (d. h. Glaubensbekenntnis) der Leistungsgesellschaft besteht in der Überzeugung, dass diejenigen, die sich gut ausbilden und bereit sind, im Beruf etwas zu leisten, ein genügendes wirtschaftliches Auskommen erarbeiten können, um gut zu leben, eine Familie zu ernähren und sich für das Alter ein armutsfreies Leben zu sichern.

Im Infosperber vom 27. November 2017 legte Urs P. Gasche eine Liste von aus seiner Sicht erforderlichen und wirksamen Maßnahmen vor, welche der ungebremsten, unregulierten Globalisierung wieder Grenzen setzen könnten.

zum Vorgehen

Von U.P. Gasches Vorschlägen erwähne ich im Folgenden die wichtigsten. Sie sind konkret und systemkonform. Sie würden ein Funktionieren der Markt- und Wettbewerbswirtschaft zum Wohle der heutigen und künftigen Generationen ermöglichen:

Keine Großbank und kein Konzern darf »too big to fail« sein.

Die großen Risiken einer Pleite dürfen nicht mehr die Steuerzahlenden tragen. Bis das ungewichtete Eigenkapital von Großbanken 25 Prozent der Bilanzsumme (inklusive Staatsanleihen) erreicht, dürfen sie keine Dividenden auszahlen. Denn solange Banken zehn- oder zwanzigmal so viele Kredite schaffen können wie sie Kapital als Sicherheit haben, bleibt das Bankensystem instabil und eine Gefahr für die Realwirtschaft.
Für Privateinlagen von bis zu 100'000 CHF pro Bank ist eine unbegrenzte staatliche Garantie zu gewähren ...

Unkontrollierte Schattenbanken wie Hedge Funds

Sie werden strikt reguliert, damit Banken die Eigenkapitalvorschriften nicht umgehen können: Rund ein Viertel aller weltweiten Finanztransaktionen laufen heute über Schattenbanken. Die Verschiebung von Risiken in die Schattenbanken sei »die größte Gefahr für die Finanzstabilität«, warnte Goldman-Sachs-Vizepräsident Gary Cohn.

Das risikoreiche Investmentbanking

Es muss in unabhängige juristische Personen verlagert werden. Der Eigenhandel, also Börsenspekulationen der Banken auf eigene Rechnung, wird verboten. Oder er muss mindestens in eine selbstständige Einheit der Bank ausgegliedert werden. Letzteres schlugen die EU-Kommission 2014 und die EU-Finanzminister 2015 vor. Doch jetzt soll dieser »Trennbanken-Vorschlag« begraben werden. Die Finanz-Lobbyisten haben sich durchgesetzt.

Das Schuldenmachen wird nicht mehr gefördert.

Unternehmen und Private dürfen Schuldzinsen bei den Steuern nicht mehr in Abzug bringen, wie dies in Schweden schon seit Ende der 80er-Jahre der Fall ist.

Eine radikale Steuerreform

Sie ist die einfachste und wirkungsvollste Kursänderung. Vorgeschlagen hat sie der Zürcher Vermögensverwalter Felix Bolliger (Infosperber vom 18.2.2016) und der Zürcher Finanzprofessor Marc Chesney hat den Vorschlag unterstützt: Das schrittweise Einführen einer Mikrosteuer von bis zu 2 Promille auf alle elektronischen Geldtransaktionen, zum Beispiel 1 Promille je Belastung und Gutschrift.
Mit den Einnahmen kann man zuerst die viel höhere Mehrwertsteuer komplett ersetzen und dann schrittweise fast alle anderen Steuern.

Auch kommende Lücken in der AHV wären damit zu finanzieren. Eine Mikrosteuer auf alle Geldtransaktionen hat folgende Vorteile:

- Das unproduktive Wettcasino mit dem Hochfrequenzhandel verlagert sich weg von der Schweiz ins Ausland.
  Die Realwirtschaft wird finanziell und administrativ stark entlastet, weil tiefere Steuern, einschließlich der Sozialabgaben, und das einfache Erfassen den Unternehmen in der Schweiz einen erheblichen Wettbewerbsvorteil verschaffen.
- Der Staat wird entlastet: Steuerbetrug, Steuervermeidungstricks und Steuerkriminalität werden praktisch verunmöglicht.
- Die automatische Mikrosteuer verschiebt die Steuerlast auf viel breitere Schultern: Es würden in der Schweiz nicht mehr das Bruttoinlandprodukt von 600 Milliarden CHF besteuert, sondern die rund 185'000 Milliarden des Zahlungsverkehrs mikrobesteuert. Dies unter der Annahme, dass ein Teil der spekulativen Casino-Finanzgeschäfte inklusive des Hochfrequenzhandels in gleicher Höhe ins Ausland »fliehen« wird.
- Wer mehr Geld ausgibt und verschiebt, zahlt mehr Steuern.
  Die Zeit der Milliardäre und Millionäre, die keine oder kaum Steuern zahlen, ist vorbei.

Positiv an dieser Liste ist, dass es offensichtlich Massnahmen gibt, welche der ungeregelten, neoliberalen Globalisierung Grenzen setzen könnten, um sie humaner zu gestalten. Marktgesetze sind also keine Naturgesetze.

Negativ daran ist, dass die meisten dieser Massnahmen gegenwärtig nicht durchsetzbar sind.

Internationale Konzerne, Finanzindustrie und Milliardäre behindern heute das traditionelle Funktionieren der westlichen Demokratien. Die traditionellen demokratischen Institutionen schaffen wichtige Weichenstellungen nicht mehr, die für eine sichere Zukunft ohne gefährliche Wirtschaftskrisen, menschengemachte Umweltkatastrophen und Kriege nötig wären.

Wer all die ausgebreiteten Analysen und Handlungsmöglichkeiten zur Kenntnis nimmt, wird die Zukunft weniger rosa sehen, als sie uns von unsern Politikern, den Banken, den Börsen und der Werbeindustrie täglich vor Augen gemalt wird.

Die Möglichkeit istreal, dass wir unsere globalisierte Weltgesellschaft und unsere natürliche Umwelt selbst zerstören.

Anderseits wird die Anzahl der Menschen wachsen, die im eigenen Leben oder im Bekanntenkreis erfahren, dass das Credo der Leistungsgesellschaft nicht mehr glaubwürdig ist.

Dies könnte, wie dies im Falle der Wahl von Emmanuel Macron in Frankreich geschah, auch in andern Ländern zu einer schnellen Abkehr von der etablierten Politikerkaste führen.

Viel wird dann davon abhängen, ob genügend WissenschafterInnen, PolitkerInnen und BürgerInnen realisierbare und vertrauenswürdige Veränderungsstrategien anzubieten haben.

Literaturverzeichnis

Albert Karl 1996: Einführung in die philosophische Mystik, Wissenschaftliche Buchgesellschaft Darmstadt

Alexander Eben (10. Aufl.) 2013: Blick in die Ewigkeit – die faszinierenden Nahtoderfahrung eines Neurochirurgen, Ansata Verlag

Alexander Eben 2017: Vermessung der Ewigkeit, Wihelm Heyne Verlag München

Amar Dahl Tamar »Das zionistische Israel, Jüdischer Nationalismus und die Geschichte des Nahostkonflikts« 2012 Ferdinand Schöningh Verlag, Paderborn.

Andresen Karen und Burgdorff Stephan 2007: Weltmacht Religion, Wie der Glaube Politik und Gesellschaft bestimmt Spiegel Buchverlag, Deutsche Verlagsanstalt München

Armstrong Karen 2007: Eine kurze Geschichte des Mythos, DTV

Assman Jan 2005: Monotheismus und die Sprache der Gewalt, in Walter Peter (Hg.): Das Gewaltpotential des Monotheismus und der eine Gott, Herder Verlag, Freiburg im Breisgau

Assmann Jan (2. Aufl.) 2115: Die Revolution der Alten Welt, C. H. Beck München

Bacon Francis 1982: Neu-Atlantis, Reclam Universal Bibliothek

Bauer Joachim (13. Aufl.) 2004: Das Gedächtnis des Körpers, Wie Beziehungen und Lebensstile unsere Gene steuern

Bauer Joachim 2006: Warum ich fühle, was du fühlst – Intuitive Kommunikation und das Geheimnis der Spiegelneuronen, Hoffmann und Campe, Hamburg

Bauer Joachim 2006: Prinzip Menschlichkeit, Warum wir von Natur aus kooperieren, Hoffmann und Campe, Hamburg

Bauer Joachim 2008: Das kooperative Gen, Abschied vom Darwinismus, Hoffmann und Campe, Hamburg

Bauer Joachim 2015: Selbststeuerung, Die Wiederentdeckung des freien Willens

Bellah Robert Neelly 2011: Religion in Human Evolution, Harvard University Press

Bennet M. R. and Hacker P. M. S. 2008: Philosophical Foundations of Neuroscience, Blackwell Publishing Ltd.

Blakeslee Thomas R. (3. Aufl.) 1991: Das rechte Gehirn – Das Un- bewusste und seine schöpferischen Kräfte, Aurum Verlag

Blom Philipp 2009: Der taumelnde Kontinent, Europa 1900–1914 Carl Hanser Verlag, München

Bolkestein Hendrik (Nachdruck der Ausgabe 1939 Utrecht) 1967: Wohltätigkeit und Armenpflege im vorchristlichen Altertum. Ein Beitrag zum Problem ›Moral und Gesellschaft‹, Groningen

Bouma Boekhuis

Brunner Emil 1924: Die Mystik und das Wort. Der Gegensatz zwischen moderner Religionsauffassung und christlichem Glauben, dargestellt an der Theologie Schleiermachers.

Bühler Pierre, Peng-Keller Simon 2014: Bildhaftes Erleben in Todesnähe, Hermeneutische Erkundigungen einer heutigen *ARS moriendi*, Theologischer Verlag Zürich

Condrau Gion, Rudin Josef (Hg.),Beeli Armin, Jacobi Jolande: 1964: Neurose und Religion, Krankheitsbilder und ihre Problematik, Walter Verlag Olten

Dahl Tamar Amar 2012: Das zionistische Israel – jüdischer Nationalismus und die Geschichte des Nahostkonflikts, Ferdinand Schöningh Paderborn

Dawkins Richard 1978: Das egoistische Gen, Springer, Berlin Heidelberg New York

Dawkins Richard 2007: Der Gotteswahn, Ullstein Berlin

Donald Merlin (engl. 2001) dt. 2008: Der Triumph des Bewusstseins, die Evolution des menschlichen Geistes, Klett-Cotta, Stuttgart, engl. W. W. Norton & Company

Ewald, Günther 2001: An der Schwelle zum Jenseits. Die natürliche und die spirituelle Dimension der Nahtoderfahrungen, Grünewald Mainz

Flammer August (3. Aufl.)2005: Entwicklungstheorien, Hans Huber Bern

Gebser Jean 1970: Der unsichtbare Ursprung, Walter Verlag Olten

Gebser Jean (3. Aufl.) 2003: Ursprung und Gegenwart 1. Teil, Novalis Verlag Schaffhausen

Gebser Jean (2. Aufl.) 1999: Ursprung und Gegenwart Kommentarband, Novalis Verlag Schaffhausen

Gebser Jean 1987: Ausgewählte Texte, Goldmann

Geyer Christian /Hg. 2004: Hirnforschung und Willensfreiheit, Suhrkamp TB 2387

Grof Stanislav 1987: Das Abenteuer der Selbstentdeckung – Heilung durch veränderte Bewusstseinszustände, Kösel Verlag München

Gros Walter 1999: Studien zur Priesterschrift und zu alttestamentlichen Gottesbildern. Stuttgart. Katholisches Bibelwerk

Günther Ewald 2006: Gehirn, Seele und Computer, Der Mensch im Quantenzeitalter, WBG Wissenschaftliche Buchgesellschaft, Darmstadt

Fischer Ernst Peter 2008: Das große Buch der Evolution. Fackelträger, Köln

Fischer Helmut 2012: Der Auferstehungsglaube, Herkunft, Ausdruckformen, Lebenswirklichkeit, Theologischer Verlag Zürich

Fayet Roger Hg. 2009: Die Anatomie des Bösen, ein Schnitt durch Körper, Moral und Geschichte. Interdisziplinäre Schriftenreihe Museum Allerheiligen Schaffhausen, McGrath

Alister mit McGrath Joanna Collicut 2007: Der Atheismuswahn. Eine Antwort auf Richard Dawkins und den atheistischen Fundamentalismus. Gerth Medien GMBH Asslar

Haas Martin 1968: Huldrich Zwingli und seine Zeit, Zwingli-Verlag Zürich

Habermas Jürgen 2005: Zwischen Naturalismus und Religion, Frankfurt/Main

Habermas Jürgen 2013: Im Sog der Technokratie, Edition Suhrkamp Haisch Bernard 2015: Die verborgene Intelligenz im Universum, Crotona Verlag

Haeckel Ernst 1870: Natürliche Schöpfungsgeschichte

Hasler August Bernhard 1979: Wie der Papst unfehlbar wurde, Piper Verlag München und Zürich

Hillyard S. A., Hink R. F., Schwent V. L., Picton T. W. Science 1973, 182:177–180 Electrical signs of selective attention in the human brain (Science.

Hoffmann-Nowottny Hans Joachim 1968: Migration. Ein Beitrag zu einer soziologischen Erklärung, Dissertation an der Universität Zürich

Huntington Samuel 1996: Kampf der Kulturen, Wien Originalausgabe 1996: The Clash of Civilisations and the remaking of the World Order, New York

Hüther Gerald 2007: Bedienungsanleitung für ein menschliches Gehirn, Vandenhoeck und Ruprecht

Jäger Willigis (4. Aufl.) 1997: Suche nach dem Sinn des Lebens – Bewusstseinswandel durch den Weg nach innen, Via Nova Verlag

Jäger Willigis (6. Aufl.) 2000, : Die Welle ist das Meer – Mystische Spiritualität, Herder spektrum

Jäger Willigis 2002: Kontemplation – Gott begegnen heute Herder spektrum

Jacobi Jolande 1968: Vom Bilderreich der Seele, Walter Verlag Olten

Jung Carl Gustav 1936: Der Begriff des kollektiven Unbewussten, in Archetypen 2001:53–56 dtv-Verlag, München

Jung Carl Gustav hg. von Aniela Jaffé) 1961: Träume, Erinnerungen, Gedanken, Rascher Verlag Zürich/Stuttgart

Keel Othmar und Christoph Uehlinger 1992: Göttinnen, Götter und Gottessymbole. BIBEL+ORIENt Museum an der Universität Freiburg, Schweiz

Keel Othmar und Schroer Silvia 2004 Eva Mutter alles Lebendigen, Sammlungen der Universität Freiburg Schweiz

Kutschera U. 2008: Lobenswerte Bemühungen. Laborjournal 6/2008

Küng Hans 2012: Handbuch Weltethos Piper Verlag

Lang Bernhard 1981: Der einzige Gott, Kösel Verlag

Lang Bernhard, Smith Morton und Vorländer Herrmann: 1981: Die Geburt des Monotheismus, Kösel Verlag

Lang Bernhard 2002: Jahwe, der biblische Gott: C. H. Beck, München

Lanternari Vittorio 1960: Religiöse Freiheits-und Heilsbewegungen unterdrückter Völker, Luchterhand soziologische Texte

Laszlo Ervin 1969: System, Structure and Experience, Toward a Scientific Theorie of Mind In: Current Topics of Contemporary Thought, Band 1, Gordon and Breach London

Laszlo Ervin (1998: Systemtheorie als Weltanschauung – Eine ganzheitliche Vision für unsere Zeit. Diederichs Verlag, München

Laszlo Ervin 2005: Zu Hause im Universum – Die neue Vision der Wirklichkeit, Allegria/Ullstein Verlag, Berlin

Laszlo Ervin 2008: Der Quantensprung im globalen Gedächtnis – Wie ein neues wissenschaftiches Weltbild uns und unsere Welt verändert, Via Nova Verlag Petersberg.

Lehnhart Andreas 2004 in RGG 4, Artikel Hiob

Lipton Bruce H. 2006: Intelligente Zellen, Wie Erfahrungen unsere Gene steuern. Koha Verlag Burgrain

Lipton Bruce H. und Bhaermann Steve 2009: Spontane Evolution, Wege zum neuen Menschen, Koha Verlag Burgrain

Moody Raymond A. 1977: Leben nach dem Tod, Rowohlt Verlag Van Lommel Pim (6. Aufl.) 2014: Endloses Bewusstsein – Neue medizinische Fakten zur Nahtoderfahrung, Patmos Verlag

Von Lucadou Walter und Wagner Peter 2012: Die Geister die mich riefen, Deutschland bekanntester Spukforscher erzählt, Lübbe Verlag Köln

McTaggart Lynne (2. Aufl.) 2003: Das Nullpunkt-Feld, Auf der Suche nach der kosmischen Ur-Energie, Goldmann

Markowitsch Hans J., Siefer Werner 2009: Tatort Gehirn, Piper TB 5354

Maissen Thomas 2015: Schweizer Heldengeschichten, Hier und Jetzt Verlag für Kultur und Geschichte Baden

Maslow Abraham H. (1977: Die Psychologie als Wissenschaft, München Goldmann

Marxsen Willi 1964: Die Auferstehung Jesu als historisches und als theologisches Problem, Gütersloh

Marxsen Willi 1968: Die Auferstehung des Jesus von Nazareth, Gütersloh

Mattioli Aram 2017: Verlorene Welten, eine Geschichte der Indianer Nordamerikas

Meier-Seethaler Carola 2004: Das Gute und das Böse, Kreuz Verlag

Merton Robert, K. 1957: Social Structure and Anomie in Social Theory and Social Structure, Glencoe III

Michel Kai und Van Schaik Carel (2. Aufl.) 2016: Das Tagebuch der Menschheit. Was die Bibel über unsere Evolution verrät. Rowohlt Hamburg

Milanovic Branko 2016: Die ungleiche Welt. Migration, das Eine Prozent und die Zukunft der Mittelschicht, Suhrkamp

Mühlmann Wilhelm Emil 1961: Chiliasmus und Nativismus, Berlin Reiner

Müller Lutz 1989: Magie, Kreuz Verlag, Stuttgart

Narby Jeremy 2006: Intelligenz in der Natur, AT Verlag

Narby Jeremy (3. Aufl.)2007: Die kosmische Schlange, Klett-Cotta Verlag

Neumann Erich 1949: Ursprungsgeschichte des Bewusstseins, Rascher Verlag Zürich

Nida-Rümelin Julian 2017: Über Grenzen denken – eine Ethik der Migration, Edition Körber-Stiftung, Hamburg

Obrist Willy 1988: Neues Bewusstsein und Religiosität, Evolution zum ganzheitlichen Menschen, Walter Verlag Olten

Obrist Willy 1993: Tiefenpsychologie und Theologie, Aufbruch in ein neues Bewusstsein. Benziger Verlag

Obrist Willy 1999: Die Natur – Quelle von Ethik und Sinn, Walter Verlag Olten

Ohlig Karl-Heinz 2002: Religion in der Geschichte der Menschheit, Die Entwicklung des religiösen Bewusstseins

Pauen Sabina, Siegel Robert, DeLoache Judy, Eisenberg Nancy 1. Aufl.)2005: Entwicklungspsychologie im Kindes- und Jugend- alter, Spektrum Akademischer Verlag Elsevier GmbH München

Peat Francis David 1989: Synchronizität, die verborgene Ordnung, Scherz Verlag

Piaget Jean (2. Aufl) 1990: Das moralische Urteil beim Kinde, Dtv/Klett-Cotta München

Piaget Jean (9. Aufl.) 2010: Das Weltbild des Kindes, Dtv/Klett- Cotta München

Powell Diane Hennacy 2009: Das Möbius Bewusstsein, Goldmann TB München

RGG4 2004: Religion in Geschichte und Gegenwart, Mohr Siebeck Tübingen

Rich Arthur 1969: Zwingli als sozialpolitischer Denker, Sonderdruck aus Zwingliana Band XIII Heft 1, S.67ff.

Riesebrodt Martin 2001: Die Rückkehr der Religionen – Fundamentalismus und der »Kampf der Kulturen«

Röder Brigitte, Hummel Juliane und Kunz Brigitta 1996:

Göttinnendämmerung, Das Matriarchat aus archäologischer Sicht. München Drömer Verlag Knauer

Rueb Franz 2016: Zwingli – Widerständiger Geist mit politischem Instinkt, Hier und Jetzt, Verlag für Kultur und Geschichte Baden

Ruh Hans 2016: Bedingungsloses Grundeinkommen: Anstiftung zu einer Lebensform, Versus Verlag Zürich

Schleske Martin, Der Klang: Vom unerhörten Sinn des Lebens (6. Auflage) 2012:203/204 Kösel Verlag

Sheldrake Rupert 2004: Die Wiedergeburt der Natur, Scherz Verlag

Schoer Silvia 2004: Eva – Mutter alles Lebendigen«, Bibel und Orient Museum Freiburg Schweiz

Siedentop Larry 2014: Die Erfindung des Individuums – Der Liberalismus und die westliche Welt, Klett-Cotta, Stuttgart

Siegler Robert, Deloache Judy, Eisenberg Nancy 2005: Entwicklungspsychologie im Kindes- und Jugendalter Spektrum Verlag Heidelberg

Siefer Werner und Weber Christian 2006: Ich – Wie wir uns selbst erfinden, Campus Verlag Frankfurt/Main

Singer Wolf 2002: Der Beobachter im Gehirn, Essays zur Hirnforschung, Suhrkamp TB 1571

Staub Kurt 1970: Die Anwendung des theologischen Kriteriums Gesetz/Evangelium auf gesellschaftliche Strukturprobleme, Zeitschrift für Evangelische Ethik 14. Jahrgang, Heft 5, Gütersloher Verlagshaus

Staub Kurt 1985: Theorie und Praxis in der beruflichen Sozialisation am Beispiel protestantischer Theologen. Dissertation

Staub-Bernasconi Silvia 2007: Soziale Arbeit als Handlungswissenschaft, UTB Paul Haupt

Staubli Thomas 1997: Begleiter durch das erste Testament, Patmos Verlag Düsseldorf

Stevenson Ian (dt 2. Aufl.) 1977: Reinkarnation, der Mensch im Wandel von Tod und Wiedergeburt, Aurum Verlag

Stolz Fritz 1996: Einführung in den biblischen Monotheismus Wissenschaftliche Buchgesellschaft Darmstadt

Streeck Wolfgang 2013: Gekaufte Zeit, die vertagte Krise des demokratischen Kapitalismus, Suhrkamp Verlag Berlin

Theissen Gerd (2. Aufl) 1987: Der Schatten des Galiläers – Historische Jesusforschung in erzählender Form Chr. Kaiser/ Gütersloher Verlagshaus

Theissen Gerd 1994: Lichtspuren, Predigten und Bibelarbeiten, Chr. Kaiser/Gütersloher Verlagshaus

Theissen Gerd 2000: die Religion der ersten Christen. Eine

Theorie des Urchristentums, Chr. Kaiser/Gütersloher Verlagshaus

Theissen Gerd 2004: Die Jesusbewegung. Sozialgeschichte einer Revolution der Werte, Chr. Kaiser/Gütersloher Verlagshaus

Theissen Gerd 2007: Erleben und Verhalten der ersten Christen. Eine Psychologie des Urchristentums, Chr. Kaiser/Gütersloher Verlagshaus

Theissen Gerd, Petra von Gmünden (Hg.) 2007: Erkennen und Erleben, Gütersloher Verlagshaus

Theissen Gerd (6. Auflage) 2012:203/204 Wert und Status des Menschen im Urchristentum, in Humanistische Bildung ›Vom Wert des Menschen‹, 1988 Heft 12 Kösel Verlag München

Tomasello Michael 2009: Die Ursprünge der menschlichen Kommunikation, Suhrkamp

Ulrich Peter 2005: Zivilierte Marktwirtschaft: Eine wirtschaftsethische Orientierung, Freiburg/Basel/Wien

Van Dülmen Richard 1997: Die Entdeckung des Individuums 1500–1800. Fischer Taschenbuch

Van Lommel Pim (6. Aufl.) 2014: Endloses Bewusstsein, Neue medizinische Fakten zur Nahtoderfahrung

Van Schaik Carel und Michel Kai (2. Aufl.) 2016: Das Tagebuch der Menschheit. Was die Bibel über unsere Evolution verrät. Rowohlt Hamburg

Varoufakis Yanis 2017: Die ganze Geschichte – Meine Auseinandersetzung mit Europas Establishment, Antje Kunstmann Verlag

Visser Frank 2002: Ken Wilber – Denker aus Passion, eine Zusammenschau, Via Nova Verlag

Von Brück Michael (5. Aufl.) 2005: Wie können wir leben? Religion und Spiritualität in einer Welt ohne Maß, C. H. Beck

Von Franz Marie Louise (3. Auflage) 1983: Die Visionen des Niklaus von Flüe, Daimon Verlag Zürich

Walter Peter (Hg.) 2005: Das Gewaltpotential des Monotheismus, Herder

Wehn Gerhard 1996: Jean Gebser, individuelle Transformation vor dem Horizont eines neuen Bewusstseins. Via Nova Petersberg

Wehr Gerhard 2010: Meister Eckhart, Matrix Verlag Wiesbaden

Wirz Felix. und Wolff K. 1993: Die Visionen des Niklaus von Flüe, Daimon Zürich

Weikart Richard 2004: From Darwin to Hitler – Evolutionary Ethics, Eugenics and Racism in Germany, Palgrave Macmillan New York

Weinberg Stephen 1977: Die ersten drei Minuten, Der Ursprung des Universums, Piper Zürich und München

Weingart Peter, Kroll Jürgen und Bayertz Kurt 1992: Rasse, Blut und Gene, Geschichte der Eugenik und Rassenhygiene in Deutschland, Suhrkamp Taschenbuch Wissenschaft

Wilber Ken 1984: Halbzeit der Evolution, Scherz Verlag

Wilber Ken 2001: Integrale Psychologie, Arbor Verlag

Wilson Bryan R. 1964: Eine Analyse der Sektenentwicklung, in Soziologische Texte, in Friedrich Fürstenberg, Religionssoziologie, Luchterhand

Winterhoff Michael 2013: SOS – Kinderseele, Bertelsmann

Wirz Felix und Wolff Konrad 1993: Träume verstehen und erleben, Baden Verlag Schweizer Radio DRS

Witte Karl Heinz 2016: Meister Eckhart – Leben aus dem Grund des Lebens, Eine Einführung. Herder Verlag

Wottreng Willi 1999: Hirnriss. Wie die Irrenärzte August Forel und Eugen Bleuler das Menschengeschlecht retten wollten, Weltwoche ABC-Verlag, Zürich

Zaleski Carol 1993: Nah-Todeserlebnisse und Jenseitsvisionen vom Mittelalter bis zur Gegenwart, Frankfurt a. M./Leipzig.

Zenger Erich 2005: Der mosaische Monotheismus im Spannungsfeld von Gewalttätigkeit und Gewaltverzicht, in Peter Walter (Hg.) Das Gewaltpotential des Monotheismus), Herder Verlag

Zimmermann Moshe (2. Aufl.) 2010 Die Angst vor dem Frieden - Das israelische Dilemma. Aufbau Verlag Berlin

Zuckermann Moshe (3. Auflage) 2014: Antisemit, ein Vorwurf als Herrschaftsinstrument, Pro Media Verlag Wien

Bilderverzeichnis

Nr. 1: Symbol des Uroboros, anonymer mittelalterlicher Illustrator aus Wikipedia CC BY-SA 3.0 ... *Seite 25*

Nr. 2: Totempfähle im Stanley Park Vancouver, aus Wikipedia CC-BY-2.0, Photo by Peter Graham ... *Seite 29*

Nr. 3: Sobek der Gott mit dem Krokodilkopf ist ein Vertreter der tiergestaltigen Götter des Alten Ägyptens. Relief im Tempel von Kom Ombo, aus Wikipedia. CC BY-SA 3.0 ... *Seite 30*

Nr. 4: Sedna, die Mutter des Meeres der Inuit, einer Untergruppe der Eskimos. Granitskulptur von Aka Høegh, an der Küste von Nuuk, aus Wikipedia CC BY-SA 3.0 ... *Seite 31*

Nr. 5: Steinzeitliche Höhlenmalerei: »Herr der Tiere« oder Schamane? Kommentar: Gebser Jean 3.Aufl 2003:89, Wikipedia gemeinfrei Clottes, J y Lewis-Williams ... *Seite 31*

Nr. 6: Begegnung eines erschreckten Menschen mit einem Engel, gemalt von Simone Bonilla-Leufen im Konfirmandenlager ... *Seite 34*

Nr. 7: Der Wettergott Baal, Ugaritisches Relief, ca. 2000/1500 v. Chr., nach Lang Bernhard 2002:181 ... *Seite 48*

Nr. 8: Der ugaritische Gott El (ca. 1400 v. Chr.) nach Lang Bernhard 2002: S. 40 ... *Seite 50*

Nr. 9: Altbabylonische Terrakottafigur vom Tell Asmar (um 2000 v. Chr.) in »Eva-Mutter des Lebendigen« S.15/ Abb. 13 u. S. 21. © Peeters Publishers and Booksellers Belgium ... *Seite 51*

Nr. 10: Ovales gewölbtes Siegelamulett mit omegaförmigem Symbol. aus Silvia Schroer 2004:107 © Stiftung BIBEL+ORIENT, Freiburg Schweiz ... *Seiten 51, 222*

Nr. 11: Die Mutter alles Lebendigen © Jerusalem Israel Museum IAA 82-219. Abbildung und Kommentar aus Keel Othmaar und Schroer Silvia: Eva- Mutter alles Lebendigen 2014:136 ... *Seite 52*

Nr. 12: Stele mit dem Codex des Hammurapi im Louvre: Hammurapi vor dem Gott Šamaš File: P1050763 Louvre code Hammurabi face rwk.JPG ... *Seite 56*

Nr. 13: Nordreich und Südreich des Königtums Israel Karte aus Wikipedia CC BY-SA 3.0 ... *Seite 57*

Nr. 14: Palestinisische Landverluste von1946–2000. Darstellung aus der Palästina Israel Zeitung Juli 2002 .... *Seite 80*

Nr. 15: Jerusalem .... *Seite 80*

Nr. 16: Einzug in Jerusalem von Giotto di Bondone aus Wikipedia »Jesus von Nazaret« gemeinfrei .... *Seite 98*

Nr. 17: Christus Pantokrator in der Apsis der Kathedrale von Cefalu , Sizilien aus Wikipedia CC BY-SA 3.0 .... *Seiten 105, 227*

Nr. 18: Ulrich Zwingli, 1854 Autor unbekannt aus Wikipedia CC Attributions/Share-Alike Lizenz 3.0 .... *Seite 147*

Nr. 19: Luther als Augustinermönch (von Lucas Cranach dem Älteren 1520) aus Wikipedia gemeinfrei, Fotografin Marie-Lan Nguyen (2012) .... *Seite 150*

Nr. 20: Anbetung des Mammon, Gemälde von Evelyn De Morgan ca. 1909, aus dem Medienarchiv Wikipedia gemeinfrei .... *Seite 172*

Nr. 21: Die Eltern im Auge, Bild einer Patientin von Jolande Jakobi aus Gion Condrau, Josef Rudin (Hg.), Armin Beeli, Jolande Jacobi, 1964 .... *Seite 190*

Nr. 22: Die Spaltung, Bild eines Patienten von Jolande Jakobi aus Gion Condrau, Josef Rudin (Hg.), Armin Beeli, Jolande Jacobi, 1964 .... *Seite 191*

Nr. 23: Mose und die 10 Gebote, Gemälde von Jusepe de Ribera (1591–1652) aus Wikipedia gemeinfrei .... *Seite 192*

Nr. 24: Der Sündenfall (1. Mose 2/3), lavierter Stahlstich von E. Jordan, Hannover um 1890 .... *Seite 192*

Nr. 25: Das Jüngste Gericht, Gemälde von Hans Memling (etwa 1433–1494) aus Wikipedia gemeinfrei .... *Seite 209*

Nr. 26: Hockergrab Mitterkirchen Keltendorf – Fürstengrab 3 aus der Hallstadtzeit (ca.800–450 v. Chr.) Foto von Wolfgang Sauber in Wikipedia Commons CC-BY-SA-3.0 .... *Seite 222*

Nr. 27: Der Flug zum Himmel, Gemälde von Hieronymus Bosch (etwa 1450–1516) aus Wikipedia gemeinfrei .... *Seite 238*

Nr. 28: Firth-of-Forth-Autobrücke-Pano-5-23-1 .... *Seite 257*

Anmerkungen

[1] Van Schaik Carel und Kai Michel 2016: 27–29

[2] Wikipedia 2018 Stichwort ›Koran‹

[3] Wikipedia 2018 Stichwort ›Erschaffenheit des Korans‹

[4] Van Schaik Carel und Kai Michel 2016: 488

[5] Van Schaik Carel und Kai Michel 2016: 488

[6] Ohlig Karl-Heinz 2002: 247/248

[7] Piaget Jean 1978 (9. Aufl.)2010: 188.

[8] Gebser Jean 1986: 128 185

[9] Gebser J. 1986 Vgl. dazu auch Merlin Donald (2008): 305 »Das menschliche Bewusstsein trägt Spuren von sämtlichen Stufen der kulturellen Evolution in sich. Wir können drei Schichten von kulturellen Symbolisierungsformen auseinanderhalten, von denen jede einen verstärkenden Effekt auf die darunter liegenden Schichten ausübt.«

[10] Ohlig Karl-Heinz 2002

[11] Wikipedia 2017 Artikel ›Numen‹

[12] Vgl. Ohlig Karl-Heinz 2002: 104

[13] nach Ohlig Karl-Heinz 2002: 10

[14] Gebser Jean 1986 (3. Aufl.) 2003: 89–91

[15] Gebser Jean 1986 (3. Aufl.) 2003: 91

[16] Müller Lutz 1989: 114

[17] Neumann Erich 1949: 229ff.

[18] Wikipedia 2018 Artikel ›Mythos‹

[19] Theissen Gerd 2004: 239

[20] Theissen Gerd 2004: 220/221

[21] Theissen Gerd 2004: 239

[22] Vgl. dazu Visser Frank 2002: 197–199

[23] Assagioli Roberto 2008: Psychosynthese Nr 18

[24] Witte Karl Heinz 2016: 44 Meister Eckhart wurde durch Papst Johannes XXII. im Januar 1327, kurz vor seinem Tod, als Ketzer verurteilt. Vgl. Wehr G.. Meister Eckhart, Marix Verlag Wiesbaden 2010

[25] Vgl. dazu Wehr Gerhard: 2010

[26] Vgl. dazu Wikipedia 2018 die Artikel über Enomiya Lasalle und Willigis Jäger

27 Jäger Willigis (4. Aufl.) 1997: 247/48

28 Jäger Willigis (4. Aufl.) 1997: 249

29 Jäger Willigis (4. Aufl.) 1997: 249

30 Lang Bernhard 2002: 33/34

31 Lang Bernhard 2002: 31–39

32 Van Schaik Carel und Michel Kai 2016

33 Van Schaik Carel und Kai Michel 2016: 27–29

34 Van Schaik Carel und Kai Michel 2016: 478

35 Lang Bernhard, Smith Morton und Vorländer Hermann 1981

36 Lang Bernhard 2002: 106/107

37 Staubli Thomas 1997: 76

38 Lang Bernhard 2002: 181ff.

39 Vgl. dazu Piagets Ausführungen zum magisch-animistischen Denken in Anhang A1

40 z.B. Sydon oder Tyrus

41 Lang Bernhard 2002: 184/185

42 Lang Bernhard 2002: 42

43 RGG 4 2004: Religion in Geschichte und Gegenwart, Antes Peter, Artikel ›Ethik religionswissenschaftlich‹

44 RGG 4 2004: Religion in Geschichte und Gegenwart, Michaelis Axel, Artikel ›Gesetz religionsgeschichtlich‹

45 Michel Kai und Van Schaik Carel (2. Aufl.) 2016: 102/103

46 Staubli Thomas 1997: 28

47 Staubli Thomas 1997: 182/183

48 Wikipedia 2018: Artikel ›Hammurapi‹

49 Staubli Thomas 1997: 232

50 Staubli Thomas 1997: 140

51 Assman Jan 2005: 19–25 ›Das Gewaltpotential des Monotheismus und der eine Gott‹, in Walter Peter (Hg),

52 Lang Bernhrad 2002: 228

53 Lang Bernhard 2002: 230

54 Staubli Thomas 1997: 178 bzw. §116

55 Staubli Thomas 1997: 86 und 87 bzw.Paragraph 46.5

56 Van Schaik Carel und Kai Michel 2016: 27–29

57 Van Schaik Carel und Kai Michel 2016: 488

58 Vgl. dazu RGG 4 2004 die Artikel Israel, Makkabäer und Hasmonäer, ferner Staubli Thomas 1997: Paragraph 30–35

59 in Walter Peter (Hg), 2005: 42

60 in Walter Peter (Hg), 2005: 57ff.

61 in Lang Bernhard 2002: 123 ff.

62 Gross Walter 1999

63 Vgl. dazu RGG 4 ›Religion in Geschichte und Gegenwart‹, die Artikel Israel, Makkabäer und Hasmonäer, ferner Staubli Thomas 1997: Paragraph 30–35

64 Dahl Tamar Amar »Das zionistische Israel, Jüdischer Nationalismus und die Geschichte des Nahostkonflikts« S.11, 2012 Ferdinand Schöningh Verlag, Paderborn.

65 Tamar Amar-Dahl ist in Israel aufgewachsen und hat dort ihren Militärdienst absolviert. Anschliessend studierte sie Geschichte und Philosophie in Tel Aviv, Hamburg und München. Seit 2009 ist sie Dozentin an diversen deutschen Universitäten.

66 Vgl. dazu in Wikipedia 2018 Israel den Artikel Israel

67 Vgl. dazu in Wikipedia 2018 den Artikel ›Judenmission‹

68 Vgl. dazu Mattioli Aram 2017

69 Vgl. dazu Theissen Gerd 2004, Die Jesusbewegung, Sozialgeschichte einer Revolution der Werte

70 Theissen Gerd 2004: 239

71 Theissen Gerd 2004: 220/221

72 Theissen Gerd 2004: 239

73 Theissen Gerd 1994: 117ff.

74 Mühlmann Wilhelm Emil 1961: 252

75 Zum damaligen Dualismus von Gott und Satan vgl. Theissen Gerd und Merz Annette 1996: 22

76 Theissen Gerd 2004: 248ff.

77 Theissen Gerd 2004: 260ff.

78 Theissen Gerd 2004: 262 Demut und Statusverzicht widersprechen dem antiken Ehrenkodex, demzufolge jeder seinen Status behaupten soll.

79 Theissen Gerd 2004: 258ff.

80 Vgl.dazu Fischer Helmut 2012

81 Marxsen Willi 1968: 69

82 Festinger Leon 1957

83 Theissen Gerd 2000: 76

84 Theissen Gerd 2000: 72

85 Theissen Gerd 2000: 78

86 Theissen Gerd 2000: 78

87 Wirz Felix und Wolff Konrad 1995: 117ff.

88 Theissen Gerd 2004: 290/291

89 Siedentop Larry 2014

90 Albert Karl 1996

[91] nach Wikipedia 2018 ›Dictatus Papae‹

[92] nach Alexander Rüstow beruht diese ›Wirtschaftstheologie‹ nicht auf christlicher Theologie sondern auf der Wiederbelebung antiker Philosophie im Zeitalter der Aufklärung, nämlich auf dem allgemeinen Harmonieglauben der stoischen Philosophie, von dem Adam Smith beeinflusst war. (vgl. dazu den Artikel ›Wirtschaftsliberalismus‹ in Wikipedia 2018)

[93] Ulrich Peter (2005)

[94] nach Wikipedia 2018 ›Naturrecht‹

[95] In 450 Jahre Zürcher Reformation, Sonderdruck aus «Zwingliana« Band XIII, Heft I, 1969 S.67–89, Berichthaus Zürich

[96] Vgl.Dazu RGG 4 2004: Artikel ›Bauernkrieg‹

[97] Gebser Jean 1986: 81

[98] Witte Karl Heinz 2016: 44. Meister Eckhart wurde durch Papst Johannes XXII. im Januar 1327, kurz vor seinem Tod, als Ketzer verurteilt. Vgl.Wehr G.. Meister Eckhart, Marix Verlag Wiesbaden 2010

[99] Jäger Willigis (4. Aufl.) 1997: 247/48

[100] Jäger Willigis(4. Aufl.) 1997: 249

[101] Jäger Willigis (4. Aufl.) 1997: 249

[102] Dawkins Richard (3. Aufl.) 2007: 84

[103] Dawkins Richard (3. Aufl.) 2007: 39

[104] Dawkins Richard (3. Aufl.) 2007: 39

[105] Dawkins Richard 3. Aufl.) 2007: 42

[106] Bauer Joachim (1. Aufl.) 2006: 103–106

[107] Bauer Joachim 2008

[108] Bauer Joachim 2008: 183

[109] Bauer Joachim 2008: 23/24

[110] Bauer Joachim 2008: 28

[111] Bauer Joachim 2008: 185

[112] Bauer Joachim 2008: 93–96

[113] Bauer Joachim (1. Aufl.) 2006: 103–106

[114] u.a. in Habermas Jürgen (2005): Zwischen Naturalismus und Religion, Frankfurt/Main

[115] Habermas Jürgen 2003: 12/165 Suhrkamp TB Wissenschaft

[116] Das Wort »Gutmensch« ist von von der sprachkritischen Jury in Darmstadt zum Unwort des Jahres 2015 erklärt worden, allerdings bezogen auf die Flüchtlingskreise von 2015. Im Umlauf ist es aber schon sehr lange.

[117] Lipton Bruce und Baermann Steve 2009: 174/175

[118] Lipton Bruce und Baermann Steve 2009: 174/175

[119] Tillich Paul, Wesen und Wandel des Glaubens, Ulllstein 1961: 9–11

120 Wilber Ken 1984: 214

121 Bacon Francis 1982. Neu-Atlantis Reclam TB

122 Sheldrake Rupert (1. Aufl.) 1993: 53–55. Vgl. auch Meier-Seethaler Carola 2004: 89ff.

123 Titel: »Nächster Halt: Milchstrasse

124 Condrau John, Rudin Josef (Hg.), Beeli Armin, Jacobi Jolande: 1964

125 Jacobi Jolande 1978: 221–223

126 Jacobi Jolande 1978: 140–142, Ex Libris Verlag Zürich

127 Gebser Jean 1970: 91–94

128 Gebser Jean (3. Aufl.)2003: 371

129 Gebser Jean 2003: 205

130 Jung Carl Gustav 1961: 163ff.

131 Jung Carl Gustav 2001: 53–56

132 Von Franz Marie Louise (3. Aufl.) 1983: Die Visionen des Niklaus von Flüe, Daimon Verlag Zürich

133 Libido ist für Jung jede psychische Energie eines Menschen

134 Von Franz Marie Louise 1983: 38

135 Von Franz Marie Louise 1983: 39–41

136 Spichtig Alois und Margrit 3. Aufl.1986: 103, Herder, Freiburg i.Br.

137 Der Initiationsritus besteht dann fast immer in der Zerstückelung oder lokalen Zerscheindung des Novizen, wobei in der Mehrzahl der Fälle innere Organe erneuert werden. Nach C.G.Jung dient diese Zerstückelung dem Zweck den Initiantenals einen neuen und wirksameren Menschen herzustellen. Von Franz M.L. 1983: 49–51.

138 Von Franz Marie Louise 1983: 129

139 Von Franz Marie Louise 1983: 59–69

140 Von Franz Marie Louise 1983: 130

141 Lang Bernhard, u.a.1981: 7

142 Jung Carl Gustav 1961

143 Piaget Jean (9. Aufl.) 2010: 188.

144 Bacon Francis 1982

145 Sheldrake Rupert (1. Aufl.) 1993: 53–55, Die Wiedergeburt der Natur, Scherz. Vgl. auch Meier-Seethaler Carola 2004: 89ff.

146 Titel: »Nächster Halt: Milchstrasse

147 Der Mithraismus oder Mithraskult war ein seit dem 1. Jahrhundert n. Chr. im ganzen Römischen Reich verbreiteter Myterienkult, in dessen Zentrum die Gestalt des Mithras stand. Die Verbindung zum Sonnengott Sol wurde dabei im Laufe der Zeit immer enger, bis Mithras und Sol schließlich oft verschmolzen. Als wurde der Gott von zahlreichen Kaisern verehrt, so auch noch vom jungen Konstantin I. (306–337).Der Mithraismus erfreute sich vor allem unter den römischen Legionären großer Popularität, umfasste

jedoch auch sonstige Staatsdiener, Kaufleute und sogar Sklaven. Dagegen waren Frauen strikt ausgeschlossen.(nach Wikipedia 2019)

148 Jung Carl Gustav 2001: 53–56

149 Vgl. dazu Visser Frank 2002: 197–199

150 Alexander Eben 2013: 216

151 Alexander Eben 2013: 195

152 Van Schaik Carel und Michel Kai (2. Aufl.) 2016

153 Van Schaik Carel und Michel Kai (2. Aufl.) 2016: 351/352

154 Van Schaik Carel und Michel Kai (2. Aufl.) 2016: 356/357

155 Van Schaik Carel und Michel Kai 2016

156 Van Schaik Carel und Kai Michel 2016: 27–29

157 Familiengötter (= Teraphim, vgl. z. B. 1. Mose 31,19) wurden in besonderen Nischen oder an verborgenen Orten aufgestellt und dienten zur Weissagung. Man maß ihnen eine prophetische Kraft zu. Zugleich waren sie Schutzgötter, die Haushalt und Gewerbe bewachten.[1]

158 Staubli Thomas 1997: 82

159 speziell der Versuch der Zwangshellenisierung Jerusalems und Judäas unter dem Seleukidendenkönig Antiochus IV 175–164 v.Chr.

160 Fischer Helmut 2012 S.23, Theologischer Verlag Zürich

161 Wirz Felix und Wolff Konrad 1995: 117ff.

162 Bühler P. und Peng-Keller 2014

163 Zusammenfassung aus dem Nachruf von Jürgen Kriz in Gestalt Theory, Vol. 37, No. 1

164 Alexander Eben (10. Aufl.) 2013

165 Van Lommel Pim (6. Aufl.)2014

166 Bühler P. und Peng-Keller 2014: 19

167 Bühler P. und Peng-Keller 2014: 135/136

168 Wirz F. und Wolff K. 1993: 57

169 Jung Carl Gustav 1961: 143

170 Wirz Felix und Wolff Konrad 1995: 117ff

171 Name = Pseudonym für einen Patienten

172 Laszlo Ervin, Zu Hause im Universum S.197

173 Ewald, Günther Mainz 2001: 40/41

174 Powell Diane Hennacy (2009): 172

175 Powell Diane Hennacy (2009): 167

176 Laszlo Ervin (2. Aufl.)2007: 200 nach Botkin und Hogan, Induced After-Death Communication. A New Therapy for Healing, Grief and Trauma

177 Moody Raymond dt.1977: 27/28

178 Siefer Werner und Christian Weber 2006: 216

[179] Weingart Peter u.a., 1992: 50/51

[180] Weingart Peter u.a., 1992: 73

[181] Bühler Pierre und Peng-Keller Simon 2014: 12

[182] Bühler Pierre und Peng-Keller Simon 2014: 12

[183] Alexander Eben (10. Aufl.) 2013

[184] Van Lommel Pim (6. Aufl.) 2014

[185] Alexander Eben (10. Aufl.) 2013

[186] Der Kortex ist die äussere Gehirnschicht und zuständig für Gedächtnis, Sprache, Emotionen, visuelle und auditive Wahrnehmung sowie Logik

[187] Alexander Eben (10. Aufl.) 2013: 180/181

[188] Alexander Eben (10. Aufl.) 2013: 21

[189] Alexander Eben (10. Aufl.) 2013: 173/174

[190] Alexander Eben (10. Aufl.) 2013: 195

[191] Alexander Eben (10. Aufl.) 2013: 183/194

[192] Alexander Eben (10. Aufl.) 2013: 55

[193] Alexander Eben (10. Aufl.) 2013: 216

[194] Alexander Eben (10. Aufl.) 2013: 217

[195] Alexander Eben (5. Aufl.) 2017

[196] Alexander Eben (5. Aufl.) 2017: 19–26

[197] Alexander Eben (5. Aufl.) 2017: 19

[198] Alexander Eben (5. Aufl.) 2017: 20

[199] Alexander Eben (5. Aufl.) 2017: 21

[200] Laszlo Ervin (2. Aufl.) 1987: 196/197

[201] Der Physiker David Bohm vertrat die Ansicht, dass das Verhalten der Teilchen durch ein Feld,bestimmt sei, in dem alle Zustände des Quants verschlüsselt sind. Laszlo Ervin (2. Aufl.)1987: 91

[202] Laszlo Ervin (2. Aufl.)1987: 97ff.

[203] Laszlo Ervin (2. Aufl.) 1987: 58–64

[204] Laszlo Ervin (2. Aufl.)1987: 207

[205] Laszlo Ervin (2. Aufl.)1987: 207/208

[206] Laszlo Ervin (2. Aufl.)1987: 187

[207] Laszlo Ervin (2. Aufl.) 1987: 188

[208] Laszlo Ervin (2. Aufl.) 1987: 194

[209] Hillyard S.A., Hink R.F., Schwent V.L., Picton T.W. 1973: 182,177–180

[210] Laszlo Ervin 1987 (2. Aufl.): 196–201

[211] Laszlo Ervin 1987 (2. Aufl.): 203

[212] Laszlo Ervin 1987 (2. Aufl.): 203/204

[213] Laszlo Ervin 1987 (2. Aufl.): 21/22

[214] Alexander Eben (5. Aufl.) 2017: 216

[215] Alexander Eben (5. Aufl.) 2017: 217

[216] Donald Merlin 2008: 106

[217] Donald Merlin 2008: 121–124

[218] Exekutivfunktionen sind Funktionen der Handlungssteuerung. Das Exekutivsystem des Gehirns agiert dabei wie der Direktor eines Grossunter nehmens, der einen verzweigten Stab von Managern dabei anleitet, begrenzte Ressourden für eine grosse Bandbreite von Operationen flexibel einzusetzen. (Donald M. 2008: 204)

[219] Donald M. (2008: 213) Unter metakognitiven Operationen versteht Donald beispielsweise die Selbsteinschätzung, das langfristige Planen, das Ordnen von Wertvorstellungen nach Priorität, die Flüssigkeit des Sprechens oder die Ausführung sozial angemessener Verhaltensweisen.

[220] Donald M. 2008: 273

[221] Eine solche Nervenzelle steht natürlich immer mit andern Neuronen in Verbindung und ist somit Teil eines kleinen Nervenzellnetzes. Das Handlungsprogramm ist nicht nur in der einzelnen Zelle, sondern in dem Netzwerk gespeichert, zu dem sie gehört.

[222] = Widerhall

[223] Donald Merlin 2008: 92ff.

[224] Hillyard S.A., Hink R.F., Schwent V.L.,Picton T.W. (1973). Electrical signs of selective atttention in the human brain (Science. 182, 177–180)

[225] Donald Merlin 2008: 191

[226] Donald Merlin 2008: 191

[227] Donald Merlin 2008: 191

[228] Nach Wikipedia geht der Begriff auf das altgriechische Wort ??????? zurück und bezeichnet ursprünglich das Vermögen, mittels einer körperlichen Geste eine Wirkung zu erzielen.

[229] Tomasello Michael (2009): 19/20

[230] Tomasello Michael (2009): 32

[231] Tomasello Michael (2009): 33

[232] Tomasello Michael (2009): 246

[233] Tomasello Michael (2009): 267

[234] Tomasello Michael (2009): 130

[235] Tomasello Michael (2009): 269

[236] Tomasello Michael 2009: 91

[237] Tomasello Michael 2009: 191–195

[238] Tomasello Michael 2009: 213

[239] Donald Merlin 2008: 213 Unter metakognitiven Operationen versteht Donald beispielsweise die Selbsteinschätzung, das langfristige Planen, das Ordnen von

Wertvorstellungen nach Priorität, die Flüssigkeit des Sprechens oder die Ausführung sozial angemessener Verhaltensweisen.

240 Donald Merlin 2008: 122

241 Donald Merlin 2008: 289

242 Donald Merlin 2008: 291

243 Donald Merlin 2008: 294

244 Donald Merlin 2008: 294

245 Donald Merlin 2008: 293

246 Donald Merlin 2008: 296

247 Donald Merlin 2008: 305

248 Donald Merlin 2008: 307

249 Donald Merlin 2008: 308

250 Vgl. dazu die entsprechenden Kapitel in Flammer August (2005 3. Aufl und Pauen Sabina et.al. (2005 1. Aufl.)

251 Flammer August (3. Aufl.) 2005: 121

252 Piaget Jean (9. Aufl.) 2010

253 Piaget Jean (9. Aufl.) 2010): 185

254 Nach Linkletter, A. 1957: 6 Kids easy the darndest things. Englewood Cliffs, New York. Prentice Hall

255 Wilber Ken 2001: 37

256 Staubli Thomas 1997: 28

257 Frobenius Leo 1905: Unbekanntes Afrika

258 Gebser Jean 1986: 91

259 Narby Jeremy (3. Aufl.) 2007: 20

260 Narby Jeremy (3. Aufl.) 2007: 50/51

261 Name = Pseudonym für einen Patienten

262 Von Franz 1983: 129

263 Laszlo Ervin (2. Aufl.) 2007: 127–129

264 Powell Diane Hennacy 2009: 172

265 E.Laszlo (2. Aufl.) 2007: 197

266 Meister Eckhart wurde durch Papst Johannes XXII. im Januar 1327, kurz vor seinem Tod, als Ketzer verurteilt. Vgl.Wehr G.. Meister Eckhart, Marix Verlag Wiesbaden 2010

267 Nowotny Hans-Joachim 1973: Anhang Fragebogen

268 Merton Robert K. 1949

269 auf der Basis von einer grossen empirischen Studien über das Fremdarbeiterproblem und einer Studie über die Stellung der Frau in der Schweiz

270 Heintz Peter, Held Thomas, Hoffmann-Nowotny Hans-Joachim und Levy René, Strukturelle Bedingungen von sozialen Vorurteilen, in Anitra Karsten Hg., Vorurteil,

Wissenschaftliche Buchgesellschaft Darmstadt 1978 Hoffmann-Nowotny Hans-Joachim, Soziologie des Fremdarbeiterproblems. Eine theoretische und empirische Analyse am Beispiel der Schweiz, Stuttgart 1973 Held Thomas und Levy René, Die Stellung der Frau in Familie und Gesellschaft. Eine soziologische Analyse am Beispiel der Schweiz, Verlag Huber, Frauenfeld 1974

271 Theresa Wobbe, Weltgesellschaft 2000: 64/65, Bielefeld: Transcript Verlag

272 d.h. wenig fachliche Kompetenz bzw. Ausbildung und tiefe berufliche Stellung mit geringem Einkommen

273 Bildung erwies sich also als eine entscheidende, Anomia reduzierende Determinante.

274 paradoxerweise bestand kein Zusammenhang zwischen der Häufigkeit von Ueberfremdungsängsten und der Häufigkeit von Kontakten mit Ausländern, d.h. es handelte sich nicht um reale Urteile sondern um Vorurteile.

275 Traub Rainer 2006: 21/22 Weltmacht Religion, Spiegel Verlag

276 Hier kommt ansatzweise die Auswirkung von Anomie in den Blick

277 Wichtige Aspekte der autoritären Persönlichkeit werden heute oft unter den Begriffen (Rechts-) Extremismus, Antisemitismus oder Fundamentalismus behandelt. Repräsentative sozialwissenschaftliche Studien haben in den letzten Jahrzehnten immer wieder einen großen Prozentsatz von Antworten ergeben, die als Hinweis auf eine autoritäre Einstellung zu interpretieren sind (u. a. SINUS-Studie zum Rechtsextremismus 1981; Lederer und Schmidt, 1995; Decker, Brähler 2000;